GEORG FOHRER
STUDIEN ZUR ALTTESTAMENTLICHEN PROPHETIE

GEORG FOHRER

STUDIEN
ZUR ALTTESTAMENTLICHEN PROPHETIE
(1949—1965)

1967

VERLAG ALFRED TÖPELMANN · BERLIN

BEIHEFTE ZUR ZEITSCHRIFT FÜR DIE
ALTTESTAMENTLICHE WISSENSCHAFT
HERAUSGEGEBEN VON GEORG FOHRER

99

©
1967
by Alfred Töpelmann, Berlin 30, Genthiner Straße 13
Printed in Germany
Satz und Druck: Walter de Gruyter & Co., Berlin 30
Archiv-Nr. 38 22 67 1

Opgedra aan die Ou Testamentiese Werkgemeenskap in Suid-Afrika
as blyk van dank en waardering
vir my benoeming as erelid van die vereniging
tydens die negende jaarlikse kongres te Stellenbosch 1966

Vorbemerkung

Die in diesem Sammelband erneut vorgelegten Studien zur alttestamentlichen Prophetie sind von sehr verschiedener Art. Einige stellen die Prophetie dar, wie sie sich dem heutigen Blick bietet, und setzen sich mit einigen Tendenzen der Forschung auseinander. Andere befassen sich mit grundlegenden Fragen der Prophetie, mit formgeschichtlichen oder metrischen Problemen, mit der Entstehung und Bearbeitung von Prophetenbüchern, aber auch mit einzelnen prophetischen Texten. Stets steht die gesamte Erscheinung der alttestamentlichen Prophetie im Hintergrund, von der jeweils ein Aspekt erfaßt werden soll; erst der Zusammenklang der verschiedenen Studien ergibt ein gewisses, wenn auch immer noch nicht umfassendes Bild der Gesamterscheinung. Eben darum schien es angezeigt, die Studien gesammelt vorzulegen. Zur Ergänzung sei auf meine weiteren Arbeiten über die Prophetie in Büchern, Forschungsberichten und Lexikonartikeln verwiesen, die natürlich nicht aufgenommen werden konnten.

Alle Studien sind überarbeitet, manchmal gekürzt oder erweitert und, soweit erforderlich, geändert worden. Auch die seit der Erstveröffentlichung erschienene Literatur wurde berücksichtigt. Gelegentliche inhaltliche Wiederholungen sind belassen worden, damit jede Studie gesondert für sich gelesen werden kann und nicht für diese oder jene Einzelfrage eine weitere herangezogen werden muß. Nach der Bearbeitung ist die jetzige Fassung der Studien und nicht mehr diejenige der Erstveröffentlichung maßgeblich.

Ein zweiter Sammelband, der demnächst erscheinen soll, wird die bisherigen Studien zur alttestamentlichen Geschichte und Theologie enthalten.

Für die Herstellung des Registers und die Hilfe bei der Korrektur des vorliegenden Bandes schulde ich den Herren Dr. Gunther Wanke, Hans Werner Hoffmann und Jochen Vollmer meinen Dank, der auch an dieser Stelle ausgesprochen sei.

Erlangen, im Dezember 1966   Georg Fohrer

Inhaltsverzeichnis

Abkürzungsverzeichnis

AcOr	Acta Orientalia.
AfK	Archiv für Kulturgeschichte.
AJSL	American Journal of Semitic Languages and Literatures.
ANET	J. B. Pritchard (ed.), Ancient Near Eastern Texts relating to the Old Testament, 1955^2.
AO	Der Alte Orient.
AOT	H. Gressmann (hrsg.), Altorientalische Texte zum Alten Testament, 1926^2.
ARM	A. Parrot-G. Dossin (ed.), Archives Royales de Mari.
BA	The Biblical Archaeologist.
BASOR	Bulletin of the American Schools of Oriental Research.
Bibl	Biblica.
BJPES	Bulletin of the Jewish Palestine Exploration Society.
BZ	Biblische Zeitschrift.
BZAW	Beihefte zur Zeitschrift für die alttestamentliche Wissenschaft.
CBQ	Catholic Biblical Quarterly.
Crozer ThQ	Crozer Theological Quarterly.
ET	The Expository Times.
EvTh	Evangelische Theologie.
GKa	W. Gesenius-E. Kautzsch, Hebräische Grammatik, 1910^{28}.
HThR	Harvard Theological Review.
IEJ	Israel Exploration Journal.
Jb	Jahrbuch.
JBL	Journal of Biblical Literature.
JNES	Journal of Near Eastern Studies.
JPOS	Journal of the Palestine Oriental Society.
JQR	Jewish Quarterly Review.
JSS	Journal of Semitic Studies.
JThSt	Journal of Theological Studies.
NF	Neue Folge.
NkZ	Neue kirchliche Zeitschrift.
NThT	Nieuw Theologisch Tijdschrift.
NTT	Norsk Teologisk Tidsskrift.
OLZ	Orientalische Literaturzeitung.
OTS	Oudtestamentische Studiën.
PEQ	Palestine Exploration Quarterly.
RB	Revue Biblique.
RGG	Die Religion in Geschichte und Gegenwart.
RHPhR	Revue d'Histoire et de Philosophie Religieuses.
RivBibl	Rivista Biblica.

RScPhTh   Revue des Sciences Philosophiques et Théologiques.
StTh   Studia Theologica.
SvExArsb   Svensk Exegetisk Årsbok.
SvTeolKvart   Svensk Teologisk Kvartalskrift.
TheolSt   Theological Studies.
ThLZ   Theologische Literaturzeitung.
ThR   Theologische Rundschau.
ThStKr   Theologische Studien und Kritiken.
ThW   Theologisches Wörterbuch zum Neuen Testament.
ThZ   Theologische Zeitschrift.
VerbDom   Verbum Domini.
VT   Vetus Testamentum.
WdO   Die Welt des Orients.
WZ   Wissenschaftliche Zeitschrift.
WZKM   Wiener Zeitschrift für die Kunde des Morgenlandes.
ZA   Zeitschrift für Assyriologie.
ZAW   Zeitschrift für die alttestamentliche Wissenschaft.
ZDMG   Zeitschrift der Deutschen Morgenländischen Gesellschaft.
ZkTh   Zeitschrift für katholische Theologie.
ZThK   Zeitschrift für Theologie und Kirche.
ZwTh   Zeitschrift für wissenschaftliche Theologie.

Die Propheten des Alten Testaments im Blickfeld neuer Forschung

I. Zur Geschichte der Prophetie

1. Seitdem wir das Nomadentum und die kanaanäische Kultur und Religion als zwei wesentliche Bausteine der israelitisch-alttestamentlichen kulturellen, geistigen und religiösen Geschichte erkannt haben, können wir auch für die Vor- und Frühgeschichte der Prophetie weitere Aufschlüsse erwarten. Tatsächlich liegt eine der Wurzeln der Prophetie im nomadischen Bereich. Auf Grund von mancherlei arabischen Beispielen ist anzunehmen, daß die Gestalt des *Sehers* bei den altorientalischen Nomaden eine wichtige Rolle gespielt hat[1]. Wir können sie freilich nur in einer neueren Form fassen, da es hierfür keine alten Überlieferungen gibt; aber die auffällige Beständigkeit nomadischer Lebensformen macht es wahrscheinlich, daß das Sehertum die Form war, in der Gottesmänner und -boten beim Nomaden auftraten und vor allem auf Grund von Träumen und vorahnender Schau göttliche Weisungen verkündeten. Es ist wichtig, daß der Seher nicht notwendig mit einem Heiligtum verbunden ist, wie es für andere prophetische Erscheinungen bezeichnend ist. Allerdings besteht auch kein Gegensatz zwischen dem Seher und dem Diener des Heiligtums, weil beide über gleichartige Kräfte verfügen. Ja, ein Seher konnte wegen seines Ansehens und seiner Autorität zum Priester eines Heiligtums oder zum Führer seines Stammes werden. Der Seher hat, wie das Wort schon sagt, besonders durch das Schauen, in zweiter Linie durch das Hören Verbindung mit der anderen, höheren Welt. Dabei werden Orakel meist dem entnommen, worauf das Auge zunächst fällt, wie es noch bei Bileam zu beobachten ist (Num 22—24). Vielleicht ist auch die Versform der alttestamentlichen Prophetenworte durch das überlegte und dichterisch gestaltete Reden des Sehers bedingt. Es scheint ja so zu sein, daß kein Prophet, der im Namen Jahwes sprechen wollte, Gehör finden konnte, wenn er sein Wort nicht in Versform gekleidet verkündete. Während es im Alten Testament selbst keine Erklärung dafür gibt, ist der Seher mit seinem Dämon aufs engste verbunden, so daß das Zitieren eines Seherspruchs als Kennzeichen eines Mannes gilt, der mit geheimnisvollen Mächten in

---

[1] J. PEDERSEN, The Rôle played by Inspired Persons among the Israelites and the Arabs, in: Studies in Old Testament Prophecy, 1950, S. 127—142.

Verbindung steht. Die Fähigkeit, in dichterisch gebundener Rede zu sprechen, ist das letzte Überbleibsel jener Verbindung. Poesie ist seit alters die Sprache der Inspiration und Offenbarung.

Die zweite Wurzel der Prophetie liegt im altorientalischen Kulturland, in dem wir ekstatische Propheten treffen, für die wir am besten den alttestamentlichen Ausdruck *Nabi* verwenden. Das Alte Testament selber erwähnt die Propheten des kanaanäischen Gottes Baal I Reg 18 19ff. II Reg 10 19 oder setzt Propheten als internationale Erscheinung voraus Jer 27 9. Der bis vor kurzem älteste außerbiblische Beleg findet sich in dem Bericht des Ägypters Wen-Amon (Un-Amun) über seine Seefahrt entlang der syrisch-palästinischen Küste (um 1100)[2], in dem aus der Stadt Byblos berichtet wird: »Als er (der König von Byblos) seinen Göttern opferte, ergriff der Gott einen seiner großen Knaben und machte ihn rasend, und er sagte: Bring den Gott herauf, bring den Boten, der ihn bei sich hat; Amon ist es, der ihn gesandt hat, er ist es, der ihn kommen ließ«. Wir begegnen hier einem ekstatischen Nabitum, das mit dem Kultus verbunden ist und göttliche Weisungen übermittelt. Doch schon in der sumerischen Zeit gibt es für derartige Ekstatiker eine Bezeichnung, die wahrscheinlich *der Mann, der in den Himmel eingeht* bedeutet[3]. In das 18. Jh. führt der in einem Brief des Gesandten des Königs Zimri-Lim von Mari für Aleppo genannte *āpilum, der Antwortende*, zu dem es ein weibliches Gegenstück gab und dessen normaler Wirkungsbereich das Heiligtum war[4]. Für die Zeit um 1700 bezeugen fünf Briefe aus Mari am mittleren Euphrat das Auftreten eines als *muḫḫûm* bezeichneten Gottesboten[5], ein weiterer Brief dasjenige einer als *muḫḫûtum* bezeichneten Prophetin[6]. Sie gehören zu einem Stand von Männern und Frauen, die Aufträge der Gottheit, zu deren Tempel sie gehörten, aus Omina, Träumen und ekstatischen Erlebnissen entnehmen und als Orakel weitergeben. So wird in diesen Briefen von einem Mann berichtet, der

---

[2] AOT S. 71—77; ANET S. 25—29.

[3] V. Christian, Sum. lú-an-ná-ba-tu = akkad. maḫḫu »Ekstatiker«, WZKM 54 (1957), S. 9f.

[4] A. Malamat, History and Prophetic Vision in a Mari Letter, Eretz-Israel V, 1958, S. 67—73.

[5] A. Lods, Une tablette inédite de Mari, intéressante pour l'histoire ancienne du prophétisme sémitique, in: Studies in Old Testament Prophecy, 1950, S. 103—110; A. Malamat, »Prophecy« in the Mari Documents, Eretz-Israel IV, 1956, S. 74—84; W. von Soden, Verkündigung des Gotteswillens durch prophetisches Wort in den altbabylonischen Briefen aus Mâri, WdO 1 (1947/52), S. 397—403; C. Westermann, Die Mari-Briefe und die Prophetie in Israel, in: Forschung am Alten Testament, 1964, S. 171—188.

[6] ARM VI, Brief 45, ed. J. R. Kupper; ferner M. Noth, Remarks on the Sixth Volume of Mari Texts, JSS 1 (1956), S. 322—333; weitere neue Briefe in ARM XIII, Brief 23, 112—114.

unaufgefordert zu einem Statthalter oder einem anderen hohen Beamten des Königs kommt, um ihm einen Befehl des Gottes Dagan zu übermitteln. Er erhält die Befehle im Traumgesicht, in dem der Gott ihm erscheint. Der Mann wird mit einem ähnlichen Ausdruck wie die babylonischen ekstatischen Priester bezeichnet; es wird aber deutlich, daß seine Art und Tätigkeit dem Stand des Nabi entsprechen. Neue Dokumente, die noch auszuwerten sind, werden weitere Erkenntnisse bringen. Insgesamt zeigen uns die Briefe aus Mari, daß das Nabitum im altorientalischen Kulturland viel älter als bisher angenommen und das Nebeneinander von Nabi und Priester selbstverständlich ist. Auch in der Folgezeit[7] kannte man in Babylonien Priester und Priesterinnen, die den König durch einen »Sprechtraum« stärkten; für Assyrien ist eine andere Art ekstatischer Prophetie durch einzelne, dem Namen nach bekannte Priesterinnen besonders am Ischtar-Tempel von Arbela belegt. Im 15. Jh. erwähnt ein Brief von Rewašša von Taanak einen *ummânu* der Astarte, der der Magie und Zukunftsschau kundig ist[8]. Schließlich spricht die Inschrift des Königs Zakir von Hamat (um 800 v. Chr.) wohl von Sehern[9].

Diese beiden Wurzeln des alttestamentlichen Prophetentums werden ebenfalls in einer kurzen Notiz in I Sam 9 9 deutlich: »Was man heute ,Prophet (Nabi)' nennt, das nannte man früher ,Seher'«. Die Bemerkung zeigt weiter, daß die Dinge in Bewegung geraten sind und sich etwas Neues zu bilden beginnt. Im einzelnen ist das Sehertum von den ursprünglich nomadischen Israeliten selbst nach Palästina mitgebracht worden; für die frühere Zeit ist auf die sog. Patriarchen zu verweisen, die als inspirierte Führer, Offenbarungsempfänger und Kultstifter die israelitischen Seher der vorjahwistischen Zeit sind. In Palästina haben die Israeliten dann das ekstatische Nabitum vorgefunden und übernommen. Nun ist aber unzweifelhaft das alttestamentliche Prophetentum nicht die einfache Zusammenfassung und Fortsetzung seiner beiden Wurzeln, sondern hat das aus ihnen Übernommene und Beibehaltene zu etwas Besonderem und Eigenartigem umgebildet. Es geschah unter der Einwirkung des *Jahweglaubens*, der als Drittes und Wichtigstes für die weitere Entwicklung zu nennen ist — wie auf allen Gebieten, so auch bei der Bildung der Prophetie.

Damit beginnt ein langer und verwickelter Prozeß, der um 1000 noch in vollem Gange ist. Für diese Zeit treffen wir ein jahwistisches Sehertum (Natan) und Nabitum (I Sam 105) durchaus als getrennte Erscheinungen an. Allmählich verschmelzen sie zum eigentlichen alttestamentlichen Prophetentum — zunächst in schwer zu fassenden

---

[7] AOT S. 281—284.

[8] W. F. ALBRIGHT, A Prince of Taanach in the Fifteenth Century B. C., BASOR 94 (1944), S. 12—27.

[9] AOT S. 443f.; ANET S. 501f.

Übergangsformen (I Reg: Ahia, Semaja, Zedekia, Micha b. Jimla), klarer in den Gestalten Elias und Elisas. Nachwirkung des Sehertums ist es, daß solche Propheten als einzelne Gestalten, unabhängig von einem Heiligtum und ohne erschütternde ekstatische Erlebnisse auftreten können. Nachwirkungen des Nabitums liegen vor, wenn Propheten zu mehreren oder in Gruppen, in Zusammenhang mit einem Heiligtum oder dem Kultus und mit absichtlich herbeigeführten ekstatischen Erlebnissen auftreten.

2. Der kurze Überblick macht jedenfalls deutlich, daß die Prophetie eine wesentlich ältere Geschichte hat, als früher vermutet, und daß die alttestamentliche sog. Schriftprophetie am Ende und nicht am Anfang dieser Geschichte steht. Aber auch die eigentliche alttestamentliche Prophetie, einschließlich der Schriftprophetie, ist eine viel umfassendere und verwickeltere Erscheinung, als man gewöhnlich denkt.

Wir beginnen vor allem eine große und umfassende Gruppe zu entdecken, die den eigentlich tragenden Grund des Prophetenstandes gebildet hat. In sich ist sie natürlich keine Einheit, sondern so mannigfaltig und reich gegliedert, wie es das wirkliche Leben mit sich bringt und Möglichkeiten dazu bietet. Als ganze bezeichnet man sie am besten als kultisch-populäre *Berufsprophetie*[10]. Außer völlig ungebundenen Propheten, die im Lande herumzogen, kann man 2 Gruppen unterscheiden, obwohl sie praktisch weitgehend zusammenfallen. Es sind zunächst die Kultpropheten, die überall im Lande neben den Priestern an den Heiligtümern tätig waren. Worte solcher Kultpropheten können wir mit Sicherheit in verschiedenen Psalmen(versen) entdecken (Ps 2 21 36 60 81 85 110 132), in Einzelabschnitten mancher Prophetenbücher (z. B. Jes 24—27 33 63 7—64 11 Mi 7 8-20) und sogar in ganzen Prophetenbüchern (Nah, Hab, Joel). Es gab ferner die Hofpropheten, die am Königshofe (und wohl auch bei anderen Würdenträgern) als prophetische Berater tätig waren. Da sie sicher mit dem königlichen Heiligtum verbunden waren, sind sie weitgehend mit den Kultpropheten identisch. Sie verheißen dem König vor einem Feldzug den gewünschten Sieg (I Reg 22) oder vertreten wie Chananja die königliche Politik gegen Andersdenkende (Jer 27f.).

Es wird nun verständlich, warum die großen Einzelpropheten andere als falsche Propheten hinstellen und verurteilen können. Es handelt sich um Männer aus dem Stande der Berufspropheten; und

---

[10] S. Mowinckel, Psalmenstudien, III. Kultprophetie und prophetische Psalmen, 1923; A. Haldar, Associations of Cult Prophets among the Ancient Semites, 1945; A. R. Johnson, The Cultic Prophet in Ancient Israel, 1962[2]; J. Lindblom, Prophecy in Ancient Israel, 1962.

es erheben sich nun die Fragen, warum ihre Prophetie falsch ist und wie es dazu kommen kann.

Die wichtigsten Berufspropheten sind die Kultpropheten, die uns in der Geschichte schon sehr früh begegnen. Bei der Salbung Salomos zum König sind Priester und Prophet beteiligt. Mehrfach ersehen wir, daß die Heiligtümer mit Prophetengruppen ausgestattet waren, die an ihnen ihren Sitz hatten. Für die Zeit Jeremias ist es ganz selbstverständlich, daß man Priester und Prophet in einem Atem nennt, ein Priester aber die Aufsicht über die Jerusalemer Kultpropheten führt. Noch in der nachexilischen Zeit hat es solche Propheten gegeben, wie es an Joel und an den kultprophetischen Abschnitten in den Büchern Jesaja und Micha klar wird.

Es handelt sich also um einen Berufsstand, der viele Jahrhunderte hindurch bestanden und in Israel eine sehr bedeutsame Rolle gespielt hat. Wir sehen ihn an den Heiligtümern neben den Priestern als Teil des Tempelpersonals tätig, wenn auch vielleicht nicht so fest in es eingegliedert und nicht so eng mit einem bestimmten Heiligtum verbunden, wie es für den Priesterstand bezeichnend ist. Wir sehen ihn ferner berufsmäßig tätig, so daß eine Entlohnung gewährt wird und die Tätigkeit wie damals für alle Berufe erblich ist.

Die Aufgabe der Kultpropheten bestand 1. darin, auf Anfragen hin oder ungefragt, wenn der »Geist« Gottes über sie kam, göttliche Orakel zu erteilen und darin den göttlichen Willen zu verkünden; 2. als Vertreter des Volkes oder eines Menschen vor Gott — aufgefordert oder nicht — Fürbitte zu üben. In diesem zweifachen Sinne waren die Kultpropheten als Mittler zwischen Gott und Mensch tätig.

Theologisch sind sie weitgehend bestimmt durch die kultische und die nationale Frömmigkeit, die die großen Propheten mit Recht so oft rügen und verurteilen[11]. Auch hier beobachten wir wieder, daß es sich um einen vielschichtigen Stand handelt, den man nicht in ein starres Schema pressen darf. Denn die Akzente sind sehr verschieden verteilt. Bei Nahum überwiegt das Nationale, bei Habakuk dagegen tritt es hinter dem Kultischen und echt Prophetischen zurück. Auch dieses ist also durchaus vertreten. Grundlegend aber ist, daß die verschiedenen Glaubensströmungen beim Kultpropheten zu einer neuen Einheit verschmolzen sind; ihre verschiedenen Elemente können wir zwar durch exegetische Untersuchung bestimmen und in der Auslegung entsprechend verwerten, nicht aber aus dem ganzen Zusammenhang endgültig ausscheiden wollen, um ein gereinigtes kultprophetisches Wort herzustellen. Wir müssen bei der Auslegung beachten, daß in den kultprophetischen Worten nur dasjenige unbe-

---

[11] Vgl. dazu G. FOHRER, Die zeitliche und überzeitliche Bedeutung des Alten Testaments, EvTh 9 (1949/50), S. 447—460.

dingte Geltung beanspruchen kann, was in den Rahmen der großen Prophetie paßt und gehört, während das übrige unter deren Urteil über die kultische und nationale Frömmigkeit fällt.

Neben der kultisch-populären Berufsprophetie steht die andere Gruppe, die zahlenmäßig nur klein ist, ihrer Bedeutung nach aber die Spitze des ganzen Alten Testaments bildet. Es sind die *großen Einzelpropheten*, zu denen Amos und Hosea, Jesaja und Micha, Zephanja und Jeremia, Ezechiel und teilweise Deuterojesaja gehören. Sie üben ihre Tätigkeit nicht berufsmäßig aus, sondern auf Grund ihrer besonderen Berufung, die sie aus ihrem ursprünglichen Beruf herausgerissen hat. In ihnen erreicht die alttestamentliche Prophetie ihren Gipfel; und obwohl sie mit den anderen unter dem einen Begriff »Prophet« zusammengefaßt sind, überwiegt bei ihnen doch das Trennende. Sie stehen im Leben ihres Volkes nicht als Glieder einer Gilde oder eines Standes, nicht als Vertreter eines Stammes oder einer Sippe, nicht als Beamtete eines Heiligtums oder Königs, sondern wissen sich ausschließlich als Vertreter, Botschafter und Herolde ihres Gottes. Sie stehen jenseits aller sozialen und verwandtschaftlichen Bindungen, so daß von ihnen mit Recht nach Dtn 33 9 gesagt werden könnte:

> der von seinem Vater und seiner Mutter sagt:
> Ich sehe ihn nicht!,
> der seine Brüder nicht anschaut,
> seinen Sohn nicht kennt.

Sie lernen vielmehr, was Gott sie lehrt, und folgen allein ihm, auch wenn sie leiden müssen.

Wenn wir demnach von den »Propheten« sprechen, müssen wir uns darüber klar sein, daß die Lage damals umgekehrt war wie heute. Wenn wir von ihnen sprechen, denken wir an die wenigen großen Einzelpropheten und sehen dahinter nur verschwommen — wenn überhaupt — die große und tragende Gruppe der Berufspropheten. Tatsächlich war es in Israel entgegengesetzt. Da dachte man in erster Linie an die Berufspropheten als den prophetischen Stand, neben dem die anderen nur vereinzelt aufgetreten sind. Die großen Einzelpropheten waren damals Sondererscheinungen, heute äußerlich gelegentlichen Wanderpredigern gegenüber dem umfassenden Stand der Pfarrer vergleichbar. Diese Auffassung hat sich erst unter dem Einfluß der vom sog. deuteronomischen Gesetz bestimmten theologischen Schule im babylonischen Exil zu ändern begonnen, als man einsah, daß eben jene wenigen Recht gehabt hatten und alle Kultpropheten Unrecht. Daher hat in nachexilischer Zeit die Kultprophetie zunehmend an Bedeutung verloren und ist endlich in den Tempelsängern aufgegangen, als sie keine Beachtung mehr fand. Dagegen hat man die Worte der großen Einzelpropheten in viel stärkerem Maße gesammelt und allmählich der entstehenden heiligen Schrift eingefügt. Aber auch diese Erscheinung hat mit dem Exil ihren Höhepunkt überschritten. Nach dem Exil finden wir nur noch Epigonen, deren Worte zwar oft noch kühn und beachtenswert sind, aber doch die klassische Klarheit und Strenge ihrer Vorgänger nicht mehr erreichen. Demnach ergibt sich aus der Geschichte der Prophetie, daß 1. die Schriftpropheten innerhalb der Gesamtprophetie nur einen kleinen Endabschnitt bilden, der freilich theologisch am wichtigsten ist; 2. innerhalb der Schriftprophetie von den Berufspropheten die großen berufenen Einzelpropheten zu unterscheiden sind, die als in erster Linie bedeutsam den Maßstab zur theologischen Beurteilung aller anderen liefern. Ihnen wollen wir uns nunmehr hauptsächlich zuwenden.

II. Zur Verkündigung der Prophetie

1. Betrachten wir die prophetische Verkündigung genauer, so erkennen wir, daß ein *Prophetenwort* nicht plötzlich auf wunderbare Weise da ist, sondern seine *Entstehung* einem längeren und verwickelten Vorgang verdankt. Wir können darin vier Stufen unterscheiden[12].

Die erste Stufe und also die letzte Quelle prophetischer Tätigkeit ist ein Augenblick persönlicher Gottergriffenheit. In ihm kommen der »Geist« oder das »Wort« Gottes über den Propheten. Der Geist ist dabei die treibende, aber unbestimmte und inhaltlich fließende Kraft, die im frühen Nabitum und in der Kultprophetie erscheint. Dagegen ist diese Geistbegabung den großen Einzelpropheten gewöhnlich verdächtig, weil aus ihm eben die Worte der Kultpropheten stammen, die so oft zu beanstanden sind. Daher berufen sie sich statt dessen auf das Wort Gottes, das sich als eine dem Propheten fremde Macht einstellt, sich gegen seine persönlichen Wünsche und Neigungen durchsetzt und als göttliches Wort durch seinen überzeugenden Inhalt und seine folgerichtigen Forderungen ausweist, die die typische menschliche Daseinshaltung erschüttern und in Frage stellen und eine neue Daseinshaltung erstehen lassen, die von der bisherigen nicht nur gradweise, sondern grundsätzlich verschieden ist. In einem solchen Augenblick göttlicher Ergriffenheit macht der Prophet (nach einem Ausdruck von H. GUNKEL[13]) eine »geheime Erfahrung«. Wir können vier solcher Erfahrungen erkennen: die Vision (innere Schau, z. B. Jes 6), die Audition (inneres Hören, z. B. Jer 4 5-8. 13-16. 19-22),

---

[12] J. HEMPEL, Die althebräische Literatur und ihr hellenistisch-jüdisches Nachleben, 1930/34, S. 61—66.

[13] H. GUNKEL, Die Propheten, 1917, S. 1—31 (ferner in: H. SCHMIDT, Die großen Propheten, 1923², S. XVII—XXXIV).

die plötzliche Eingebung (z. B. Jes 7 10-17) und das wunderbare Wissen
(z. B. der »Feind aus dem Norden« in der Anfangszeit Jeremias).
Dabei sind Vision und Audition oft miteinander verbunden. Außer der
Vision sind diese Erfahrungen leider noch sehr wenig erforscht; wir
können auch in die Stunden solcher Erfahrungen kaum noch hinein-
sehen. Jedenfalls aber sind sie die Keimzelle der prophetischen Verkündigung. Freilich lassen sie sich formal von den Erfahrungen anderer
Menschen nicht unterscheiden, so daß sich dadurch ihr Inhalt nicht als
inspiriert oder geoffenbart erweisen läßt. Die prophetische Verkündigung wird durch sie nicht äußerlich in einer Weise beglaubigt, die
jedem einsichtig gemacht werden könnte, sondern erhebt den Anspruch von echt und wahr erlebter Offenbarung, über dessen Annahme oder Ablehnung der von dieser Verkündigung Angeredete
entscheiden muß.

Manchmal sind geheime Erfahrungen offensichtlich von ekstatischen Erlebnissen begleitet, am besten bei Ezechiel zu beobachten[14].
Die Wissenschaft hat darüber viel diskutiert[15]. Im Überschwang der
ersten Entdeckung glaubte man, daß die Ekstase für die Prophetie
grundlegend und die Quelle der prophetischen Erkenntnisse überhaupt sei, also sämtlichen Erfahrungen zugrunde liege. Die Reaktion
darauf war die ebenso grundsätzliche Ablehnung des Auftretens
ekstatischer Zustände bei den Propheten. Allmählich beginnt sich die
richtige Einsicht einzustellen, daß wohl alle Propheten hin und wieder
solche Erlebnisse gehabt haben; doch macht man die Einschränkung,
daß die Ekstase keine Bedeutung für sich allein hat und keine isolierte
Erscheinung ist, sondern bestimmte geheime Erfahrungen begleiten
kann, und daß sie in Zusammenhang mit ihnen auftreten kann, nicht
aber muß. Sie ist also als mögliche Begleiterscheinung geheimer Erfahrungen anzusprechen, die den Propheten einer mehr oder weniger
starken Erregung und Erschütterung aussetzt. Dann krampft sich
das Herz im Schrecken zusammen, Zittern und Beben befällt den
Menschen, seine Haare sträuben sich, und seine Füße versagen den
Dienst (vgl. die Hinweise in Jes 21 1-10).

Die zweite Stufe ist die Deutung und Auslegung der einzelnen
Erfahrung durch den Propheten. Sie ist ganz von dem Gottesglauben
beherrscht, in dem der Prophet lebt und der nun durch die Wucht
der neuen Erfahrung wieder eine Steigerung und Neufärbung erlebt.
Denn die neue Erfahrung wird so gedeutet, daß das Einzelerleben
sich dem schon bestehenden Gesamtbild von Wesen und Willen Gottes
eingliedert und es aufs neue vergegenwärtigt.

---

[14] Vgl. dazu im einzelnen G. FOHRER-K. GALLING, Ezechiel, 1955.

[15] Vgl. die gegensätzlichen Ansichten von G. HÖLSCHER, Die Profeten, 1914, und
I. P. SEIERSTAD, Die Offenbarungserlebnisse der Propheten Amos, Jesaja und Jeremia, 1965².

Als dritte Stufe tritt die verstandesmäßige Bearbeitung des Erlebnisses hinzu. Wenn das in der geheimen Erfahrung Erlebte ausgesprochen werden muß, wie es der göttliche Zwang erfordert, damit es nach außen wirksam werden kann, muß es in vernünftige und verständliche Worte übersetzt werden und darf nicht im Lallen des Zungenredens bleiben. Diese Übersetzung geschieht so selbstverständlich, daß oft aus dem Glauben des Propheten selbst die sachgemäße Begründung hinzugefügt wird oder verstandesmäßige Folgerungen aus dem Erlebten in das Gotteswort selbst eingehen.

Dem läuft als vierte Stufe die Bearbeitung durch künstlerische Ausformung parallel, die sich ebenfalls ganz selbstverständlich vollzieht. Nach damaligem Verständnis muß jedes Orakel, auch das prophetische, grundsätzlich in poetisch gebundener Rede erteilt werden. Daher gibt es kein wirkliches Prophetenwort, das nicht in Versform gehalten ist[16], obwohl dies nur ganz selten aus einer Bibelübersetzung zu ersehen ist. Wir könnten die Prophetenworte sicherlich in mancher Hinsicht besser verstehen, wenn sie nicht kapitelweise in Prosa hintereinander gedruckt, sondern die einzelnen Worteinheiten getrennt und in Versform wiedergegeben wären.

Wir müssen aber noch weitere Folgerungen aus dem Gesagten ziehen. Wir sehen, daß die geheime Erfahrung grundlegend ist, das uns vorliegende einzelne Prophetenwort aber nicht »das Wort Gottes«, sondern ein Ineinander von göttlicher Erkenntnis und prophetischer Deutung, Auslegung und Verarbeitung ist. Wir können nur theoretisch zwischen dem Offenbarungsempfang, der beim Innewerden besonderer Erkenntnisse durch das Mittel der geheimen Erfahrungen erfolgt, und der anschließenden Deutung und Formulierung dieser Erkenntnisse durch den Propheten unterscheiden. Die göttliche Offenbarung geht immer über den menschlichen Mittler und wird durch ihn geformt; wir haben diesen Schatz nur in irdenen Gefäßen. Die göttliche Botschaft wird uns nicht als objektive theoretische Lehre oder als zeitlose allgemeingültige Wahrheit übermittelt, sondern begegnet uns innerhalb eines Glaubens, der durch sie in bestimmter Zeit und Lage geschaffen worden ist. Wir können zwischen dem göttlichen Wort der Botschaft und ihrem glaubenden und theologischen Verständnis praktisch nicht trennen. Beides tritt uns als eine Einheit entgegen, die von einer persönlichen Erfahrung ausgeht, eine dadurch bedingte Auslegung einschließt und in der damaligen Ausdrucksweise theologisch geprägt ist.

Schließlich erkennen wir nun, wie falsche Prophetie entsteht. Entweder liegt überhaupt keine geheime Erfahrung zugrunde, so daß alles Gesagte völlig in der Luft hängt, oder die geheime Erfahrung

---

[16] Vgl. unten: Über den Kurzvers.

ist vom Propheten in falscher Weise gedeutet, ausgelegt oder ver-
standesmäßig bearbeitet worden.

2. Die Propheten haben nicht nur allerlei Worte gesprochen,
sondern auch sog. *symbolische Handlungen* ausgeführt (z. B. Hos 1 3
Jes 8 1-4 20 Jer 16 1-9 19 27 Ez 4—5 12 1 ff. 24 15 ff.)[17]. Diese Handlungen sind tatsächlich ausgeführt worden, wie die gelegentlichen Bemerkungen über den Vollzug, die erstaunten Fragen des Volkes und
die Antwort der Propheten zeigen. Sie sind bewußt und mit klarem
Verstand ausgeführt worden und nicht unwillkürliche und unbewußte
Triebhandlungen, weil sie sich oft über mehrere Jahre erstrecken. Sie
sind absichtlich und zu einem bestimmten Zweck ausgeführt worden
und nicht einer Stimmung oder Laune des Propheten entsprungen.
    Diese Handlungen stehen neben dem Wort der mündlichen Ver-
kündigung als deren zweite Art, die durch die Tat, durch das prophetische Handeln erfolgt. Sie betont in viel stärkerem Maße, als es durch
das Wort geschehen kann, daß die prophetische Verkündigung eine
wirksame Verkündigung sein will. Das wird deutlich, wenn wir nach
dem Ursprung der symbolischen Handlungen fragen. Wir beobachten
dann, daß ihnen magische Handlungen zugrunde liegen, d. h. solche
Handlungen, durch deren Ausführung man etwas Bestimmtes erreichen wollte und nach alter Vorstellung eben durch die Ausführung
der Handlung auch erreicht. So lassen sich für alle prophetischen
Handlungen oft verblüffende Beispiele aus dem Bereich der Magie beibringen. Doch zeigen sie nicht nur die ursprünglich nahe Verwandtschaft magischer und prophetischer symbolischer Handlungen, sondern ebenso deutlich den Unterschied zwischen beiden. Die prophetische Handlung bewirkt das Eintreffen des symbolisch dargestellten
Geschehens nicht mechanisch durch die Ausführung der Handlung
und die ihr innewohnende Kraft. Die Gewißheit, daß es sich ereignen
wird, liegt für den Propheten vielmehr in der Macht Gottes und in
seinem Willen, das durch die Handlung Verkündete wahr und wirklich
werden zu lassen. Deswegen finden sich in den Berichten über symbolische Handlungen oft der Befehl Gottes zur Ausführung der Handlung
und seine Zusage zur Verwirklichung des durch sie Verkündeten.
    Auch dem Propheten gilt die symbolische Handlung also als
wirksam, aber nicht infolge magisch zwingender Kraft, sondern als
Ankündigung des göttlichen Handelns durch ihn als Bevollmächtig-
ten. Ja, der Prophet kündigt nicht nur an, sondern führt durch sein
Tun das angekündigte Geschehen mit herbei. Und jeder seiner Zeit-

---

[17] Vgl. unten: Die Gattung der Berichte über symbolische Handlungen der Propheten.
    Eine ausschließliche Worttheologie erfaßt also nur einen Teil der prophetischen
    Verkündigung.

genossen, die wohl alle von solchen Handlungen wußten, hat sie als
solche wirksame Ankündigung verstanden.

III. Zur Botschaft der Prophetie

1. Seit einiger Zeit ist ein neues Problem in unser Gesichtsfeld
getreten, das gelegentlich schon kurz berührt wurde, aber doch gründ-
lichere Untersuchungen erforderte. Es ist das Thema des *Verhältnisses*
der prophetischen Botschaft *zu den religiösen Überlieferungen,* in denen
die Propheten aufgewachsen sind.

Zweifellos leben in den großen Einzelpropheten die Glaubens-
impulse der mosaischen Zeit wieder auf, wenn nicht in derselben Art,
so doch in geläuterter und weiterführender Form. Sie erfahren von
neuem Gottes wunderbares Handeln und seinen heiligen, Entscheidung fordernden Willen. Maßgeblich für sie ist aber auch das eigene
Erleben und Erfahren, das ja besonders an den »geheimen Erfahrungen« deutlich wird, von denen schon die Rede war.

Wir können aber noch mehr entdecken, wenn wir einmal die
Prophetenworte genau untersuchen[18]. Natürlich stehen die Propheten
mit allem, was sie sagen und tun, in einer langen und umfangreichen
Tradition — nicht nur des prophetischen Auftretens, das wir nun so
weit zurückverfolgen können, sondern auch der altorientalischen und
israelitischen Kultur und Religion. Doch kann man sie deswegen nicht
in eine angebliche altorientalische Einheitskultur eingliedern und mit
den mesopotamischen oder kanaanäischen Kultpropheten gleich-
setzen. Ebensowenig lassen sie sich als bloße Hüter einer israelitischen
Überlieferung verstehen, zu der sie zurückgerufen, die sie reformiert
oder in aktueller Weise verkündigt hätten. Sie sind keine Reformatoren
und Protestanten, obwohl diese Bezeichnung manchem gefallen
möchte, aber auch keine Revolutionäre, die alles Bestehende weg-
fegen und ganz neu anfangen möchten. Sie stehen den Überlieferungen
anders gegenüber. Sie sind zwar mit der israelitischen religiösen Tradition verbunden und durch sie mit der umfassenderen der altorientalischen Völker. Aber nicht nur das ist für ihre Daseinshaltung bestim-
mend geworden, sondern das eigene Erleben der schrecklichen und
begnadigenden Gegenwart Gottes gemäß den lebendigen Anstößen
des mosaischen Glaubens. Dadurch bilden die Propheten etwas
Eigenes. Sie geben die aus dem Kompromiß mit anderen Vorstellungen
und Gebräuchen entstandenen Glaubensformen auf und handeln aus
einer als existentiell erfahrenen Wahrheit. Sie haben dabei die Tradition nicht ausgeschaltet, sondern durchaus für ihre Verkündigung

---

[18] Vgl. G. Fohrer, Tradition und Interpretation im Alten Testament, ZAW 73 (1961),
S. 1—30, sowie unten: Prophetie und Geschichte.

benutzt. Aber die alten Überlieferungen sind für ihren Glauben nicht
grundlegend; sie werden außerdem für die prophetische Verkündigung
umgebildet und neu ausgelegt und verstanden, damit die Propheten
mit ihrer Hilfe ausdrücken können, was sie sagen wollen. Daher läßt
sich sagen, daß die Propheten weder Revolutionäre noch Reformatoren, sondern neuschöpferische Gestalten sind.

2. Fragen wir nach dem *Inhalt der prophetischen Botschaft*, so
müssen wir davon ausgehen, daß der prophetische Glaube auf Grund
der Nachwirkungen der Mosezeit in einem neuen Verstehen Gottes
begründet ist, geboren aus dem Geheimnis persönlicher Erfahrung,
die nach der Meinung der Propheten jedem Menschen in irgendeiner
Weise zuteil werden kann. Dann erfährt er Gott als heilige Leidenschaft und lodernde Glut, der alles der Vernichtung anheimgibt, was
seinem Willen widerstrebt. Wenn er spürt, wie dieser Wille in sein
Dasein eingreift und es erschüttert, scheint nur der demütige Ver-
zicht auf alles eigene Handeln und die völlige Unterwerfung unter
Gott übrigzubleiben. Aber die Propheten erleben tatsächlich, daß die
heilige Gottesmacht den Menschen nicht willenlos knechtet und in den
Staub wirft, sondern ihn vor eine persönliche Entscheidung stellt —
vor die Entscheidung, ob er zu diesem Gott und seinem Willen Ja
oder Nein sagen, ob er ganz ein Neuer werden oder ganz der Alte
bleiben will.

Von da aus setzen sich die Propheten mit der gewöhnlichen
menschlichen Daseinshaltung auseinander: dem Verlangen nach
Sicherheit, Ruhe und Sattheit an Stelle des freudigen Vertrauens und
der restlosen Hingabe, die Gott will. Vor solchem Dasein und seinen
Folgen warnen sie und rufen zur Entscheidung für das neue Dasein
auf, in dem sie schon leben und das jedem offensteht, der es begehrt.

Die Propheten warnen vor dem alten Dasein, weil es durch die
Schuld des Menschen vor Gott und in der Welt gekennzeichnet ist
und die Quelle weiterer falscher Gedanken, Worte und Taten darstellt.
Da sie keine Philosophen und Dogmatiker sind, verfahren sie so, daß
sie zunächst die einzelnen Sünden rügen, die ihnen in die Augen fallen.
Sie haben dabei den verschiedenen Ständen und Schichten ihres
Volkes mit unerhörtem Freimut Worte entgegengeschleudert, wie
man sie nie zuvor zu hören bekommen hatte. Sie wenden sich gegen
alle, bei denen ihnen die Schuld begegnet: König und Regierung,
Reiche und Vornehme, Richter und Älteste, Großgrundbesitzer und
Kaufleute, Priester und Kultpropheten, aber auch die einfachen und
armen Leute. Das ganze Volk ist auf dem falschen Wege, den es eingeschlagen hat, verdorben und verkommen.

Alle einzelnen Vergehen aber haben ihre Ursache in einer bestimmten Grund- und Gesamthaltung des Menschen, aus der die

einzelnen Übertretungen erst folgen. Es ist die Verweigerung des freudigen Vertrauens und der restlosen Hingabe, die Gott fordert, die Auflehnung gegen Gott und der Abfall von ihm. Darin ist die Schuld des Menschen zutiefst zu fassen. Amos erblickt sie in Undankbarkeit, Hosea in innerer Abneigung und Feindschaft gegen Gott, Jesaja in Hochmut und Selbstüberhebung, Jeremia in verlogener Bosheit und Schlechtigkeit. Das alles übt eine solch gewaltige Macht über den Menschen aus, daß manchmal jede Hoffnung auf Änderung aussichtslos erscheint. Aus dem Verschließen gegen den göttlichen Willen wird eine tätige Feindschaft gegen Gott.

Als Folge dessen erwarten die Propheten ein gewaltiges Strafgericht über ihr Volk. Es kommt allerdings nicht unerwartet, weil viele Mahnungen, Warnungen und kleinere Schicksalsschläge vorausgegangen sind. Da sie aber vergeblich waren, ist in Kürze das bittere Ende zu erwarten, dem niemand entrinnen kann. Die Propheten beschreiben das Gericht in verschiedener Form; sogar beim einzelnen Propheten finden sich mehrere Anschauungen. Das Gericht wird durch Naturkatastrophen vollzogen, durch verheerenden Krieg und Deportation, durch Revolution und Anarchie. Jedenfalls wird es so sicher eintreffen, daß man schon jetzt die Totenklage anstimmen kann und soll, weil später niemand mehr da sein wird, der sie anheben und die Leichen der Letzten seines Volkes bestatten kann.

Es ist nun wichtig, daß dieses Gericht nicht einfach die juristisch festgelegte Strafe für die Schuld ist, erst recht nicht göttliche Willkür, Launenhaftigkeit und Brutalität. Denn die Schuld ist ja in dem falschen Streben des Menschen nach Sicherheit begründet und besteht darin, an Stelle von Vertrauen und Hingabe an den göttlichen Willen ein gesichertes Dasein aus dem Geschaffenen, Irdisch-Natürlichen und Vergänglichen heraus zu leben. Darum führt die Schuld mit innerer Notwendigkeit zu Untergang und Katastrophe, da das Irdische als Geschaffenes vergänglich ist. Das in falsche Bahnen gelenkte Dasein muß mit innerer Folgerichtigkeit zerbrechen. Gelegentlich sind Sünde und Gericht so eng miteinander verbunden, daß die Schuld eigentlich schon das Gericht ist, wie in Jesajas Bild vom Riß in der Mauer, die schließlich zusammenbricht (Jes 30 8-14).

Die Propheten sind aber stets in einer Stunde zu der Erkenntnis gelangt, daß das Gericht nicht das ist, was Gott eigentlich will. Ezechiel drückt es in klassischer Weise aus (18 23):

> Habe ich denn Gefallen an des Frevlers Tod,
> nicht daran, daß von seinem Wandel er umkehrt und leben bleibt?

Daher kann das Gericht nicht unvermeidlich sein, so wenig die falsche Daseinshaltung unüberwindlich ist. Deswegen schauen die Propheten auch die Möglichkeit eines neuen Heils: Die Möglichkeit eines neuen

Menschen, der den Willen Gottes vollkommen erfüllt, so daß dieser Gott tatsächlich in der Welt herrscht.

Freilich dürfen wir uns dabei nicht so sehr an die Propheten der nachexilischen Zeit halten, weil bei ihnen die Entartung beginnt. Aus ihren Worten spricht vor allem die Sehnsucht eines armen und geknechteten Volkes, das sich eine baldige Heilszeit ersehnt und sie mit leuchtenden Farben ausschmückt. Da erscheint Palästina wieder als das Land der göttlichen Verheißung, auf dessen reinem Boden Gott allein verehrt werden kann. Der nationale Ton in solchen Worten ist unverkennbar. Dieses Palästina wird ein Wunderland sein, das eine nie geahnte Fruchtbarkeit aufweist, das neue Jerusalem eine Wunderstadt, vor der man in staunender Bewunderung erstarrt, wohin die Schätze der ganzen Welt fließen und dem alle Völker ihre Ehrfurcht und Unterwerfung bezeigen.

Ebenso muß der Hinweis auf die messianische Hoffnung zurücktreten[19]. Zunächst erscheint der Messias an den wenigen alttestamentlichen Stellen, an denen von ihm die Rede ist, durchweg nicht als Bringer des Heils, sondern als der von Gott als sein irdischer Stellvertreter eingesetzte Herrscher der Heilszeit. Der Messias als Heilsbringer ist erst ein Glaubensgedanke des Frühjudentums in der Zeit zwischen Altem und Neuem Testament. Außerdem gibt es im Alten Testament keine feststehende Ansicht über die Person des Messias. Er kann ein Abkömmling der davidischen Dynastie, ein die Davididen ablösender König oder sogar ein Fremder sein, den Gott beruft. Seine Person ist nebensächlich gegenüber dem Gott, der ihn sendet. Aller Nachdruck liegt auf dem Handeln Gottes; er führt die entscheidende Wendung herbei, er schafft das Heil.

Es ist schließlich zu berücksichtigen, daß sich bei den vorexilischen großen Einzelpropheten gewiß eine ganze Reihe von Heilsworten finden, daß sie aber doch an Zahl geringer sind als die scheltenden und drohenden Worte. Viele Heilsworte sind erst später ihren Schriften zugefügt worden. Wo sie aber das Heil für möglich halten, haben sie es in erster Linie in der inneren Erneuerung des Menschen erblickt. Sie haben keinen äußeren Glanz erwartet, sondern wie Zephanja sogar von einem armen und geringen Volk gesprochen, das aber in echtem Glauben leben wird. Wie sie selbst durch ihre Berufung zu ihm geführt worden sind, kann es in entsprechender Weise allen anderen ergehen. Dann kommt es zu dem neuen Bund, den Jeremia schaut (Jer 31 31-34), in dem Gott seinen Willen in das Innere des Menschen legen wird. Er ist nicht mehr auf die Volksgemeinde Israels beschränkt, sondern umfaßt alle Völker, deren Schicksale Gott ja in seiner Hand zusammenfaßt.

---

[19] Vgl. G. FOHRER, Messiasfrage und Bibelverständnis, 1957.

Diese Heilserwartung kann man ebensowenig wie die Gerichtsdrohung kurzweg als »Weissagung« bezeichnen, nach deren Erfüllung
wir Ausschau halten müßten. Die prophetische Botschaft enthält
keine Weissagung, die Propheten haben nicht geweissagt! Wir müssen
uns von unserem volkstümlichen Mißverständnis des »Prophezeiens«
losmachen, wenn wir die Propheten verstehen wollen. Darauf sollte
schon die Beobachtung hinweisen, daß sonst nur ein geringer Teil
dessen eingetroffen wäre, was sie geweissagt hätten, und auch der
weithin in anderer Form, als sie angekündigt hätten. Sie wären sehr
schlechte Weissager gewesen, und die Beschäftigung mit ihren Worten
lohnte nicht.

Ferner greifen die Propheten fast niemals in die fernere Zukunft.
Was sie erwarten, erwarten sie meist in allerkürzester Zeit, selbst noch
die nachexilischen Epigonen. Es ist alles schon im Begriff, sich zu
ereignen, und sie haben gerade noch etwas Zeit, um darauf hinzuweisen und aufzufordern, daraus die richtigen Folgerungen für die
Gegenwart zu ziehen. Wenden wir uns insbesondere den großen
Einzelpropheten zu, so sehen wir, daß ihre Heilsworte keineswegs in
die fernere Zukunft weisen, sondern das großartige und befreiende
Oder zum Entweder der Gerichtsdrohung bilden und sich genauso gut
unmittelbar verwirklichen können. Die prophetische Botschaft spricht
vom baldigen Geschehen und von den nächsten Dingen. Sie ist also
nicht eschatologisch; wo immer man sie in dieser Weise hat verstehen
wollen, war man genötigt, den Begriff der Eschatologie zu erweichen
und zu ändern, so daß er schließlich etwas ganz anderes besagt. Die
prophetische Botschaft spricht auch von der nächsten Zukunft nur,
um die Gegenwart zu bestimmen. Um diese ihre Gegenwart geht es
den Propheten eigentlich; wer das nicht erkennt, versteht sie überhaupt
nicht.

Von dieser nächsten Zukunft nur reden auch die Droh- und Heilsworte. Neben ihnen aber gibt es noch viele andere prophetische Redegattungen, die sich eindeutig auf die Gegenwart beziehen und die die
Gattungs- und Formgeschichte seit H. GUNKEL in zunehmendem
Maße erforscht: Scheltwort, Mahnwort, Belehrung usw. Und die Droh-
und Heilsworte als die ursprünglichen prophetischen Redegattungen
stammen schon aus dem Seher- und Nabitum, die sie aus dem zu-
kunftwirkenden Wort der Magie herausgebildet haben. Da geht es
nirgendwo um Weissagung, sondern um die wirkungsmächtige Bestimmung des für heute und morgen gewünschten Geschehens.

Der erste entscheidende Satz für das Verständnis der großen
Einzelpropheten lautet demnach: Die Propheten wollen nicht weis-
sagend oder eschatologisch die ferne Zukunft voraussagen, sondern
ihre Gegenwart bestimmen und formen. Darum rügen sie die Schuld,

warnen vor dem ihretwegen drohenden Untergang und rufen zu
einem neuen heilvollen Dasein auf.

Daraus folgt der zweite entscheidende Satz: Das Thema der
prophetischen Botschaft ist die mögliche Rettung des schuldigen und
eigentlich dem Tode verfallenen Menschen.

Wie aber kann es zu dieser Rettung kommen? Die erste Antwort
ist der Ruf zur Umkehr, der sich bei allen großen Einzelpropheten
findet und mit dem noch Jesus seine Verkündigung begonnen hat.
Kehrt um, das bedeutet: weg vom falschen sündhaften Dasein, hin
zu jenem besonderen Dasein des Vertrauens, der Hingabe und der
Gottesgemeinschaft! Vollzieht der Mensch solche Umkehr, so wird
Gott ihm gnädig sein. Wie wichtig den Propheten diese Mahnung zur
Umkehr ist, zeigt sich daran, daß Jeremia seine prophetische Wirksamkeit in ihr zusammenfassen kann (25 1-14):

> Vom 13. Jahre
> Josias, des Sohns Amons,
> des Königs über Juda,
> bis zum heutigen Tag
> — nun 23 Jahre —
> hab ich zu euch gesprochen
> von früh bis spät:
>
> »Kehrt jeder um von seinem bösen Wandel
> und von der Bosheit eurer Taten,
> so werdet ihr auf diesem Boden wohnen bleiben,
> den Jahwe euch
> und euren Vätern gab,
> von Ewigkeit zu Ewigkeit!«
> Doch ihr habt nicht auf mich gehört!   (Jer 25 3*. 5. 7a*)

An die Gegenwart des Propheten ergeht der Ruf zur Umkehr, und seine
Gegenwart wird vor die Entscheidung gestellt, ganz ein Neues zu
werden oder ganz das Alte zu bleiben — mit allen Folgerungen, die
sich daraus ergeben.

Daneben bemerken wir eine zweite Linie, die von Hosea über
Jeremia, Ezechiel weiter bis zu Deuterojesaja verläuft. Ihr Stichwort
heißt nicht Umkehr, sondern Erlösung. Alles wird zunächst von der
erlösenden Tat Gottes erwartet, auf die das Handeln des Menschen
als zweites folgt. Es gilt die Entscheidung dafür, das vergebende und
erlösende Angebot Gottes anzunehmen und sich von ihm in ein neues
Dasein hineinnehmen zu lassen. So verheißt Ezechiel ein neues fleischernes Herz an Stelle des steinernen, verbunden mit der Begabung
des göttlichen Geistes, der das neue Leben des Menschen formt und bestimmt (Ez 36 25-27):

Ich sprenge reines Wasser
über euch, daß ihr rein werdet
von all euren Verunreinigungen.
Von all euren Götzen
will ich euch reinigen.

Ich gebe euch
ein neues Herz,
entferne das steinerne Herz aus eurem
und gebe euch   [Fleisch
ein fleischernes Herz.

Ich lege meinen Geist in euch
und mache, daß ihr in
meinen Geboten wandelt,
meinen Willen beachtet
und ihn tut.

Freilich sind Umkehr und Erlösung nicht streng voneinander zu scheiden und erst recht keine ausschließenden Gegensätze. Denn beide meinen eine Wandlung des Menschen und sind nur zwei verschiedene Darstellungen dieser Wandlung. In ihnen liegt der Nachdruck entweder mehr auf dem Tun des Menschen oder auf dem Tun Gottes. Umkehr bedeutet etwa, daß der Mensch in sich das Schuldverfallene erlöst und von sich aus das schuldige Dasein erlöst und daß er allem, was sich in ihm regt, die rechte Richtung auf Gott verleiht. Erlösung bedeutet, daß Gott im Menschen alles von ihm Wegführende umkehren läßt und umkehrt und daß er allem, was sich im Menschen regt, die rechte Richtung verleiht.

Von da aus können wir endlich die prophetische Botschaft in ihrem inneren Zusammenhang in wenigen Punkten zusammenfassen. Sie geht 1. aus von der notwendigen Wandlung des Menschen durch Umkehr oder Erlösung. Diese bewirkt 2. die Verwirklichung der Herrschaft Gottes im Leben des Umgekehrten oder Erlösten. Sie führt 3. zur Herstellung einer wirklichen Gottesgemeinschaft in einem neuen Dasein; davon ist vor allem die Rede, wenn die Propheten von der »Erkenntnis« Gottes sprechen, mit der sie keine theoretische und intellektuelle Wahrnehmung meinen, sondern das ganz persönliche Kennen und Verbundensein. Die Wandlung gestaltet 4. das ganze Leben des Menschen um, der ja nunmehr den göttlichen Willen erfüllt; er ist ihm ins Herz gegeben, so daß er ihn sozusagen wie selbstverständlich und aus sich heraus erfüllt und nicht bloß aus Gehorsam oder gar als Leistung, die einen Lohn heischt. Es kommt 5. dahin, daß die einzelnen Glaubenden sich zu einer Gemeinschaft zusammenfinden, die das wahre Gottesvolk ist. Die Aufgabe jedes einzelnen und der Gemeinschaft der Glaubenden ist es, die Gottesherrschaft und Gottesgemeinschaft auf dieser Erde hier und jetzt durch ihr Leben zu verwirklichen.

Bemerkungen zum neueren Verständnis der Propheten

Das Verständnis der Propheten ist in unseren Tagen zweifellos schwieriger und verwickelter als vor etwa einem halben Jahrhundert[1]. Liest man die Kommentare jener Zeit, so ist man überrascht darüber, wie gleichförmig und geringfügig ihre Probleme und wie einfach auf Grund einer wie auch immer zu kennzeichnenden Philosophie ihre vorgetragenen Lösungen sind. Heute ist nicht nur jene Philosophie als falsch erkannt, sondern es stehen auch mannigfache neue Methoden, archäologische Ergebnisse und ein umfangreiches Material über die Religionen des Alten Orients zur Verfügung. Die alttestamentliche Wissenschaft hat beträchtliche Anstrengungen unternommen und neue Forschungsrichtungen entwickelt, um alles Material zu verarbeiten und allen Gegebenheiten gerecht zu werden. Infolgedessen ist es trotz der zahlreichen schwierigen und verwickelten Probleme aufs Ganze gesehen möglich geworden, die Prophetie in einem klareren und umfassenderen Licht zu sehen als jemals zuvor. Doch weist der jetzt begangene Weg auch Fallen auf, die nicht immer vorsichtig umgangen worden sind. Manchmal scheint die frühere Philosophie lediglich durch eine neue Philosophie oder »Weltanschauung« ersetzt worden zu sein. Was wir brauchen, ist jedoch nicht eine neue Philosophie, sondern eine neue Kritik.

In diesem Zusammenhang möchte ich nicht auf die religionsgeschichtliche Nivellierung eingehen, die das Alte Testament in ein angeblich einheitliches kultisches Schema des Alten Orients eingliedert und die alttestamentlichen Propheten mit den Kultpropheten Mesopotamiens und Kanaans auf die gleiche Stufe stellt. Zahlreiche Stimmen haben diese panorientalische Interpretation, die an die Stelle der früheren panbabylonischen Auffassung getreten ist, abgelehnt und auf ihre Unzulänglichkeiten hingewiesen. Meine Ansicht über diese Frage habe ich mehrfach dargelegt und brauche sie nicht zu wiederholen[2]. Stattdessen möchte ich auf drei andere Fragen eingehen.

---

[1] Vgl. W. BAUMGARTNER, Die Auffassungen des 19. Jahrhunderts vom israelitischen Prophetismus, AfK 15 (1922), S. 21—35 (Zum Alten Testament und seiner Umwelt, 1959, S. 27—41).

[2] Vgl. vor allem G. FOHRER, Neuere Literatur zur alttestamentlichen Prophetie, ThR NF 20 (1952), S. 193—271, 295—361.

I.

Einen neuen Antrieb hat das Verständnis der Propheten durch die Untersuchung der Redeformen und literarischen Gattungen und des geschichtlichen Weges dieser Formen erfahren, die den Ursprung und die Entfaltung der Redeformen zu bestimmen sucht. Die in Angriff genommene, aber noch nicht bewältigte Aufgabe besteht darin, die Rede- und literarischen Formen der prophetischen Verkündigung zu erfassen und ihre Geschichte zu erforschen.

Es ist möglich, daß wir im Verlauf der Forschung auf verschiedene neue Gattungen stoßen, die bisher nicht bekannt waren, oder bereits bekannte Gattungen genauer zu analysieren und verstehen lernen. So haben, um einige Beispiele zu nennen, BACH die Aufforderungen zur Flucht und zum Kampf, HORST die Visionsschilderungen, VETTER den Seherspruch, WOLFF die Begründungen der Heils- und Unheilssprüche und den Aufruf zur Volksklage, WÜRTHWEIN den Kultbescheid und ich die Gattung der Berichte über symbolische Handlungen der Propheten zu analysieren versucht[3]. ZIMMERLI bestimmt das »Wort des göttlichen Selbsterweises« als eine neue Redeform, die häufig bei Ezechiel begegnet, sich aber bis I Reg 20 13. 28 zurückverfolgen läßt[4]. Dieses Beispiel zeigt jedoch, daß es notwendig ist, bei der Entdeckung neuer Redeformen vorsichtig zu sein. Ich bezweifle, daß das Vorkommen von bloß zwei Versen in I Reg 20 dazu ausreicht, die Existenz einer alten Redeform anzunehmen, die dann erst wieder viel später von Ezechiel benutzt wurde. Hinzu kommt, daß v. 28 und in ähnlicher Weise v. 13-14 den Zusammenhang der Erzählung in I Reg 20 unterbrechen und sicherlich spätere Zufügungen sind, die im Verlauf der Überlieferung hinzugewachsen sind. Daher scheint es sich so zu verhalten, daß die prophetischen Sprüche in I Reg 20 nicht das Vorbild für Ezechiel geliefert haben, sondern umgekehrt in ihrer jetzigen Form auf Grund seiner Worte von den deuteronomistischen Verfassern der Königsbücher formuliert worden sind. In diesem Falle können sie nicht als eine alte Redeform gelten.

---

[3] R. BACH, Die Aufforderungen zur Flucht und zum Kampf im alttestamentlichen Prophetenspruch, 1962; F. HORST, Die Visionsschilderungen der alttestamentlichen Propheten, EvTh 20 (1960), S. 193—205; D. VETTER, Untersuchungen zum Seherspruch im Alten Testament, Diss. Heidelberg 1963; H. W. WOLFF, Die Begründungen der prophetischen Heils- und Unheilssprüche, ZAW 52 (1943), S. 1—22 (Gesammelte Studien zum Alten Testament, 1964, S. 9—35); Der Aufruf zur Volksklage, ebd. 76 (1964), S. 48—56; E. WÜRTHWEIN, Kultpolemik oder Kultbescheid ?, in: Festschrift A. Weiser, 1963, 115—131; und unten: Die Gattung der Berichte über symbolische Handlungen der Propheten.

[4] W. ZIMMERLI, Das Wort des göttlichen Selbsterweises (Erweiswort), eine prophetische Gattung, in: Mélanges bibliques A. Robert, 1957, S. 154—164 (Gottes Offenbarung, 1963, S. 120—132).

Andere Fragen erheben sich hinsichtlich der ursprünglichen Form der prophetischen Verkündigung. Gelegentlich wird ihr Ursprung im Kultus gesucht, wie es der manchmal übertriebenen Hervorhebung des Kultus für das alte Israel entspricht. Ein Beispiel dafür ist der Versuch WÜRTHWEINS, die prophetische Gerichtsrede aus dem Kultus herzuleiten. Dieser Versuch ist mehrfach mit zwingenden Gründen zurückgewiesen worden[5]. Daneben hat man eine Herleitung aus dem Recht unternommen. So betrachtet WESTERMANN als ursprüngliche Form der prophetischen Verkündigung das Gerichtswort, das als Botenspruch formuliert ist. Am ältesten ist danach das gegen einzelne Menschen verkündete Gerichtswort — eine Form, deren Struktur derjenigen des üblichen Rechtsverfahrens entspricht —, während die Ankündigung des Gerichts über das Volk erst von den sog. Schriftpropheten eingeführt worden ist[6]. Kann diese Herleitung als gesichert gelten? Der Botenspruch ist ursprünglich nicht prophetisch, sondern für den königlichen Boten oder Gesandten bezeichnend. Die Prophetie hat ihn nicht geschaffen, sondern aus jener Quelle übernommen — wahrscheinlich auf dem Wege über solche Hofpropheten, wie sie aus Mari und Byblos bekannt sind. Der Prophetenspruch, der dem Rechtsverfahren nachgebildet ist, ist in ähnlicher Weise entlehnt worden. Damit treffen wir auf ursprünglich nichtprophetische Formen in einer neuen prophetischen Verwendung. Sie alle — der Botenspruch, das sog. Gerichtswort, die prophetische Gerichtsrede — können daher nicht als ursprüngliche prophetische Redeform gelten. Die Urform des prophetischen Orakels war sicherlich nicht ausschließlich an den Kultus oder das Recht gebunden, sondern konnte überall und in allen Zusammenhängen gesucht und erteilt werden.

Schließlich hat die formgeschichtliche Untersuchung dazu gedient, das ganze Wesen eines Propheten zu erfassen. In bezug auf Deuterojesaja hat VON WALDOW, der sich inzwischen von dieser Ansicht teilweise distanziert hat, einmal erklärt, daß die Redeform des Heilsorakels, die der Prophet verwendete, aus den Klagefeiern des Volkes stamme. Bei diesen Feiern, die nach dem Untergang Jerusalems regelmäßig veranstaltet wurden, erschien der Prophet und verkündete das Heilsorakel[7]. Dazu stellt sich allerdings sogleich die Frage: Wenn

---

[5] E. WÜRTHWEIN, Der Ursprung der prophetischen Gerichtsrede, ZThK 49 (1952), S. 1—16; F. HESSE, Wurzelt die prophetische Gerichtsrede im israelitischen Kult?, ZAW 65 (1953), S. 45—53; H. J. BOECKER, Anklagereden und Verteidigungsreden im Alten Testament, EvTh 20 (1960), S. 398—412; E. VON WALDOW, Der traditionsgeschichtliche Hintergrund der prophetischen Gerichtsreden, 1963.

[6] C. WESTERMANN, Grundformen prophetischer Rede, 1964².

[7] E. VON WALDOW, Anlaß und Hintergrund der Verkündigung des Deuterojesaja, Diss. Bonn 1953 (vgl. »... denn ich erlöse dich«, eine Auslegung von Jesaja 43, 1960); anders in der in Anm. 5 genannten Schrift.

das Orakel des Propheten eine Antwort auf eine besondere Situation
bildete, warum dann auf die Klagen einer Kultfeier und nicht auf den
betrüblichen Zustand Israels? Noch weiter ist GRAF REVENTLOW
in seinen Studien über Ezechiel und andere Propheten gegangen[8]:
Ezechiel ging vom sakralen Recht des sog. Heiligkeitsgesetzes (Lev
17—26) mit der Ankündigung von Segen oder Fluch aus, gab dieser
Verkündigung des sakralen Rechts eine aktuelle Form und wendete
es auf den Einzelmenschen an. Dagegen ging er nicht von der geschichtlichen Lage Israels oder von zeitgenössischen Ereignissen aus,
wie es für die Propheten gewöhnlich angenommen wird; er war vielmehr streng an das Ritual gebunden. Er zelebrierte die geheiligte
Liturgie und tat dies als Inhaber eines prophetischen »Amtes«. Ja,
der Verkündiger des Gesetzes beim sog. Bundesfest und der Prophet
waren ein und dieselbe Person. So hätte denn das Ritual nicht nur die
Form, sondern auch den Inhalt der prophetischen Verkündigung
bestimmt.

Gegen diese Art der Handhabung der Formgeschichte (nicht gegen
die Formgeschichte selbst) habe ich starke Bedenken, weil sie von
falschen Voraussetzungen ausgeht, von denen zwei besonders auffällige erwähnt werden müssen:

1. Der erste Fehler liegt in der Theorie, daß die Redeformen, wenn
sie vom Propheten verwendet wurden, noch in einer festen Institution
verankert waren, z. B. in der Begehung einer Gemeindeklage oder im
Ritual eines Festes; daß die grundlegende Struktur der Sprüche ein
gegenwärtiges kultisches Ereignis widerspiegelt, das bis ins einzelne
beschrieben werden kann; und daß der Prophet, der die Redeform
benutzte, ein kultischer Amtsträger der Institution war. Diese Theorie
führt, wenn man sie ernst nimmt, zu absurden Folgerungen. Denn
Ezechiel hat eine Reihe von Formen und Motiven verwendet, die aus
Volkserzählungen oder -liedern stammen (vgl. Ez 14 12-23 16 1-43
17 1-10 19 1-14 21 13-22 23 1-27 26 19-21 28 1-10 31 1-18 32 17-32). Darf oder
muß man deswegen sagen, daß er mit dem Amt eines Geschichten-
erzählers oder Volkssängers bekleidet war? Jesaja benutzt in Jes 5 1-7
die Gattung des Liebesliedes und in 28 23-29 die Redeform der Weis-
heitslehre. Doch als Prophet hat er sicher nicht das Amt eines Minne-
sängers oder Troubadours oder dasjenige eines Weisheitslehrers inne-
gehabt. Am 1 3—2 16 folgt in der Anordnung der Sprüche gegen fremde
Völker und gegen Israel der Struktur der ägyptischen Ächtungstexte,
wie auch andere Sammlungen in dieser Weise angelegt sind; Jeremia
hat mit dem Zerbrechen des Kruges (Jer 19) die rituelle Handlung

---

[8] H. GRAF REVENTLOW, Wächter über Israel, Ezechiel und seine Tradition, 1962;
Das Amt des Propheten bei Amos, 1962; Liturgie und prophetisches Ich bei Jeremia,
1963.

der Ächtung nachgeahmt[9]. Dennoch haben diese Propheten zweifellos nicht ein Amt im Rahmen eines Ächtungsrituals ausgeübt. Diese und weitere Beispiele zeigen, daß die Propheten nicht in einer festen Institution lebten, sondern fremde Redeformen nachahmten und für ihre Verkündigung zu nutzen wußten. Aus derartigen Texten läßt sich nur folgern, daß diese oder jene Redeform als Vorbild für die prophetische Nachahmung und Verwendung gedient hat.

2. Ein zweiter Irrtum der unkritischen und einseitigen formgeschichtlichen Betrachtungsweise ist die These, daß Form und Inhalt der Rede miteinander übereinstimmen. Das ist jedoch keineswegs immer der Fall. Wenn der Prophet die Gattung der Leichenklage oder *qînā* benutzte wie Am 5 1-3, dann beklagte er gewöhnlich nicht den tatsächlichen Tod eines Einzelmenschen, sondern bedrohte das Volk mit dem bevorstehenden Untergang und warnte vor ihm oder er verstärkte seine Drohung, indem er die paradoxe Form des spöttischen prophetischen Leichenliedes verwendete wie Nah 2 12 f. 3 7. 18 f. Wenn Jes 1 21-26 die Form der Klage für das Schelten der Sünde benutzt, wird die Spannung zwischen Form und Inhalt vollends deutlich. Auf diese Weise bezeichnet Jesaja die Sünde als das, was dem Leben feindlich ist und den Tod herbeiführt. Ebensowenig muß eine Redeform, die aus dem Kultus oder dem Recht stammt, bei der Verwendung durch den Propheten notwendig einen kultischen oder rechtlichen Inhalt oder Bezug aufweisen. Eine solche Annahme wäre oberflächlich. Vielmehr ist zwischen der ursprünglichen Bedeutung einer Redeform und der Art, in der sie angewendet wird, zwischen der alten Form und ihrer Funktion in der prophetischen Verkündigung sorgfältig zu unterscheiden. Diese Doppelheit von Form und Funktion habe ich an zahlreichen Beispielen aus dem Buch Hiob nachgewiesen[10]. Sie findet sich gleicherweise bei den Propheten: Die prophetische *qînā*, in der der angekündigte Untergang im voraus beklagt wurde, hatte die Funktion der schärfsten Drohung. Ebenso stellt sich die Frage, ob die prophetische Drohung mit dem bevorstehenden Unheil wirklich nicht mehr als eine Drohung war oder ob sie nicht in Zusammenhang mit der Aufforderung zur Umkehr eine andere Funktion besaß — die Funktion einer Warnung im allerletzten Augenblick: Der Untergang steht bevor und ist unabwendbar, wenn ihr nicht umkehrt!

Insgesamt ist zu sagen, daß die formgeschichtliche Untersuchung, wenn man sie kritisch betreibt, zu anderen Ergebnissen führt, als wenn man sich ihr einseitig unter ausschließlich oder überwiegend kultischen Aspekten widmet.

---

[9] Vgl. unten: Prophetie und Magie.
[10] G. Fohrer, Form und Funktion in der Hiobdichtung, ZDMG 109 (1959), S. 31—49 (Studien zum Buche Hiob, 1963, S. 68—86).

II.

Ein zweites grundlegendes Problem bildet die Erforschung der Motive und Stoffe der prophetischen Verkündigung und der daraus folgenden Geschichte der Traditionen. Diese Methode sucht die alten Traditionen zu erfassen, auf die die Propheten sich stützten oder auf die sie sich bezogen. Freilich ist sie nicht so neuartig, wie manchmal versichert wird. Es ist längst klar, daß die Propheten eine Reihe von altorientalischen und israelitisch-alttestamentlichen Traditionen übernommen und angewendet haben. Wie anders hätten sie sich ihren Zuhörern verständlich machen können? Der neue Aspekt in der gegenwärtigen Forschung besteht in der Annahme oder Behauptung, daß die Propheten ältere Motive und Traditionen nicht nur benutzt, sondern gänzlich in ihnen gelebt haben und von ihnen abhängig gewesen sind.

Die einfachste Lösung besteht in der Annahme, daß die Propheten lediglich die alten Traditionen der jeweils neuen Situation anpaßten und auf sie praktisch anwendeten. So meint BRIGHT in seiner Darstellung der Geschichte Israels: »The prophets were not innovators, but reformers who stood in the mainstream of Israel's tradition and adapted that tradition to a new situation«[11]. Diese Tradition reichte in einer ungebrochenen Linie bis zur amphiktyonischen Bundesordnung des alten Israel zurück[12]. In Wirklichkeit jedoch haben die Propheten die populäre national-religiöse Daseinshaltung verworfen und den lebendigen Glauben der Mosezeit wieder zu erwecken versucht. Sie waren dabei nicht so primitiv, wie manche ihrer heutigen Interpreten annehmen, als hätten sie ausschließlich im Rahmen alter Traditionen gelebt, zu solchen Traditionen zurückgerufen oder sie neuen Situationen angepaßt. Jeremia hat nicht die Anpassung des alten Bundes an seine Zeit, sondern einen völlig neuen Bund verheißen. Es ist meist offensichtlich, daß aus den Traditionen, die die Propheten verwendet haben, in eben dieser Verwendung etwas ganz anderes oder Neues geworden ist. So hat Amos die Tradition vom »Tage Jahwes« in ihr Gegenteil verkehrt: Dieser Tag wird nicht Licht (oder Heil), sondern Finsternis (oder Unheil) bringen!

Obwohl ich einige Zweifel an der Richtigkeit mancher seiner Voraussetzungen hege, hat KAUFMANN doch treffend bemerkt, daß die Religion Israels mit dem Werk der sog. Schriftpropheten eine neue Höhe erklommen hat: Sie waren die ersten, die den Primat des Ethischen begriffen — die Vorstellung, daß Gottes Forderung an den Menschen wesenhaft nicht kultisch, sondern ethisch ist. Und ihre An-

---

[11] J. BRIGHT, A History of Israel, 1959, S. 246 (Geschichte Israels, 1966, S. 263).
[12] A. a. O. S. 247.

klage entspringt einem religiös-ethischen Idealismus, verbunden mit einer tiefen Enttäuschung angesichts des Abgrundes, der das Ideal von der Wirklichkeit trennt[13]. Allerdings möchte ich nicht von religiös-ethischem Idealismus sprechen und meine ferner, daß die Propheten den Kern ihrer Botschaft nicht schon fertig vorgefunden, sondern ihn in Aufnahme und Entfaltung des Glaubens der Mosezeit geschaffen haben.

Die Auffassung, daß die Prophetie in der Tradition wurzelt, hat am nachdrücklichsten VON RAD im zweiten Band seiner »Theologie des Alten Testaments« vertreten[14]. Er sieht die Propheten nicht an einzelne Überlieferungen oder traditionelle Motive, sondern an drei große und umfassende Traditionskomplexe oder -ströme gebunden: an die Exodus-, David- und Ziontradition, die sämtlich Erwählungstraditionen sind. Zu diesen trat bei Deuterojesaja die Schöpfungstradition. Demgemäß hängen die Unterschiede zwischen den Propheten davon ab, in welchem Traditionsstrom sie standen und welche seiner Aspekte sie betonten. Ferner ist es wesentlich, daß sie die Erwählungstraditionen eschatologisch interpretierten, so daß daraus die Schau der neuen, zukünftigen Heilstaten Gottes in der Geschichte erwuchs.

Für diese Ansicht gibt es allerdings eine grundlegende Schwierigkeit, die VON RAD dadurch umgeht, daß er die Geschichtstraditionen gesondert im ersten Band seiner Darstellung behandelt. Zur Zeit der vorexilischen Propheten bestanden die Geschichtstraditionen, auf die er sich beruft, nämlich erst bruchstückhaft und in Ansätzen. Gerade diejenigen, die theologisch am stärksten betont sind, müssen zugleich als die jüngsten bezeichnet werden — die deuteronomistische Theologie und die priesterschriftliche Quellenschicht des Hexateuchs. Sie konnten noch gar keinen starken Einfluß auf die Propheten ausüben, sondern sind ihrerseits von der prophetischen Theologie beeinflußt, wie VRIEZEN am Beispiel der deuteronomistischen Erwählungsvorstellung gezeigt hat[15]. Gewiß haben sie manches ältere Material in sich verarbeitet, aber der ihnen eigentümliche religiöse und theologische Nachdruck, mit dem sie bestimmte Aspekte hervorheben, ist ihnen als letztes aufgeprägt worden.

Auch abgesehen davon ist VON RADS These, die die Wurzeln der prophetischen Botschaft in jenen drei Erwählungstraditionen sieht, einigermaßen kühn. So betrachtet er als die beiden Themen Jesajas die Bedrohung oder den Schutz des Zion und den davidischen Messias. Jedoch scheint es mir unmöglich zu sein, die beiden messianischen

---

[13] Y. KAUFMANN, The Religion of Israel, translated and abridged by M. GREENBERG, 1960, S. 343—446 (bes. 345, 420).

[14] G. VON RAD, Theologie des Alten Testaments, II 1965[4].

[15] TH. C. VRIEZEN, Die Erwählung Israels nach dem Alten Testament, 1953.

Texte Jes 9 1-6 und 11 1-9 von Jesaja herzuleiten. Gewiß wird nicht
selten die gegenteilige Ansicht vertreten, aber die Gründe sind keineswegs so einleuchtend, daß man die Traditionsverwurzelung Jesajas
zur Hälfte auf die messianischen Texte stützen kann. Ich erblicke
nicht einmal den geringsten Beweis für eine Herleitung von Jesaja,
wohl aber eine Reihe von Gründen, die dagegen sprechen. Ferner
sollte Jerusalem nach der Verkündigung Jesajas nicht einfachhin gerettet oder bewahrt werden. Es gibt kein einziges Jesajawort, das dergleichen verheißt. Selbst als der Prophet die Assyrer als göttliches
Strafwerkzeug verwarf, änderte sich an seiner Drohung gegen die
Stadt nichts; ja, nach dem Abzug der Assyrer von Jerusalem im Jahre
701 verschärfte sie sich eher (Jes 22 1-14 32 9-14). Eine Rettung hat
Jesaja immer von der radikalen Reue über die Sünde und von der
Umkehr zu Gott abhängig gemacht. Für die Notwendigkeit solcher
Umkehr, die eine unerläßliche Voraussetzung für die Rettung bildet,
ist auf v. 4 in 29 1-8, v. 15 in 30 15-17 und v. 6 in 31 4-9 hinzuweisen.
Und in 1 19-20 wird das große »Entweder—Oder« unmißverständlich
klar — entweder dem göttlichen Willen gehorchen und leben bleiben
oder sich weigern, widerspenstig sein und vernichtet werden[16].

Ebensowenig kann ich VON RADS Interpretation der anderen Propheten annehmen. Darum vermag ich auch seine Schlußfolgerung nicht
zu teilen, daß die Propheten sich als Sprecher und aktuelle Interpreten alter und altbekannter sakraler Traditionen verstanden haben.
Diese Auffassung scheint mir vielmehr auf einem grundsätzlichen Mißverständnis zu beruhen. Die Propheten waren in erster Linie eigenständig, nicht bloße Bearbeiter von Traditionen oder kultische Amtsträger. Sie beanspruchten immer wieder, das lebendige Wort Gottes
zu verkündigen, wie sie es empfangen hatten, und nicht eine Tradition zu proklamieren. Demgemäß waren sie nicht an Traditionen gebunden oder in ihnen verwurzelt, sondern bedienten sich ihrer als
eines Mittels ihrer Verkündigung. Außerdem handelt es sich nicht um
einige wenige umfassende Traditionskomplexe, sondern um eine große
Zahl einzelner Motive der zu ihrer Zeit bekannten Geschichtsüber-
lieferung, wie sich im einzelnen zeigen läßt[17].

Wie schon die kurze Bemerkung über die messianischen Texte im
Jesajabuch angedeutet hat, ist es für die traditionsgeschichtliche
Untersuchung bemerkenswert, daß sie manchmal prophetische Sprüche aus viel jüngerer Zeit denjenigen Propheten zuschreibt, in deren
Büchern sie überliefert sind. Dann werden die Unheilsdrohungen und
die Heilsverheißungen in ein und demselben Prophetenbuch nicht
etwa mit verschiedenen Perioden im Leben der betreffenden Propheten

---

[16] Vgl. G. FOHRER, Das Buch Jesaja, I 1966², S. 38—40.
[17] Vgl. unten: Prophetie und Geschichte.

verbunden, wie es bei Hosea, Jeremia und Ezechiel zu geschehen hat,
oder von verschiedenen, meist anonymen Propheten hergeleitet, wie
es sich für die Bücher Amos, Jesaja und Micha nahelegt, sondern als
nebeneinanderstehend, gleichzeitig und miteinander verknüpft verstanden. Man sieht die Gnade Gottes schon im Gericht am Werk oder
den Weg durch das Gericht zum Heil führen[18]. Doch das ist eine ober-
flächliche Harmonisierung. Nach allen prophetischen Äußerungen ist
es der Zorn und nicht die Gnade Gottes, der im Gericht wirkt; und das
Gericht soll nicht zur Rettung, sondern zur Vernichtung der Sünder
führen — meist sogar zum Untergang des ganzen Volkes. Dabei leugne
ich keineswegs, daß einige Propheten Heilsverheißungen verkündet
haben; ich lehne nur die verallgemeinernde Ansicht ab, daß es bei
allen der Fall sei. Für Hosea, Jeremia und Ezechiel trifft es zweifellos
zu[19], für Amos, Jesaja und Micha dagegen nicht. Wir müssen in dieser
Frage sorgfältig differenzieren, nicht aber verallgemeinern.

Die Propheten haben sich gewiß auf ältere Traditionen berufen,
doch haben sie sich ihrer frei bedient und waren nicht an sie gebunden.
Vor allem haben sie sie in ganz neuer Weise interpretiert. Genauso wie
wir in der Frage der Redeform zwischen Form und Funktion unterscheiden müssen, so auch zwischen einer Tradition und ihrer prophetischen Interpretation. Ferner folgt diese Interpretation nicht einem
gleichbleibenden Schema — z. B. einem eschatologischen, wie VON
RAD annimmt —, sondern geschieht in sehr verschiedenen, voneinander abweichenden Arten, die wieder von der jeweiligen Absicht ab-
hängen, die der Prophet verfolgte. Ich habe dieses Thema an anderer
Stelle behandelt[20] und möchte lediglich ein lehrreiches Beispiel herausgreifen:

> Hört auf, Böses zu tun,
>   lernt, Gutes zu tun!
> Trachtet nach Recht,
>   leitet 'den Unterdrückten'!
> Schafft der Waise Recht,
>   führt den Rechtsstreit der Witwe! (Jes 1 16b-17)

Es läßt sich nicht bestreiten, daß die Propheten nicht die ersten
gewesen sind, die Recht für Witwen, Waisen und Unterdrückte fordern, wie Jesaja es tat[21]. Das findet sich als Pflicht des Königs schon

---

[18] So z. B. H. W. HERTZBERG, Der Erste Jesaja, 1952².

[19] Vgl. unten: Umkehr und Erlösung beim Propheten Hosea; ferner G. FOHRER, Das
Buch Jesaja, I—II 1966/67²; Ezechiel, 1955; E. SELLIN-G. FOHRER, Einleitung in
das Alte Testament, 1965¹⁰, bei den betr. Propheten.

[20] G. FOHRER, Tradition und Interpretation im Alten Testament, ZAW 73 (1961),
S. 1—30.

[21] Vgl. E. HAMMERSHAIMB, On the Ethics of the Old Testament Prophets, Supplements
to VT VII, 1960, S. 75—101; F. CH. FENSHAM, Widow, Orphan, and the Poor in

im Epilog des Kodex Hammurabi (Rev. XXIV, 60f.) und in den
ugaritischen Texten (I Aqht I, 23—25; II Aqht V, 7f.; 127, 33f. 45—47).
Vom religionsgeschichtlichen und soziologischen Gesichtspunkt aus
bieten die mannigfachen Mahnungen Jesajas und der anderen Propheten wenig oder nichts Neues. Das Neue und Einzigartige liegt
vielmehr in ihrer Interpretation der altorientalischen sozialen Tradition. Sie haben sie nicht mehr auf den König, sondern auf jeden
einzelnen Israeliten und sogar auf jeden Menschen bezogen. Und sie
haben sie in den Mittelpunkt ihrer Forderungen gestellt, um auf diese
Weise die liebende Grundhaltung des Menschen zu beschreiben. Zugleich gilt diese Grundhaltung als dasjenige, was dem Willen Gottes
und seiner Beziehung zu Israel entspricht.

Die Einzigartigkeit der prophetischen Verkündigung kann ebenso
in dem Verhältnis der Mahnung Jesajas zur israelitischen Tradition
erfaßt werden, die gleichfalls Recht und Gerechtigkeit für die Schwachen forderte (z. B. Ex 22 20-23 Dtn 10 18 24 17 27 19 Ps 68 5 72 2. 4.
12-14 82 3f.). Dafür ist zu beachten, daß die erste und grundlegende
Forderung Jesajas lautet: Tut Gutes und nicht Böses! Die Einzel-
mahnungen, die darauf folgen, dienen dazu, die Grundforderung zu
erläutern. Sie bilden nichts anderes als die beispielhafte und praktische
Anwendung eines umfassenden Grundsatzes. Damit ist ein wichtiger
Schritt getan: Die alten Anordnungen sind zu bloßen Beispielen geworden. An Stelle zahlreicher Gebote und Gesetze — und als ihre bislang unausgesprochene Grundlage — erscheint in der prophetischen
Interpretation der Wille Gottes in einer konzentrierten Grundform:
Gutes tun. Damit wird er zur gleichen Zeit dem Bereich von Recht
und Gesetz entnommen.

Die Propheten waren weder Reformatoren noch Revolutionäre
noch Evolutionisten. Sie waren nicht von alten Traditionen abhängig,
schufen nicht etwas völlig Neues ohne Grundlage im Glauben Israels
und vollendeten ebensowenig eine schon eingeleitete Entwicklung.
Entscheidend für sie waren vielmehr einerseits die eigene Erfahrung
der schrecklichen und gnädigen Gegenwart Gottes in den Augenblicken
der geheimen Erfahrungen[22], in denen der Geist oder das Wort Gottes
über sie kam, andererseits der Eindruck des Glaubens der Mosezeit,
der in ihnen von neuem in einer geläuterten und entfalteten Form auf-
lebte. Die Traditionen und ihre Interpretation gehören nicht zu diesen
grundlegenden Elementen, sondern zu den späteren Stadien der Entstehung der Prophetensprüche: der Deutung der geheimen Erfahrung

---

Ancient Near Eastern Legal and Wisdom Literature, JNES 21 (1962), S. 129 bis
139.

[22] Vgl. H. GUNKEL, Die Propheten, 1917, S. 1—31 (ferner in: H. SCHMIDT, Die großen
Propheten, 1923², S. XVII—XXXIV).

im Zusammenhang des prophetischen Glaubens oder der verstandes-
mäßigen Bearbeitung für die Verkündigung.

In diesem Rahmen bestand der Zweck der Verwendung von Traditionen und ihrer Interpretation darin, das lebendige Wort Gottes
für die Verkündigung verständlich zu machen und die neue Einsicht
des Propheten in die Beziehung des Menschen zu Gott und zur Welt
zu illustrieren. Wegen eben jener neuen Einsicht riefen die Propheten
nicht zur Tradition zurück, sondern wiesen in ihrer läuternden und
entfaltenden Interpretation den Weg zu einem neuen Verhältnis zu
Gott. Die Änderung, die die Tradition dabei erfuhr, entspricht der
inneren und äußeren Änderung des Sünders bei seiner Wandlung in
einen neuen Menschen.

III.

Das unkritische Vorgehen in der form- und traditionsgeschichtlichen Untersuchung verbindet sich gelegentlich mit dogmatischen
Tendenzen der alttestamentlichen Theologie. Als Folge dessen werden
die theologischen Unterschiede innerhalb des Alten Testaments nicht
genügend beachtet; alles scheint sich zu einem geschlossenen Ganzen
zusammenzufügen. Dieses vereinheitlichende Verständnis ist ebenso
bedenklich wie die religionsgeschichtliche Gleichförmigkeit, die sich
bei der Annahme eines sog. kultischen Schemas im gesamten Alten
Orient ergibt.

Die vereinheitlichende Tendenz im Verständnis der Prophetie
macht sich bemerkbar, wenn man sie gänzlich an die sakrale Vergangenheit gebunden oder ihre volle Aufmerksamkeit auf die künftigen
Heilstaten Gottes gerichtet sieht. Da ich auf die erste Ansicht bereits
eingegangen bin, genügt es, die zweite in der erforderlichen Kürze
zu betrachten. Oft wird die prophetische Verkündigung insgesamt
als eschatologisch bezeichnet. Nach den Ausführungen VON RADS ist
sie eschatologisch, weil das künftige Handeln Gottes in ihr den Charakter des Endgültigen erhält, weil es nicht mehr als die Fortsetzung des
bisherigen Handelns verstanden werden kann und weil es sich in der
Zukunft unter Verneinung des geschichtlichen Heilsgrundes verwirklicht, wenn auch mehr oder minder in Analogie zum bisherigen
Handeln Gottes[23]. In dieser Auffassung wird die vereinheitlichende
Tendenz deutlich: das bisherige Heilshandeln und das künftige Heilshandeln in Analogie zu dem bisherigen. Jedoch ist die Bestimmung
des Begriffs oder der Vorstellung der Eschatologie, des Prinzips des
Prophetenverständnisses, anfechtbar. Sie berücksichtigt weder den

---

[23] A. a. O. S. 125—132.

Geist der Botschaft der vorexilischen Propheten noch den Unterschied zwischen ihnen und den späteren Propheten von Deuterojesaja an. Die letzteren sahen tatsächlich einen Einschnitt in der Zeitfolge: Bis zu ihnen reicht die Periode des Unheils; darauf wird in einer nicht mehr fernen Zeit eine neue Periode des ewigen Heils folgen. Für die vorexilischen Propheten dagegen stellt sich die Situation anders dar. Sie befaßten sich völlig mit ihrer Gegenwart und waren an der Vergangenheit oder Zukunft nur insofern interessiert, als diese etwas für ihre Gegenwart bedeuteten. Daher sprachen sie über die unmittelbare Zukunft nur deswegen, weil sie durch die sündige Gegenwart bedingt sein würde, während die eschatologischen Propheten die Erwartung der Zukunft mit dem kommenden Heil betonten, um das Volk in der unheilvollen Gegenwart zu ermutigen[24].

Dieses Verhältnis der Propheten zur Zukunft ist auch gegenüber ALBRIGHT zu betonen, der ein Schema des prophetischen Denkens behauptet, durch das die Propheten den Lauf der Geschichte so erfolgreich vorhersagen konnten, daß die prophetische Botschaft zumindest teilweise durch die Wahrheit ihrer Voraussagen als gültig betrachtet wurde[25]. Doch zumindest in den Einzelheiten war die prophetische Ankündigung künftiger Ereignisse keineswegs irrtumsfrei, während die großen Geschehnisse von jedem weitblickenden Menschen hätten vorausgesagt werden können. Tatsächlich aber haben die Propheten den Geschichtsverlauf nicht vorhergesagt. Vielmehr glaubten sie, durch ihr drohendes Wort das künftige Unheil unausweichlich zu machen. Zur gleichen Zeit hatte dieses Wort die Funktion einer Mahnung und Warnung in letzter Minute[26].

Ich kann mich des Eindrucks nicht erwehren, daß das neuere Verständnis der Prophetie teilweise unter einer Reaktion gegen die Auffassung WELLHAUSENS leidet. Hier und da gilt WELLHAUSEN als ganz und gar häretisch, wenn nicht als eine Abart des Teufels selbst. Doch genauso wie STEINMANN endlich Gerechtigkeit und Anerkennung für das Lebenswerk von RICHARD SIMON gefordert hat[27], so müssen wir eine gerechte Würdigung WELLHAUSENS fordern. Das schließt vor allem die Erkenntnis ein, daß er nicht einem evolutionistischen System angehangen hat[28]. Ungeachtet dessen können wir aus anderen Gründen als aus der Ablehnung eines angeblichen Evolutionismus

---

[24] Vgl. unten: Die Struktur der alttestamentlichen Eschatologie.

[25] W. F. ALBRIGHT, From the Stone Age to Christianity, 1946², S. 3.

[26] Vgl. ferner E. JENNI, Die politischen Voraussagen der Propheten, 1956.

[27] J. STEINMANN, Richard Simon et les origines de l'exégèse biblique, 1959.

[28] Vgl. R. SMEND, De Wette und das Verhältnis zwischen historischer Bibelkritik und philosophischem System im 19. Jahrhundert, ThZ 14 (1958), S. 107—119: »die vom philosophischen System befreite historische Synthese« WELLHAUSENS; vor allem W. PERLITT, Vatke und Wellhausen, 1965.

manche seiner Ansichten nicht mehr teilen und müssen sie korri-
gieren. Es wäre aber falsch, in Opposition zu einer gewissen Künst-
lichkeit in der Gesamtsicht WELLHAUSENS eine neue Gesamtsicht zu
entwerfen, die gerade im Gegensatz zu WELLHAUSEN auf einer Philosophie oder »Weltanschauung« gründet. Und doch ist eine solche
Sicht im Werden. Es ist eine Art hochkirchlicher Theologie, die einer
gewissen religiösen und kirchlichen Tendenz entspricht. Es geht um
Kultus und Ritual, Institutionen und Ämter als konstituierende und
unentbehrliche Elemente. Für das Verständnis der Propheten bedeutet
das: kein Glaube ohne Gottesdienst, keine prophetische Verkündigung
ohne Amt. Der Prophet hatte eine letztlich restaurative Aufgabe im
Rahmen des Amtes einer Institution im kultisch-liturgischen Bereich.
Er rezitierte oder eschatologisierte sakrale Traditionen.

Demgegenüber sollte nicht übersehen werden, daß die Propheten
sich selbst als von Jahwe beauftragt verstanden und daß sie das lebendige Wort Gottes, das sie empfangen hatten, zu verkündigen beanspruchten. Daher sollten sie nicht in das Prokrustesbett einer gekünstelten Einheit des Alten Testaments oder des Alten Orients gespannt werden.
Vielmehr muß versucht werden, dasjenige, was ihnen eigentümlich ist,
zu verstehen, indem man die Unterschiede berücksichtigt, die innerhalb des Alten Testaments und in noch stärkerem Maße innerhalb des
Alten Orients bestehen. Dafür ist nicht eine neue Philosophie erforderlich, wohl aber eine neue Kritik: die Willigkeit und Kunst des
Differenzierens. Das bedeutet unter anderem, daß zu unterscheiden
ist 1. zwischen der Redeform und ihrer Funktion, zwischen dem »Sitz
im Leben« und dem »Sitz in der Rede«, 2. zwischen der Tradition und
ihrer Interpretation und 3. zwischen der gemeinsamen Grundlage und
den auseinandergehenden theologischen Strömungen im Alten Testament.

IV.

Was besagt dies alles für das Verständnis der Propheten? Ihre
Botschaft galt ganz und ausschließlich ihrer jeweiligen Gegenwart und
bezog die Vergangenheit oder die Zukunft nur insofern ein, als sie für
die Gegenwart erheblich waren. Auch die eschatologischen Propheten
vom ausgehenden Exil an verkündigten ein neues Heil für die unmittelbar bevorstehende Zukunft und erfüllten ihre Gegenwart mit dem Mut,
auf seine Verwirklichung zu warten. Die Propheten stellten sich
gegen die traditionelle Frömmigkeit und Theologie, die sich des Heils
sicher fühlten. Sie erkannten die tiefe Schuld des Menschen gegen Gott,
die nicht durch die Zusage des Heils behoben werden kann, weil es
kein Heil gibt (Jer 6 14). Sie mußten selber lernen, daß Gott nicht nur

vorübergehend züchtigt, wie man behauptete, sondern daß er vernichtet (Jes 6 11). Daher erblickten sie den Menschen in einer grundsätzlichen Unheilssituation mit einem entscheidenden Entweder—Oder, wie es Jer 22 1-5 für die Könige von Juda und Jes 1 19-20 für das ganze Volk formuliert haben: Entweder geschehen Recht und Gerechtigkeit, denen Heil folgen wird, oder sie geschehen nicht, so daß sich Unheil ergibt. Da jedoch die Sünde vorherrschend ist, bedeutet das Entweder—Oder tatsächlich: entweder die gerechte Vernichtung wegen der Sünde oder aber die zwei Möglichkeiten der Bewahrung davor durch die Umkehr vom falschen Weg hin zu Gott oder durch die Erlösung seitens Gottes. So hat Jeremia seine prophetische Tätigkeit von 23 Jahren zusammengefaßt:

> . . . .
> nunmehr 23 Jahre
> habe ich zu euch gesprochen
> früh und spät:
>
> »Kehrt jeder um von seinem bösen Wandel
> und von der Bosheit eurer Taten,
> so werdet ihr auf diesem Boden wohnen bleiben,
> den Jahwe euch
> und euern Vätern gab,
> von Ewigkeit zu Ewigkeit.« (Jer 25 3. 5).

Das zeigt, daß das wahre Ziel der Prophetie darin bestand, den schuldigen Menschen jener Zeit zur Umkehr oder Erlösung zu führen und dadurch das Heil des verlorenen Menschen zu bewirken. Denn Gott hat kein Gefallen am Tode des Frevlers, sondern daran, daß er umkehrt und leben bleibt (Ez 18 23).

Eben dies begründet die Bedeutung der Propheten für unsere Gegenwart. Wir benötigen keine Aktualisierung mittels einer messianisch-christologischen Interpretation, die nur die Folge einer theologischen Nivellierung der Propheten ist. Vielmehr sprechen sie auch zu uns in dem soeben gekennzeichneten Sinn und mahnen uns alle dazu, zu dem einen Gott umzukehren und uns von ihm erlösen zu lassen.

Die Struktur der alttestamentlichen Eschatologie

I.

Den wesentlichen Grundzug aller eschatologischen Erwartung enthüllt das in Hag 1 15a 2 15-19 überlieferte Wort, das der Prophet am Tag der neuen oder erneuerten Grundsteinlegung am Tempel im September 520 v. Chr. gesprochen hat[1]. In ihm ruft er dazu auf, den Blick auf die Zukunft zu richten, auf sie zu achten und sie mit den bisherigen Verhältnissen, die nun der Vergangenheit angehören sollen, zu vergleichen. Er verkündet für die Jerusalemer Gemeinde einen Wendepunkt, den der gegenwärtige Tag als Grenzscheide zweier Zeitalter bildet. In die Vergangenheit zurückblickend, schildert er die bisherige Not, die — in einem auf allen Nahrungsmitteln ruhenden Fluch bestehend — die Gemeinde verzweifeln ließ. Vorausblickend sieht er die Zeit des Segens in Wachstum und Gedeihen, die ihren Grund in dem Jahwewort hat: »Von diesem Tage an will ich segnen!«. Das Heute dieses Worts am Tag der Grundsteinlegung ist für Haggai der große Umschwung aller Dinge, die Wende der Zeiten im Abschluß des alten und im Beginn eines neuen Zeitalters.

In grundsätzlich gleicher Weise nimmt Sacharja einen solchen Einschnitt vor. In seinem ersten Wort 1 1-6 weist er in der auf die Mahnung 1 3 folgenden und sie begründenden Geschichtsbetrachtung 1 4-6 auf die vorhergehende Zeit hin, die nach dem großen Eingriff Gottes durch sein Gericht über Juda und durch das Exil abgeschlossen vorliegt. Sie ist zugleich verstehbar und beurteilbar. Es zeigt sich dem Betrachter, daß sie eine Geschichte der verwirklichten Worte und Beschlüsse Gottes ist, wie die früheren Propheten sie verkündigt haben. Daher muß die nunmehrige Mahnung zum Tempelbau als Voraussetzung für den Beginn einer neuen Zeit ernsthaft beachtet werden, damit die in den folgenden Visionen enthaltene Heilszusage sich gleichfalls verwirklicht. Dementsprechend unterscheidet Sach 8 14f. zwischen zwei Zeitaltern, die durch Jahwes Unheils- bzw. Heilsvorhaben gekennzeichnet sind.

---

[1] Der ursprüngliche Textbestand ist durch die Hinzufügung mehrerer Glossen gestört worden: Hag 2 17 ist nach Am 4 9 gebildet, der Text von 2 18b durch drei kleinere Glossen ersetzt worden. Jedoch beeinträchtigen diese Störungen das Verständnis des Textes nicht.

Diese Unterscheidung und Trennung der Zeitalter läßt sich rund zwei Jahrzehnte bis zu Deuterojesaja zurückverfolgen. Bei ihm wird sie in den drei einleitenden kurzen Sprüchen Jes 40 1-2. 3-5. 6-8, die den Berufungsbericht ersetzen, erstmalig angedeutet. Die Sprüche skizzieren kurz das Ende der vergehenden Zeit der Schuld und Not und den Beginn der künftigen Zeit der Erlösung und des Heils. Deutlicher ist die Unterscheidung dort, wo der Prophet das »Neue« dem »Früheren« und »Vergangenen« gegenüberstellt (Jes 43 18 f.)[2] und als »Zeit des Wohlgefallens« und »Tag des Heils« bezeichnet (Jes 49 8) oder den Gegensatz mit Hilfe des Bildes vom Zorneskelch und Taumelbecher beschreibt (Jes 51 17-23)[3].

In diesen und anderen Worten unterscheiden die späteren Propheten zwischen zwei Zeitaltern; sie sehen sich am Ende des einen und an der Schwelle des anderen stehen. Ihr Heute gilt ihnen als der Augenblick, in dem sich der große Wandel der Dinge abzuzeichnen oder zu vollziehen beginnt. Darin liegt der wesentliche Grundzug der eschatologischen Erwartung[4], nicht aber in der Ankündigung vom Ende der Welt oder der Menschheitsgeschichte, die höchstens als Voraussetzung der verheißenen Neuschöpfung unter den verschiedenen Strukturelementen begegnen kann (vgl. III, 6), und nicht in dem transzendenten, übernatürlichen und wunderbaren Charakter der erwarteten Ereignisse, da dem alttestamentlichen Menschen alles geschichtliche

---

[2] Vgl. N. Rabban, The »Former and the Latter Things« in the Prophecies of Deutero-Isaiah, Tarbiz 14 (1942), S. 19—25; A. Bentzen, On the Idea of »the Old« and »the New« in Deutero-Isaiah, StTh 1 (1947), 1948, S. 183—187 (ferner: Actes du XXIe Congrès International des Orientalistes, 1949, S. 115); C. R. North, The »Former Things« and the »New Things« in Deutero-Isaiah, in: Studies in Old Testament Prophecy, 1950, S. 111—126.

[3] Auch Jes 60 10 beschreibt im Anschluß an Deuterojesaja die beiden Zeitalter mit den Begriffen Zorn und Wohlgefallen; der Gegensatz wird in 60 15 ff. im einzelnen ausgeführt.

[4] So mit J. Lindblom, Gibt es eine Eschatologie bei den alttestamentlichen Propheten?, StTh 6 (1952), 1953, S. 79—114. Dagegen betont S. B. Frost, Old Testament Apocalyptic, 1952, der (ähnlich wie H. Gressmann) von der volkstümlichen Erwartung des Tages Jahwes und ihrer Umwandlung in eine Unheilseschatologie durch die vorexilischen Propheten ausgeht, zu einseitig Ende und Abschluß des bisherigen Zeitalters. Th. C. Vriezen, Prophecy and Eschatology, in: Supplements to VT I, 1953, S. 199—229 (ferner: Hope in the Old Testament, Hervormde Teologiese Studies 10, 1954, S. 145—155), faßt den Begriff der Eschatologie in einem möglichst weiten Sinn und bezeichnet von da aus die vorexilischen Propheten, denen er manche umstrittenen Worte zuschreibt, als »proto-eschatological«, Deuterojesaja und seine Nachfolger als »actual-eschatological« und die Apokalyptik als »transcendentalizing eschatology«. Vgl. auch W. Vollborn, Innerzeitliche oder endzeitliche Gerichtserwartung, Diss. Greifswald 1938; J. H. Grønbaek, Zur Frage der Eschatologie in der Verkündigung der Gerichtspropheten, Sv Ex Arsb 24 (1959), S. 5—21.

Geschehen als »transzendent« gewirkt und beim unerwarteten Eintreten als »wunderbar« erscheint[5]. Gewiß wird eine ausdrückliche begriffliche Unterscheidung zwischen dem gegenwärtigen und dem zukünftigen Zeitalter mittels des Ausdrucks עולם erst im frühen Judentum unter dem Einfluß des griechischen Begriffs αἰών vorgenommen[6]; doch liegen im Alten Testament immerhin Ansätze dazu in der Abwandlung zweier Redewendungen vor. Der Ausdruck באחרית הימים, der ursprünglich die »nachfolgende, hinterdreinfolgende« Zeit im allgemeinen Sinn bezeichnet hat (vgl. Gen 49 1 Num 24 14 Dtn 4 30), wird als eschatologische Formel verwendet, die sich auf das Ende des gegenwärtigen Zeitalters und auf die mit dem Beginn des zukünftigen sich ereignenden Vorgänge bezieht (Jes 2 2 Jer 23 20 48 47 49 39 Ez 38 16 Hos 3 5 Dan 10 14)[7]. Und der Ausdruck ביום ההוא, der vor allem als Zeitadverb die Gleichzeitigkeit zweier Begebenheiten betont oder den Tag eines Geschehens als wichtigen Tag gekennzeichnet und dann verschiedene Begebenheiten oder Aussagen äußerlich miteinander verknüpft hat[8], wird gern benutzt, um den Tag des eschatologischen Umschwungs der Dinge anzugeben (Jes 4 2 10 20. 27 11 10 f. 17 7 u. ö.)[9].

Diese Unterscheidung zweier Zeitalter und das Bewußtsein, an der Grenze zwischen ihnen zu stehen, unterscheidet die eschatologische Prophetie seit Deuterojesaja nicht nur von dem herkömmlichen Jahweglauben national-kultisch-gesetzlicher Art, der Israel in einem vorgegebenen Heilszustand erblickt, den es zwar durch einzelne Verfehlungen stören, durch entsprechende Sühnemaßnahmen aber jederzeit wiederherstellen kann, sondern auch und noch tiefgehender von den großen Einzelpropheten der vorexilischen Zeit. Nach deren Botschaft, die den Menschen wegen seiner Sünde in einer grundsätzlichen Unheilssituation sieht, geht nicht ein notvolles Zeitalter seinem Ende und dem Anbruch eines besseren zu, sondern wird das schuldverhaftete Dasein Israels oder anderer Völker und Menschen zunichte, während

---

[5] Vgl. L. Köhler, Der hebräische Mensch, 1953, S. 119.

[6] E. Jenni, Das Wort ʿōlām im Alten Testament, 1953 (Sonderdruck aus ZAW 64, 1952, S. 197—248; 65, 1953, S. 1—35).

[7] In allen Fällen eschatologischer Verwendung handelt es sich um Worte oder Zusätze aus nachexilischer Zeit.

[8] Vgl. P. A. Munch, The expression bajjôm hāhū', 1936.

[9] Die voll ausgebildete Vorstellung von zwei Zeitaltern findet sich später z. B. in IV Esr 7 5 1 QS 3 13—4 26. Eine Einteilung in vier Perioden findet sich in Dan 2 4 äth Hen 85—90, in anderer, nichteschatologischer Weise in der priesterschriftlichen Geschichtseinteilung (Schöpfung-Noah-Abraham-Mose). Eine Einteilung in zehn, ursprünglich vielleicht in sieben Perioden liegt äth Hen 93 91 12-17 zugrunde. Vgl. im einzelnen W. Bousset-H. Gressmann, Die Religion des Judentums im spät-hellenistischen Zeitalter, 1926[3], S. 242—249; P. Volz, Die Eschatologie der jüdischen Gemeinde im neutestamentlichen Zeitalter, 1934[2].

die übrige Welt ihren Gang weitergeht. So erwartet Jesaja von seiner Berufung an den Untergang seines Volkes (Jes 6 11), das sündig (»unreiner Lippen«) ist wie er selbst (6 5), im Gegensatz zu ihm aber nicht entsündigt, sondern immer tiefer in Schuld verstrickt wird (6 9 f.). Und schon Amos bezieht andere Völker in die Strafe ein (Am 1 3 ff.). Auch wenn die Gerichtszeit als zeitlich begrenzt gedacht und wie in Jer 25 11 ff. 29 10 auf siebzig Jahre festgesetzt wird, gilt dies nur als angemessene Strafzeit, nach deren Ablauf die sündige und verurteilte Generation ausgestorben ist[10]. Es handelt sich um die Verhängung einer lebenslänglichen Strafe über die Verbrecher und nicht um die Vorstellung von einem die Heilszeit einleitenden Ende eines Zeitalters[11]. Angesichts dieses drohenden Untergangs sehen die großen Einzelpropheten eine mögliche Rettung in der inneren und äußeren Wandlung des schuldigen Menschen oder Volkes mittels der Umkehr zu Gott (Jes 6 10 Ez 18 30 f.) oder der Erlösung durch ihn (Hos 14 2-9)[12]. Sie sprechen demnach nicht von zwei Zeitaltern, sondern vom Entweder-Oder der Vernichtung oder der Rettung. Für dieses Entweder-Oder ist Jes 1 19 f. charakteristisch: »Wenn ihr willig seid und gehorcht, / sollt ihr das Gut des Landes essen. / / Wenn ihr euch aber weigert und widerspenstig seid, / müßt ihr das Schwert 'fressen'«[13]. Das ist keine eschatologische Situation, sondern die tägliche und immer wiederkehrende Entscheidungsfrage an das Volk und alle einzelnen in ihm[14].

---

[10] Vgl. R. Borger, An additional Remark on P. R. Ackroyd, JNES XVII, 23—27, JNES 18 (1959), S. 74, mit Hinweis auf eine Inschrift Asarhaddons; ferner die Auseinandersetzung zwischen C. F. Whitley und A. Orr in VT 4 (1954), S. 60—72; 6 (1956), S. 304—306; 7 (1957), S. 416—418; E. Vogt, 70 anni exsilii, Bibl 38 (1957), S. 236.

[11] Dagegen versteht bereits Sach 1 12 die siebzig Jahre als das nun zu Ende gehende Zeitalter der Strafe und Not.

[12] Vgl. im einzelnen J. J. Stamm, Erlösen und Vergeben im Alten Testament, 1940; Ferner unten: Umkehr und Erlösung beim Propheten Hosea.

[13] Oder es ist zu lesen: »sollt ihr 'vom' Schwert gefressen werden«.

[14] Auch Jes 1 21-26 handelt nicht von zwei Zeitaltern, sondern von der Möglichkeit praktischen Zustandekommens der geforderten Umkehr. J. Lindblom, a. a. O. S. 84—88, nennt eine längere Reihe von Gründen für die fälschliche Interpretation vorexilischer Prophetenworte im eschatologischen Sinn durch die Exegeten. Hinzuzufügen sind ihnen vor allem, daß die universale Geschichtsbetrachtung seit Amos (gegenüber dem Erwählungsglauben) und die Erlösungsverheißung neben der Umkehrforderung seit Hosea nicht genügend beachtet werden; daraus folgt bei Lindblom selbst die Annahme wenigstens einiger vorexilischer eschatologischer Prophetenworte. Aus dem Nichtbeachten nahezu aller Punkte folgt bei H. Gressmann, Der Ursprung der israelitisch-jüdischen Eschatologie, 1905, S. 151 f.; Der Messias, 1929, S. 74—77, die Anschauung, daß die Eschatologie der Vorläufer der Prophetie, älteren volkstümlichen Ursprungs und von Amos an zur Unheilseschato-

Die eschatologische Prophetie gründet auf einer Umdeutung des Entweder-Oder in ein zeitliches Vorher-Nachher. Diese aus dem in zeitlichen Kategorien sich vollziehenden Denken und Vorstellen des alttestamentlichen Menschen[15] zu erklärende Umdeutung erfolgte während des babylonischen Exils — unter dem nachwirkenden Einfluß der alten, von den großen Einzelpropheten schroff abgelehnten Heilsprophetie, die besonders in kultprophetischen Kreisen beheimatet war[16]. Wie sie nach wie vor mit einer grundlegenden Heilssituation rechnen und einseitig den göttlichen Heilswillen allein betonen zu dürfen glaubte, so verstand man zugleich den Untergang Judas und das Exil als das von den großen Einzelpropheten angedrohte Gericht (vgl. Jes 40 1 f.). Und da es nicht mehr als ständig drohende Möglichkeit, sondern als einmaliges geschichtliches Ereignis galt, konnte nach seinem Ablauf, der eine mit Amos und Hosea vor Jahrhunderten begonnene Epoche beendete, nur mehr eine endgültige und ewige Heilszeit folgen[17] — ein »ewiger Bund« (Jes 55 3 61 8) mit »ewigem Zeichen« (Jes 55 13), »ewigem Heil« (Jes 45 17 51 6. 8), »ewiger Verbundenheit« (Jes 54 8) und »ewiger Freude« (Jes 51 11)[18].

II.

Außer der Vorstellung von den beiden sich ablösenden Zeitaltern, die für die Struktur der eschatologischen Prophetie grundlegend ist, entwickelt diese von Anfang an bestimmte Grundzüge des eschatolo-

---

logie abgewandelt worden sei. Dagegen stellt S. MOWINCKEL, He that cometh, 1956, S. 132 (Han som kommer, 1951. S. 93), zu Recht fest, daß »the eschatological sayings in the strict sense all belong to the later strata, and come from the age of postexilic Judaism«.

[15] Vgl. TH. BOMAN, Das hebräische Denken im Vergleich mit dem Griechischen, 1965[4].

[16] Vgl. das Auftreten eines Kultpropheten, der die Nähe der Heilszeit verkündet, in Ps 85 9-14.

[17] H. GRESSMANN, Der Ursprung der israelitisch-jüdischen Eschatologie, 1905, S. 157, skizziert die durch das Exil eingeleitete Entwicklung grundsätzlich richtig, wenn man von seiner fragwürdigen Annahme hinsichtlich des Alters der Eschatologie absieht: Nach dem Exil herrscht in der Prophetie die Heilseschatologie vor, wie es durch die Lage der Dinge notwendig gegeben war. Nach dem Gericht mußte die Zukunftshoffnung die Drohung verdrängen. »Die Mission der älteren Prophetie war erfüllt, eine neue Zeit heischte gebieterisch eine Wendung der Prophetie. Mit der Heilsprophetie hält die alte volkstümliche Eschatologie wieder ihren Einzug ...« Richtig muß es heißen: In der Eschatologie setzt sich die alte Heilsprophetie durch.

[18] Vgl. die unter ähnlichen katastrophenartigen Umständen wie dem Zusammenbruch Judas entstehende eschatologische Erwartung bei den Dajak auf Borneo nach H. SCHÄRER, Die missionarische Verkündigung auf dem Missionsfeld, 1946, wie sie C.-M. EDSMAN in RGG III[3], 1958, Sp. 654 f., schildert.

gischen Geschehens, die sich manchmal geradezu als die Akte des eschatologischen Dramas voneinander abheben[19]. An Hand der umfangreicheren Textüberlieferungen lassen sich sechs Grundformen dieses Dramas erfassen, die sich am deutlichsten in der unterschiedlichen Behandlung, die den anderen Völkern zugedacht ist, voneinander unterscheiden. Zahlreiche kurze Texte beziehen sich auf einen oder mehrere Ausschnitte aus einer der Grundformen.

1. Die älteste Grundform bei Deuterojesaja läßt dank der umfangreichen Überlieferung alle möglichen Einzelheiten — nicht immer ohne Widersprüche — erkennen. Da jedoch der Blick des Propheten jeweils vorwiegend auf diese Einzelheiten gerichtet ist, muß die von ihm erwartete Abfolge des ganzen Geschehens, das durch den es begleitenden eschatologischen Jubel der Erlösten, der Natur oder der Völker zusammengehalten wird (vgl. Jes 42 10-12 44 23 49 13 51 3 52 9), in erster Linie aus einem Gesamtüberblick über die Worte Deuterojesajas erschlossen werden. Daraus ergeben sich folgende Akte des eschatologischen Dramas: a) die Überwindung der Macht des Unterdrückers Babel (41 11-13 46 1f.) durch Jahwe (42 14f. 43 14 47 3f. 49 24-26 50 2 51 23), sein Werkzeug Kyros (41 25 44 28 45 1-3. 4. 13 46 11 48 14f.) oder Israel selbst (41 14-16)[20]; b) die Erlösung Israels durch Befreiung (49 25f. 51 22) mit oder ohne Lösegeld (43 3f. 45 13), Auszug oder Flucht (48 20 52 11f. 55 12), Heimführung durch die sich verwandelnde Wüste (41 17-20 42 16 43 16-21 48 20f. 49 9-11 55 13), Ankunft in Jerusalem (40 9-11), Sammlung der in alle Welt Verstreuten (41 8f. 43 5-7 49 12. 22f.) und ewigen Bund (54 7f. 9f. 55 3)[21]; c) die Heimkehr Jahwes nach Zion (40 9-11 und 52 8 in merklicher Abwandlung von Ez 43 1ff.); d) die Umwandlung der irdischen Verhältnisse in Wiederaufbau (44 26 49 8 54 11f.), paradieshaftem Segen (51 3) und Vermehrung der Gemeinde (44 1-5 49 19-21 54 1-3)[22], besonders in Abwandlung von Ez 36 29ff.; e) die Einsicht der Menschen in die Untauglichkeit ihrer Götter und die Bekehrung zu Jahwe (45 3. 14. 22-25 51 4f.)[23]. Einzelne Momente der Akte b, d und e finden sich in mehre-

---

[19] Vgl. auch G. Hölscher, Die Ursprünge der jüdischen Eschatologie, 1925; J. Lindblom, Profetismen i Israel, 1934, S. 516ff., 577ff.; P. Volz, a. a. O. S. 135ff.; G. Pidoux, Le Dieu qui vient, 1947, S. 26—38.

[20] Vgl. auch Jes 21 1-10 34 Jer 50f. Mi 7 8ff. Ps 146 6-9.

[21] Vgl. auch Jes 11 11f. 16f. 14 1f. 35 Jer 3 14 16 14f. 23 3 29 14 30 3 31 7f. 10f. 32 37.40 Mi 2 12f. 4 6 Zeph 3 18aβ-20. Die Behauptung von H. Gressmann, a. a. O. S. 193, daß die Motive von Befreiung und Heimkehr zurücktreten, trifft demnach nicht zu.

[22] Vgl. auch Jes 4 2-6 35 Jer 3 16 23 3 30 18f. 31 12f. 38-40 Am 9 13f. Mi 4 7; später erweitert um den großisraelitischen Gedanken der Wiedervereinigung Nord- und Südisraels und der Wiederherstellung des davidischen Reiches in Jes 11 13f. Jer 3 17 Am 9 11f. Ob 19-21.   [23] Vgl. auch Jes 2 2-4 17 7f. Jer 3 17 16 19-21 Zeph 3 9f.

ren der von Deuterojesaja beeinflußten Worte von Jes 56—66[24], während andere dieser Worte Vorstellungen aus anderen Grundformen des eschatologischen Dramas enthalten[25].

2. Einander ähnlich sind die Auffassungen Haggais und Sacharjas (520 v. Chr.). Für Haggai ist das erste die Segenszusage am Tag der Grundsteinlegung (2 19, vgl. 2 9) mit der Reinhaltung der Gemeinde durch die Ausschließung Unreiner (2 10-14). Als nächstes erwartet er die Erschütterung der Naturwelt (2 6. 21) und der Völker (2 7) mit der Vernichtung ihrer Macht (2 22) und dann die Einsetzung Serubbabels als messianischen Herrscher (2 23). Bei Sacharja[26] scheint die Reihenfolge etwas anders zu sein, obwohl das Nacheinander seiner Visionen nicht unbedingt eine gleiche zeitliche Abfolge der geschauten Ereignisse einschließt. Das erste ist wohl die Vernichtung der Macht der Völkerwelt (2 1-4), die am Unglück Israels eigentlich schuld ist (1 15)[27] und eine Beute ihrer bisherigen Untertanen wird (2 13). Es folgen die Schaffung wunderbarer Verhältnisse für die Jerusalemer Gemeinde (1 17 2 5-9 8 4 f. 12), bei der Gott schützend Wohnung nimmt (2 14. 16 8 3), ferner die Vernichtung der Sünder in Juda (5 1-4) und die Entsündigung der Gemeinde (5 5-11), danach die Sammlung und Rückkehr der Diaspora (6 1-8 8 7 f.). Dazu treten weiter die Einsetzung der messianischen Regierung (3 1-7 4 6 9-15) und der Anschluß vieler Menschen und Völker (2 15 8 20-22)[28]. Neu gegenüber Deuterojesaja sind vor allem: die Ausdehnung der Machtvernichtung von Babel auf die Völker, die Reinigung der Gemeinde[29] und der messianische Gedanke unter Nennung bestimmter Personen.

3. Die sog. Jesaja-Apokalypse Jes 24—27[30] stammt zum größten Teil aus dem 5. Jh. Sie enthält vor allem drei ursprünglich selbständige prophetische Liturgien. Von diesen kündigt 24 1-20 das eschatologische Weltgericht über die Erde mit ihren Bewohnern unter

[24] Zu b vgl. Jes 60 4 ff. 61 8 66 12, zu d: 58 12 60 10. 17 ff. 22 61 4 ff., zu e: 56 1-8 60 11 ff. 66 18 ff. Zu Tritojesaja vgl. W. ZIMMERLI, Zur Sprache Tritojesajas, Schweiz. Theol. Umschau 20 (1950), S. 62—74 (Gottes Offenbarung, 1963), S. 217—233; W. KESSLER, Studie zur religiösen Situation im ersten nachexilischen Jahrhundert und zur Auslegung von Jesaja 56—66, WZ Halle-Wittenberg 6 (1956/7), S. 41—73.

[25] Völkergericht: 63 1-6 66 10 f.; Reinigung der Gemeinde: 57 20 f. 59 15b-20; neuer Kosmos, Langlebigkeit und Friede: 65 17 ff.

[26] Vgl. auch L. G. RIGNELL, Die Nachtgesichte des Sacharja, 1950; K. GALLING, Studien zur Geschichte Israels im persischen Zeitalter, 1964, S. 109—126.

[27] Vgl. auch Jes 10 24-27a 34 Jer 12 14 30 16 f.

[28] Vgl. auch Jer 12 14-16 mit der Verbindung Gericht-Heil.

[29] Vgl. auch Jes 57 20 f. 59 15b-20 Mal 2 17—3 5 3 13-21.

[30] Zur Literatur vgl. unten: Der Aufbau der Apokalypse des Jesajabuchs (Jes 24—27).

Auflösung der städtischen Lebensform und über den Himmel an —
wegen der Versündigung der Menschen gegen die für alle geltenden
noachitischen Gebote (in Zeph 1 ₃. ₁₇f. 3 ₈ zum Untergang aller Bewohner der Erde gesteigert)[31]. 24 ₂₁—25 ₁₂ erwartet die Entmachtung
der Feinde Jahwes unter Zerstörung ihrer Hauptstädte, für die (noch
lebenden) Völker gefolgt von dem universalen Bundesmahl mit Jahwe
auf dem Zion als Beginn der Gottesherrschaft[32]. Israel wird jedoch
laut 27 ₁-₆. ₁₂-₁₃ nach dem endzeitlichen Kampf Jahwes beschützt und
beschirmt und seine Diaspora aus aller Welt gesammelt[33].

4. In der zweiten Hälfte des 4. Jh.[34] teilt Deuterosacharja in
Sach 9 ₁₁-₁₇ 10 ₃-₁₂ mit den bisher genannten Grundformen die Erwartung der Freigabe und Rückkehr der Gefangenen und Verstreuten
und der Schaffung paradiesischer Fruchtbarkeit. Ebenso wird zur
Ermöglichung der Heilszeit wie bei Deuterojesaja das herrschende
Weltreich besiegt, jedoch durch Israel selbst (vielleicht im Anschluß
an Jes 41 ₁₄-₁₆, vgl. Mi 4 ₁₃f.)[35], das in der Entscheidungsschlacht von
dem in der Theophanie nahenden Gott unterstützt wird. Doch scheint
nicht nur an die Vernichtung der Macht des Weltreichs, sondern auch
an die Vernichtung des die Macht tragenden Volkes selbst gedacht
zu sein. Dies wäre noch deutlicher, wenn Sach 11 ₄-₁₆ in der vorliegenden Gestalt vom gleichen Verfasser herrühren sollte. Denn dieser Abschnitt steigert das Gericht zu einem Kampf aller gegen alle (11 ₆)
und zur Bedrückung durch einen ruchlosen Tyrannen (11 ₁₆).
Schließlich teilt Deuterosacharja mit anderen Einzelworten die Erwartung eines Friedensreiches unter messianischer Regierung (9 ₉f.,
vgl. Jes. 9 ₁-₆ 11 ₁-₉ Jer 23 ₅ 33 ₁₄ff.).

Eine vereinheitlichende Zusammenfassung der drei ersten Grundformen liegt in der Erwartung eines allgemeinen Völkergerichts (Jes
63 ₁-₆ 66 ₁₅f. Ob ₁₅a. ₁₆-₁₈ Zeph 3 ₁₄f.) oder der Vernichtung der Weltmacht durch Gott vor (Jes 14 ₃₃).

---

[31] Vgl. auch Jes 13 ₉-₁₂ Jer 4 ₂₃-₂₆, ferner Ps 76 ₈-₁₃ 144 ₆-₈. Für Ps 144 ist es schwerlich
angängig, die offensichtliche literarische Abhängigkeit von anderen alttestamentlichen Texten mit A. WEISER, Die Psalmen, 1959⁵, S. 569, durch die Annahme einer
allen gemeinsamen festgeprägten liturgischen Tradition zu ersetzen.

[32] Vgl. auch Jes 65 ₁₇ff.

[33] Das Vorbild des Mahls ist im Bundesmahl der Ältesten Ex 24 ₁₁ gegeben, wie 24 ₂₃ an
Ex 24 ₁₀ anknüpft. Dagegen ist nicht das Krönungsmahl Jahwes als des Weltkönigs
gemeint, wie H. GRESSMANN, a. a. O. S. 300 (Der Messias, 1929, S. 214) behauptet.

[34] Zur geschichtlichen Einordnung vgl. K. ELLIGER, Ein Zeugnis aus der jüdischen
Gemeinde im Alexanderjahr 332 v. Chr., ZAW 62 (1949/50), S. 63—115; A. MALAMAT,
The Historical Setting of two Biblical Prophecies on the Nations, IEJ 1 (1950), S. 149
bis 154; M. DELCOR, Les allusions à Alexandre le Grand dans Zach 9 ₁-₈, VT 1 (1951),
S. 110—124.   [35] Vgl. auch Mi 5 ₇.

5. Der dem Deuterosacharja etwa gleichzeitige Joel (4. Jh.) schildert zwei Phasen[36]: a) Jahwe selbst entbietet die Völker zum eschatologischen kriegerischen Ansturm gegen sich und Israel vor Jerusalem (4 2. 9 f.), tatsächlich aber zum Endgericht wegen ihrer Sünden gegen Israel (4 2 f. 12)[37]; darin wird unter anderem Ez 38 f. aufgenommen und abgewandelt. Das Gericht findet in Gestalt einer unter dem Bild der Ernte geschilderten Vernichtungsschlacht bei Jerusalem statt (4 13-17)[38] und erweist dessen Unantastbarkeit (4 16 f.), die im Anschluß an die Jesajalegenden (Jes 36 f.) von Jes 52 1 und Sach 2 9 proklamiert worden war. Darin sind die von Haggai und Sacharja vorgenommene Ausdehnung auf die Völker und die von Deuterosacharja vertretene Annahme einer Vernichtungsschlacht unter Verwendung älterer Motive miteinander verbunden. b) Auf das Endgericht folgen paradiesischer Segen und Frieden (4 18-21), die wiederum unter Anschluß an ezechielische Motive geschildert werden. Dieselben beiden Phasen finden sich auch in Sach 14, jedoch mit zwei Unterschieden gegenüber Joel: Jerusalem ist nicht unantastbar, sondern wird zunächst erobert, geplündert und seiner Einwohner beraubt, bis nach Theophanie und Einzug Jahwes in Jerusalem die teilweise Vernichtung der Völker erfolgt; ferner soll ihr Rest am Heil teilhaben.

6. Dagegen scheinen die sehr jungen Worte Sach 12 1—13 6 13 7-9[39] bereits den Anbruch der Heilszeit vorauszusetzen, der dann wohl in friedlicher Weise und ohne Niederwerfung der Weltmacht oder der Völker vor sich gegangen sein müßte. Jedoch folgt nunmehr zu einem späteren Zeitpunkt die Bedrohung Jerusalems und der Heilsgemeinde durch den Ansturm der Völker, in dem Jahwe selber noch einmal alles in Frage stellt. Der Niederlage der Völker und der Rettung Jerusalems folgt die Reinigung der Gemeinde von den Sündern[40] zum endgültigen Heil.

Als gemeinsame Grundzüge dieser verschiedenen Formen ergeben sich: a) Vernichtung der Macht des Weltreiches bzw. der Völker oder weitgehende Vernichtung dieser selbst; b) Erlösung und Befreiung

---

[36] Joel 3 ist eine spätere Erweiterung durch drei Fragmente. Zum Buch vgl. A. S. KA-PELRUD, Joel Studies, 1948; M. TREVES, The Date of Joel, VT 7 (1957), S. 149—156; O. PLÖGER, Theokratie und Eschatologie, 1959, S. 117—128.

[37] Diese Vorstellung der eschatologischen Bedrohung Jerusalems wendet Joel 1—2 auf die Bedrohung durch Heuschrecken und Dürre an, um sie als Zeichen des nahenden Gerichtstags zu deuten (vgl. 1 15 2 1-11. 20).

[38] Zum Völkersturm und Endgericht vgl. auch Jes 8 9 f. 17 12-14 Mi 4 9. 11 f. 5 4 f.

[39] Vgl. O. PLÖGER, a. a. O. S. 97—117.

[40] Vgl. auch Jes 10 20-23.

Israels als der eschatologischen Heilsgemeinde mitsamt der Reinigung der Gemeinde und der Sammlung aller Verstreuten in Jerusalem; c) Schaffung wunderbarer und paradiesischer Lebensverhältnisse für die Heilsgemeinde; d) Beginn der unmittelbaren Gottesherrschaft oder der Messiasregierung; e) Bekehrung der Völker oder ihres Restes. Es ist deutlich, daß ein Teil dieser Erwartungen unauflöslich mit dem antiken Weltbild verbunden ist und mit ihm steht und fällt. Vor allem liegt in ihnen weithin die eschatologische Umwandlung und Umprägung der Verkündigung der vorexilischen Heilsprophetie vor, wie ein Vergleich mit Nahum, Habakuk und Chananja (Jer 28) als Vertretern jener Strömung zeigt.

III.

Die Auffassung und Darstellung des eschatologischen Geschehens und der erhofften neuen und ewigen Heilszeit sind in der eschatologischen Prophetie und Theologie durch eine größere Zahl von strukturellen Einzelelementen bestimmt, die vom Ganzen nicht losgelöst werden dürfen, sondern es im einzelnen festlegen sollen. Jedes dieser Einzelelemente kreist um zwei polare Motive, die miteinander verbunden werden (Nr. 1, 5, 8) oder zwischen denen Übergänge bestehen können (Nr. 2, 7).

1. Das Urteil über das bisherige, sich dem Ende zuneigende Zeitalter ist weithin von Deuterojesaja bestimmt worden: Es ist das Zeitalter der Sünde und der dadurch bedingten Strafe (Jes 40 2 51 17 57 17). Mit der zeitlichen Festlegung der Strafe (Untergang Judas und Exil) ist der Gedanke verbunden, daß sie den Sünden der früheren Zeit gilt; darin schließt das Urteil sich letztlich an die bitter-spöttische Beschwerde der Deportierten in Ez 18 2 an[41]. Demgegenüber schildert Jes 9 1 die bisherige Zeit allgemein als chaotisches Treiben, so daß über dem Volk das »Dunkel« als Unheil und Tod lastet und es sozusagen im »Land der Finsternis«, in der Unterwelt der Todesschatten, dahinsiecht. Diese beiden Auffassungen werden in der Weise miteinander verbunden, daß die notvolle Situation der Finsternis und Krankheit, in der die Gemeinde des Lichts und der Heilung bedarf, nicht mit der früheren, sondern mit der gegenwärtigen Sünde begründet wird (Jes 59 1. 8). Das bisherige Zeitalter ist durch die ständige und daher auch gegenwärtige Sünde der Menschheit in Übertretung der noachitischen Gebote gekennzeichnet (Jes 24 5. 20 26 21). Ja, der Anbruch der Heils-

---

[41] Eine bezeichnende Nachwirkung heilsprophetischer Gedanken liegt in Sach 1 15 vor: Während Jahwe nur »ein wenig« gezürnt hat, haben die Völker dem Unglück Israels »nachgeholfen« und sich dadurch schuldig gemacht.

zeit kann sich wegen dieser gegenwärtigen Sünde verzögern — sei
diese nun das Unterlassen des Tempelbaus (Haggai) oder Blutschuld
und Ungerechtigkeit (Jes 59 1-4). Zweifellos schließt sich diese Begründung — von der kultischen Bezugnahme bei Haggai abgesehen —
in treuerer Weise an die Botschaft der großen Einzelpropheten an als
die Auffassung Deuterojesajas. Stets aber liegt eine durchaus monisti-
sche Betrachtungsweise vor, die sich von der dualistischen der Apokalyptik wohl unterscheidet[42].

2. Den Anbruch des neuen Zeitalters sieht Deuterojesaja als nahe
bevorstehend an. So klingt es immer wieder aus seinen Worten (vgl.
Jes 42 10-17), besonders aus denjenigen über Kyros, dessen Taten die
Heilszeit herbeiführen helfen sollen. Der Prophet kann das Bevorstehende sogar als gegenwärtig (48 20) oder in fingierter Rückschau als
schon geschehen betrachten (40 9-11 48 2). Folgt er darin strukturell
der früheren prophetischen Verkündigung, die sich stets mit der Gegenwart und nächsten Zukunft befaßt hat, so spiegelt sich in den beiden
letzten Worten über den Knecht Jahwes in Jes 50 10f. 52 13—53 12,
sofern sie sich auf Deuterojesaja selbst beziehen[43], schon die Tragödie
des Scheiterns der hochgespannten Erwartungen wider. Dennoch wird
später der Anbruch der Heilszeit wieder als nahe bevorstehend verkündet (Jes 56 1f. 61 2 Ps 85 10) und geradezu als das »Nahen Gottes«
bezeichnet (Jes 58 2) oder als schon erfolgend hingestellt (Hag 2 19
Jes 57 14). Die immer neue Verzögerung dessen jedoch führt nicht nur
zu leidenschaftlichem Drängen (Jes 62 1. 6f.), sondern auch entweder
zu einem mit der gegenwärtigen Sünde begründeten Hinausschieben
(Jes 59) oder zum Absehen von der Bestimmung eines Zeitpunkts, so
daß der Beginn der Umwälzung als eine Möglichkeit erscheint, die sich
an jedem Tag verwirklichen kann und für die es sich durch die Erfüllung der kultischen und ethischen Pflichten vorzubereiten gilt (Maleachi). Das ist der Übergang zu dem wegen der wiederholten Ent-

---

[42] In dem Kyroswort Jes 45 4-7 scheint Deuterojesaja sich ausdrücklich gegen die
dualistische persische Religion zu wenden, wenn er erklärt, daß Jahwe Licht und
Finsternis, Heil und Unheil schafft.

[43] Zur Auseinandersetzung über das Problem des »Knechtes Jahwes« und zu den ver-
schiedenen Deutungen vgl. außer der geschichtlichen Übersicht von C. R. North,
The Suffering Servant in Deutero-Isaiah, 1956², für die neuere Literatur vor allem
S. Mowinckel, Neuere Forschungen zu Deuterojesaja, Tritojesaja und dem ʿĀbäd-
Jahwe-Problem, ActOr 16 (1937), S. 1—40; O. Eissfeldt, Neue Forschungen zum
ʿEbed-Jahwe-Problem, ThLZ 68 (1943), Sp. 273—280 (Kleine Schriften, II 1963,
S. 443—452); G. Fohrer, Neuere Literatur zur alttestamentlichen Prophetie, ThR
NF 19 (1951), S. 301—304; 20 (1952), S. 231 — 240; Zehn Jahre Literatur zur alt-
testamentlichen Prophetie, ebd. 28 (1962), S. 243—247; H. Haag, Ebed-Jahwe-
Forschung 1948—1959, BZ NF 3 (1959), S. 174—204.

täuschungen schließlich erfolgenden Hinausschieben in eine unbestimmte Ferne.

3. Die eschatologischen Propheten sehen die große Umwälzung der Zeitenwende oft mit einer begrenzten oder umfassenden Welterschütterung verbunden. Bei Deuterojesaja betrifft sie die herrschende babylonische Macht (vgl. auch Jes 13 21 1-10 Jer 50f.), die mit der alten Welt als deren Symbol zerbrochen wird und die er aus verständlichen Gründen manchmal nur bildhaft-verhüllend umschreibt (Jes 42 10). Es ist die Tat Jahwes, der nach alter Vorstellung als Krieger den Kampf ausficht (Jes 42 13)[44], oder des von ihm als König eingesetzten und beauftragten Kyros (nach Jes 13 17 der Meder)[45]. Bei Haggai trifft die Welterschütterung sogar Natur und Völker (Hag 2 6f. 21f.), bei Sacharja alle Völker (Sach 1 15 2 1-4). Später richtet sich die Erwartung wieder mehr gegen die herrschende Weltmacht (Sach 9 1ff. 11 1ff.), die öfters symbolisch mit geschichtlichen Namen als »Assur« (Jes 10 24-27 a)[46], »Babel« (Jes 14 22)[47], »Moab« (Jes 25 10) oder »Edom« (Jes 34 5-15) bezeichnet wird. In alledem wird die Linie der gesamten früheren Prophetie — nicht zuletzt auch der Heilspropheten — aufgenommen, die Jahwe in Zusammenhang mit politischen Krisen am Werk sieht, seit Jesajas ursprünglicher Beurteilung der Assyrer eine fremde Macht als sein Vernichtungswerkzeug versteht und sie besonders seit den Kultpropheten Nahum und Habakuk sein Urteil an der herrschenden Weltmacht vollstrecken glaubt. Eine ganz andere Tradition wirkt in dem Motiv des endzeitlichen Völkersturms gegen Israel oder Jerusalem nach. Es ist sowohl aus Ezechiels Wort gegen Gog (Ez 38f.), das seinerseits an Jeremias Drohung mit dem Feind aus dem Norden anknüpft (Jer 4—6)[48], eschatologisch abgewandelt (vgl. Joel 2 10: »der

---

[44] Vgl. die zusammenfassende Untersuchung von H. FREDRIKSSON, Jahwe als Krieger, 1945.

[45] Vgl. E. JENNI, Die Rolle des Kyros bei Deuterojesaja, ThZ 10 (1954), S. 241—256.

[46] Daß Jes 10 24-27a nicht von Jesaja stammt, legt sich allein auf Grund der zahlreichen Entlehnungen dar; v. 24 benutzt Jes 10 5 30 19. 31; v. 25: Jes 26 20 29 17; v. 26: Jes 9 3 Jdc 7 25 Ps 83 10ff. Ebenso ist Jes 10 16-19 zu verstehen.

[47] Der Rahmen von Jes 14 (v. 1-4a. 22f.) stammt aus nachexilischer Zeit, da sein Verfasser nach dem einleitenden »denn« das gegen das geschichtliche Babel gerichtete Kap. 13 vorgefunden und sich außer an Jes 49 22f. vor allem an Jes 56 1-8 61 4-9 Sach 2 12-16 8 20-23 angeschlossen hat. Zum Inhalt vgl. die tiefschürfende Untersuchung von G. QUELL, Jesaja 14 1-23, in: Festschrift F. Baumgärtel, 1959, S. 131 bis 157.

[48] Vgl. dazu im einzelnen G. FOHRER-K. GALLING, Ezechiel, 1955, S. 212—216. Zur Bedeutung von Zaphon-Norden vgl. O. EISSFELDT, Baal Zaphon, Zeus Kasios und der Durchzug der Israeliten durchs Meer, 1932; A. LAUHA, Zaphon, der Norden und die Nordvölker im Alten Testament, 1943; B. S. CHILDS, The Enemy from the North and the Chaos Tradition, JBL 78 (1959), S. 187—198. Neuerdings G. WANKE, Die

Nördliche«), als auch aus ursprünglich mythischen Vorstellungen hergeleitet (vgl. IV, 1) und teilweise mit heilsprophetischen Gedanken durchsetzt worden. Gegenüber diesen Erwartungen und Befürchtungen einer gewaltsam-kriegerischen Umwälzung tritt das polare Motiv eines wundersamen Hereinbrechens der Heilszeit ohne solche äußeren Ereignisse zurück. Zumindest denkt man an Eingriffe Jahwes in die endzeitliche Gemeinde. Während sie sich für Sach 5 1-4 zusätzlich zur Welterschütterung in der Vernichtung der diebischen und meineidigen Eingesessenen ereignet[49], scheinen Jes 59 17 f. 65 11 ff. nur an die Beseitigung der Frevler und Götzendiener aus der Gemeinde Israels selbst zu denken.

4. Der Grund für die eschatologische Umwälzung liegt für Deuterojesaja ausschließlich im Erlösungswillen Gottes. Bei ihm erfährt der von Hosea über Jeremia und Ezechiel zu verfolgende Erlösungsglaube innerhalb der prophetischen Theologie seine Vollendung und Krönung. Demgemäß ist die »Umkehr« weder Voraussetzung noch Mittel der Vergebung, sondern ihre Folge; weil Gott vergeben hat und vergibt, kann und soll der Mensch umkehren (Jes 44 21 f. 55 6 f.). Gerade umgekehrt verhält es sich in Sach 1 3: »Kehrt zu mir um, so werde ich mich (wieder) zu euch kehren«. Dabei bedeutet die als Voraussetzung und Bedingung für den Anbruch der Heilszeit geforderte Umkehr in der Situation Sacharjas die Abkehr von der bisherigen Vernachlässigung des Tempelbaus und die Hinwendung zu eifriger Arbeit. In dieser kultischen Beziehung liegt der größte Unterschied zur früheren Prophetie. In Jes 56 1-8 sind es das Halten des Sabbats und das Vermeiden des Bösen (als Ausschluß der Fremden und Eunuchen aus der Gemeinde), in Jes 58 ist es die tätige Nächstenliebe an Stelle des rituellen Fastens, in Jes 59 die Abkehr von der Sünde, die als zu erfüllende Bedingungen für den Anbruch der Heilszeit und die Teilhabe an ihr genannt werden; ja, in Jes 61 8 wird der »ewige Bund« geradezu als der »Lohn« für das treue Ausharren bezeichnet. So stehen einander zwei verschiedene Auffassungen gegenüber.

5. Die Verwirklichung der eschatologischen Wende kann in partikularistisch-nationaler oder in universaler Art vorgestellt werden[50],

---

Zionstheologie der Korachiten in ihrem traditionsgeschichtlichen Zusammenhang, 1966.

[49] Vgl. K ELLIGER, Das Buch der zwölf Kleinen Propheten, II 1956³, z. St.

[50] C. STEUERNAGEL, Die Strukturlinien der Entwicklung der jüdischen Eschatologie, in: Festschrift A. Bertholet, 1950, S. 479—487, befaßt sich mit dem nationalen, dem individuellen und dem universalen Element und zeigt ihre verschiedenen Kombinationen auf. Vgl. auch W. COSSMANN, Die Entwicklung des Gerichtsgedankens bei den alttestamentlichen Propheten, 1915.

wobei in der ersteren, die besonders häufig erscheint, die frühere nationale Heilsprophetie am kräftigsten nachwirkt. Nach ihr vollstreckt Jahwe bei der kommenden Welterschütterung (Nr. 3) zugunsten Israels das Gericht an der Weltmacht oder den Völkern, vor allem sofern sie die endzeitliche Gemeinde bedrohen. Dieses Gericht, das Jahwe oder Israel selber vollstreckt, spielt in allen eschatologischen Erwartungen eine bedeutende Rolle. Jahwe wird sogar ganze Völker als Lösegeld für die Befreiung und Sammlung der Deportierten und Verstreuten hingeben oder sie der Heilsgemeinde künftig dienen lassen. Von den außerdem erhofften materiellen Heilsgütern abgesehen (vgl. Nr. 8), haben diese nationalen Verheißungen insofern auch einen universalen Aspekt, als andere oder alle Völker von der Verwirklichung des künftigen Zeitalters betroffen werden. Im Sinne der nationalen Heilsprophetie, die das Heil primär und eigentlich für Israel erwartet, sollen die Völker jedoch durch Gericht und Vernichtung betroffen werden. Nur als Gerichtete und durch das endzeitliche Geschehen Bekehrte erhalten sie einen gewissen Anteil am Heil (vgl. Nr. 10). Demgegenüber steht — viel seltener! — im Anschluß an die Theologie der großen Einzelpropheten der Gedanke einer echt universalen Verwirklichung des Heils zugunsten aller Menschen. Am deutlichsten findet er sich in Zeph 3 9 f.: Jahwe wird den Völkern neue, reine Lippen geben, so daß sie ihn anrufen, ihm gemeinsam dienen und aller Welt Gaben darbringen. Auch Deuterojesaja denkt einmal an die unmittelbare Zuwendung des Heils an die harrenden Völker (Jes 51 4-6), die der Dichter von Jes 52 13—53 12 durch das stellvertretende Leiden des Knechtes Jahwes vollzogen sieht, während Jes 17 7 f. auf Grund des Schöpfungsgedankens von der endzeitlichen Bekehrung aller Menschen ohne weitere Geschehnisse spricht. Häufiger ist eine Verbindung der nationalen und universalen Art der Verwirklichung, indem das Heil in universaler Art aller Welt zugesagt wird, aber am national-religiösen Mittelpunkt Israels, in Jerusalem, zu erlangen ist (Jes 2 2-4 25 6ff. 56 7 Jer 3 17 Sach 8 20ff.; mit drohendem Aspekt in Sach 14 16ff.).

6. Die bisherigen Beispiele zeigen, daß die eschatologische Prophetie gewöhnlich nicht ein Ende der Welt und der Geschichte überhaupt meint, sondern die eschatologischen Geschehnisse sich im Rahmen der Völkerwelt abspielen sieht. Überwiegend wird sich das Heil des neuen Zeitalters in diesem Rahmen verwirklichen — sei es wie bei Deuterojesaja oder Sach 1 7-15 im Anschluß an politische Gegebenheiten oder zeitgeschichtliche Anknüpfungspunkte (vgl. Sach 9 1ff. 10 3ff.), sei es im Ausspinnen theologischer Überlegungen ohne solche Anknüpfungspunkte (vgl. Joel 4 Sach 12—14) [51]. Demgegenüber

---

[51] Vgl. K. ELLIGER, a. a. O. zu Sach 12—14.

finden sich mehrfach Anschauungen, in denen der Kosmos in die eschatologischen Ereignisse einbezogen oder diese gar als ein kosmisches Geschehen vorgestellt werden. Den Ansatzpunkt dafür liefert die Einbeziehung der Natur durch Deuterojesaja auf Grund des für ihn wichtigen Schöpfungsglaubens[52]. So erwarten Hag 2 6. 21 die Erschütterung der Natur neben derjenigen der Völkerwelt, Jes 13 10. 13 24 1 ff. 18 ff. Jer 4 23-26 kosmische Auswirkungen des Endgerichts, die das Ende der bestehenden Welt herbeiführen können (Jes 34 4 51 6); dabei werden im einzelnen zahlreiche Motive der vorexilischen prophetischen Verkündigung verwertet[53]. Dem Ende des alten entspricht die Schaffung eines neuen Kosmos (Sach 14 6 in Aufhebung von Gen 8 22), der dann unvergänglich sein (Jes 65 17 f. 66 22) und in dem Jahwe als ewiges Licht leuchten wird (Jes 60 19 f.)[54].

7. Ihrer Art nach wird die künftige Heilszeit häufig als Wiederherstellung des Früheren erwartet. Diese restaurative Eschatologie, die von der deuteronomischen Theologie ausgeht, wird äußerlich in Sach 10 6 Ps 85 5 durch das dort zu lesende שוב Hiphil »wiederherstellen« gekennzeichnet[55], vor allem aber durch den Ausdruck שוב שבו/ית »das Geschick wenden (im Sinn der Wiederherstellung)«, dessen Bedeutung als Wiederherstellung sich eindeutig aus Ez 16 53 (parallel zu: »in den früheren Zustand zurückkehren« v. 55) und Hi 42 10 (Wiederherstellung Hiobs) ergibt[56]. Der Ausdruck begegnet fast ausschließlich[57] in der eschatologischen Theologie und scheint ihr geradezu

---

[52] Vgl. R. RENDTORFF, Die theologische Stellung des Schöpfungsglaubens bei Deuterojesaja, ZThK 51 (1954), S. 3—13; C. STUHLMUELLER, The Theology of Creation in Second Isaias, CBQ 21 (1959), S. 429—467.

[53] Vgl. J. LINDBLOM, Die Jesaja-Apokalypse, 1938, S. 105—107.

[54] Aus der Ausdrucksweise und dem Zusammenhang ergibt sich, daß an eine wirkliche Neuschöpfung und nicht bloß an eine Welterneuerung gedacht ist, wie J. LINDBLOM, Gibt es eine Eschatologie bei den alttestamentlichen Propheten?, StTh 6 (1952), 1953. S. 106, annimmt.

[55] In Sach 10 6 ist es an Stelle der Mischform aus שוב und ישב, beeinflußt durch ישב Hiphil in v. 10, zu lesen, in Ps 85 5 entsprechend der Bitte um tatsächliche Wiederherstellung, im politischen Sinn in Ps 80 4. 8. 20; zu Ps 85 vgl. zuletzt auch H.-J. KRAUS, Psalmen, II 1961², S. 588 ff.

[56] Daher ist der Auffassung von E. L. DIETRICH, שוב שבות, die endzeitliche Wiederherstellung bei den Propheten, 1925, gegenüber derjenigen der Aufhebung einer Schuldhaft durch E. BAUMANN in ZAW 47 (1929), S. 17—44, zuzustimmen. Zur Form des Ausdrucks vgl. R. BORGER in ZAW 66 (1954), S. 315 f. (mit weiterer Literatur).

[57] Ausnahmen bilden nur Hos 6 11 Thr 2 14 Hi 42 10. Demnach stammen, einschließlich der eschatologischen Verwendung (Anm. 58), alle Vorkommen mit Ausnahme von Hos 6 11, das nicht unbestritten ist, aus exilischer und nachexilischer Zeit. Das spricht gegen die Herleitung des Ausdrucks aus dem alten Kultus durch A. WEISER, a. a. O. S. 31.

als stehender Ausdruck für die eschatologische Wiederherstellung zu dienen[58]. Ebenso häufig aber meint die eschatologische Prophetie nicht das Wiederherstellen, sondern das Neuwerden des Alten. Die Heilszeit bedeutet wesenhaft eine Welterneuerung. Das wird in der Gegenüberstellung des »Früheren« und des »Neuen« bei Deuterojesaja besonders klar. Auch und gerade Jerusalem wird neu werden, wie Sach 2 5-9 und die Parallelisierung mit der Schöpfung in Jes 60 1 f. zeigen. Noch einen Schritt weiter gehen Jes 62, das von einem neuen Namen und damit von einer neuen, heilvollen Wesensart Jerusalems spricht, und Jes 2 2, das mit Hilfe ursprünglich mythischer Vorstellungen die Stadt als Gottesberg und Mittelpunkt des Paradieses schildert. Und die Erwartungen gipfeln in der Ankündigung einer Neuschöpfung des Kosmos (Nr. 6).

8. Das Heilsgut des neuen Zeitalters wird teils infolge der ganzheitlichen Denkweise des alttestamentlichen Menschen, für den Äußeres und Inneres eine Einheit bilden und das Erstere ein Symbol des Letzteren darstellt, teils infolge der Weiterführung der heilsprophetischen Erwartungen als wirkliche Segensfülle und materielles Gut (Sach 1 17: טוב) verstanden[59]. Grundlegend ist der erwartete Wiederaufbau Jerusalems, seines Tempels und der israelitischen Städte (Jes 44 26 45 13 54 11 f. 58 12 60 10. 13 61 4), wobei Jerusalem zum Mittelpunkt der Welt und des ewigen Königreichs Gottes werden wird (Jes 2 2 24 23 60 10 f.)[60]. Ein gewaltiger Reichtum fließt für den Bedarf des Tempels oder der Heilsgemeinde dorthin, wie umgekehrt von der Stadt ein Segensstrom ausgeht, von dem man im Anschluß an Ez 47 1-12 auf Grund tatsächlicher Verhältnisse und mythischer Paradiesvorstellungen spricht (Joel 4 18 Sach 14 8)[61]. Teils als Wirkung dessen, teils als Folge der Welterneuerung (vgl. Nr. 7) wird erstaunlich häufig eine paradiesische Fruchtbarkeit des Landes verheißen (z. B. Jes 30 23-25 51 3 Am 9 13 Joel 4 18 Ps 144 13 f.)[62]. Zur Segensfülle gehören

---

[58] Dtn 30 3 Jer 29 14 30 3. 18 31 23 32 44 33 7. 11. 26 48 47 49 6. 39 Ez 16 53 29 14 39 25 Joel 4 1 Am 9 14 Zeph 2 7 3 20 Ps 14 7 (53 7) 85 2 126 4. Keine dieser Stellen rührt aus vorexilischer Zeit her.

[59] Vgl. die Zusammenstellung von L. DÜRR, Ursprung und Ausbau der israelitisch-jüdischen Heilandserwartung, 1925, S. 101—103; über die Aufnahme von Paradiesvorstellungen N. MESSEL, Die Einheitlichkeit der jüdischen Eschatologie, 1915, bes. S. 85—88.

[60] Vgl. auch H. GROSS, Weltherrschaft als religiöse Idee im Alten Testament, 1953. Für die Darstellung der zentralen Rolle Jerusalems in diesem »Zionismus« vgl. meinen Beitrag zu Σιων in ThW VII, 1964, S. 291—318.

[61] Vgl. im einzelnen G. FOHRER-K. GALLING, a. a. O. S. 242.

[62] Vgl. A. DE GUGLIELMO, The Fertility of the Land in Messianic Prophecies, CBQ 19 (1957), S. 306—311. Gewöhnlich wird daran gedacht, daß die Heilsgemeinde das Land selbst bebaut (vgl. Jes 62 8f. 65 21f. Am 9 14), während sie sich nach gelegentlichen

ferner das Wachstum Israels durch zahlreiche Nachkommen (Jes 44
3 f. 49 19-21 54 1-3 60 22), die Behebung körperlicher Gebrechen (Jes
29 18 32 3 f. 33 23 35 5 f.), die Langlebigkeit der Menschen entsprechend
der alttestamentlichen Auffassung des Lebens (Jes 65 10 Sach 8 4) bis
zur Vernichtung des Todes (Jes 25 8) und der ewige Friede in Men-
schen- und Tierwelt (Jes 2 4 9 4 11 6-9 65 25 Sach 9 10 Ps 46 10)[63]. Dem
gegenüber steht das religiös-geistige Heilsgut: die Beseitigung der
Unreinheit (Sach 13 1 ff.), die Sündlosigkeit (Jes 60 21 65 25 Sach 5
5-11), so daß nichts Böses mehr geschieht (Jes 11 9) und Israel »heilig«
heißt, d. h. dem bisherigen Leben entnommen und Gott geweiht (Jes
4 3 62 12). Demgemäß empfängt Israel den Geist prophetischer Begabung, der eine unmittelbare Beziehung zu Gott ermöglicht (Joel 3 1 f.)[64].
Darin wirkt — freilich vergröbert — der Erlösungsglaube der früheren
Prophetie nach. Letztlich aber lassen sich beide Aspekte, äußere
Segensfülle und religiöses Heil, nur künstlich voneinander trennen;
für das damalige Verständnis gehören sie zusammen, wie ihre Verbindung in Jes 11 6-9 58 11 f. Ps 85 11-13 90 13-17 zeigt. Alles dies wird
Freude und Jubel wecken, die sowohl das Echo auf die gewährten
Heilsgüter als auch selber ein letztes Heilsgut darstellen (Jes 42 10-22
44 23 48 20 49 13 51 11 52 8 f. 61 3 65 13 f. 18 66 10).

9. Es ist deutlich, daß es sich um zwar ewige, aber durchaus
diesseitige Heilsgüter handelt, da ja das neue Zeitalter nicht das Ende
der Welt, sondern ihre Wiederherstellung, Erneuerung oder höchstens
Neuschöpfung einschließt. Auch die Toten sollen nach Dan 12 2 offenbar zu einem neuen diesseitigen Leben auferweckt werden. Nur in
nichtkanonischen Schriften wie der Weisheit Salomos mit ihrer
jenseitigen Frömmigkeit[65] wird ein jenseitiges, nicht-irdisches Heilsgut erwartet.

Äußerungen einer rein religiös-priesterlichen Tätigkeit widmen und anderen die
Sorge für ihren Lebensunterhalt überlassen soll (Jes 23 18 61 6).

[63] Vgl. W. EICHRODT, Die Hoffnung des ewigen Friedens im alten Israel, 1920; G. FOH-
RER, Glaube und Welt im Alten Testament, 1948, S. 230—258; H. GROSS, Die Idee
des ewigen und allgemeinen Weltfriedens im Alten Orient und im Alten Testament,
1956.

[64] Der Geistbesitz Jes 11 2 vermittelt dem Messias außerdem übermenschliche und
göttliche Fähigkeiten. Die Geistausgießung Sach 6 1-8 bewirkt die Rückkehr der
babylonischen Diaspora nach Jerusalem. Dagegen ist der Gottesgeist in Jes 32 15
44 3 als göttliche Lebenskraft gemeint, die äußeren Segen bringt. Zum eschatologischen Gebrauch des Begriffs Geist vgl. auch R. KOCH, Geist und Messias, 1950.

[65] Vgl. R. SCHÜTZ, Les idées eschatologiques du Livre de la Sagesse, 1935; H. BÜCKERS,
Die Unsterblichkeitslehre des Weisheitsbuches, 1938; A. DUPONT-SOMMER, De
l'immortalité astrale dans la »Sagesse de Salomon«, Revue des Études Greques 62
(1949), S. 80—87.

10. Die Teilhabe am Heil kommt zunächst der israelitischen Gesamtgemeinde des neuen Zeitalters in und um Jerusalem als ihrem Mittelpunkt zu[66], die häufig als der »Rest« Israels bezeichnet wird[67]. Dieser Ausdruck, der ursprünglich dasjenige bezeichnet, was als weniger wichtiger Teil nach der Vernichtung übrigbleibt (vgl. Ex 10 12 Lev 5 9 Jos 11 22)[68] oder vor der Gefahr völliger Vernichtung gewarnt werden soll (vgl. Jes 7 3 Am 5 3), wird vom ausgehenden Exil an zur demütig-stolzen Bezeichnung der vom Untergang Verschonten, die sich damit nicht mehr als unwerte Übriggebliebene, sondern als ausersehene Träger der Heilszukunft kennzeichnen. Darin liegt ein eindeutiger Fall heilsprophetisch-eschatologischer Umprägung vor[69]. Die Teilhabe dieser »Rest«-Gemeinde am Heil kann exklusiv ausgelegt werden, zur eigenen Absonderung und zum Ausschluß anderer führen (Hag 2 10-14 Jes 61 9). Umgekehrt kann die Aufnahmewilligkeit der Gemeinde für andere gefordert werden, wobei die Aufzunehmenden sich freilich den kultisch-gesetzlichen Forderungen fügen müssen (Jes 56 1-8 Sach 9 1-8). Gewöhnlich wird den Völkern als einem zweiten, weiteren Kreis die Teilhabe am Heil zugesprochen. Daß sie zu dem »Volk« der Jahweverehrer gehören werden (Sach 2 15), beruht dann auf ihrer Bekehrung angesichts des Erlebten (Jes 2 2-4 45 3. 5 f. 14-17), ihrer Einsicht auf Grund der Aufforderung Jahwes (Jes 45 20-25), der Mission unter ihnen, die Deuterojesaja erstmalig und nachdrücklich als prophetische Aufgabe nennt (Jes 42 1-4. 6 49 6)[70], oder des

---

[66] Damit wird der prophetische Personalismus Jeremias und Ezechiels wieder rückgängig gemacht.

[67] Jes 4 3 10 20-23 11 11. 16 28 5 f. 37 31 f. 46 3 f. Jer 23 3 31 7 Mi 2 12 f. 7 18 Zeph 2 7. 9 3 13 Hag 1 12. 14 2 2 Sach 8 6. 11 9 7. Zu Sach 9 7 vgl. K. ELLIGER, a. a. O. z. St.

[68] Vgl. ferner in der Prophetie Jes 17 3 Jer 8 3 15 9 21 7 24 8 f. 38 4. 22 40 6 42 2. 15 Ez 5 10 6 12 9 8 11 13 17 21.

[69] Vgl. auch R. DE VAUX, Le »Reste d'Israël« d'après les Prophètes, RB 42 (1933), S. 526—539; W. E. MÜLLER, Die Vorstellung vom Rest im Alten Testament, (Diss. Leipzig 1938) 1939; O. SCHILLING, »Rest« in der Prophetie des Alten Testamentes, Diss. Münster 1942 (Masch.schr.); S. GAROFALO, La nozione profetica del Resto d'Israele, 1944. Die Überprüfung aller Vorkommen zeigt klar, daß der theologische oder eschatologische Restgedanke nicht auf Jesaja zurückgeht; anders F. DREYFUS, La doctrine du reste d'Israël chez le prophète Isaïe, RScPhTh 39 (1955), S. 361—381. Daß es sich um einen festgeprägten Ausdruck der eschatologischen Theologie handelt, zeigen Mi 4 7: »Rest« parallel zu »zahlreiches Volk« und 5 7: Vergleich mit dem raubenden Löwen.

[70] Zu den verschiedenen Aspekten der Missionsfrage vgl. M. LÖHR, Der Missionsgedanke im Alten Testament, 1896; H. H. ROWLEY, The missionary Message of the Old Testament, 1944; F. M. TH. DE LIAGRE BÖHL, Missions- und Erwählungsgedanke in Altisrael, in: Festschrift A. Bertholet, 1950, S. 77—96; J. HEMPEL, Die Wurzeln des Missionswillens im Glauben des AT, ZAW 66 (1954), S. 244—272; R. MARTIN-ACHARD, Israël et les nations, 1959.

anzueignenden stellvertretenden Leidens (Jes 52 13—53 12). Die Teilhabe kann ebenso in ihrer Belehrung über den von Gott gewollten Lebensweg (Jes 2 3) oder der Beteiligung am Bundesfestmahl (Jes 25 6 ff.) wie in dem verlangenden Anklammern an ein Glied der Heilsgemeinde (Sach 8 23) oder der unter Strafandrohung erzwungenen Pilgerfahrt nach Jerusalem bestehen (Sach 14 16 ff.). So zeigen sich wieder partikularistisch-nationale und universale Motive (vgl. Nr. 5). Stets aber ist die Teilhabe Israels und der Völker kollektiv oder korporativ gedacht; der einzelne hat am Heil nur als Glied der Gemeinde oder seines Volkes Anteil, auch in der Auferstehung.

11. Schließlich wird die Ausübung der Herrschaft in der Heilszeit in verschiedener Weise erwartet[71]. Teilweise glaubt man, daß Gott selbst als König herrschen wird (Jes 24 23 33 22 43 15 44 6 Ob 21 Mi 2 13 4 7 Zeph 3 15 Sach 9 1-8 14 9 Mal 3 1 Ps 47 96—99 146 10 149 2)[72]. Andere, davidisch-königstreue Kreise dagegen nehmen an, daß an Stelle Jahwes ein von ihm eingesetzter eschatologischer König aus davidischem Geschlecht als sein Statthalter oder sein »Wohlfahrts-, Friedensbeamter« (Jes 9 5) regieren wird[73], indem er die Tätigkeit des »Richtens« ausübt (Jes 9 5 f. 11 1-5. 10 16 4 f. Jer 23 4 f. Ez 17 22-24 Sach 9 9 f.)[74]. Hag 2 20-23 bezeichnet sogar den zu seiner Zeit in Jerusalem

---

[71] Entgegen dem Zweifel G. VON RADS in ThW I, 1933, S. 566 f., lassen sich die beiden im Folgenden genannten Vorstellungen von Jahweherrschaft und Messiasregierung klar voneinander trennen, sofern man nicht unkritisch schon dem Jesaja eschatologische Erwartungen beider Arten zuzuschreiben sich bemüht, nur weil nun einmal derartige Worte unbekannter Propheten in das nach ihm benannte Buch aufgenommen worden sind.

[72] Vgl. O. EISSFELDT, Jahwe als König, ZAW 46 (1928), S. 81—105 (Kleine Schriften, I 1962, S. 172—193); G. VON RAD, a. a. O. S. 566—569; A. ALT, Gedanken über das Königtum Jahwes, in: Kleine Schriften zur Geschichte des Volkes Israel, I 1953, S. 345—357; M. BUBER, Königtum Gottes, 1956³. Gegenüber der These vom Thronbesteigungsfest Jahwes (S. MOWINCKEL, Psalmenstudien, II. Das Thronbesteigungsfest Jahwäs und der Ursprung der Eschatologie, 1922, mit der Herleitung der Eschatologie aus diesem Fest), mit dem oft ein Zusammenhang hergestellt wird, vgl. neuerdings die bedeutsamen Einwände von L. KÖHLER, Syntactica III, VT 3 (1953), S. 188 f.; D. MICHEL, Studien zu den sogenannten Thronbesteigungspsalmen, VT 6 (1956), S. 40—68; ferner H.-J. KRAUS, Die Königsherrschaft Gottes im Alten Testament, 1951, der freilich ein anderes, nicht weniger unsicheres Fest an Stelle des bestrittenen annimmt.

[73] Außer E. SELLIN, Die israelitisch-jüdische Heilandserwartung, 1909; L. DÜRR, a. a. O.; H. GRESSMANN, Der Messias, 1929; vgl. aus der Fülle der neueren Literatur S. MOWINCKEL, He that cometh, 1956 (Han som kommer, 1951), und den Überblick bei G. FOHRER, Messiasfrage und Bibelverständnis, 1957.

[74] H. W. WOLFF, Herrschaft Jahwes und Messiasgestalt im Alten Testament, ZAW 54 (1936), S. 168—202, möchte im Messias eine Erscheinungsform Jahwes wie Feuersäule oder Engel erblicken, während H. GROSS, Weltherrschaft als religiöse Idee im Alten Testament, 1953, S. 110, in seiner Herrschaft richtiger die Königsherrschaft

lebenden Davididen Serubbabel als messianischen König, ebenso Sach 6 9-15 in der ursprünglich auf Serubbabel bezogenen Krönungshandlung. Daneben zieht Sach 4 den Hohenpriester Josua hinzu und verteilt die Messiaswürde auf einen weltlichen und einen geistlichen Repräsentanten[75]. Stets ist Jahwe der Bringer, der Messias der Verwalter des Heils.

IV.

Die Struktur der eschatologischen Prophetie und Theologie ist endlich durch die häufig verwendeten Entsprechungsmotive gekennzeichnet, auf Grund deren gern die »Endzeit« der »Urzeit« gleichgesetzt wird. Sie sind zwar nicht auf die Eschatologie beschränkt, sondern längst vor ihr in anderen Zusammenhängen benutzt worden, begegnen in ihr aber in besonders großem Umfang[76]. Obwohl die Übergänge gelegentlich fließend sind, müssen sie doch von der bloßen Bildrede (vgl. z. B. das Bild vom Taumelbecher Jes 51 17-23) und den aus Mythus und Märchen entlehnten Vorstellungen (z. B. in den Visionen Sacharjas) unterschieden werden.

1. Als »urzeitliche« Entsprechungsmotive zieht die eschatologische Prophetie Schöpfungs- und Paradiesvorstellungen heran[77]; für das

---

Jahwes in Erscheinung treten sieht. Das ist insoweit der Fall, wie in der Regierung eines Statthalters oder Beamten die Herrschaft seines Oberherrn in Erscheinung tritt.

[75] Auf das Nachwirken dieses Gedankens in der späteren jüdischen Erwartung zweier Messiasse ist das Augenmerk neuerdings durch die Qumrantexte gelenkt worden. Das Problem muß in diesem Rahmen ebenso außer acht bleiben wie die Frage nach der ursprünglichen Bedeutung des in Dan 7 13. 27 auf die eschatologische Gemeinde gedeuteten »Menschensohns«.

[76] Vgl. H. GUNKEL, Schöpfung und Chaos in Urzeit und Endzeit, 1921²; allgemeiner M. ELIADE, Le mythe de l'éternel retour, 1949; G. VAN DER LEEUW, Urzeit und Endzeit, in: Eranos-Jb 17, (1949), 1950, S. 11—51. Nichteschatologische Entsprechungen liegen vor, wenn Josua aus dem Diener Moses wie dieser zum Knecht Jahwes wird (Jos 1 1 24 29), der Einzug in Palästina dem Exodus entspricht (Jos 2 10 4 23f.), Elia als neuer Mose erscheint (vgl. G. FOHRER, Elia, 1967²), Jes 63 11-14 sich auf die Gnadentaten der Mosezeit und Ps 83 11f. auf diejenigen der Richterzeit berufen oder Ps 46 3-7 48 3-8 76 4-7 die Vorstellungen von Chaos- und Völkersturm bzw. -vernichtung, Gottesberg und Paradies kultisch verwenden.

[77] Vgl. auch H. A. BRONGERS, De scheppingstradities bij de profeten, 1945; A. PETER, Das Echo von Paradieserzählung und Paradiesesmythen im Alten Testament unter besonderer Berücksichtigung der prophetischen Endzeitschilderungen, Diss. Würzburg 1947; B. J. VAN DER MERWE, Pentateuchtradisies in die Prediking van Deuterojesaja, 1955; H. SCHMID, Jahwe und die Kulttraditionen von Jerusalem, ZAW 67 (1955), S. 168—197; L. I. RINGBORN, Paradisus Terrestris, 1958.

alttestamentliche Denken spiegeln sie durchaus geschichtliche Geschehnisse und Verhältnisse wider. Als Entsprechungsmotiv aus dem Schöpfungsgeschehen dient ausschließlich das Verhältnis von Chaos und Schöpfung[78]. Wie der Anbruch des kommenden Zeitalters für Babel oder die Welt den Rückfall ins Chaos bedeutet (Jes 13 9ff. Jer 4 23-26), so für Israel den endgültigen Sieg über es analog dem Sieg des Lichts über das chaotische Dunkel (Jes 9 1). Gewöhnlich wird dabei die mythische Vorstellung eines Kampfes der Gottheit mit dem Chaosmeer benutzt, das als Rahab, Leviatan, Tannin, Jam oder flüchtige, gewundene Schlange[79] personifiziert ist und dessen Bekämpfung durch die Gottheit mittels Waffengewalt oder »Schelten« erfolgt (Jes 27 1 50 2 51 9)[80]. Es wird sowohl auf die babylonische Macht (Jes 44 27 Jer 51 55) als auch auf den kriegerischen Ansturm der Völker gegen Jahwe und Jerusalem bezogen (Jes 8 9f. 17 12-14 mit »brausen«, »tosen« und »schelten«; vgl. ferner Ps 144 7) oder für die friedliche Völkerwallfahrt abgewandelt (Jes 2 2). Die Paradiesvorstellungen als Entsprechungsmotive stammen teils aus der alttestamentlichen Erzählung, teils wieder aus mythischen Überlieferungen: Jerusalem wie der Gottesberg im Paradiesgarten (Jes 2 2, vgl. 11 9), die Umwandlung des Zion in Eden und den Jahwegarten (Jes 51 3) mit Paradiesquelle oder -strom (Jes 33 21 Joel 4 18 Sach 14 8, vgl. Gen 2 10-14; anklingend im Völkerstrom Jes 2 2), die paradiesischen Verhältnisse der Heilszeit (Jes 27 6 30 23-25 Am 9 13 Joel 4 18 Sach 14 6, vgl. ferner Jes 4 2 Hag 2 19), Friede zwischen den Tieren (Jes 11 6f. 65 25, Weidetiere wie Gen 1 30), zwischen Mensch und Tier (Jes 11 8 gegenüber Gen 3 15) und zwischen den Menschen (Jes 2 4 9 6 Sach 9 10; umgekehrt angewendet Joel 4 10)[81].

---

[78] Jes 44 26-28 bezieht sich nicht auf das Schöpfungswort, sondern auf die Prophetenworte, die das bevorstehende Heil ankündigen.

[79] Beide Ausdrücke finden sich schon im ugaritischen Text 67, I, 1f. nebeneinander (Zählung nach C. H. GORDON, Ugaritic Textbook, 1965): bṯn brḥ, bṯn ʿqltn. W. F. ALBRIGHT, The Psalm of Habakkuk, in: Studies in Old Testament Prophecy, 1950, S. 1—18, bestreitet die Deutung von ברית als »flüchtig« und ersetzt sie mit Vorbehalt durch »urzeitlich«.

[80] Zwar enthalten die alttestamentlichen Stellen auch Anklänge an den mesopotamischen Mythus, in dem Tiamat die Chaosmacht verkörpert; an die besonders von H. GUNKEL, a. a. O., vertretene ausschließliche Herleitung von dort ist aber nach Bekanntwerden der ugaritischen Texte nicht mehr zu denken. Vielmehr ist mit starken Einwirkungen der aus Ugarit bekannten kanaanäischen Meereskampfmythen zu rechnen. Vgl. zuletzt O. KAISER, Die mythische Bedeutung des Meeres in Ägypten, Ugarit und Israel, 1962² (mit weiterer Literatur). Zur nichteschatologischen Verwendung vgl. Ps 74 14 89 10f. Hi 3 8 7 12 9 13 26 12f. 38 8ff.

[81] Vgl. auch die Darstellung von H. GRESSMANN, Der Ursprung der israelitisch-jüdischen Eschatologie, 1905, S. 193—250; Der Messias, 1929, S. 149—192, wozu allerdings auch nichteschatologisches Material herangezogen worden ist.

2. Einige Entsprechungsmotive stammen aus der Vätergeschichte. Die Heilszeit bringt Ruhe, wie man sie von Noah erwarten durfte (Jes 14 3, vgl. Gen 5 29), und einen Friedensbund wie mit ihm (Jes 54 9f., vgl. Gen 8 20ff. 9 8ff.), wenn die neue Sintflut vorüber sein wird (Jes 24 18). Das eschatologische Gericht entspricht der Vernichtung von Sodom und Gomorra (Jes 34 9f. Jer 50 40), die künftige Vermehrung Israels derjenigen Abrahams (Jes 51 1f.)[82].

3. Häufig werden die Überlieferungen der Mosezeit als Entsprechungsmotive für die eschatologischen Geschehnisse herangezogen: für die neue Befreiung aus der harten Fron (Jes 9 3 14 3), den neuen Exodus (Jes 49 9 Mi 2 13 7 15 Sach 8 11)[83] mit Jahwe als Vor- und Nachhut entsprechend der Wolken- und Feuersäule (Jes 52 12)[84], die eilige oder gerade nicht »hastige« Flucht und Heimkehr (Jes 48 20 51 11, vgl. Ex 12 11), bei der sich fremdes Volk anschließt (Jes 14 1, vgl. Ex 12 38), die Rettung wie beim Durchzug durchs Schilfmeer (Jes 10 26 11 15 Jes 17 14 mit Ausdrücken wie Ex 14 27; Jes 51 10b[85]) einschließlich der Verwirrung (Sach 14 13, vgl. Ex 14 24) und Vernichtung der Bedränger (Jes 43 16f.). Den Überlieferungen der Mosezeit entsprechen ferner die eschatologische Theophanie (Sach 9 14 mit Posaunenschall wie Ex 19 16; von Jahwes Wohnung im Süden her wie Jdc 5 4 Hab 3 3) mit mächtigem Weltbeben (Jes 13 13 Hag 2 6. 21), die neue Erwählung (Jes 14 1 Sach 1 17 2 16) mit dem ewigen Bund (Jes 55 3 u. ö.)[86], der Lichtglanz vor den Ältesten und das künftige Bundesmahl (Jes 24 23 25 6, vgl. Ex 24 10f.), das Spenden von Wasser während der Wüstenwanderung (Jes 41 18 43 20 49 10 48 21 »aus dem Felsen« wie

---

[82] Zur späteren Erlöserrolle Noahs und Abrahams vgl. W. STAERK, Die Erlösererwartung in den östlichen Religionen, 1938, S. 44—46, 48—50.

[83] Vgl. auch G. EDWARDS, The Exodus and Apocalyptic, in: A Stubborn Faith, Festschrift W. A. Irwin, 1956, S. 27—38.

[84] Auf Grund dieser Entsprechung ist in Jes 4 5 sogar eine den ursprünglichen Text umdeutende Glosse hinzugefügt worden.

[85] Jes 51 10b bezieht sich auf den Durchzug durchs Schilfmeer, wird aber mit dem Entsprechungsmotiv aus der Schöpfung in 51 9-10a durch den Ausdruck »austrocknen« und den Namen »Rahab«, der sowohl für die Chaosmacht als auch für Ägypten (Jes 30 7 Ps 87 4) verwendet wird, verknüpft.

[86] Zur Erwählung vgl. H. H. ROWLEY, The Biblical Doctrine of Election, 1950; R. BACH, Die Erwählungen Israels in der Wüste, Diss. Bonn 1952; TH. C. VRIEZEN, Die Erwählung Israels nach dem Alten Testament, 1953; K. KOCH, Zur Geschichte der Erwählungsvorstellung in Israel, ZAW 67 (1955), S. 205—226; E. ROHLAND, Die Bedeutung der Erwählungstraditionen Israels für die Eschatologie der alttestamentlichen Propheten, Diss. Heidelberg 1956; P. ALTMANN, Erwählungstheologie und Universalismus im Alten Testament, 1964. Zum Bund vgl. J. HEMPEL in RGG I[3], 1957, Sp. 1513 bis 1516 (mit weiterer Literatur); ŠT. PORÚBČAN, Il Patto nuovo in Is. 40—66, 1958.

Ex 17 und Num 20) und die so oft erwähnte Heimführung der Deportierten oder Verstreuten nach Palästina.

4. Auch die Richter- und Königszeit hat Entsprechungsmotive geliefert. Jahwe wird nochmals wie einst dem Gideon am Midianitertag helfen (Jes 9 3 10 26, vgl. Jdc 7) und Israel wie Barak in der Deboraschlacht die Fänger fangen (Jes 14 2, vgl. Jdc 5 12). Das eschatologische Reich wird mit der Vereinigung aller Israeliten und mit seinen Grenzen dem davidischen Reich als dem geschichtlich größten israelitischen Staatswesen entsprechen (Jes 11 13 f. Jer 3 18 Am 9 11 f. Ob 19-21 Mi 4 8), Israel selbst die Weltmächte überwinden wie David den Goliat (Sach 9 13). Und der Herrscher der Heilszeit wird wie David sein. Wie dieser Vergleich sich nicht auf die sog. Natanweissagung II Sam 7 mit der Verheißung ewigen Bestandes der davidischen Dynastie, sondern auf das Ansehen Davids als des bedeutendsten und idealen Königs gründet, so darf aus der Benutzung anderer Entsprechungsmotive aus dem Bereich des Königtums zur Kennzeichnung des messianischen Herrschers nicht gefolgert werden, daß die Messiaserwartung überhaupt aus dem israelitischen Königtum erwachsen sei; das hieße die geschichtliche Entstehung einer Erwartung mit den zu ihrer Verdeutlichung benutzten Entsprechungen verwechseln. Wo man einen Messias erwartet, geschieht es, weil ein Volk und Reich nach alter Vorstellung einen Herrscher benötigt; da der Messias dieser König sein wird, der als Gottes Stellvertreter die Regierung ausübt, kann er mit Entsprechungsmotiven aus dem Königtum beschrieben werden. Nach Jes 9 5 wird er als Sohn geboren, wie der König bei der Inthronisierung von Jahwe legitimiert wird (Ps 2 7)[87], kommt die Herrschaft auf seine Schultern wie mit der Übergabe des Zepters (vgl. Jes 22 22 vom Schlüssel des Ministers) und erhält er Thronnamen wie der König beim Herrschaftsantritt (ihnen entsprechen auch die drei Wortpaare in Jes 11 2). Nach Sach 9 9 zieht er auf dem Esel als dem Reittier des Königs der alten Zeit ein; allerdings wird dies auf seine Demut uminterpretiert[88]. Aus der älteren vorexilischen Zeit stammt schließlich die Vorstellung vom »Tag Jahwes«, die als eschatologisches Entsprechungsmotiv verwendet wird (Jes 13 6. 9[89] 34 8 Joel 1 15 2 1 f. 11 3 4 4 14 Ob 15 Sach 14 1). Während sie sich ursprünglich auf eine Jahwe-Theophanie bezog, deren katastrophenartige Begleiterscheinungen die Feinde Israels treffen und deren heilvolle Wirkungen

---

[87] Damit vermischen sich Elemente des Geburtsorakels, wie die Ausdrücke »Kind« und »für uns« (statt für Gott) zeigen.

[88] Vgl. auch S. I. FEIGIN, Babylonian Parallels to the Hebrew Phrase »Lowly, and riding upon an ass«, in: Studies in Memory of M. Schorr, 1944, S. 227—240.

[89] In Jes 13 1 ff. verbunden mit dem Jahwekrieg, in 13 9 ff. mit Erscheinungen, die ursprünglich Anzeichen der Theophanie sind.

Israel zugute kommen sollten, und dann in Am 5 18-20 Jes 2 12-17 in
eine Drohung gegen Israel selbst uminterpretiert wurde, benutzt die
eschatologische Prophetie sie wieder im alten, für Israel heilvollen
Sinn[90].

5. Sogar einige der älteren Prophetenworte werden in der Art
von Entsprechungsmotiven aufgegriffen: Jes 24 13 bezieht sich auf
17 6 mit dem Bild des Olivenklopfens für das Gericht; 27 3 f. und 60 21
gegensatzartig auf das Weinberglied 5 1-7; Sach 10 8 f. auf Jahwes Herbeipfeifen Jes 5 26 und 7 18. Jes 34 5 Jer 50 35-37 und Sach 13 7 wenden
das Schwertlied Ez 21 13-22 eschatologisch an, wie das Motiv des endzeitlichen Völkersturms außer an mythische Vorstellungen auch an
Jeremias Drohung mit dem Feind aus dem Norden und Ezechiels
Wort gegen Gog anknüpft (Jer 4—6 Ez 38 f.).

6. Außerdem finden sich eine Reihe versteckter Entsprechungen,
die mehr angedeutet als ausgeführt sind, z. B. Jes 24 1 (Zerstreuen wie
Gen 11 8) 60 13 (Anspielung auf den salomonischen Tempel) 60 17
(gegenüber 9 9) 61 3 (gegenüber 3 16 ff.) 62 8 (gegenüber 1 7) und 63 9
(gegenüber der Bedeutung des Jahweengels vor allem in der älteren
Erzählungstradition).

Aus dem Überblick ergeben sich zwei Erkenntnisse: a) Die Entsprechungsmotive sind durchweg dem geschichtlichen Bereich entnommen und nur in den Bezugnahmen auf Schöpfung und Paradies
um ursprünglich mythische Vorstellungen ergänzt und erweitert worden, weil diese allein dem erwarteten eschatologischen Geschehen
entsprachen. Die mythischen Vorstellungen sind also mit der geschichtlichen Auffassung kombiniert worden[91]. — b) Überwiegend
handelt es sich um direkte Entsprechungen. Nur verhältnismäßig
selten liegt eine Uminterpretation (Jes 2 2 52 11 f. Sach 9 9 10 8 f.) oder
eine gegensätzliche Verwendung vor (Jes 52 11 f. Joel 4 10; ferner bei
den versteckten Entsprechungen).

Es bleibt die Frage nach Grund und Absicht der Verwendung
von Entsprechungsmotiven. Zunächst ist darauf zu verweisen, daß

---

[90] Zur Diskussion der älteren Auffassungen vgl. L. Černý, The Day of Yahweh and
some relevant Problems, 1948; ferner S. Mowinckel, Jahves dag, NTT 59 (1958),
S. 1—56; J. Bourke, Le jour de Yahvé dans Joël, RB 66 (1959), S. 5—31, 191—212;
G. von Rad, The Origin of the Concept of the Day of Yahweh, JSS 4 (1959), S. 97
bis 108.

[91] Vgl. zum Problem S. B. Frost, Eschatology and Myth, VT 2 (1952), S. 70—80;
J. Hempel, Glaube, Mythos und Geschichte im Alten Testament, ZAW 65 (1953),
S. 109—167; J. L. McKenzie, Myth and Old Testament, CBQ 21 (1959), S. 265—282.

sich nach der Annahme der eschatologischen Prophetie die frühere
geschichtliche Situation im eschatologischen Geschehen wiederholen
wird. Der Ansturm der Chaosmacht und der siegreiche Kampf Jahwes
gegen sie wiederholen sich, wenn die neue Schöpfung ins Leben gerufen werden soll und die Völker den Anbruch des neuen Zeitalters
verhindern wollen. Diese Auffassung beruht weder auf einem zykli-
schen noch auf einem teleologischen, sondern auf einem mit typischen
Ereignissen rechnenden Denken. In früherer Zeit erfahrene Situationen
werden als typisch für das Handeln Jahwes (vgl. Hos 13 4) und für das
Verhalten und Geschick von Welt und Menschheit betrachtet, so daß
sie in entsprechender Weise wieder erwartet werden können (vgl. die
Klage und Bitte Ps 74 10 ff.). Die Wiederholbarkeit erlaubt es dann,
das noch Unbekannte und Unsichtbare mit Hilfe des Bekannten und
Erfaßbaren zu schildern.

Demgemäß ist als weiterer Grund die konkrete und bildhafte
Denk- und Ausdrucksweise des alttestamentlichen Menschen zu nennen. Wie er sonst durchweg alle möglichen Bilder dazu verwendet, um
seine Gedanken und Vorstellungen konkret verdeutlicht darzustellen[92],
so wählt er bestimmte geschichtliche Ereignisse, um die erahnten
künftigen Dinge im voraus bildhaft zu beleuchten. Anstatt sich in
blassen Abstraktionen zu ergehen, führt er das Unbekannte durch die
Ankündigung, daß es sich wie schon Bekanntes vollziehen wird,
plastisch vor Augen.

Besonders für Deuterojesaja ist auf einen letzten wesentlichen
Gesichtspunkt hinzuweisen. Für diesen Propheten begründet das
Schöpfungshandeln und Schicksalslenken Jahwes, auf das er sich bezieht, dessen erlösendes Handeln. Alles gehört zusammen und bildet
eine Einheit. Weil Jahwe einst schöpferisch tätig war und seither
die Völker gelenkt hat, will und kann er von neuem schaffen und
lenken, indem er erlöst. Und er erlöst, was er geschaffen und geleitet
hat und was deshalb nicht vernichtet und ausgelöscht werden darf
(vgl. z. B. Jes 43 1-7). So zeigen die Entsprechungsmotive die Kontinuität des göttlichen Heilswillen für Israel, der die Kontinuität der
Erwählung Israels zum Knecht Jahwes entspricht (Jes 41 8 44 21).

Nach alledem ist es nötig, von der einfachen Gleichsetzung
»Urzeit — Endzeit« — τὰ ἔσχατα ὡς τὰ πρῶτα — abzugehen. Statt
dessen ist genauer zu sagen: Die Entsprechungsmotive drücken aus,
daß das künftige, eschatologische Handeln Jahwes wie sein früheres
und bisheriges Handeln und die eschatologischen Erfahrungen des
Menschen wie die früheren und bisherigen geschichtlichen Erfahrungen
sein werden.

---

[92] Vgl. z. B. J. HEMPEL, Jahwegleichnisse der israelitischen Propheten, ZAW 42 (1924),
S. 74—104 (Apoxysmata, 1961, S. 1—29); R. MAYER, Zur Bildersprache der alttestamentlichen Propheten, Münchner ThZ 1 (1950), S. 55—65.

V.

Die grundlegende Unterscheidung zweier Zeitalter und zahlreiche Einzelheiten zeigen, daß die eschatologische Prophetie und Theologie eine exilisch-nachexilische Uminterpretation der Botschaft der vorexilischen großen Einzelpropheten darstellt, die mit Hilfe der von diesen längst in Frage gestellten einlinigen und unverbrüchlichen Heilserwartung für Israel erfolgt und die — vorwiegend kultprophetische — Heilsverkündigung auf einer neuen Ebene fortsetzt. Diese Heilserwartung und -verkündigung für Israel aber wird dem alttestamentlichen Gottesbild nicht gerecht, sondern vereinfacht und vereinseitigt es durch die Vernachlässigung anderer Aspekte oder verfälscht es durch die Zuweisung des Heils an Israel und des Unheils an die Völker im national-religiösen Sinn. Der Unterschied gegenüber den großen Einzelpropheten wird dadurch vertieft, daß die eschatologische Prophetie gewöhnlich nicht eine wesenhafte Wandlung und neue Daseinshaltung des Menschen, sondern ein neues Zeitalter und eine neue Gestalt der Umwelt erhofft. Jahwe wandelt nach ihr nicht den Menschen und durch ihn die Welt, sondern die Welt und erst auf diesem Umweg über sie oder in Zusammenhang mit ihr den Menschen, sofern dieser nicht gar für fähig gehalten wird, sich die Teilhabe am Heil zu verdienen. Dieser verhängnisvollen Umkehrung, die Gott nur noch mittelbar über die äußeren Lebensverhältnisse auf den Menschen einwirken und — von wenigen Ausnahmen abgesehen — nicht mehr unmittelbar in sein Leben und Wesen eingreifen sieht, entspricht es, daß die erhofften Heilsverhältnisse von ewiger Dauer sein sollen. Damit entnimmt die eschatologische Prophetie den Menschen der Notwendigkeit einer immer neuen Entscheidung, sobald er sich im Heilszustand befindet, und versetzt ihn in einen Ruhestand des Genießens.

Gründet sich die eschatologische Prophetie also auf die Mißdeutung der Botschaft der großen Einzelpropheten und die heilsprophetische Illusion des ausschließlichen göttlichen Heilswillens für Israel, so ist sie zugleich von Anfang an eine Theologie der scheiternden Hoffnung und der vergeblichen Erwartung. Sie hält ja darin an einem Grundmoment des alttestamentlichen Glaubens fest, daß sie die Zeitenwende als nahe bevorstehend betrachtet. Diese Verkündigung des in aller Kürze hereinbrechenden neuen Zeitalters entspricht völlig dem Nachdruck, den das Alte Testament auf das Hier und Jetzt des Menschen legt, und daher auch dem Anspruch aller übrigen prophetischen Tätigkeit, sich mit Fragen der jeweiligen Gegenwart und allernächsten Zukunft zu befassen. Erst die Fernerwartung fällt aus dem Rahmen des alttestamentlichen Glaubens überhaupt heraus. Die Naherwartung aber zieht als unerwartete und unbeabsichtigte Folge die Erkenntnis nach sich, daß das verheißene Heil sich nicht verwirklicht, und damit die Enttäuschung über sein Ausbleiben und die neue Vertröstung auf die demnächstige Zukunft. Schon die eigentlich eschatologischen Erwartungen Deuterojesajas, die über die auch politisch vorauszusehenden Erfolge des Kyros und ihre Auswirkungen hinausgehen, haben sich nicht verwirklicht, vielmehr zu jenem tragischen Ende des Propheten beigetragen, dem ein Anhänger in Jes 52 13—53 12 dennoch einen Sinn abzugewinnen sucht. Genauso sind die eschatologischen Hoffnungen Haggais und Sacharjas, die sich mit dem Tempelbau verknüpfen, vor der Wirklichkeit verflogen und haben durch ihr Scheitern zum zeitweiligen Sieg der konkurrierenden kultisch-rituellen Frömmigkeit nichteschatologischer Art geführt, aus deren Ungenügen sich dann die Krise entwickelt hat, die das Buch Maleachi widerspiegelt und die Esra durch eine streng gesetzliche Frömmigkeit zu beheben bemüht gewesen ist.

So bildet die eschatologische Prophetie und Theologie gewiß einen tiefen Einschnitt und eine große Umwandlung des alttestamentlichen Glaubens — wie vorher die Infragestellung der grundsätzlichen Heilssituation durch die großen Einzelpropheten und später die Verpflichtung auf das Gesetz durch Esra. Wie dieses Vorgehen Esras jedoch den alttestamentlichen Glauben verfälscht und in bedenkliche Bahnen gelenkt hat, so ist die eschatologische Prophetie das Ergebnis der epigonalen Entartung der vorexilischen Prophetie[93]. Die Apokalyptik als jüngere und sozusagen modernere Form der Eschatologie ist grundsätzlich nicht anders zu beurteilen.

---

[93] Von dieser grundsätzlichen Beurteilung abgesehen, ist weiter zu beachten, daß es in der Reinheit des eschatologischen Glaubens zweifellos Abstufungen gegeben hat; darauf weist P. VOLZ, Der eschatologische Glaube im Alten Testament, in: Festschrift G. Beer, 1935, S. 15f., mit Recht hin.

Über den Kurzvers

I.

Bei der Untersuchung bestimmter Abschnitte des Alten Testaments drängt sich der Eindruck auf, daß außer dem aus 2—3 Versgliedern bestehenden Langvers eine zweite Versart verwendet worden ist, die man zweckmäßig als »Kurzvers« bezeichnet. Es scheint möglich, das Vorkommen dieser Versart an Hand von allerlei Beobachtungen nachzuweisen. Es ist wohl am besten, zunächst die mannigfachen Merkmale anzuführen, die sich ergeben haben. Dabei sei es gestattet, die bisher verwendeten Begriffe beizubehalten, die den Sachverhalt möglichst verständlich umschreiben sollen. Da keine Einheitlichkeit in der metrischen Terminologie besteht, sei ferner vermerkt, daß folgende Bezeichnungen einander gleichzusetzen sind:

Reihe = colon = Versglied,
Periode = bicolon bzw. tricolon = Langvers.

a) Die einfachste Einheit ist der einzelne *Kurzvers*, der nicht nur als Abschluß mehrerer in Langversen gehaltener Prophetenworte, sondern auch als alleiniges und durchgängiges Metrum anordnender und prophetischer Abschnitte auftritt. Über ihn läßt sich folgendes feststellen:

1. Der Kurzvers umfaßt immer nur 1 Versglied und kann als rhythmische Einheit bezeichnet werden.

2. Er weist in den meisten Fällen 2 oder 3 Hebungen auf, vor allem in den prophetischen Abschnitten (selten sind 4 Hebungen wie teilweise in Jer 1 4-10), während er ursprünglich häufiger 4 oder 5 Hebungen haben konnte, wie anordnende Abschnitte zeigen. Bei dieser Bestimmung ist das metrische System von E. SIEVERS zugrunde gelegt, jedoch kann auch ein anderes System verwendet werden, für das sich entsprechende Ergebnisse herausstellen würden.

3. Eine äußerliche Kennzeichnung des Kurzverses in der Überlieferung ist nicht zu erwarten, da sie auch bei dem beliebteren und häufiger gebrauchten Langvers sehr selten ist[1].

4. Der Kurzvers bildet an sich keine stilistische Einheit, so daß — anders als beim Parallelismus der Langverse — ein stilistisches Merk-

---

[1] Vgl. O. EISSFELDT, Einleitung in das Alte Testament, 1964³, S. 77f.

mal für den Einzelvers fehlt und die statistische Häufigkeit des Vorkommens in der Vielzahl der Abschnitte bedeutsam ist, die gemeinsam bestimmte Kriterien aufweisen, ohne daß diese sich in eindeutig prosaischen Abschnitten finden.

5. Der Grund dafür ist darin zu erblicken, daß der Kurzvers poetisch-stilistisch ein dienendes, nicht-selbständiges Glied in einem größeren und umfassenderen Ganzen bildet: der Strophe.

b) Die stilistischen Merkmale der Kurzvers*strophe* spielen die gleiche Rolle wie beim Langvers diejenigen des Einzelverses. Darüber läßt sich folgendes feststellen:

1. Kurzverse sind in Strophen zusammengefaßt, die die eigentliche stilistische Einheit bilden. Vor allem die prophetischen Abschnitte umfassen durchweg mehrere Strophen.

2. In den meisten Fällen sind die Strophen eines Abschnitts regelmäßig gebaut und gleich lang, d. h. umfassen dieselbe Zahl von Kurzversen.

3. Die Strophen enthalten meist eine ungerade Zahl von Versen, mit Vorliebe 5 oder 7 Verse.

4. Die Strophe pflegt jeweils einen einzigen Gedanken oder Gedankenkreis zu enthalten, so daß sich in den prophetischen Abschnitten der Gedankenfortschritt gewöhnlich von Strophe zu Strophe vollzieht.

5. Innerhalb der Strophe können Kurzverse (in gerader und ungerader Zahl) und innerhalb eines Abschnitts können Strophen[2] einander in wiederholender Art (synonym oder antithetisch parallel) folgen.

6. Mehrere Strophen können innerhalb eines Abschnitts zu kleineren Unterabschnitten zusammengefaßt sein, zwischen denen ein tieferer Sinneinschnitt liegt. Die Unterabschnitte haben teilweise dieselbe Strophenzahl, teilweise ist die Gliederung besonders kunstvoll gestaltet (s. u. zu Ez 36 16-38).

7. Außerhalb der Strophen stehen manchmal kürzere oder längere prosaische Einleitungen, wie sie sich ebenfalls vor Langversabschnitten finden. Sucht man sie im einzelnen zu bestimmen, so ist zu berücksichtigen, daß der Kurzvers zur Wiedergabe bloßer Sprüche oder vollständiger Berichte dienen kann. Je nach der Zugehörigkeit der Abschnitte zu diesen beiden Gruppen unterscheiden sich die Einleitungen[3]. Im ersten Falle gilt, wenn nicht eine Einleitung überhaupt fehlt (z. B. Jer 7 16-20), alles, was nicht gesprochenes Wort ist, als erzählende

---

[2] Vgl. unten: Jeremias Tempelwort (Jer 7 1-15).

[3] Dadurch erklären sich die scheinbaren Unstimmigkeiten, auf die gelegentlich hingewiesen worden ist.

prosaische Einleitung (z. B. Hos 1 Jer 1 4-10). Im zweiten Falle ist
Gesprochenes und Erzähltes gleicherweise metrisch geformt; gelegentliche kurze Einleitungen dienen gewöhnlich der Einführung eines
gesprochenen Wortes, das auf diese Weise von der Erzählung abge-
hoben wird oder einen Fortschritt im Geschehen bedeutet (z. B. Jer
13 1-11)[4].

Es ist nicht unwichtig, daß es sich in all dem um stilistische
Beobachtungen und Merkmale handelt, die von jedem rhythmischen
System unabhängig sind und die sich gewiß nicht zufällig in ganz
bestimmten anordnenden und prophetischen Texten finden. Erst auf
Grund der stilistischen Erkenntnisse kann nach rhythmischen Merkmalen gefragt werden; dabei wäre auch zu klären, ob dieselben rhythmischen Eigenarten für Lang- und Kurzverse gemeinsam gelten oder
für die beiden Versarten unterschiedlich sind.

II.

Es ist weiterhin erforderlich, auf die Voraussetzungen einzugehen,
die der ausschließlichen Annahme von Langversen zugrunde liegen,
und demgegenüber auf andere Beobachtungen aufmerksam zu machen,
die nicht ausreichend berücksichtigt worden sind.

a) Die Bemerkung, daß die Kurzverse der künstlerisch gehobenen
Prosa nahezustehen scheinen, genügt manchmal schon als Beweis
dafür, daß die ganze Theorie verfehlt sei, da sie den Unterschied
zwischen *Poesie* und *Prosa* aufhebe. Daß ein solcher Unterschied
besteht, wird niemand bestreiten; nur fragt sich, worin man ihn sehen
muß und wo die Grenze zwischen beiden verläuft. Gewiß wird Prosa
nicht dadurch Poesie, daß man den Text in kleine Zeilen aufstückelt und
diese jede für sich abdruckt; aber ebensowenig wird Poesie dadurch
Prosa, daß man den Text fortlaufend druckt. Die Kurzverse unterscheiden sich durch die genannten stilistischen Merkmale vielmehr
einwandfrei von jeder Prosa, so daß die jeweils untersuchten Abschnitte sich mit voller Sicherheit als prosaisch oder als poetisch in
Kurzversform bezeichnen lassen. Denn daß die Kurzverse der künstlerisch gehobenen Prosa nahezustehen *scheinen*, ist kein abschwächen-
des Zugeständnis, sondern ein Versuch, die überraschende Tatsache
zu erklären, daß sie erst so spät erkannt worden sind. Es geht also
nicht darum, Unterschiede aufzuheben, sondern sie zu verfeinern und
zu erkennen, daß ein kleiner Teil dessen, was bisher als Prosa galt,
in Wirklichkeit eine zweite Form der Poesie darstellt, die neben der

---

[4] In Jer 13 9 gehört nach der Einleitung 13 8 das dieser folgende כה אמר יהוה zum
Jahwewort hinzu.

durch Langverse gekennzeichneten steht. So macht denn G. B. Gray
nicht mit Unrecht darauf aufmerksam, daß es im Arabischen neben
der Poesie, die metrisch sorgfältig geregelt ist, und der Prosa eine
dritte Kompositionsform gibt, die er als »unmetrical poetry« bestimmt[5].

Wodurch unterscheiden die Kurzverse sich von gewöhnlichen
Prosasätzen? Man kann z. B. gelegentlich das für die Poesie bezeichnende Auslassen des Relativpronomens (Jes 6 6 Jer 11 19 a) oder die
chiastische Wortstellung (Jer 11 22)[6] beobachten. Noch klarer wird der
Unterschied, wenn man prosaische Texte wie Ex 21 1-3 und Jdc 11 32 f.
in Kurzverse zu gliedern versucht. An sich besagt es freilich noch
nichts, wenn sich einmal einige Prosasätze in dieser Weise gliedern
lassen, nachdem sie aus ihrem Zusammenhang herausgerissen sind;
denn bei der Anwendung auf einen ganzen Prosaabschnitt versagt
diese Methode sowieso, wie sich z. B. an Ex 21 1-3 und Jdc 11 32-33
zeigt[7]. Im ersten Fall erhält man zwar 2 gleichmäßige »Strophen«,
muß aber die Schlußworte von v. 2 חנם לחפשי aus ihrem gramma-
tischen und logischen Satzzusammenhang lösen und isoliert an den
Anfang der sog. 2. Strophe stellen, so daß keine der beiden »Strophen«
einen einheitlichen Gedankenkreis umschließt. Im zweiten Fall ergeben sich zwar keine solchen Unzuträglichkeiten, aber die »Strophen«
sind mit 4 und 2 Versen verschieden lang und nicht regelmäßig gebaut.
Bei beiden Texten wird eine der Regeln verletzt, die sich aus der
Untersuchung der strophischen Gliederung von Kurzversabschnitten
ergeben. So geht es eben nicht.

b) Von vornherein kann man bestimmte Texte von jeder Untersuchung ausschließen wollen; zu ihnen zählen Jer 7 1-15 (und weitere
Abschnitte des Buches) und die Ezechieltexte. Sie gelten für metrische
Untersuchungen als ungeeignet, weil wir es nicht mit den *ipsissimis
verbis* des Propheten zu tun haben, sondern mit der Gestalt, die sie innerhalb eines gewissen Traditionskreises angenommen haben, der für
die Ezechieltexte als der in Jerusalem lebende Schülerkreis bestimmt
wird, der den ursprünglichen Wortlaut schon auf der mündlichen Stufe
der Überlieferung erweitert hat.

---

[5] G. B. Gray, The Forms of Hebrew Poetry, Expositor VIII 5 (1913), S. 557 f.

[6] S. Mowinckel gliedert Jer 11 18-23 allerdings in Langverse (Det Gamle Testamente,
III 1944, S. 337 f.), während W. Rudolph, Jeremia, 1958², S. 74, nur 11 20 in dieser
Weise auffaßt; dl הבחורים c ⑤, Volz, Rudolph, Weiser als dittographische Glosse.

[7] Es wäre nicht schwieriger, eindeutig prosaische Stellen zu finden, die sich in Langverse gliedern lassen (von da aus erklären sich teilweise die mißglückten Versuche
von E. Sievers, Metrische Studien, II: Die hebräische Genesis, 1904 f., und A. Bruno,
Die Bücher Genesis-Exodus, 1953), um das Vorkommen auch dieser Verse grundsätzlich zu bestreiten; daher sollte eine solche Argumentation besser unterbleiben.

Diese Frage der *Überlieferung* der alttestamentlichen Texte, insbesondere der Prophetenworte und -berichte, für die eine ganz andere Sachlage als für die erzählenden und gesetzlichen Abschnitte besteht, ist in den letzten Jahren häufig und teilweise heftig erörtert worden[8]. Es erübrigt sich, Gründe und Gegengründe in diesem Zusammenhang gegeneinander abzuwägen. Jedoch ist es schwerlich angängig, eine Hypothese — wie die der Kurzverse — dadurch entkräften zu wollen, daß man sich auf Behauptungen stützt, die wenigstens ebenso hypothetisch sind. Immerhin scheinen mir die Gründe schwerer zu wiegen, die gegen jene Theorie sprechen[9], so daß ich die fraglichen Texte weiterhin als von Jeremia und Ezechiel stammend anführen werde.

Wie man das alles auch beurteilen mag — die metrische Frage bleibt bestehen. Mit der Zuweisung von Prophetentexten an Traditions- und Schülerkreise ist in dieser Hinsicht noch gar nichts entschieden. Auch wenn die sog. Schriftpropheten ihre Worte teilweise nicht selbst überliefert hätten, wäre vielmehr zu fragen, ob nicht die Überlieferung durch derartige Kreise metrisch geformt ist. Zumindest läßt sich diese Möglichkeit nicht von vornherein ohne Prüfung der Texte bestreiten, es sei denn aus grundsätzlicher Voreingenommenheit. Tatsächlich haben denn auch nicht nur die Propheten selbst den Kurzvers als berichtendes Metrum angewendet, sondern prophetische Worte sind auch von deuteronomistischen Kreisen und von Baruch innerhalb von prosaischen Erzählungen oder Rahmenstücken in der Form der Kurzverse berichtet und überliefert worden, so daß sich die Wahrscheinlichkeit ihres Vorkommens gerade bei der Annahme von Schüler- und Traditionskreisen noch erhöht. Man kann dem nicht durch den Hinweis auf den schlechten Zustand der Textüberlieferung ausweichen. Denn sogar im Ezechielbuch lassen sich die Textverderbnisse meist mit ausreichender Sicherheit beheben und die Glossen als störende Einschiebsel in den schon als schriftlich fixiert vorausgesetzten Text ausscheiden.

c) Für ablehnende Urteile ist ferner maßgebend, daß die Merkmale des Kurzverses mit den prinzipiellen Gesetzen des *Parallelismus* und der *Zweiheit* der Versglieder unvereinbar sind. Denn der *parallelismus membrorum* oder »Gedankenreim« hat danach für die hebräische Dichtung eine fundamentale Bedeutung; er ist eine Äußerung eines psychologisch und physiologisch tief begründeten »Gesetzes der Zweiheit«, das sowohl in der Ausformung der Motive in erzählenden Dichtungen

---

[8] Vgl. G. Fohrer, Neuere Literatur zur alttestamentlichen Prophetie, ThR NF 19 (1951), S. 282—287; 20 (1952), S. 199—205.

[9] Vgl. G. Fohrer, a. a. O. 19 (1951), S. 283 f.; Die Hauptprobleme des Buches Ezechiel, 1952, S. 40 f. (zur Überlieferung der Ezechieltexte).

(Märchen, Sage, Legende) als auch im poetischen Stil eine sehr große Rolle spielt, wobei auch Langverse einander parallel werden oder nur die formale Zweigliedrigkeit beibehalten wird. Eine hebräische Dichtung, die prinzipiell von dem auch im Gedankenreim sich äußernden »Gesetz der Zweiheit« losgelöst wäre, gibt es nicht.

Nun ist es zweifellos richtig und unbestritten, daß die Mehrgliedrigkeit der Langverse und eine Erscheinung, die man gewöhnlich als Parallelismus bezeichnet, für die hebräische Dichtung eine große Rolle spielen. Aber folgt daraus, daß dem »Gesetze« zugrunde liegen, die für jede Poesie unbedingt nachweisbar sein müßten? Es handelt sich doch nicht um Gesetze, sondern um Behauptungen, die auf Grund eines bestimmten Teils des untersuchten Materials aufgestellt, verallgemeinert und zu Gesetzmäßigkeiten erklärt worden sind. Ist es aber zulässig, aus einem Ausschnitt der faßbaren Wirklichkeit solche Theorien zu erheben und ihnen die gesamte Wirklichkeit anpassen zu wollen? Verfährt man in dieser Weise, so erscheint freilich manches als unwirklich, doch nur, weil dann nicht sein kann, was nicht sein darf. »Das, was wir Metrik nennen, darf aber nie mehr als ein Ablesen der Tatsachen von der Überlieferung sein . . . «[10], d. h. es gilt, von der vor Augen liegenden Wirklichkeit auszugehen und sie zu verstehen. Daraufhin ergibt sich jedoch ein anderes Bild für die Fragen des Parallelismus und der Zweiheit.

Ich verzichte auf die Wiederholung kleinerer Beobachtungen, die sich manchmal sozusagen am Rande ergeben[11]. Zu ihnen zählt der als Qina bezeichnete Abschnitt Ez 32 1-8; sucht man ihn in Langverse zu fassen, so sind starke und ungerechtfertigte Texteingriffe[12] oder das Aufgeben des Qinametrums nötig[13]. Wichtiger sind andere Beobachtungen, deren Mitteilung keinen Anspruch auf Vollständigkeit erhebt.

1. Schon in der altorientalischen Literatur außerhalb Israels kann von einem Gesetz des Parallelismus oder der Zweiheit keine Rede sein. In neuerer Zeit hat W. F. ALBRIGHT auf das Lied an Bēlit-ilī aufmerksam gemacht (Cun. Tab. XV 1 ff.)[14]. Sein erster Teil besteht aus 4 Verspaaren, deren jedes einen Kurzvers und einen Langvers umfaßt, z. B.:

Das Lied der Bēlit-ilī will ich singen!	3
Ihr Freunde, hört,	2 + 2
ihr Krieger horcht!	

Anders verhält es sich in dem von W. v. SODEN untersuchten »Zwiegespräch Hammurabis mit einer Frau«[15]. In ihm findet sich die aus 2 Langversen bestehende

---

[10] L. KÖHLER in L. GLAHN-L. KÖHLER, Der Prophet der Heimkehr, 1934, S. 248.
[11] Vgl. G. FOHRER, Die Hauptprobleme des Buches Ezechiel, 1952, S. 63 f.
[12] So A. BERTHOLET, Hesekiel, 1936, S. 110—112.
[13] So N. MESSEL in: Det Gamle Testamente, III 1944, S. 529 f.
[14] W. F. ALBRIGHT, The Earliest Forms of Hebrew Verse, JPOS 2 (1922), S. 69—86.
[15] W. v. SODEN, Ein Zwiegespräch Ḫammurabis mit einer Frau, ZA NF 15 (1950), bes. S. 153 f.

Strophe, deren Verse je 2 Versglieder mit 2 oder 3 Hebungen umfassen. Dieser Grund-
einheit wird häufig ein fünftes Versglied (Halbvers) hinzugefügt, das mehrfach selbständig ist und eine eigene Sinneinheit bildet (I 16, 21, 26, II 5, 14, 19, 24, 29). Das
ergibt die Möglichkeit, dem vorher ausgesprochenen Gedanken einen unterstreichenden
Abschluß anzufügen, der meistens gleichzeitig das Ende der jeweiligen Rede und
Gegenrede bildet, z. B.:

> Ich will dich heute »packen«
>> und dann deine Liebe und meine Liebe in Einklang bringen.
> Ich bete ständig zu Nanâ,
>> daß ich dein dauerndes Wohlwollen erwerben möge:
> Es ist mir (bereits) gegeben.

Bemerkenswert ist, daß dieser einem Kurzvers entsprechende fünfte Halbvers in
manchen Strophen zwischen die beiden Langverse eingeschoben ist (I 3, 29, III 22),
z. B.:

> Ich werde eine Nebenfrau mehr als dich umarmen,
>> meine Wolken sich ballen lassen.
> Soll, die dich ermutigte, nehmen?
> Die Reize deiner . . . . . »vernichte«,
>> nimm (dafür) Zuverlässiges!

Daher läßt sich für die babylonische Dichtung sagen: »Als Normalvers für die meisten
Dichtungen der älteren Zeit (vor 1000) kann der aus zwei Halbversen zu je zwei Hebungen bestehende Vierer gelten, wenn dieser auch in keiner von ihnen ausschließ-
lich verwendet wird. Zwischen die Vierer werden in meist unregelmäßigen Abständen
Verse zu drei und fünf Hebungen eingeschoben, wobei neben uns noch undurch-
sichtigen Gesichtspunkten der Grundsatz, Steigerungen und Kadenzen durch den
Rhythmus zum Ausdruck zu bringen, von Bedeutung gewesen ist. Es gibt aber auch
Dichtungen, in denen dreihebige Verse überwiegen (diese wohl meist ohne Halb-
versteilung)«. Und in der nachaltbabylonischen Dichtung »kommen da und dort auch
Einzelverse vor allem als sogenannte Mottoverse vor«[16].

Ähnliches gilt für die sumerisch-akkadische Weisheitsliteratur[17]. Während die
Mehrzahl der Weisheitssprüche wie die israelitischen aus 2 parallelen Versgliedern besteht, finden sich auch sprichwörtliche Redensarten ohne Zäsur[18]:

> Kraft, die klug ist, macht sich mit dir nicht gleich
> (d. h. Kraft und Klugheit gehen nicht zusammen).

---

[16] A. FALKENSTEIN-W. V. SODEN, Sumerische und akkadische Hymnen und Gebete,
1953, S. 40; vgl. dazu Prolog und Epilog der Gesetze Hammurabis in der Übersetzung
von W. EILERS, Die Gesetzesstele Chammurabis, AO 31, 3/4 (1932).

[17] J. J. A. VAN DIJK, La sagesse suméro-accadienne, 1953, bes. S. 7, 137; vgl. auch
S. N. KRAMER, Sumerian Wisdom Literature: a Preliminary Survey, BASOR 122
(1951), S. 28—31.

[18] H. F. LUTZ, Selected Sumerian and Babylonian Texts (Museum of the University
of Pennsylvania, Publications of the Babylonian section I 2), 1919, 117f. 8.

Ein anderer Text scheint vollständig aus Langversen (3+2) und Kurzversen aufgebaut zu sein, die einander folgen, z. B.[19]:

> *gurušmên zumên zumu — si numudasa'e*   3 + 2
> *zidugamu lulše itu*   3

Die poetische Struktur und Metrik der ugaritischen Texte ist noch unzureichend
erforscht[20], nicht zuletzt wegen des manchmal schlechten Zustandes des Textes und
der Unsicherheit seiner Deutung. Immerhin scheint sich aus den Arbeiten von C. H.
GORDON[21] ein Doppeltes zu ergeben: Einerseits findet sich überwiegend der Parallelismus, jedoch nicht ausschließlich in Form der Zweiheit der Versglieder, sondern auch
in der Vereinigung von 3 und mehr parallelen Gliedern; andererseits läßt sich eine er-
hebliche Zahl von alleinstehenden Versgliedern beobachten, denen kein paralleles oder
zweites Versglied folgt und die demnach den Kurzversen entsprechen. Das gleiche Ergebnis erhält G. D. YOUNG für das Keret-Epos[22]: In der Bildung der Langverse besteht
keinerlei Regelmäßigkeit oder Gesetzmäßigkeit; neben 570 Versen mit 2 Versgliedern
finden sich 250 Verse mit 3—6 Versgliedern und 12 noch umfangreichere. Außerdem
fallen 325 »monostichs«, d. h. Kurzverse mit 1 Versglied, auf. Es ist nicht unwichtig,
daß diese Poesie, die die hebräische offensichtlich stark beeinflußt hat, keine Gesetzmäßigkeit des Parallelismus oder der Zweiheit kennt.

Ferner hat ALBRIGHT für die ägyptische Literatur festgestellt: »As generally
accepted, Egyptian metre is also accentual, and the verse-units are generally 3+3 or
2+2, though short lines without a caesura are also found«[23]. Als Beispiel führt er das
»Gespräch eines Lebensmüden mit seiner Seele« an; Zeile 85—103 enthalten 8 mal
folgendes Schema[24]:

> Siehe, übelriechend ist mein Name um deinetwillen,   3
> mehr als der Geruch von Vogelmist (?)   3+3
> an Sommertagen, wenn der Himmel glüht.

Zeile 103—130 enthalten 15 mal folgendes Schema (außerdem am Schluß 3/2+2):

> Zu wem soll ich heute noch reden?   3
> Die Herzen sind habgierig;   2+2+2
> nicht gibt es das Herz des Mannes,
> auf den man sich verlassen kann.

Zeile 130—142 enthalten 5 mal folgendes Schema (außerdem am Schluß 3/2+2/2+2):

> Der Tod steht mir heute vor Augen   3
> wie der Duft von Myrrhen,   2+2+2
> wie das Sitzen unter dem Sonnensegel
> am windigen Tage.

---

[19] E. CHIERA, Sumerian Texts of Varied Contents, 1934, 1f. II 1ff.

[20] Vgl. die Übersicht von J. H. PATTON, Canaanite Parallels in the Book of Psalms,
1944, S. 5—11.

[21] C. H. GORDON, Ugaritic Textbook, 1965; Ugaritic Literature, 1949.

[22] G. D. YOUNG, Ugaritic Prosody, JNES 9 (1950), S. 124—133.

[23] W. F. ALBRIGHT, a. a. O. S. 71.

[24] Übersetzung nach H. JACOBSOHN, Das Gespräch eines Lebensmüden mit seinem Ba,
in: Studien aus dem C. G. Jung-Institut, III: Zeitlose Dokumente der Seele, 1952.

Schließlich ergibt sich aus der arabischen Literatur, deren drei Kompositions-
formen schon erwähnt wurden, daß der Parallelismus kein zuverlässiges Unterschei-
dungsmerkmal zwischen Prosa und Poesie darstellt. Denn dort tritt er gerade häufig
in der Prosa auf, während er in der eigentlichen Poesie gewöhnlich fehlt[25].

2. Da sich demnach im Alten Orient außerhalb Israels keine Gesetzlichkeit des
Parallelismus oder der Zweiheit nachweisen läßt, ist es nicht verwunderlich, daß in der
Erforschung der hebräischen Poesie entsprechende Stimmen laut werden. »Ce qui par-
tage en deux camps les auteurs qui ont traité de la métrique, c'est que les uns prennent
pour base du développement rythmique ce que nous appelons l'hémistiche, à savoir
(en général) le demi-verset, tandis que les autres prennent pour base le vers, composé
de deux hémistiches et remplissant (en général) un verset. De là vient que le 'stique',
c'est-à-dire ce que nous pouvons désigner grosso modo sous le nom de demi-verset ou
de membre de parallélisme, est identifié par les uns avec le 'vers', par les autres avec la
moitié (parfois le tiers) du vers, qui sera alors distique (composé de deux stiques) ou
tristique (composé de trois stiques)«[26]. So geht G. B. GRAY davon aus, daß »it has been
and may be contended that parallelism, though it is a characteristic of much, is never
a form of any Hebrew poetry . . .«[27]. Denn: »The validity of parallelism as a test to
distinguish between prose and poetry in Hebrew literature might be, and has been,
either actually or virtually challenged on two grounds: (1) that parallelism actually
occurs in prose; and (2) that parts of the Old Testament from which parallelism is ab-
sent are metrical and, therefore, poetical in form«[28]. GRAY unterscheidet daher zweigliedrige Verse mit parallelen Gliedern, zweigliedrige Verse ohne Parallelismus, Einzelglieder (monostiches) und dreigliedrige Verse[29].

Diese und andere Beobachtungen finden ihren Widerhall darin, daß der ursprüngliche hebräische Vers als Kurzvers betrachtet wird. L. KÖHLER nimmt an: »Die
ursprüngliche Zeile wird der Vierer sein, dies ist deshalb anzunehmen, weil der Vierer
am besten für eine vollständige logisch einheitliche Wortgruppe Raum bietet; doch ist
der Vierer in seiner Verwendung zurückgegangen«[30]. Gemeint ist dabei der Vierer ohne
Zäsur. Nach T. PIATTI ist der Langvers zwar die poetische Einheit und zugleich die
kleinste Strophe, die rhythmische Einheit aber ist das einzelne Versglied; also darf es
nicht heißen: 1/2 Vers + 1/2 Vers = 1 Langvers, sondern die Summe beträgt $1+1=2$[31].
Der hebräische Vers ist eingliedrig[32], und 2, 4 oder 6 dieser Einzelglieder (= Kurzverse) werden zu kleinen Strophen zusammengefaßt[33]. So war auch der Verfasser der
alphabetischen Psalmen 111 und 112 der Meinung, daß der hebräische Vers eingliedrig
sei, da er jedes der meist 3hebigen Versglieder mit einem neuen Buchstaben des Alpha-
bets beginnen läßt[34].

---

[25] G. B. GRAY, a. a. O. 5 (1913), S. 554f.
[26] P. DHORME, Le livre de Job, 1926, S. CXLV, unter Hinweis auf E. PODECHARD,
Notes sur les Psaumes, RB 15 (1918), bes. S. 59ff.
[27] G. B. GRAY, a. a. O. 5 (1913), S. 421.
[28] G. B. GRAY, a. a. O. 5 (1913), S. 552.
[29] G. B. GRAY, a. a. O. 6 (1913), S. 307.
[30] L. KÖHLER, a. a. O. S. 251.
[31] T. PIATTI, I carmi alfabetici della Bibbia chiave della metrica ebraica?, Bibl 31
(1950), S. 315. [32] T. PIATTI, a. a. O. S. 440.
[33] T. PIATTI, a. a. O. S. 437. [34] T. PIATTI, a. a. O. S. 435.

Aus solchen Erkenntnissen hat P. Volz praktische Folgerungen für die poetische Struktur von Prophetenworten gezogen. In den Jeremiaworten findet er als Versform außer dem hauptsächlich benutzten Langvers mit 2 Versgliedern die einfache Zeile als »Langzeile« mit 4—7 Hebungen ohne Zäsur (6 22-26 13 13f. 22ff. 15 19f. 17 1f., vermutlich auch 3 12-15 4 5-8. 18. 29 5 1-14 6 16-19. 21 7 1-15. 21-23 8 4-7. 8-12 16 16f. 31 4-6. 9b. 18-20) und als »Kurzzeile« mit 2—4 (selten 5) Hebungen ohne Zäsur (gleichmäßig 3 Hebungen: 11 15f. 22f. 31 2f.; absteigend 4 und 3 Hebungen: 5 30f. 21 13f.; ungleich gebaut: 1 5. 7f. 9f. 4 13. 16b. 17 14 1-6. 19-22 17 14 23 9-12 31 35-37)[35]. Ebenso weist A. Guillaume auf eine derartige Struktur von Jer 1 5f. hin, wo die 3 Kurzverse sich infolge der jeweils den Vers schließenden Verbformen mit Suffix reimen und die Worte Jahwes offensichtlich in eine durch die Tradition geheiligte Form gefaßt sind[36]. In Jes 40ff. erkennt Volz mit Recht überwiegend Langverse, während die (kürzere oder längere) »Einheitszeile« seltener ist, jedoch ebenfalls vorkommt (40 12ff. 44 21f. 45 20-24 48 17-19. 20f. 54 1-3. 11-17 62 10)[37].

3. Was für den Bereich der außerisraelitischen altorientalischen Literaturen gilt, ist also auch in Israel hinsichtlich der an sich allerseits anerkannten Langverse zu beobachten. Es gibt kein »Gesetz« des Parallelismus oder der Zweiheit der Versglieder; vielmehr finden sich sogar Erscheinungen, die der als Kurzvers bezeichneten Form entsprechen. Damit fällt nicht nur ein grundsätzlicher Einwand gegen diese Versform, sondern ist auch ihr Vorkommen schon in gewissem Maße aus der Untersuchung der Langverse erweisbar.

So ist der sog. synthetische Gedankenreim eigentlich gar kein Parallelismus, und Lowth ist sich selbst dieser Schwäche seines Systems durchaus bewußt gewesen (II 52). Ferner ist der unvollständige Parallelismus weitaus häufiger als der vollständige. Und so gibt es neben Langversen mit vollständigem oder unvollständigem Parallelismus solche, deren Versglieder durch keinerlei Parallelität miteinander verbunden sind, und solche mit 3 Versgliedern, deren drittes den beiden ersten nicht parallel ist[38]. Freilich findet sich auch der Parallelismus zwischen 2 Langversen, aber weder als zur Natur der Qina gehörig noch auf sie beschränkt, sondern bei ganz verschiedenartigen Versen (z. B. Jes 1 10 Ps 27 1. 2 29 1f. Thr 1 1)[39]. Der einzelne Langvers wird nicht mehr als selbständig und in sich abgeschlossen betrachtet, sondern wie der einzelne Kurzvers als Teil eines größeren

---

[35] P. Volz, Der Prophet Jeremia, 1928[2], S. XLI f. Von den angegebenen Stellen scheinen mir Kurzverse vorzuliegen in Jer 1 5f. 7f. 9f. 3 6-13 7 1-15. 21-23 11 18-23 13 13f. 14 19-22 16 16f. 31 35-37.

[36] A. Guillaume, Prophecy and Divination, 1938, S. 335.

[37] P. Volz, Jesaia II, 1932, S. XXXII. Von den angegebenen Stellen scheinen mir Kurzverse vorzuliegen in Jes 40 12-18 48 17-19 62 10.

[38] Vgl. dazu im einzelnen G. B. Gray, a. a. O. 6 (1913), S. 45ff., 122, 221, unter Hinweis auf unvollständigen Parallelismus in Gen 49 9 Num 23 19. 24 24 5 Dtn 33 2. 11. 23. 26. 28 Jdc 5 4. 26 Jes 1 26 Ps 6 2 21 11 104 Prov 2 1. 7. 18 Hi 3 11. 20 Cant 2 1. 14 Thr 5.

[39] Zu Jdc 5 vgl. C. F. Burney, The Book of Judges, 1920, S. 169—171.

Ganzen. Das ist am ehesten als Einfluß eben des Kurzverses zu verstehen, durch den ein Langvers gleichsam als abhängiges und dienendes
Glied eines umfassenderen Zusammenhanges gilt, der erst einen geschlossenen Gedankenkreis enthält.

Ebensowenig gibt es ein Gesetz der Zweiheit. Wie im Ugaritischen,
in dem dreigliedrige Verse »common enough« sind[40], verhält es sich
auch im Hebräischen. Solche Verse hat es zu jeder Zeit und in allen
Gattungen gegeben, nicht zuletzt in prophetischen Worten. Sie sind
zu bekannt, als daß es noch eines besonderen Nachweises bedürfte.
Sie zeigen, daß es unrichtig ist, ein gesetzmäßiges Vorkommen von
2 Versgliedern anzunehmen.

Gegen eine gesetzmäßige Parallelität und Zweiheit spricht
schließlich, daß in Zusammenhang mit Prophetenworten, die in
Langversen verfaßt sind, auch einzelne Versglieder (d. h. selbständige
Halbverse oder Kurzverse) auftreten; eine ugaritische Parallele dazu
bietet der Text 51 I 26—30[41]. Solche Versglieder finden sich als zusam-
menfassender oder krönender Abschluß folgender Abschnitte:

Jes	3 (16-) 24	כי תחת יפי	3
	8 (9-) 10	כי עמנו אל	3
	8 (16-) 18	השכן בהר ציון	3
	63 (1-) 6	ואוריד לארץ נצחם	3
Jer	14 (7-) 9	אל תנחנו	2
	22 (13-) 19	מהלאה לשערי ירושלם	3
Hos	4 (1-) 2	ודמים בדמים נגעו	3
	4 (12-) 14	ועם לא־יבין ילבט	3
	9 10	ויהיו שקוצים כאהבם	3
	10 (12-) 13	אכלתם פרי־כהש	2
	11 (8-) 9	ולא אבוא לְבָעֵר[42]	3 (2)
	12 (3-) 7	וקוה אל־אלהיך תמיד	3
	13 14	נֹהם יסתר מעיני	3
Mi	6 (1-) 8	והצנע לכת עם־אלהיך	3
	6 (9-) 15	ותירוש ולא תשתה־יין	3
Ob	(1-) 4	משם אורידך נאם יהוה	3
	(8-) 11	גם־אתה כאחד מהם	3
	(19-) 21	והיתה ליהוה המלוכה	3

Tatsächlich ist es allein richtig, von einer möglichen Mehrgliedrigkeit des hebräischen Verses zu sprechen, neben der auch die Ein-

---

[40] C. H. GORDON, Ugaritic Textbook, 1965, S. 132, mit Beispielen, die sich aus Ugaritic
  Literature, 1949, mühelos vermehren lassen. Zur babylonischen Dichtung vgl. A.
  FALKENSTEIN-W. v. SODEN, a. a. O. S. 40.

[41] C. H. GORDON, Ugaritic Textbook, S. 134: 2+2 / 3+3 / 3. In den Psalmen fehlt
  diese Erscheinung offenbar, da der Schluß von Ps 19 7 wohl durch den Abbruch
  des zitierten Liedes bedingt ist.

[42] l pr »in die Stadt«.

gliedrigkeit zu beobachten ist. Ferner ist es zweckmäßig, die irreführende Redeweise vom Parallelismus von Versgliedern endlich aufzugeben und statt dessen vom wiederholenden Stil zu sprechen, der sich gleicherweise bei Lang- und Kurzversen findet[43].

III.

Nachdem A. Jepsen eine Liste von Verboten mit durchweg gleichmäßigem Aufbau und dreihebigem Rhythmus, d. h. in der Form von Kurzversen, zusammengestellt hatte (Ex 22 17. 20. 27a.b 23 8a. 9a, vielleicht noch 23 3. 7a)[44], wies A. Alt im gleichen Jahre, in dem L. Köhler als ursprünglichen hebräischen Vers den Vierer ohne Zäsur bezeichnete, das Vorkommen solcher und ähnlicher Verse im sog. apodiktischen Recht nach[45]. Neues Material, besonders aus Deuteronomium und Heiligkeitsgesetz, haben G. v. Rad[46] und vor allem K. Rabast in seiner gründlichen Untersuchung[47] beigesteuert. Damit sind die ältesten erhaltenen Reste von Kurzversreihen erfaßt worden. Sie liegen in katechismusartigen Gebots- oder Verbotssammlungen verschiedener Art in Reihen von Lebens- und Verhaltensregeln vor und stehen neben entsprechenden Langversreihen[48]. Ob und wie weit außerdem die priesterliche Tora und das Ritual metrisch geformt sind, bedarf erst der Untersuchung[49].

Beschränken wir uns auf die in Kurzversen gehaltenen apodiktischen Lebens- und Verhaltensregeln, so ergibt sich aus der bisherigen Behandlung ein Bild, das im einzelnen gelegentlich auf abweichenden Beobachtungen beruht und manchmal vielleicht der Verbesserung bedarf, aufs Ganze gesehen aber durchaus zutrifft.

---

[43] Zum wiederholenden Stil vgl. J. Muilenburg, A Study in Hebrew Rhetoric: Repetition and Style, Supplements to VT I, 1953, S. 97—111. Als Beispiele vgl. Jdc 9 8-15 Ez 14 12-23 Am 1 3—2 16.

[44] A. Jepsen, Untersuchungen zum Bundesbuch, 1927, S. 87. Auch J. Hempel, Die althebräische Literatur und ihr hellenistisch-jüdisches Nachleben, 1930/34, spricht von einzelnen »Worten«, die mit anderen zu einer »Reihe« nach Art des Dekalogs zusammentreten (S. 74, 111).

[45] A. Alt, Die Ursprünge des israelitischen Rechts, zitiert nach: Kleine Schriften zur Geschichte des Volkes Israel, II 1953, S. 278—332.

[46] G. v. Rad, Deuteronomium-Studien, 1947, ohne Bemerkungen zur Metrik.

[47] K. Rabast, Das apodiktische Recht im Deuteronomium und im Heiligkeitsgesetz, o. J. (1948).

[48] Alten Ursprungs ist noch der Schlachtruf Ex 17 16, der vielleicht 3 Kurzverse umfaßt.

[49] Die von R. Rendtorff, Die Gesetze in der Priesterschrift, 1963[2], aufgezeigte Gleichförmigkeit im Aufbau von Ritualen läßt in manchen Fällen eine metrische Formung nicht als unmöglich erscheinen.

Es ergeben sich folgende Kurzvers*reihen,* in denen die einzelnen knappen Sätze nicht für sich allein und selbständig stehen, sondern zusammen eine geschlossene Einheit bilden:

1. Arur-Reihe: 12 Kurzverse in Dtn 27 15-26 mit 4 Hebungen (ALT, RABAST), z. B.:

> Verflucht ist, wer seinen Vater und seine Mutter verächtlich behandelt!

2. Tabu-Reihe: 10 (oder ursprünglich 12) Kurzverse in Ex 22 27. 20f. 17 mit 3 Hebungen (ALT, RABAST, weitgehende Übereinstimmung mit JEPSEN), z. B.:

> Eine Zauberin sollst du nicht am Leben lassen!

3. ʿÄrwa-Reihe: 10 Kurzverse in Lev 18 7-12. 14-16 (ferner nach v. 9 ein Satz ausgefallen) mit 4 Hebungen[50]; z. B.:

> Die Blöße deiner Mutter decke nicht auf!

4. Richterspiegel: 10 Kurzverse in Lev 19 15f. Dtn 16 19 Ex 23 7. 9 22 21 mit 3 Hebungen (RABAST, während die Reihe bei ALT und v. RAD jeweils kürzer ist), z. B.:

> Du sollst nicht das Recht beugen!

5. Dekalog: 10 Kurzverse in Ex 20 2-17, die aus drei ursprünglich selbständigen Reihen stammen: Verbote mit je 4 und mit je 2 Hebungen sowie Gebote mit je 3 Hebungen[51].

6. Kilajim-Reihe: vielleicht 8 Kurzverse in Dtn 22 5. 9-11 Lev 19 19 mit 3 oder 4 Hebungen (v. RAD und RABAST in verschiedener Weise), z. B.:

> Du sollst nicht zweierlei (Tierarten) sich begatten lassen!

7. Schutzbestimmungen: 7 Kurzverse in Lev 19 13f. 17-18 a (gesprengt durch die zum Richterspiegel gehörigen v. 15f.) mit überwiegend 4 Hebungen, z. B.:

> Du sollst nicht deinen Bruder hassen in deinem Herzen!

8. Kultische Bestimmungen: 7 Kurzverse in Lev 19 26-28 mit verschiedenem Metrum (v. RAD), z. B.:

> Ihr sollt nicht etwas mitsamt dem Blute essen!

9. Kehal-Jahwe-Reihe: 5 Kurzverse (vielleicht ein Bruchstück) in Dtn 23 2-4. 8f. mit 5 Hebungen (ALT, RABAST), z. B.:

> Nicht darf ein Bastard in die Gemeinde Jahwes eintreten!

---

[50] K. ELLIGER, Das Gesetz Leviticus 18, ZAW 67 (1955), S. 1—25 (Kleine Schriften zum Alten Testament, 1966, S. 232—259).

[51] G. FOHRER, Das sogenannte apodiktisch formulierte Recht und der Dekalog, Kerygma und Dogma 11 (1965), S. 49—74.

10. Erntebestimmungen: 4 Kurzverse in Lev 19 9f. mit überwiegend 4 Hebungen (v. RAD), z. B.:

Du sollst nicht dein Feld bis an die Ecken abernten!

11. Rechtsbestimmungen: 4 Kurzverse in Lev 19 11-12a mit überwiegend 2 Hebungen (v. RAD), z. B.:

Ihr sollt nicht stehlen!

12. Königsspiegel: 3 Kurzverse in Dtn 17 16f. mit 4 Hebungen (RABAST), z. B.:

Du darfst dir nicht viele Rosse verschaffen!

Vielleicht enthalten Lev 19 29-36 noch Geröll solcher Reihengebote (v. RAD), während die Einzelformulierungen in Dtn 24 14a mit 3 Hebungen und 25 4 mit 4 Hebungen wahrscheinlich die Überreste unbekannter Reihen sind, aus denen sie stammen (RABAST).

Dieser apodiktische Stil in der Form von Kurzversen ist *nachgebildet* worden in Dtn 17 6f. mit 4 und 3 Hebungen (RABAST) und in Dtn 16 21—17 1 mit wahrscheinlich 4 Hebungen.

Formal ergeben sich gewisse Unterschiede der in apodiktischen Reihen verwendeten Kurzverse gegenüber den Merkmalen, die sich aus den in viel größerem Umfang innerhalb der Prophetie verwendeten ableiten lassen. Ein Teil hat zwar die gleiche Form; die Zahl der Hebungen steigt aber bis auf 4 oder 5, weil jeder Satz in 1 Kurzvers enthalten sein mußte und dazu oft mehr als 3 betonte Wörter erforderlich waren. Außer kleineren Reihen von 3—7 Sätzen, die einer Strophe entsprechen, findet sich die Reihe von 10 oder 12 Sätzen, die nicht aufteilbar ist; in diesen Fällen war das Beharren auf der bedeutsamen Zehn- oder Zwölfzahl wichtiger als ein nur formaler Grundsatz. Die Abweichungen einiger Reihen stellen demnach Variationen der Grundform dar, die durch den Inhalt der metrisch zu formenden Sätze bedingt sind.

IV.

a) Eine besondere Rolle spielen *Jes 62 1-12* und andere Abschnitte, in denen Strophen von Lang- und Kurzversen zu einer Einheit verbunden nebeneinander stehen. Derartige Verbindungen zweier Versarten sind naturgemäß selten, so daß solche Beispiele besonders interessant sind.

1. Zunächst ergibt sich, daß die bisherige Forschung sich weithin für die *Einheitlichkeit* von Jes 62 1-12 und weitaus überwiegend gegen

die Abtrennung von 62 10-12 von den vorhergehenden Versen ausgesprochen hat.

Die verschiedenen Äußerungen gliedern sich in 5 Gruppen:

a) In einigen Fällen fehlt jede Angabe der Einteilung, so daß diese Gruppe außer acht bleiben muß[52].

b) Am häufigsten wird die Einheitlichkeit von 62 1-12 vertreten[53].

c) Manchmal wird 62 1-12 geschlossen mit anderen Kapiteln als eine noch größere Einheit aufgefaßt — so 60—62[54], 61—62[55] oder anders[56] — und infolgedessen das Kapitel nicht aufgeteilt.

d) Gelegentlich wird 62 1-12 aufgeteilt, wobei aber die wichtigen v. 10-12 mit den vorhergehenden verbunden bleiben[57].

e) Schließlich wird 62 1-12 in sehr verschiedener Weise in (meist mehrere) kleine Abschnitte aufgeteilt, wobei allen Versuchen gemeinsam die Abtrennung von v. 10-12 ist[58].

[52] A. ZILLESSEN, »Tritojesaja« und Deuterojesaja, ZAW 26 (1906), S. 231—276; J. HEMPEL, a. a. O.; TH. C. VRIEZEN, Oud-israëlietische geschriften, 1948; W. S. McCULLOUGH, A Re-Examination of Isaiah 56—66, JBL 67 (1948), S. 27—36; A. BENTZEN, Introduction to the Old Testament, II 1959[5]; A. WEISER, Einleitung in das Alte Testament, 1966[6]; E. SELLIN-L. ROST, Einleitung in das Alte Testament, 1959[9]; C. KUHL, Die Entstehung des Alten Testaments, 1960[2].

[53] Nach A. KUENEN (1885ff.), C. BREDENKAMP (1887), B. STADE (1888), J. LEY (1893), G. WILDEBOER (1895) und E. SELLIN (1901) vor allem: C. STEUERNAGEL, Lehrbuch der Einleitung in das Alte Testament, 1912, S. 525f.; J. SKINNER, The Book of the Prophet Isaiah, chapters XL—LXVI, 1917, S. 209; K. BUDDE, Das Buch Jesaia Kap. 40—66, in: E. KAUTZSCH, Die Heilige Schrift des Alten Testaments, I 1922[4], S. 707f.; J. MARTY, Les chapitres 56—66 du livre d'Esaïe, 1924, S. 83—92; F. FELDMANN, Das Buch Isaias, II 1926, S. 244f.; E. KÖNIG, Das Buch Jesaja, 1926, S. 512; K. ELLIGER, Die Einheit des Tritojesaja, 1928, S. 26—28; CH. C. TORREY, The Second Isaiah, 1928, S. 267f.; E. SELLIN, Tritojesaja, Deuterojesaja und das Gottesknechtproblem, NkZ 41 (1930), S. 73—93; H. ODEBERG, Trito-Isaiah, 1931, S. 15—17; P. VOLZ, Jesaia II, 1932, S. 249—253; O. EISSFELDT, a. a. O. S. 462; H. W. HERTZBERG, Der Zweite Jesaja, 1939, S. 156—159; R. H. PFEIFFER, Introduction to the Old Testament, 1941, S. 451; A. BENTZEN, Jesaja, II 1943, S. 143—146; A. LODS, Histoire de la littérature hébraïque et juive, 1950, S. 515; J. RIDDERBOS, De profeet Jesaja, II 1953, S. 233—236; J. MUILENBURG in: The Interpreter's Bible, V 1956, S. 716—723.

[54] G. HÖLSCHER, Die Profeten, 1914, S. 354, 374f.; J. FISCHER, Das Buch Isaias, II 1939, S. 171; J. ZIEGLER, Isaias, 1948, S. 171—178.

[55] E. LITTMANN, Über die Abfassungszeit des Tritojesaia, 1899, S. 30; K. CRAMER, Der geschichtliche Hintergrund der Kapitel 56—66 im Buche Jesaia, 1906; G. A. SMITH, The Book of Isaiah, II 1927[2], S. 462, 472—481; L. DENNEFELD, Les grands prophètes, 1946, S. 215.

[56] E. J. KISSANE, The Book of Isaiah, II 1943, S. 253—284: 60 1—63 6; P. AUVRAY-J. STEINMANN, Isaïe, 1951, S. 227: 60+62.

[57] M. HALLER, Das Judentum, 1925[2], S. 144: 62 6-12; L. KÖHLER, a. a. O. S. 215—219: 62 1-7. 8-12 mit der Bemerkung, daß diese Gliederung nur vorläufig sei und nicht beanspruche, die ursprüngliche wiederherzustellen.

[58] R. ABRAMOWSKI, Zum literarischen Problem des Tritojesaja, ThStKr 96/7 (1925), S. 104—106; L. GLAHN, a. a. O. S. 80—82; W. O. E. OESTERLEY-TH. H. ROBINSON,

2. Das einheitliche Thema des ganzen Abschnitts 62 1-12 ist das eschatologische Heil für Zion-Jerusalem, das durch das erlösende Handeln Jahwes herbeigeführt wird. Dieses Heil findet seinen Ausdruck in den neuen Namen, die in v. 4. 12 zwar verschieden lauten, aber dasselbe bedeuten. Daher hat der Gedanke der Namengebung nicht als »Stichwort« für die Sammlung zweier selbständiger Abschnitte gedient, sondern verbindet das Ganze wie mit einer Klammer[59].

3. Man kann 62 1-9 als »erweitertes Orakel« betrachten, in dem der Prophet auf Grund des empfangenen Jahwewortes seine Botschaft begründet, aus ihr praktisch-religiöse Folgerungen zieht usw. Es verhält sich jedoch nur formal so, daß die Ausführungen des Propheten und das Jahwewort sich stilistisch unterscheiden. Sachlich und inhaltlich befaßt sich das Jahwewort (v. 8-9) vielmehr mit einer Einzelheit (wie v. 6-7), während die grundlegende Verheißung sich schon in der Prophetenrede findet (v. 2-3 und vor allem 4-5). Gewiß wird auch in 62 11-12 ein weiteres Jahwewort ohne Ausführungen des Propheten selbst übermittelt, also im reinen Botenstil gesprochen. Die durch ihre Imperative auffallenden Aufforderungen des Propheten in 62 10 gehören aber keinesfalls dazu, sondern behandeln eine der Einzelheiten des eschatologischen Heils, deren Verwirklichung durch das anschließende Jahweorakel zugesagt werden soll. Daran zeigt sich, daß gattungsmäßig eine Zerteilung des Kapitels unzutreffend ist und statt dessen vielmehr eine Einheit anzunehmen ist: In 62 1-12 liegt eine prophetische Liturgie vor, in der mehrfache Propheten- und Jahwereden vereinigt sind. Daraus erklären sich sowohl die sachliche Verklammerung durch die Namengebung (v. 1-5. 11-12) als auch der klare Gedankenfortschritt, für den K. ELLIGER besonders auf die Aufeinanderfolge der Einzelheiten verweist[60].

4. Die erwähnte mehrfache Aufeinanderfolge von Propheten- und Jahwerede ist kein Grund zur Aufteilung des Abschnitts, da sie sich auch an anderen Stellen findet. Als Beispiel kann Jer 14 2—15 2 angeführt werden (s. u.):

14 2-6   Prophet als Sprecher,
14 7-9   Volk als Sprecher,

An Introduction to the Books of the Old Testament, 1934, S. 281: 62 1-9. 10-12. B. DUHM, Das Buch Jesaia, 1922[4], S. 458—463: 62 1-3. 4-9. 10-12; J. A. BEWER, The Book of Isaiah, II 1950, S. 64f.: 62 1-3. 4-5. 6-9. 10-12; A. BRUNO, Jesaja, 1953, S. 228—230: 62 1-5. 6-9. 10-12. — T. K. CHEYNE, Introduction to the Book of Isaiah, 1895, S. 341: 61 1—62 9 + 62 10-12; K. MARTI, Das Buch Jesaia, 1900, S. 388—390; F. BUHL, Jesaja, 1912, S. 706: 61 1—62 3 + 62 4-9. 10-12.

[59] Vgl. K. ELLIGER, a. a. O.
[60] K. ELLIGER, a. a. O.

14 10-16 Jahwe als Sprecher,
14 17-18 Prophet als Sprecher,
14 19-22 Volk als Sprecher,
15 1-2 Jahwe als Sprecher.

Ein weiteres Beispiel bietet die Liturgie Habakuks, die das Schema des Klageliedes variiert. Da das erste Jahweorakel den klagenden Propheten nicht befriedigt, läßt er eine zweite Klage folgen, auf die hin ein zweites Orakel ergeht; erst danach ist er der Erhörung gewiß:

1 2-4 Prophet als Sprecher (Klagelied),
1 5-11 Jahwe als Sprecher (Verheißung),
1 12-17 Prophet als Sprecher (Klagelied),
2 1-4 Jahwe als Sprecher (Verheißung),
2 5-17 Prophet als Sprecher (Weherufe als »Gewißheit der Erhörung«)[61].

Eine solche zweifache Folge liegt in Jes 62 auf Grund der Sehnsucht des Propheten nach dem eschatologischen Heil vor, wobei die »Gewißheit der Erhörung« natürlich fehlt, da ja kein Klagelied verwendet wird, sondern die Gewißheit des Propheten schon in v. 4-5 ersichtlich ist. Der doppelten Rede des Propheten, die

62 1-7 sehnsüchtig auf den Beginn der eschatologischen Wende drängt und
62 10 drängend ihre Vollendung herbeiführen möchte,
entspricht das doppelte Reden Gottes, der
62 8-9 mit der Zusage wirtschaftlicher Blüte sein Ja zum ersten Teil der eschatologischen Wende gibt und
62 11-12 mit der Zusage der völligen Herbeiführung des Heils schließt.

Im einzelnen[62] dienen v. 1-3 (1. Strophe) als Einführung in das Ganze und als Einleitung zu v. 4-5 (2. Strophe), in denen in glattem Übergang ohne tiefen Sinneinschnitt eine Verheißung folgt; v. 4a enthält die Verheißung des neuen Namens negativ und positiv, v. 4b die Begründung, v. 5 die Ausführung. Nach dieser allgemeinen Verheißung gehen die folgenden Verse auf Einzelheiten ein: v. 6-7 (3. Strophe) haben die Mauern zum Thema, die in den Dienst der Sache gestellt werden, v. 8-9 (4. Strophe) verheißen als Orakel eine bessere wirtschaftliche Lage (v. 8b und 9 handeln negativ und positiv vom Essen und Trinken), v. 10 (5. Strophe) schließt mit der Rückkehr der Diaspora an. Dann

---

[61] Hab 2 18-20 sind späterer Zusatz; in 3 2-16 liegt der von Habakuk angefügte Bericht über sein in 2 1ff. angedeutetes ekstatisches visionäres und auditionäres Erleben vor, der in 3 1 durch eine Überschrift und in 3 17-19 durch spätere Zusätze erweitert worden ist.

[62] Vgl. dazu K. ELLIGER, a. a. O., mit der eingehenden Analyse des Kapitels.

kehren v. 11-12 (6. Strophe) mit der Zusage baldigen Heils und seiner Auswirkung (Namengebung) zum Anfang zurück.

5. Dieser formal und inhaltlich geschlossene Eindruck wird dadurch nicht eingeschränkt, daß 62 1-9 dichterisch relativ selbständig, 62 10-12 dagegen unselbständig von Deuterojesaja abhängig sind[63]. Gewiß schließen sich v. 10f. in Zitierung von Jes 40 10b und Benutzung deuterojesajanischer Ausdrücke und Redewendungen besonders eng an jenen Propheten an, ebenso aber v. 4-5 an Jes 54 1-6. Deswegen darf man 62 1-12 ebensowenig aufteilen, wie es mit 60 1-22 geschieht, wo die Abhängigkeit von Deuterojesaja sich neben v. 4. 16b auf v. 9-13 konzentriert, oder mit 59 1-21, das sich hauptsächlich in den ersten Versen an 50 1-3 anlehnt. Außerdem schließt 62 1-12 sich so gleichmäßig an Sach 8 an, wie es nur in einem in sich einheitlichen Abschnitt der Fall sein kann; es entsprechen sich:

62 4-5	— Sach 8 1-3		62 11	— Sach 8 8
62 8-9	— Sach 8 9-13		62 12	— Sach 8 3
62 10	— Sach 8 7			

6. Insbesondere ist es aus mancherlei Gründen weder nötig noch möglich, 62 10-12 von 62 1-9 zu trennen. Zunächst ist mit der Mitteilung des Jahwewortes v. 8-9 keineswegs der Gipfel erreicht und alles gesagt, was zu sagen ist. Denn es wird nur die wirtschaftliche Selbständigkeit und Blüte ausgemalt, die ohne den nach Jerusalem strömenden Reichtum der Welt dadurch zustande kommt, daß das Volk frei und in ungestörtem Frieden lebt, so daß es den Ertrag seiner Arbeit selbst verzehren kann. Ist das der Gipfel des eschatologischen Heils? Ist das angesichts der anschließenden Hoffnung der Heimkehr der Diaspora, die in der Heilserwartung dieser nachexilischen Zeit so oft laut wird, ein befriedigender Abschluß? Diese Fragen stellen, heißt sie verneinen. Es ist in 62 1-9 durchaus nicht alles gesagt, was zum eschatologischen Heil zu sagen ist.

Es ist ferner zu bedenken, daß 62 10-12 nicht nur formal voneinander in v. 10 und 11-12 zu trennen sind, sondern auch sehr Verschiedenes behandeln und keinen geschlossenen Gedankenzusammenhang bilden. Ein solcher Zusammenhang ergibt sich aus diesen Versen überhaupt nicht, sondern erst aus dem gesamten Inhalt von 62 1-12.

62 10 fällt in der Tat durch die wiederholten Imperative auf. Sie kennzeichnen jedoch nicht immer einen neuen Anfang und die Einleitung einer selbständigen Aussage; das läßt sich nur bei 51 9. 17 52 1 54 1 60 1 feststellen. Dagegen leiten sie in 52 11 nur die letzte Strophe des Abschnitts 52 7-12 ein, wie sie auch in 62 10 die Strophe

---

[63] Vgl. dazu auch W. ZIMMERLI, Zur Sprache Tritojesajas. Schweiz. Theol. Umschau 20 (1950), S. 62—74 (Gottes Offenbarung, 1963, S. 217—233).

einleiten. Angeredet wird eine Mehrzahl, der aber in 62 11 wieder die vorherige Anrede an Jerusalem folgt. Innerhalb von 62 1-12 hat nur v. 10 als ganzer Vers die Besonderheit der Anrede und hebt sich dadurch ebenfalls als kleine Einheit im Rahmen des Ganzen heraus. Es ist ferner nicht möglich, v. 10 bβ הרימו נס על־העמים von v. 10 a-bα zu trennen. Denn das Aufrichten des Signals hat nichts mit dem »Hörenlassen Jahwes« v. 11 a, d. h. der öffentlichen Proklamation des Bevorstehenden an die Welt, zu tun, sondern gehört formal und sachlich zu den anderen Sätzen von v. 10: Damit wirklich die ganze Diaspora von der Rückführung erfährt und den Weg nach Jerusalem findet, sollen in der Völkerwelt Signale aufgerichtet werden; dann weiß man, daß es Zeit zur Wanderung nach dem Zion der Heilszeit ist und welchen Weg man einschlagen muß. Und so schaut denn der Prophet den Zug, in dem die Heimkehrer kommen, und wendet sich vielleicht sogar an verschiedene Gruppen: Er grüßt die Heimkehrer mit der Aufforderung, durch die Tore Jerusalems einzuziehen (v. 10 aα), erteilt nachholend den Befehl, daß man ihrem Zug die Bahn bereite (v. 10 aβ-bα) und läßt — wieder nachholend — die Signale aufstellen, damit die Diaspora Bescheid erhält und alle zusammenkommen (v. 10 bβ).

Daß mit 62 11 a ein neuer Einsatz erfolgt, sollte ebenso deutlich sein; denn dieser Satz bildet — ganz anders als v. 10 bβ — die Einführung zu einem Botenbefehl, der anschließend folgt (zunächst die Auftragserteilung mit dem Empfänger Zion, dann die Botschaft selbst). Das Thema ist — wiederum anders als in v. 10 — das nahe Bevorstehen des Heils: Die Botschaft davon geht schon in die Völkerwelt hinaus.

b) Wie die Annahme der Einheitlichkeit läßt sich auch die folgende *rhythmische* Gliederung von Jes 62 1-12 voll rechtfertigen.

1. Es besteht Übereinstimmung darin, daß 62 1-9 sich in 4 Strophen zu je 5 Langversen gliedert.

2. Es besteht Übereinstimmung darin, daß in 62 4-5. 8-9 das Versmaß der Qina vorliegt[64]. In 62 1-3 weisen die Verse offensichtlich 3+3 Hebungen auf[65], während für 62 6-7 das Versmaß 2+2 anzunehmen ist[66].

3. Zieht man die Folgerungen aus den formalen und sachlich-inhaltlichen Gegebenheiten, so bilden 62 11-12 zweifellos 1 Strophe,

---

[64] So für 62 4-5 u. a. ELLIGER, TORREY, KÖHLER (außer v. 4 aα), ODEBERG (überwiegend), für 62 8-9 u. a. ELLIGER, TORREY, KÖHLER (nur v. 8).

[65] So u. a. ELLIGER, TORREY (v. 1-2), KÖHLER, ODEBERG (überwiegend).

[66] So ODEBERG für v. 6 b und die zweiten Versglieder von v. 6 aα. 7 a. b.

die ebenfalls 5 Langverse umfaßt[67]. Daß einzelne Langverse dieser Strophe unter sich parallel sind, besagt gar nichts, da dergleichen ja häufiger zu beobachten ist. Tatsächlich gehören die Langverse in v. 11-12 unauflöslich zusammen; nicht umsonst schließt v. 12 mit ? an v. 11 an. Da das Heil nahe bevorsteht, soll die Botschaft Jahwes in die Welt hinausgehen: die Botschaft vom Lohn, den Jahwe Jerusalem gibt und auf Grund dessen Stadt und Volk die Namen erhalten, die ihr neues Dasein im eschatologischen Heil umschreiben. Hinsichtlich des Metrums besteht wieder Übereinstimmung darin, daß in v. 11-12 das Qinametrum 3+2 verwendet wird[68].

4. Übrig bleibt 62 10 inmitten der es einschließenden Langversstrophen. Soll man annehmen, daß in einem sonst so vorzüglich überlieferten Gedicht eine Strophe nur halb überliefert ist und mitten im Langvers abbricht?[69], oder soll man aus metrischen Gründen in v. 10 b β ein Versglied ergänzen[70] und sich mit der Feststellung begnügen, daß inmitten der so eindeutig 5 Langverse umfassenden Strophen eine dreiversige steht oder überliefert ist? Angesichts des sonst so klaren Textzustandes befriedigt dergleichen ebensowenig wie die Verbindung von v. 10 b β mit 11 a α und die Aufteilung von v. 10-12 in 4 zweiversige Strophen. Nein, 62 10 bildet sowohl gattungsmäßig und sachlich-inhaltlich als auch metrisch eine kleine Einheit für sich; denn mit Hilfe der Kurzverse werden diese Zeilen metrisch voll verständlich. Schon P. Volz hat dies erkannt und des Rätsels Lösung darin erblickt, daß in v. 10 eine Strophe von 5 Kurzversen vorliegt[71]. Das ist vollkommen richtig. Wie in v. 1-9. 11-12 sind auch in v. 10 5 Verse zu einer Strophe zusammengefaßt — nur im Unterschied zu den anderen Strophen nicht Lang-, sondern Kurzverse.

c) Es sollte in aller Kürze gezeigt werden, daß Jes 62 1-12 einen einheitlichen Textabschnitt bildet und sich in 6 Strophen von gleicher Verszahl gliedert, daß der prophetische Dichter von Strophe zu Strophe das Metrum wechselt und dabei an passender Stelle statt des Langverses einmal den Kurzvers verwendet und eine in dieser Versart gehaltene Strophe formt, daß also in diesem Abschnitt beide Versarten nebeneinander stehen und ein Beispiel für das Vorkommen von Kurzversen geboten wird. Der Text bietet demnach folgendes Bild:

---

[67] Das metrische Problem von 62 10-12 bliebe übrigens selbst bei Abtrennung von 62 1-9 bestehen; seine Lösung unterschiede sich von der oben dargelegten nicht.

[68] So u. a. TORREY; KÖHLER und ODEBERG überwiegend.

[69] H. W. HERTZBERG, a. a. O. S. 158.

[70] So DUHM, CHEYNE, MARTI, BUDDE (auch nach G. A. SMITH fehlt ein Versglied); von VOLZ mit Recht als zu unsicher abgelehnt.

[71] P. VOLZ, a. a. O. S. 249; leider fehlt in der Übersetzung die vierte Zeile infolge eines Druckfehlers.

1. Strophe: 1 Um Zions willen kann ich nicht still sein   3 + 3
       und um Jerusalems willen mich nicht ruhig verhalten,
bis sein Heil wie heller Schein aufgeht
       und seine Hilfe wie eine brennende Fackel.
 2 Dann sehen Völker dein Heil
       und alle Könige deine Auszeichnung.
Dann nennt man dich mit einem neuen Namen,
       den Jahwes Mund bestimmt.
 3 Dann bist du ein ‘ ’ Diadem in der Hand Jahwes
       und ein königlicher Kopfbund in der Hand deines Gottes.

2. Strophe: 4 Man sagt zu dir nicht mehr »Verlassene«   3 + 2
       und zu deinem Land ‘ ’ »‘Verödete’«,
sondern nennt dich »Mein Gefallen an ihr«
       und dein Land »Vermählte«;
denn Jahwe hat Gefallen an dir,
       und dein Land wird vermählt.
 5 Denn ‘wie’ der junge Mann die Jungfrau heiratet,
       ‘heiratet dich dein Erbauer’;
und entsprechend der Freude des Bräutigams an der Braut
       freut sich dein Gott an dir.

3. Strophe: 6 Auf deine Mauern, Jerusalem,   2 + 2
       stelle ich Wächter;
den ganzen Tag und die ganze Nacht
       sollen sie sich nie ruhig verhalten.
Ihr, die ihr Jahwe preisen sollt,
       gönnt euch keine Ruhe
 7 und laßt ihm keine Ruhe,
       bis er gründet
und bis er Jerusalem bringt
       zum Ruhm auf Erden!

4. Strophe: 8 Geschworen hat Jahwe bei seiner Rechten   3 + 2
       und seinem starken Arm:
Niemals mehr gebe ich dein Korn
       deinen Feinden zur Nahrung,
und niemals sollen Ausländer deinen Most trinken,
       um den du dich abgemüht hast!
 9 Sondern die es gesammelt haben, sollen es essen
       und Jahwe rühmen;
und die ihn eingebracht haben, sollen ihn trinken
       in den Höfen meines Heiligtums[72].

5. Strophe: 10 Zieht ein, zieht ein durch die Tore!   Kurzverse
Räumt frei den Weg des Volkes,
richtet her, richtet her die Straße,

---

[72] Für den 5. Langvers kann auch das Metrum 2+2 (so ebenfalls ODEBERG) als Vorbereitung der folgenden Kurzversstrophe angenommen werden.

räumt die Steine hinweg!
Richtet Signale auf über den Völkern!

6. Strophe: 11 Siehe, Jahwe läßt's hören   3 + 2
           bis ans Ende der Erde:
           Sagt der Tochter Zion: Siehe,
             dein Heil kommt!
           Siehe, sein Lohn kommt mit ihm
             und sein Verdienst vor ihm her!
           12 Dann nennt man sie »Heiliges Volk«,
             »Erlöste Jahwes«;
           und dich nennt man »Aufgesuchte«,
             »Stadt, die nicht verlassen blieb«.

3 dl »Pracht« et l עֲטָרָה pr st. cstr. — 4 dl »man sagt zu dir«. — l prb שְׁמָמָה (cf 1 Q
Jesᵃ) pr »unheimliche Öde«. — 5 l c 1 Q Jesᵃ כְּבָעַל pr »heiratet«. — 1 יִבְעָלֵךְ בָּנֵךְ pr
»heiraten dich deine Söhne«.

    d) In anderer Weise sind Lang- und Kurzvers in Ez 17 1-21 mit-
einander verbunden. Während v. 1-10 eine gleichnishafte Rätselrede
enthalten, die gattungsmäßig einer Allegorie nahekommt, enthält der
zweite Teil in v. 11-21 die Deutung des ersten, die hinzugefügt ist, um
das verwerfende Urteil des Propheten stärker zu betonen. Der erste
Teil ist in Langversen gehalten, der zweite — unabhängig davon, wen
man als seinen Verfasser betrachtet — in Kurzversen. Dabei entsprechen sich die einzelnen Strophen jeweils inhaltlich und zeigen
somit das Nebeneinander beider Versarten[73]; der 1. und 4. Strophe
geht in beiden Teilen eine prosaische Einleitung voraus.

1 Und es erging das Wort Jahwes an   11 Und es erging das Wort Jahwes an
mich: 2 Menschenkind, trage ein Rätsel   mich:
vor und sage dem Haus Israel ein
Gleichnis 3 und sprich: So spricht ‘ ’
Jahwe:

Der große Adler   12 ‘Menschenkind’,
    mit großen Flügeln,   sprich doch zum Haus Widerspenstigkeit:
      mit langer Schwinge,   Wißt ihr nicht, was dies bedeutet?
mit ‘vollem’ Gefieder,   Sprich: Siehe, es kam
    mit bunten Farben,   der König von Babel nach Jerusalem
      kam zum Libanon.   und nahm seinen König und seine
Und er nahm den Wipfel der Zeder,   Beamten
    4 die Spitze ihrer Sprossen riß er ab   und brachte sie ‘ ’ nach Babel.
und brachte sie ins Krämerland,
    in die Händlerstadt setzte er sie ein.

---

[73] Eine ähnliche Entsprechung liegt in den Kurzversstrophen Ez 21 1-4 und 6-10 mit
    der Begründung in 5 vor.

5 Und er nahm vom Stamm des Landes
und legte ihn in ein Saatfeld.
' 'An reichlichem Wasser
setzte er ihn als Weide ein,
6 'daß er sprosse und werde'
zum wuchernden Weinstock,
niedrig an Wuchs,
damit seine Ranken sich ihm zuwendeten
und seine Wurzeln unter ihm seien. ' '

7 Aber es war 'ein anderer' ' ' Adler
mit großen Flügeln und viel Gefieder.
Und siehe, jener Weinstock
'wandte' ihm seine Wurzeln zu
und streckte ihm seine Ranken entgegen,
damit er ihn besser tränke
als 'das Beet', auf das er gepflanzt
8 ' ' damit er Zweige treibe   [war,
und Früchte trage
und zu einem herrlichen Weinstock
werde.

9 'Darum' sprich: So spricht ' ' Jahwe:
'Wird es' Erfolg haben?

Wird er seine Wurzeln nicht ausreißen
und seine Frucht abpflücken,
daß all seine sprossenden Zweige ver-
                                dorren ' ',
indem er ihn aus seinen Wurzeln her-
                                auszieht?
10 ' ' Wird er nicht, sobald der Ostwind
ihn anrührt,
verdorren ' ' 'auf dem Beet', auf dem
er wuchs ' '?

13 Dann nahm er einen vom königlichen
                                Geschlecht
und schloß mit ihm einen Vertrag
und verpflichtete ihn unter Eid
und nahm die Großen des Landes fort,
14 damit das Königtum niedrig sei,
ohne sich zu erheben,
um seinen Vertrag zu halten, daß 'es ihm
                                diene'.

15 Aber er empörte sich gegen ihn,
indem er seine Boten nach Ägypten
damit es ihm gebe   [sandte,
Pferde und viel Volk.
Wird er Erfolg haben? Wird er gerettet
der dies tut   [werden,
und den Vertrag bricht — 'wird er ge-
                        rettet werden'?' '

19 Darum 'sprich': So spricht ' ' Jahwe:

So wahr ich lebe,
meine eidliche Verpflichtung, die er miß-
                                achtet hat,
und meinen Vertrag, den er gebrochen
                                [hat,
'die gebe ich' auf sein Haupt. ' '
21 ' ' 'Und all' seine Scharen sollen durchs
                                Schwert fallen
und die Übriggebliebenen in alle Winde
zerstreut werden.
Und ihr sollt erfahren, daß ich Jahwe
bin ' '.

---

3 dl אדני wie stets in Ez. — 1 מְלֹא. — 5 dl c 𝔊𝔖 »Weide«. — 6 1 וְיִצְמַח וְיְהִי pr »und
er sproßte und wurde«. — dl 6b als ergänzende Glosse zu 5-6a (ROTHSTEIN, HÖLSCHER).—
7 1 c 𝔊𝔖𝔘 אַחֵר pr »einziger«. — dl c 𝔊⁹⁶⁷·¹⁰⁶ »großer» (H. SCHMIDT). — 1 כַּנְתָה pr
aram. כפן (unsicher). — 1 עֵץ pr plur. — 8 dl 8a als variierende Glosse nach 7bβ (ROTH-
STEIN, HÖLSCHER, HERRMANN, BERTHOLET, COOKE). — 9 ins c 𝔊 לָכֵן. — dl אדני. —
1 c 𝔊𝔖 הַתִצְלָ֯ pr »es wird Erfolg haben«. — dl »er wird verdorren« (alle Kommentare) et
»und nicht mit großem Arm und vielem Volk« (meiste Kommentare). — 10 dl »und
siehe, er ist gepflanzt; wird es Erfolg haben?« als wiederholende Glosse nach 8a. 9aα
(BERTHOLET). — dl »ein Verdorren« (dittographisch, meiste Kommentare). — 1 sing.

wie 7 bβ. — dl »er wird verdorren« (meiste Kommentare). — 12 ins c ᴳ᷍ᴳ בֶּן־אָדָם. —
dl c ᴳ »zu sich« als näherbestimmende Glosse. — 14 1 לְעָבְדוֹ pr »damit es Bestand
habe« (Schreibfehler). — 15 1 c ᴳᔕᔕ הַיְמַלֵּט — 16-18 dl als näherbestimmende Glosse,
die genauer auf die Vorgänge eingeht (ROTHSTEIN, HERNTRICH, COOKE). — 19 ins c ᴳ
אָמֹר. — dl אדני. — 1 c ᴳ᷍ᴳ תִּיהָ' pr suff. 3. m. sing. — 20 dl 20 a als wiederholende Glosse
nach 12 13 (BERTHOLET). — dl 20 b c ᴳ als näherbestimmende Glosse. — 21 dl »und all
seine Flüchtlinge« (JAHN, ROTHSTEIN, H. SCHMIDT, COOKE). — 1 וְכָל pr »in all«. —
dl »gesprochen habe« als Glosse zur Bildung eines neuen Satzes (JAHN).

e) In wieder anderer Weise stehen Lang- und Kurzverse in der
prophetischen Liturgie Jer 14 2 — 15 2 nebeneinander. Sie gliedert sich
in 6 Teile, in denen zweimal nacheinander Prophet — Volk — Jahwe
als Sprecher auftreten. Einige dieser Teile sind nun in Kurzversen
gehalten, wie ja poetische Form und nicht prosaischer Stil in einem zur
Gattung der Liturgie gehörigen Abschnitt und im Wechsel mit Langversen für die anders geformten Teile erwartet werden darf. Da nur die
Kurzversteile wichtig sind, genügt ihre Wiedergabe.

A. 14 2-6   : Klagelied des Propheten (9 Langverse).
B. 14 7-9   : Klagelied des Volkes (6 Langverse und 1 Kurzvers).
C. 14 10-16 : Schelt- und Drohwort Jahwes (6 Strophen zu je 7 Kurzversen):

> 10 So spricht Jahwe von diesem Volk:
> So lieben sie's, sich herumzutreiben;
> ihre Füße schonen sie nicht.
> Aber »Jahwe hat keinen Gefallen an ihnen;
> jetzt denkt er an ihre Sünde
> und ahndet ihre Schuld«.
> 11 ᶜ ' Bete du nicht
> für dieses Volk zum Guten!

> 12 Wenn sie fasten,
> höre ich auf ihren Klageruf nicht;
> und wenn sie darbringen
> Brand- und Speiseopfer,
> habe ich kein Gefallen daran.
> Sondern durch Schwert, Hunger und Pest
> werde ich sie vertilgen.

> 13 Da sprach ich:
> Ach, Herr Jahwe,
> siehe, die Propheten sagen ihnen:
> Kein Schwert werdet ihr sehen,
> und kein Hunger wird bei euch herrschen;
> sondern beständigen Frieden
> gebe ich euch
> an dieser Stätte!

14 Da antwortete Jahwe mir:
Nur Trug verkünden
die Propheten in meinem Namen.
Ich habe sie nicht gesandt und beauftragt
und zu ihnen nicht gesprochen.
Truggesicht und 'nichtige' Orakel
und selbsterdachten Trug
verkündigen sie euch prophetisch.

15 Darum spricht Jahwe so ' ':
Die Propheten, die in meinem Namen auftreten,
ohne daß ich sie gesandt habe,
und die da sagen:
Schwert und Hunger
werden in diesem Land nicht herrschen —
durch Schwert und Hunger werden umkommen
jene Propheten!

16 Die Leute aber, zu denen
sie sich prophetisch geäußert haben,
werden hingeworfen sein
auf die Gassen Jerusalems
durch Hunger und Schwert,
und niemand wird sie begraben! ' '
So schütte ich ihre Bosheit über sie aus!

D. 14 17-18: Klagelied des Propheten (5 Langverse).

E. 14 19-22: Klagelied des Volkes (3 Strophen zu je 5 Kurzversen):

19 Hast du Juda völlig verworfen,
oder verabscheust du Zion?
Warum schlugst du uns, ohne daß es für uns Heilung gibt?
Wir warten auf Gedeihen, doch kommt nichts Gutes,
auf eine Zeit der Heilung, und siehe da: Schrecken!

20 Wir kennen, Jahwe, unsere Schuld,
die Sünde unserer Väter, daß wir an dir gesündigt.
21 Verschmäh uns nicht um deines Namens willen!
Behandle den Thron deiner Ehre nicht verächtlich!
Denke an deinen Bund mit uns und brich ihn nicht!

22 Gibt es unter den Nichtsen der Völker Regenspender,
oder gibt der Himmel Tauregen?
Bist du es nicht, Jahwe?
Unser Gott, ' ' wir harren auf dich,
denn du hast dies alles geschaffen!

F. 15 1-2: Drohwort Jahwes (2 Strophen zu je 5 Kurzversen):

1 Da sprach Jahwe zu mir:
Wenn Mose und Samuel vor mich träten,

wäre ich doch nicht für dieses Volk.
Schick sie von meinem Angesicht fort, daß sie weggehen!
2 Da wird's geschehen, daß sie zu dir sagen:
Wohin sollen wir gehen?

Dann sage ihnen:
So hat Jahwe gesprochen:
Was für den Tod (bestimmt ist) — zum Tode,
und was für das Schwert — zum Schwerte,
und was für den Hunger — zum Hunger ' '!

14 11 dl »da sprach Jahwe zu mir« (eingefügt, da das vorhergehende Zitat Hos 8 13
den Zusammenhang zu unterbrechen schien). — 14 1 אֵלַי et dl »und«. — 15 dl »über«,
da direkte Rede. — 16 dl »sie: ihre Frauen und ihre Söhne und ihre Töchter« als erläuternde Glosse zu להמה. — 22 dl »und« (dittographisch). — 15 2 dl »und was für die
Gefangenschaft — zur Gefangenschaft«, cf RUDOLPH.

Eine ins einzelne gehende Untersuchung und Erläuterung der
angeführten Jeremia- und Ezechielworte muß unterbleiben, da sie zu
viel Raum beanspruchte. Es genügt in diesem Zusammenhang wohl
auch, diese Abschnitte neben Jes 62 als seltene Beispiele für die gleichzeitige Verwendung der beiden Versarten des Lang- und Kurzverses
innerhalb eines in sich geschlossenen und einheitlichen Abschnitts
vorzuführen.

V.

Außer in der Formulierung der apodiktischen Sätze und in der
gelegentlichen Verbindung mit Langversen in prophetischen Abschnitten wird der Kurzvers vor allem dazu verwendet, um prophetische Berichte und Worte wiederzugeben[74]. In der jetzigen alttestamentlichen Überlieferung ist das sogar das hauptsächliche Verwen-
dungsgebiet. Die poetische Struktur zahlreicher Abschnitte der Prophetenbücher ist ebenso ausschließlich durch den Kurzvers bestimmt
wie die anderer durch den Langvers. Allerdings ist es infolgedessen
unmöglich, auch nur den kleineren Teil der prophetischen Kurzvers-
abschnitte anzuführen; einige sind schon behandelt worden[75]. Die
weiteren Bemerkungen sollen wenigstens die wichtigsten Beobachtungen veranschaulichen.

---

[74] Zu prüfen bleiben die Fragen, ob der Kurzvers 1. in älterer Zeit für erzählende
Quellen und für Tora bzw. Rituale anzunehmen ist, 2. in jüngerer Zeit in die Lyrik
eindringen konnte. Letzteres nimmt W. RUDOLPH in: Kommentar zum Alten Testament, XVII 1—3 1962, offensichtlich für das Hohelied an.

[75] E. BALLA, Ezechiel 8 1—9 11 11 24-25, in: Festschrift R. Bultmann, 1949, S. 1—11;
ferner unten: Jeremias Tempelwort (Jer 7 1-15); G. FOHRER- K. GALLING, Ezechiel,
1955.

a) Innerhalb der Prophetie sind die Kurzverse einerseits zur Wiedergabe von *Berichten* verwendet worden.

1. In Kurzversen wird über das Berufungserlebnis des Propheten berichtet, z. B. Jer 1 4-10:

4 Das Wort Jahwes erging folgendermaßen an mich:
5 Bevor ich dich im Mutterleib bildete, ersah ich dich;
und bevor du den Mutterschoß verließest, weihte ich dich;
zum Völkerpropheten bestimmte ich dich.

6 Da sagte ich:
Ach, Herr Jahwe,
siehe, ich verstehe nicht zu reden,
denn ich bin zu jung.

7 Aber Jahwe sprach zu mir:
Sage nicht: Ich bin zu jung!
Sondern wohin ich dich auch sende, sollst du gehen,
und was ich dir auch gebiete, sollst du reden!
8 Fürchte dich nicht ' ', denn ich bin mit dir, dich zu retten! ' '

9 Und Jahwe streckte seine Hand aus und ließ sie meinen Mund berühren;
dann sprach Jahwe zu mir:
Siehe, ich habe meine Worte in deinen Mund gelegt!
10 Schau, ich habe dir heute Vollmacht gegeben
über die Völker und Königreiche,
auszureißen und einzureißen ' ', aufzubauen und einzupflanzen!

8 dl »vor ihnen«. — dl »ist der Spruch Jahwes«. — 10 dl »zu verderben und nieder-zureißen«.

2. In Kurzversen wird über Vision und Audition berichtet, wie in nachexilischer Zeit von Sacharja (Sach 1 7—6 8), so schon von Amos, z. B. Am 7 1-3:

1 So ließ der Herr Jahwe mich schauen:
Und siehe, er bildete einen Heuschreckenschwarm,
als die Spätsaat aufzusprießen begann ' '.
2 'Und es geschah, daß er fast ganz' auffraß
das Kraut des Landes.

Da rief ich:
Herr Jahwe, verzeih doch,
wie kann Jakob bestehen,
denn er ist nur klein!
3 Jahwe ließ sich dessen gereuen;
es soll nicht geschehen, sprach Jahwe.

1 dl »und siehe, es war Spätsaat nach der Königsmahd«. — 2 1 וַיְהִי הָא מְכַלֶּה.

3. In Kurzversen wird über symbolische Handlungen berichtet, z. B. Jes 8 1-4:

1 Dann sprach Jahwe zu mir:
Nimm dir eine große Tafel
und schreibe auf sie
in gewöhnlicher Schrift:
Eilebeute — Plünderschnell!

2 'Und rufe zu Zeugen' für mich
zuverlässige Zeugen —
den Priester Uria
und den Sacharja,
den Sohn Jeberechjas!

3 Da nahte ich mich der Prophetin,
so daß sie schwanger wurde und einen
Da sprach Jahwe zu mir: [Sohn gebar.
Nenne seinen Namen
Eilebeute — Plünderschnell!

4 Denn bevor der Knabe versteht,
»mein Vater« und »meine Mutter« zu rufen,
trägt man die Habe von Damaskus
und die Beute von Samaria
vor dem König von Assur her.

2 1 c ⑤⑥⑦⑤ וְהָעִידָה pr »und ich will zu Zeugen rufen«.

4.

In Kurzversen wird über das Auftreten von Propheten berichtet. Neben Am 7 10-17 ist besonders Jes 7 1-9 kennzeichnend, weil darin über den Propheten berichtet wird (7 3) und am Schluß die Langverse noch durchschimmern, in denen er selbst offenbar gesprochen hat:

1 In den Tagen des Ahas ' '
2 wurde dem Davidshaus folgendes verkündet:
Aram hat mit Ephraim ein Übereinkommen getroffen![76]
Da erbebte sein Herz
und das Herz seines Volkes,
wie die Waldbäume beben
wegen des Windes.

3 Da sprach Jahwe
zu Jesaja:
Geh doch dem Ahas entgegen —
du und Schear-jaschub, dein Sohn,
zum Ende der Wasserleitung
des oberen Teiches,
zur Straße des Walkerfeldes!

4 Dann sage ihm:
Hab acht und halte dich still, fürchte
dich nicht,
und dein Herz sei nicht zaghaft
vor den zwei Holzscheitstummeln —
diesen qualmenden da,
'vor' der Zornesglut Rezins und Arams
und des Remaljasohnes!

5 Weil Aram gegen dich
Böses geplant hat,
Ephraim und der Remaljasohn:
6 Wir wollen nach Juda ziehen 'und es
bedrängen'
und durch Breschenlegen an uns bringen
und zum König in ihm machen
den Sohn des Tabel! —

7 spricht der Herr Jahwe so:
Es kommt nicht zustande und geschieht
nicht!
8 Denn das Haupt von Aram ist nur
Damaskus
und das Haupt von Damaskus nur
Rezin ' '.
9 Und das Haupt von Ephraim ist nur
Samaria
und das Haupt von Samaria nur der
Remaljasohn.
Wenn ihr nicht glaubt,
bleibt ihr nicht!

1 dl den aus II Reg 16 5 eingefügten Teil des Verses. — 4 1 c ⑤ מְחֹ֑ pr »bei«. — 5 1 וּנְצִיקֶנָּה pr »und ihm ein Grauen einjagen«. — 8 dl 8b als auf 9a bezügliche Glosse.

[76] Zur Bedeutung vgl. O. EISSFELDT, nûaḥ »sich vertragen«, Schweiz. Theol. Umschau 20 (1950), S. 23—26 (Kleine Schriften, III 1966, S. 124—128).

b) Die Kurzverse sind in der Prophetie andererseits zur Wiedergabe von *Worten* verwendet worden, die die Propheten verkündigt haben.

1. Dabei liegt vielfach die Annahme am nächsten, daß die Propheten ihre Worte von vornherein in Kurzverse gekleidet und gesprochen oder sie zumindest in dieser Form niedergelegt haben. Das trifft besonders für Jeremia und Ezechiel zu, aber z. B. auch für Jes 54 9-10:

> 9 Wie die Tage Noahs ist dies für mich:
> 'Wie' ich geschworen hatte, daß nicht überschwemmen
> die Wasser Noahs nochmals die Erde,
> so schwöre ich dir, nicht mehr zu zürnen
> über dich und dich zu schelten.

> 10 Wenn auch die Berge weichen
> und die Hügel wanken,
> soll meine Verbundenheit nicht von dir weichen
> und mein Friedensbund nicht wanken,
> spricht dein Erbarmer Jahwe.

9 l c ⑤ 'כָּא.

Ebenso sind die Haggai-Worte in Kurzversen gehalten; und in 1 1-14 (mit der prosaischen Einleitung in v. 1-2a und dem geschichtlichen Bericht in v. 12-14) stimmt die vielfach befürwortete Umstellung von v. 7a. 8[77] als Ziel des ganzen Wortes hinter v. 11 mit den metrischen Gegebenheiten überein. Es ergibt sich als letzte Strophe:

> 7a So spricht Jahwe Zebaot:
> 8 Zieht in die Berge hinauf
> und holt Holz herbei
> und baut das Haus,
> daß ich Gefallen an ihm habe und mich geehrt sehe,
> spricht Jahwe.

2. In anderen Fällen liegt die Annahme näher, daß die Prophetenworte nicht in ihrem ursprünglichen Wortlaut erhalten sind, sondern von anderer Seite berichtet werden (vgl. schon Jes 7 1-9). Dann wird ebenfalls der Kurzvers verwendet. So scheint es sich zunächst mit den älteren Worten der Vorläufer der Schriftpropheten zu verhalten, die der deuteronomistische Verfasser in sein Erzählungswerk über die israelitisch-judäische Königszeit aufgenommen hat. Daß sie quellenmäßig oft auf wirkliche Prophetenworte zurückgehen, zeigt sich an der undeuteronomischen, bildergesättigten Redeweise und dem teilweise noch erkennbaren Parallelismus der Versglieder (z. B. I Reg 14 10. 15

---

[77] dl 7b (Nowack, Haller, Sellin, Elliger).

16 4 II Reg 21 13)[78]. Sie sind aber, spätestens in deuteronomistischer Zeit, in Kurzverse umgesetzt worden, weil man sie berichten wollte. So verhält es sich z. B. mit den Eliaworten in I Reg 17 1-14:

1* So wahr Jahwe, der Gott Israels lebt,
in dessen Dienst ich stehe:
Es wird in diesen Jahren nicht geben
Tau und Regen,
es sei denn auf mein Wort! ...

9 Auf, geh nach Sarepta,
das zu Sidon gehört,
und bleibe dort!
Siehe, ich habe dort geboten
einer Witwe, dich zu versorgen. ...

3 Geh fort von hier
und wende dich nach Osten
und verbirg dich im Bachtal des Kerit,
der östlich vom Jordan fließt.
4 Da sollst du aus dem Bach trinken,
und den Raben gebiete ich,
dich dort zu versorgen. ...

14 Denn so spricht Jahwe ‘ ’:
Der Mehlkrug soll nicht zu Ende gehen
und die Ölflasche nicht leer werden,
bis zum Tage, an dem Jahwe gibt
Regen auf den Ackerboden.

14 dl c 𝔊^BL »der Gott Israels«.

Bemerkenswert ist auch das dreimal berichtete Eliawort in II Reg 1, dessen Text jeweils abgewandelt ist, während die Form der Kurzversstrophen konstant bleibt:

6* Geht wieder zum König zurück,
der euch gesandt hat,
und sagt ihm:
So spricht Jahwe:

3b Es gibt wohl keinen Gott in Israel,	Es gibt wohl keinen Gott in Israel,	16* So spricht Jahwe:
daß ihr hingeht,	daß du hinschickst,	Weil du Boten gesandt hast,
um Baal Sebub zu befragen,	um Baal Sebub zu befragen,	um Baal Sebub zu befragen,
den Gott von Ekron?	den Gott von Ekron?	den Gott von Ekron — ‘ ’

4a Darum spricht Jahwe so:	Darum sollst du vom Lager,	darum sollst du vom Lager,
Vom Lager, das du bestiegen,	das du bestiegen,	das du bestiegen,
sollst du nicht mehr aufstehen;	nicht mehr aufstehen;	nicht mehr aufstehen;
denn du mußt bestimmt sterben!	denn du mußt bestimmt sterben!	denn du mußt bestimmt sterben!

16 dl »es gibt wohl keinen Gott in Israel, um sein Wort zu erfragen?« (cf BH).

Schließlich ist es wichtig und aufschlußreich, daß Baruch in seiner Erzählung[79] die von ihm berichteten Jeremiaworte in Kurzverse ge-

---

[78] Vgl. G. v. RAD, a. a. O. S. 58.
[79] Jer 19 1. 2a*. 10-11a.14-15 + 20 1-6 26 28—29 34 8-22 36—45 51 59-64.

kleidet hat, so daß sich ihre poetische Struktur vom prosaischen Rahmen klar abhebt. Als Beispiel sei die Zusammenfassung der Tempelrede Jeremias (7 1-15) durch Baruch in Jer 26 2-6 angeführt[80]:

2 So spricht Jahwe:
Tritt in den Vorhof des Jahwehauses
und rede zu allen Städten Judas,
die gekommen sind, im Hause Jahwes
all die Worte,   [anzubeten,
die ich dir gebiete,
zu ihnen zu reden!

Laß kein Wort aus,
3 vielleicht hören sie und kehren um,
ein jeder von seinem bösen Wandel,
so daß ich mich des Unheils gereuen
das ich plane,   [lassen kann,
an ihnen zu tun
infolge der Bosheit ihrer Taten.

4 Sprich denn zu ihnen:
So spricht Jahwe:
Wenn ihr nicht auf mich hört,
indem ihr nach meiner Weisung wandelt,
die ich euch vorgelegt habe,
5 indem ihr hört auf die Worte
meiner Knechte, der Propheten,

die ich euch sende,
und zwar unermüdlich sende,
ohne daß ihr gehört habt,
6 so mache ich dies Haus wie Silo,
und diese Stadt
mache ich zum Fluchwort
für alle Völker der Erde![81]

c) Für die Prophetie hat demnach der Kurzvers in erster Linie als das Metrum berichtender Abschnitte (über Geschehnisse oder Prophetenworte) Bedeutung erlangt. Später erscheint er als Metrum der Prophetenworte überhaupt, zunächst in geringerem Maße neben überwiegender Verwendung der Langverse bei Jeremia, dann gegenüber den Langversen bevorzugt bei Ezechiel und zuletzt ausschließlich angewendet bei Haggai. Auch ein Teil der sekundären Abschnitte, vor allem im Buche Ezechiel, ist in Kurzversen gehalten, von denen sich die prosaischen Zusätze deutlich unterscheiden.

d) Wird der Kurzvers für umfangreiche Prophetenworte benutzt, so ist eine manchmal kunstvolle *Gliederung* der zahlreichen Strophen in Unterabschnitte zu beobachten. So besteht Jer 7 1-15 aus 12 Strophen, von denen je 3 zusammengehören[82]:

7 2-4 = 1.— 3. Strophe: Einleitung und erstes Mahnwort,
7 5-7 = 4.— 6. Strophe: Zweites Mahnwort,
7 9-11 = 7.— 9. Strophe: Scheltwort,
7 12-14 = 10.—12. Strophe: Drohwort.

---

[80] In Jer 26 18 wird das Michawort ebenfalls in Kurzversen zitiert:
   Der Zion wird zum Acker umgepflügt
   und Jerusalem zu Trümmern werden
   und der Tempelberg den 'Tieren' des Waldes gehören!
[81] Die Verse der letzten Strophe gehören antithetisch zusammen (v 5b-6).
[82] Vgl. unten: Jeremias Tempelwort (Jer 7 1-15).

Ez 20 1-32 besteht aus 20 Strophen, deren erste und letzte auf Grund des Anlasses für das Prophetenwort den Rahmen bilden; die anderen gliedern sich in 4 Unterabschnitte:

20 4-9bα = 2.— 5. Strophe: die Israeliten in Ägypten,
20 9bβ-14 = 6.— 9. Strophe: die erste Generation in der Wüste,
20 15-22 = 10.—14. Strophe: die zweite Generation in der Wüste,
20 23-31a = 15.—19. Strophe: die Israeliten in Palästina.

Alle Unterabschnitte sind in sich gleichmäßig aufgebaut: Zuerst wird von einem Tun Jahwes erzählt, aus dem sich bestimmte Forderungen an Israel ergeben. Danach aber muß festgestellt werden, daß es sich stets als widerspenstig erwiesen hat, so daß Jahwe unheilvolle Pläne zur Vernichtung des Volkes faßt, sie jedoch um seiner selbst willen immer wieder zurückstellt. Nur im 4. Unterabschnitt, der bis in die Gegenwart Ezechiels reicht, wird — da unnötig — kein neuer Unheilsplan erwähnt. Daher lautet auch seine letzte (19.) Strophe anders als die jeweils letzte Strophe der 3 ersten Unterabschnitte (20 8b-9bα. 13b-14. 21b-22), die geradezu kehrversartigen Charakter hat:

Da gedachte ich, meinen Grimm
über sie auszuschütten

inmitten des Landes Ägypten. { in der Wüste, um sie auszurotten; um meinen
{ Zorn an ihnen in der Wüste zu erschöpfen.

Aber ich handelte um meines Namens willen,
daß er nicht entweiht würde
in den Augen der Völker,
vor deren Augen ich mich ihnen kundgetan hatte. { ich sie hinausgeführt hatte.

Ez 36 16-38 besteht ebenfalls aus 20 Strophen und gliedert sich in 5 Unterabschnitte. An ihnen ist auffällig, daß ihr Umfang um jeweils 1 Strophe abnimmt und infolgedessen von 6 auf 2 Strophen sinkt! Es ergibt sich demnach:

36 16-23 = 1.— 6. Strophe: die Gründe für den gegenwärtigen Zustand und das
                              kommende Heil,
36 24-28 = 7.—11. Strophe: die Neuschöpfung Israels,
36 29-32 = 12.—15. Strophe: die neue Fruchtbarkeit des Landes,
36 33-36 = 16.—18. Strophe: der Aufbau im Lande,
36 37-38 = 19.—20. Strophe: die Vermehrung seiner Einwohner.

Dergleichen dürfte ebensowenig Zufall sein, wie es auf geschickten Texteingriffen und -streichungen *metri causa* beruht! Es ist vielmehr ein Beweis dafür, daß tatsächlich der Kurzvers verwendet worden ist.

e) A. GUILLAUME hat mit Recht gesagt: »It would seem that no prophet who claimed to speak in the name of Yahweh could get a hearing unless he was a poet«. Darin liegt der Grund dafür, daß es keine wirklich prophetische Überlieferung in Prosa gibt, sondern sogar die von fremder Hand berichteten Prophetenworte in Kurzversen metrisch geformt sind. »The notion that poetry is the product of inspiration was extraordinarily widespread among the peoples of antiquity«[83], oder anders: »It was the poet and the poet only who could invest the act of blessing or cursing with full solemnity«[84]. Daher ist es für die vorislamischen Araber bezeichnend, daß »poet und leader were practically synonymous terms«[85], wie auch »the office of tribal diviner or prophet and tribal poet often went together. The poet was not always a prophet, but the prophet was always a poet«[84]. Und so gilt: »Recitation of verses and doggerel was the mark of one who had converse with the spirits. To this binding convention we owe in part the fact that Hebrew prophecy is almost exclusively poetry«[86]. Es ist daher nicht verwunderlich, daß der Kurzvers im Rahmen der Prophetie verwendet worden ist, sondern entspricht der Sitte, alles Prophetische nur in poetischer Form zu verkünden oder zu berichten. Die Propheten haben selbst dazu gegriffen, als sie begannen, nicht nur Orakel und Sprüche zu verkündigen, sondern auch über ihre Erlebnisse und symbolischen Handlungen zu »berichten«, wozu sich der Langvers nicht eignete. Andere Verfasser haben den Kurzvers benutzt, als sie ältere prophetische Worte wiedergaben und die herkömmliche poetische Struktur zwar beibehalten wollten, den Langvers aber als die Form unmittelbarer prophetischer Rede für ungeeignet hielten. Schließlich haben einige der jüngeren Propheten — abweichend vom Herkommen — ihre Worte ebenfalls in diese Form gekleidet, nicht zufällig vor allem diejenigen, bei denen das individuelle Moment eine besondere Rolle spielt.

---

[83] A. GUILLAUME, Prophecy and divination, 1938, S. 243.
[84] A. GUILLAUME, a. a. O. S. 134.
[85] A. GUILLAUME, a. a. O. S. 244.
[86] A. GUILLAUME, a. a. O. S. 245.

Die Gattung der Berichte
über symbolische Handlungen der Propheten

Die großen Propheten des Alten Testaments haben unter dem überwältigenden Eindruck gelebt, zu einer besonderen Aufgabe berufen zu sein: Sie sollten ihrem Volke den Willen des Gottes bezeugen, vor dessen Majestät der Mensch in ein Nichts versinkt, es von seinen Irrwegen zur Umkehr in ein neues Dasein des Gehorsams und der Hingabe rufen, ihm das Zerbrechen seiner bisherigen Daseinsformen androhen, wenn es halsstarrig bleiben sollte, und ihm die erlösende göttliche Gnade verheißen, wenn es umkehren würde. Diese Aufgabe haben die Propheten in erster Linie mittels des gesprochenen Wortes zu erfüllen gesucht. Neben den verschiedenen Formen der mündlichen Verkündigung aber steht die symbolische Handlung, deren Ausführung ebenfalls dazu hat dienen sollen, den prophetischen Auftrag auszurichten. Es entspricht der mündlichen Verkündigung mit ihrer durchgehenden Unheilsdrohung und den in geringerer Zahl sich findenden Heilsworten, daß auch die Mehrzahl der symbolischen Handlungen kommendes Unheil ankündigt und nur wenige zukünftiges Heil (I Reg 19 19-21 22 11 II 13 14-19 Jer 32 1-15 51 59-64 Ez 37 15-28 Sach 6 9-15; außerdem die Handlung des Kultpropheten Chananja Jer 28 10f.).

Im AT werden nicht nur zahlreiche symbolische Handlungen nichtprophetischer Art aus dem täglichen Leben der Israeliten erwähnt[1], sondern auch 32 Berichte über prophetische symbolische Handlungen überliefert. Teils geben die Berichte nur den Auftrag wieder, den die Propheten erhalten haben, ohne daß die Ausführung der Handlung berichtet wird. Teils wird in den Berichten geschildert, wie die Propheten — meist unter Berufung auf den vorhergehenden göttlichen Auftrag — eine durchweg genau beschriebene Handlung vornehmen — an irgendeinem Gegenstand, an einem anderen Menschen oder an sich selbst. Gerade die letzteren Handlungen (Hoseas

---

1 Symbolische Handlungen aus dem täglichen Leben: Haarsymbolik (Num 5 18 II Sam 10 4f. I Chr 19 4f.), Schuhsymbolik (Ex 3 5 Dtn 25 9f. Jos 5 15 II Sam 15 30 Ps 60 10 Ruth 4 7), Schwur- und Eidsymbolik (Gen 14 23 24 2 47 29), Rechtssymbolik (Dtn 25 11f.), Salzsymbolik (Jdc 9 45), Trauersymbolik (vgl. P. HEINISCH, Die Trauergebräuche bei den Israeliten, 1931), Symbolik im gegenseitigen Verhältnis (Gen 30 3 Ez 16 8 Ruth 3 9), Fußsetzen auf Feinde (Jos 10 24 Jes 51 23 Ps 110 1), Abschütteln des Staubes (IV Esr 1 8 Mt 10 14), Ausgießen von Wasser (I Sam 7 6), vgl. ferner Neh 5 12f. I Sam 11 6ff. 15 27f. 20 20ff. 35ff.

Ehen, Jeremias Ehelosigkeit, Ezechiels Unterlassen der Trauergebräuche beim Tode seiner Frau, Hoseas und Jesajas Benennung ihrer
Kinder, Jeremias Ackerkauf) zeigen, daß sie wie die Worte zum Kern
der prophetischen Verkündigung gehören. Die Propheten sind durch
ihre Sendung völlig in Anspruch genommen und mit ihrem ganzen
Dasein an die Verkündigung des göttlichen Willens gebunden, dessen
Wirklichkeit und Wirksamkeit sie als erste an sich selbst erfahren.

Bisher sind die einzelnen symbolischen Handlungen an ihrer Stelle
exegetisch behandelt worden, z. T. eingehend[2]. Vielfach hat man ihre
tatsächliche[3] oder bewußte[4] Ausführung bestritten; aber die vorgebrachten Gründe sind nicht überzeugend[5]. Ferner wurde ihre religionsgeschichtliche Stellung[6] und theologische Bedeutung[7] behandelt,

---

2 Vgl. die Kommentare und die dort angegebene Literatur, vor allem zu Hos 1 3
   Jer 13 51 Sach 6.

3 Körperlich nicht ausführbar (E. König, Geschichte der alttestamentlichen Religion,
   1924, S. 443; W. Rudolph, Jeremia, 1958², S. 85), pädagogisch wirkungslos, ästhe-
   tisch und geistig minderwertig (B. Duhm, Das Buch Jeremia, 1901, S. XVIII f.),
   subjektiv-traumhaftes oder visionäres Erleben (B. Duhm, Israels Propheten, 1916,
   S. 231; J. Lindblom, Die literarische Gattung der prophetischen Literatur, 1924,
   S. 51f.; W. Rudolph, a. a. O. S. 85ff.).

4 Vgl. G. Hölscher, Die Profeten, 1914, S. 29ff.; A. Klostermann, Ezechiel, ThStKr
   50 (1877), S. 404ff.; B. Baentsch, Pathologische Züge in Israels Prophetentum,
   ZwTh 50 (1907), S. 54ff.; K. Jaspers, Der Prophet Ezechiel, eine pathographische
   Studie, in: Festschrift K. Schneider, 1947 u. a. m.

5 Vgl. G. Fohrer, Die symbolischen Handlungen der alttestamentlichen Propheten,
   1967².

6 H. Wh. Robinson, Prophetic Symbolism, in: Old Testament Essays, 1927; G.
   Fohrer, a. a. O.; vgl. ferner R. Kraetzschmar, Das Buch Ezechiel, 1900, S. VI;
   H. Schmidt, Die großen Propheten, 1923², S. 87, 333 u. ö.; E. Sellin, Geschichte des
   israelitisch-jüdischen Volkes, II 1932, S. 35f. Zu magischen symbolischen Handlungen in Babylonien-Assyrien vgl. H. Zimmern, Die Beschwörungstafeln Šurpu,
   1896; K. L. Tallqvist, Die assyrische Beschwörungsserie Maqlû, 1895; G. Meier,
   Die assyrische Beschwörungssammlung maqlû, 1937; G. Contenau, La magie chez
   les assyriens et les babyloniens, 1947; E. Reiner, Šurpu: A Collection of Sumerian
   and Akkadian Incantations, 1958. Zu entsprechenden Handlungen in Ägypten vgl.
   K. Sethe, Die Ächtung feindlicher Fürsten, Völker und Dinge auf altägyptischen
   Tongefäßscherben des mittleren Reiches, 1926; G. Posener, Nouveaux textes
   hiératiques de proscription, in: Mélanges Syriens R. Dussaud, 1939, S. 313—317;
   Princes et pays d'Asie et de Nubie, 1940; Actes du XXe Congrès International
   des Orientalistes, 1940, S. 82f.

7 G. Ch. Aalders, De profeten des ouden verbonds, 1918, S. 103; E. Tobac, Les
   prophètes d'Israël, I 1919, S. 46; J. W. Rothstein, Jeremia, in: E. Kautzsch, Die
   Heilige Schrift des Alten Testaments, I 1922⁴, S. 761; H. Schmidt, a. a. O. S. 67;
   V. Herntrich, Ezechielprobleme, 1932, S. 133; A. van den Born, De symbolische
   handelingen der Oud-Testamentische profeten, 1935, S. 25, 33; Profetic metterdaad,
   1947; A. Bertholet, Hesekiel, 1936, S. 17; W. Eichrodt, Theologie des Alten

ohne daß über das letztere Problem schon überall volle Klarheit herrschte[8]. Doch abgesehen davon bleibt angesichts der noch so unvollständigen Erforschung der prophetischen Gattungen und der Stellung der symbolischen Handlung neben dem prophetischen Wort die Notwendigkeit, die äußere und innere Struktur der Berichte über diese Handlungen und der Handlungen selbst zu untersuchen.

I. Inhalt und Gliederung der Berichte

Die Berichte über die symbolischen Handlungen der Propheten weisen, aufs Ganze gesehen, mehrere äußere Merkmale auf, die teils Kennzeichen abtrennbarer literarischer Abschnitte, teils unselbständig und einem der Abschnitte zugehörig sind. Im einzelnen gestaltet sich das Bild sehr verschieden, da die Merkmale verschiedene Formen annehmen und nicht sämtlich in jedem Bericht vertreten sind.

Die selbständigen Merkmale sind:

1. Befehl zur Ausführung der symbolischen Handlung,
2. Bericht über die Ausführung der symbolischen Handlung,
3. Deutung der symbolischen Handlung.

Die unselbständigen Merkmale sind:

4. Angaben über vielleicht vorhandene Augenzeugen,
5. Ausdrücke für die Zusage Jahwes zur Verwirklichung des Symbolisierten,
6. Ausdrücke für die Beziehung der symbolischen Handlung zu dem durch sie symbolisierten Geschehen.

1. I Reg 11 29-39: Legende über Ahia von Silo, der seinen neuen Mantel zerreißt und dem Jerobeam 10 oder 11 Teile davon gibt[9]. Der

---

Testaments, I 1939² (1959⁶), S. 178; C. A. Keller, Das Wort OTH als »Offenbarungszeichen Gottes«, Theol. Diss. Basel 1946.

[8] Gegen das Verständnis der symbolischen Handlungen als »media praedicandi« spricht vor allem ihre Bezeichnung als אות und מופת. Diese Ausdrücke werden nicht für bloße Gleichnisse verwendet, die auf etwas hinweisen und dies erklären, sondern sind sicht- oder greifbare Zeichen, die eine Realität meinen (Feld- und Bundeszeichen, Erinnerungs-, Warnungs-, Schutz- und Bestätigungszeichen, Wunder). So treten die symbolischen Handlungen selbständig neben das gesprochene Wort und sind selbst *praedicatio*.

[9] Die Aufteilung des davidisch-salomonischen Reiches in zehn und einen Stamm paßt schlecht zu den zwölf Teilen des Mantels; ursprünglich ist entweder von elf und einem oder von zehn und zwei Teilen und Stämmen die Rede gewesen. Die ähnliche Geschichte I Sam 15 27f., der das Mantelmotiv ebenfalls zugrunde liegt, muß außer

Bericht ist von seinem deuteronomistischen Verfasser nach dem vorgefundenen Mantelmotiv ausgestaltet worden[10].

Gliederung: Bericht (v. 29-30),
Deutung mit Zusage und Symbolbeziehung (v. 31).

2. I Reg 19 19-21: Legende über Elia, der seinen Mantel über Elisa wirft[11].

Gliederung: (Befehl in v. 16),
Bericht (v. 19),
Bericht über die Wirkung infolge der Deutung Elisas (v. 20-21).

3. I Reg 22 11: Legende über Zedekia, der sich eiserne Hörner macht.

Gliederung: Bericht (v. 11 a),
Deutung mit Zusage Jahwes (v. 11 b).

4. II Reg 13 14-19: Legende über Elisa, der den israelitischen König einen Pfeil nach Osten schießen und mit den Pfeilen auf den Boden schlagen läßt[12].

Gliederung: Nebenbefehl I (v. 14-15 a),
Bericht I (v. 15 b),
Nebenbefehl II (v. 16 aα),
Bericht II (v. 16 aβ-b),
Nebenbefehl III ⎫
Bericht III ⎭ (v. 17 a),
Befehl I ⎫
Bericht IV ⎬ (v. 17 b),
Deutung ⎭
Nebenbefehl IV ⎫
Bericht V ⎭ (v. 18 a),
Befehl II ⎫
Bericht VI ⎭ (v. 18 b),
Deutung (v. 19).

5. Hos 1: Er-Bericht über Hosea, der eine Dirne heiratet und mit ihr drei Kinder zeugt, denen er symbolische Namen gibt[13]. Es liegen

---

acht bleiben, da Samuel (trotz R. Press, ZAW 56, 1938 S. 177ff.) nicht eindeutig als Prophet zu bezeichnen ist.

[10] Glossen: v. 33 וחקתי ומשפטי = IIIa, v. 34 כל = IIa, אשר‎———‎וחקתי = Ic, v. 35 bβ = IIa, v. 38 ישראל‎———‎ונתתי und v. 39 = IVa. Zur Bezeichnung der Glossen vgl. unten: Die Glossen im Buche Ezechiel. — Textänderungen: v. 33 l dreimal 3. m. sing. mit 𝔊𝔖𝔏𝔙.

[11] Glosse: v. 21 הבשר = IIa. — Textänderung: v. 19 l zweimal עָלָיו.

[12] Glosse: v. 17 באפק = IIc. — Textänderung: v. 16 und 18 l לַמֶּלֶךְ mit 𝔊[B] bzw. 𝔏.

[13] Die mannigfachen Deutungsversuche können nur kurz berührt werden. Gegen die allegorische Deutung (E. W. Hengstenberg, F. Hitzig, E. Reuss, H. Gressmann)

eigentlich vier symbolische Handlungen vor, die durch den Bericht zu *einer* verbunden worden sind: Hosea soll sich eine אשת זנונים und ילדי זנונים beschaffen[14].

Metrum: 4 Strophen zu je 4 Kurzversen mit prosaischer Einleitung vor jeder Strophe (v. 2b-3. 4. 6. 8-9).

Gliederung: Befehl I (mit Deutung) (v. 2),
Bericht I (v. 3),
Befehl II (v. 4a),
Deutung mit Symbolbeziehung (v. 4b),
Bericht II (v. 6aα),
Befehl III (v. 6aβ),
Deutung mit Symbolbeziehung (v. 6b),
Bericht III (v. 8),
Befehl IV (v. 9a),
Deutung mit Symbolbeziehung (v. 9b).

6. Hos 3: Ich-Bericht Hoseas, der noch einmal ein ehebrecherisches Weib heiratet[15], es aber abgesondert leben läßt[16].

---

sprechen die Unmöglichkeit, den Namen Gomer allegorisch zu verstehen (trotz E. NESTLE in ZAW 29, 1909, S. 233f., und W. BAUMGARTNER in ZAW 33, 1913, S. 78) und die reale Namengebung nach Jes 73 81-4. Gegen die Streichungen und Änderungen in Hos 1, um Gomer von jedem sittlichen Vorwurf zu befreien (z. B. G. HÖLSCHER, Geschichte der israelitischen und jüdischen Religion, 1922, S. 106; A. HEERMANN, Ehe und Kinder des Propheten Hosea, ZAW 40, 1922, S. 287ff.), sprechen die dann eintretenden Störungen des metrischen Aufbaus und das Fehlen von Gründen für die nachträgliche Belastung der Gomer. Gegen die Annahme späterer ehelicher Untreue der vorher unbescholtenen Gomer (seit J. WELLHAUSEN meist vertreten) sprechen der klare Wortlaut von 12 und das Fehlen jeden Hinweises auf ein derartiges erschütterndes Erlebnis des Propheten. Reine Konstruktion sind der von der richtigen Grunderkenntnis, daß Hosea eine Dirne geheiratet hat (nach TH. H. ROBINSON, Die Zwölf Kleinen Propheten, 1954², S. 17, vielleicht eine Tempeldirne), ausgehende romantische (H. GUNKEL, Hosea, RGG I², Sp. 2021—2023) und der psychoanalytische Erklärungsversuch (A. ALLWOHN, Die Ehe des Hosea in psychoanalytischer Beleuchtung, 1926; O. R. SELLERS, Hosea's motives, AJSL 41, 1924/25, S. 243—247). Realistisch deutet auch J. COPPENS, in: Festschrift F. Nötscher, 1950, S. 38ff., der aber זנונים als »infidélités à l'égard de Jahvé«, als »prévarications religieuses« verstehen will.

[14] Glossen: v. 2a = Vc, v. 4 ישראל והשבתי‒‒‒ = IVb, v. 5 = IIc, v. 7 = IVb. —Textänderungen: v. 6 einf. יהוה mit ⑤, v. 8 einf. אלהיכם.

[15] Gegen die Annahme, daß Hos 3 wegen seiner bedingten Verheißung ein späterer Zusatz sei (G. HÖLSCHER, K. MARTI, H. GUTHE), spricht, daß es in Hos 3 zwar nur um ein Läuterungsgericht geht, daß aber Hosea wie mehrere Propheten Verheißungen kennt. Gegen die Deutung als allegorischen Parallelbericht zu Hos 1 (F. HITZIG, H. GRESSMANN) sprechen das zu Hos 1 Gesagte und die Unmöglichkeit allegorischer Deutung von 32. Gegen die Deutung als real zu verstehenden Parallelbericht (TH. H. ROBINSON, C. STEUERNAGEL, O. EISSFELDT) spricht, daß 13 und 33 nicht in Einklang zu bringen sind. Gegen die Deutung als Fortsetzung von Hos 1 unter Zuhilfe-

Metrum: 3 Strophen zu je 5 Kurzversen mit prosaischer Einleitung vor der 1. und 2. Strophe (v. 1a+2. 3. 4) und einer Strophe zu 3 Kurzversen (v. 5a).

Gliederung: Befehl (v. 1a),
  Bericht (v. 2)
    mit Erweiterung über den Befehl hinaus (v. 3),
    Deutung mit Symbolbeziehung (v. 4-5a).

7. Jes 7 3: wahrscheinlich Er-Bericht über Jesaja, der seinen Sohn *Schear-jaschub* (»Der Rest, der umkehrt«) zum König mitnehmen soll[17]. Die wohl einige Jahre zurückliegende symbolische Handlung der Namengebung selbst ist nicht überliefert.
Metrum: 1 Strophe zu 5 Kurzversen mit prosaischer Einleitung.

Gliederung: Befehl.

8. Jes 8 1-4: Ich-Bericht Jesajas, der vor Zeugen den Namen *Maher-schalal chasch-bas* (»Eilend ist Beute, schnell ist Raub«) auf eine Tafel schreiben und seinen späterhin geborenen Sohn so nennen soll.
Metrum: 4 Strophen zu je 5 Kurzversen mit prosaischer Einleitung vor der 4. und in der 3. Strophe (v. 1. 2. 3. 4).

Gliederung: Befehl I (v. 1-2),
  Geburtsbericht (v. 3a),
  Befehl II (v. 3b),
  Deutung mit Symbolbeziehung (v. 4).

9. Jes 20: Jahwewort im Anschluß an eine symbolische Handlung Jesajas, der drei Jahre lang ohne Prophetenmantel[18] und barfuß umhergegangen ist[19].
Metrum: 4 Strophen zu je 6 Kurzversen mit längerer prosaischer Einleitung in v. 1 und Anfang 3 (v. 3. 4. 6).

Gliederung: Deutung mit Zusage und Symbolbeziehung (v. 3-4. 6)
  mit eingeschlossenem Bericht (v. 3).

---

nahme von Hos 2 (seit J. WELLHAUSEN) spricht, daß 1 und 3 in verschiedenem Stil gehalten sind, von einer Verstoßung Gomers o. ä. nichts bekannt wird und 3 offensichtlich eine neue Frau einführt. Eine zweite Ehe wird auch angenommen von H. S. NYBERG, Hoseaboken, 1941, und R. H. PFEIFFER, Introduction to the Old Testament, 1941.

[16] Glossen: v. 1b = IIc, v. 5 וְאֶת דָּוִיד הַיָּמִים = IIIa/IVa. — Textänderung: v. 3 einf. לֹא אָלֵךְ.

[17] Vielleicht ist in v. 3 אֵלַי zu lesen.

[18] Nach B. DUHM, Das Buch Jesaia, 1922, S. 148, trug Jesaja nach Ablegen des שַׂק noch das Unterkleid, nach O. PROCKSCH, Jesaia I, 1930, S. 257, noch seinen Mantel.

[19] Glossen: v. 2 = IIb, v. 4 עֶרְוַת מִצְרַיִם = IIb, v. 5 = IIc. — Textänderung: v. 4 1 וְחֶשׂוּפַי.

10. Jer 13 1-11: Ich-Bericht Jeremias[20], der einen Gürtel, nachdem er ihn einige Zeit getragen hat, in einer Felsspalte am Euphrat versteckt, um nach längerer Zeit festzustellen, daß er verdorben ist[21].

Metrum: 5 Strophen zu je 7 Kurzversen mit prosaischer Einleitung vor der 1.—4. Strophe (v. 1-2. 3-5. 6-7. 8-10. 11).

Gliederung: Befehl I (v. 1),
            Bericht I (v. 2),
            Befehl II (v. 3-4),
            Bericht II (v. 5),
            Befehl III (v. 6),
            Bericht III (v. 7),
            Deutung mit Zusage und Symbolbeziehung (v. 8-11).

11. Jer 16 1-4: Jahwewort, nach dem Jeremia ehe- und kinderlos bleiben soll[22].

Metrum: 3 Strophen zu je 5 Kurzversen (v. 2. 3. 4).

Gliederung: Befehl (v. 2),
            Deutung mit Zusage und Symbolbeziehung (v. 3-4).

12. Jer 16 5-7: Jahwewort, nach dem Jeremia kein Trauerhaus betreten, sich an keiner Totenklage beteiligen und kein Beileid bezeugen soll[23].

Metrum: 3 Strophen zu je 5 Kurzversen (v. 5a. 5b+6b. 7).

Gliederung: Befehl (v. 5a),
            Deutung mit Symbolbeziehung (v. 5bα. 6b-7).

13. Jer 16 8-9: Jahwewort, nach dem Jeremia kein Festhaus mehr betreten soll[24].

Metrum: 2 Strophen zu je 5 Kurzversen (v. 8-9aα. 9aβ-b).

Gliederung: Befehl (v. 8),
            Deutung mit Zusage und Symbolbeziehung (v. 9).

---

[20] Zur Auseinandersetzung um diesen Text vgl. die gründliche Untersuchung durch E. BALLA, Jeremia 13 1-11, in: Festschrift F. Heiler, 1942. Zur Auffassung von W. RUDOLPH, a. a. O. S. 85ff., und F. NÖTSCHER, Jeremias, 1947, S. 50, ist nichts mehr hinzuzufügen.

[21] Glossen: v. 7aβ = IIa, v. 10 המאנים ‾‾‾להם = IIb, v. 11 ו ישראל‾‾‾‾כל את = IIIa, נאם יהוה = Vc. — Textänderung: v. 9 1 הָרַבָּה.

[22] Glossen: v. 1 = Vc, v. 3 הזאת בארץ = IIa, v. 4 הארץ‾‾‾והיתה = IIIa. — Textänderung: v. 2 einf. נאם יהוה אלהי ישראל mit ⅏ ⑤h.

[23] Glossen: v. 5 יהוה נאם = Vc, v. 5bβ = IIIa, v. 6a = IIIa. — Textänderungen: v. 7 1 לְחֶם mit 2 MSS⑤, 1 עַל‾אָבֵל mit ⅏, 1 אותו ⑥.

[24] Textänderung: v. 8 1 אָתֶּם mit MSS.

14. Jer 19 1-2 a*. 10-11 a: Er-Bericht über Jeremia, nach dem er sich einen Krug kaufen, mit einigen Ältesten und Priestern vor das Scherbentor gehen und dort den Krug zerschmettern soll[25].

Metrum: 3 Strophen zu je 5 Kurzversen mit prosaischer Einleitung vor der 1. Strophe (v. 1-2 a. 10-11 aα. 11 aβ).

> Gliederung: Befehl (v. 1-2 a. 10),
> Deutung mit Zusage und Symbolbeziehung (v. 11).

15. Jer 27 1-3. 12b: Ich-Bericht Jeremias, nach dem er sich Stricke und Jochhölzer auf den Nacken legen und so mit seiner Botschaft vor die fremden Gesandten treten soll[26].

Metrum: 5 Strophen zu je 3 Kurzversen mit längerer prosaischer Einleitung in v. 1 und Anfang 2 (v. 2. 3 aα. 3 aβ. 3 b. 12 b).

> Gliederung: Befehl (v. 2-3),
> Deutung (v. 12 b).

16. Jer 28 10-11: Bericht über den Propheten Chananja, nach dem dieser das Joch zerbricht, das Jeremia trägt.

Metrum: das Wort Chananjas besteht aus 5 Kurzversen mit prosaischer Einleitung.

> Gliederung: Bericht (v. 10),
> Deutung mit Zusage und Symbolbeziehung (v. 11).

17. Jer 32 1-15: Ich-Bericht Jeremias, nach dem er den ihm von seinem Vetter angebotenen Acker gemäß Vorkaufsrecht und -pflicht kauft[27].

Metrum: 6 Strophen zu je 7 Kurzversen und eine Strophe zu 5 Kurzversen mit längerer prosaischer Einleitung (v. 7. 8 a. 8 b-9. 10-11. 12. 13-14. 15).

> Gliederung: Ankündigung als Befehl (v. 7-8),
> Bericht (v. 9-12),
> Befehl Jeremias an Baruch (v. 13-14),
> Deutung mit Zusage und Symbolbeziehung (v. 15).

---

[25] Eingeschoben ist ein Wort gegen die Tophetgreuel im Tale Hinnom, das entsprechend der Annahme von W. Rudolph, a. a. O. S. 115 ff., kaum für sich allein bestanden haben kann. Glossen: v. 1 יוֹצֵר חֶרֶשׂ = IIa, v. 2 אֶל־הִנֹּם zum Einschub gehörig, אֲשֶׁר = Va. — Textänderungen: v. 1 einf. אֵלַי oder אֶל־יִרְמִיהוּ vgl. v. 14, einf. וְלָקַחְתָּ אִתְּךָ und 1 מִזְקְנֵי mit (⅏)𝕾𝕿 vgl. v. 10, 1 וּמֵהַכֹּהֲנִים mit 𝕲ᴮᴬ.

[26] V. 4-12 a ist eine sekundäre Erweiterung, die ihrerseits wieder aufgefüllt ist, v. 13-22 ebenfalls eine spätere Erweiterung (vgl. B. Duhm, Das Buch Jeremia, 1901, S. 217; H. Schmidt, a. a. O. S. 324 f.). — Textänderungen: v. 1 1 בַּשָּׁנָה הָרְבִיעִת vgl. 28 1, 1 לְצִדְקִיהוּ mit 3 MSS𝕾𝔄 vgl. 3 12, v. 3 1 וְשָׁלַחְתָּ mit 𝕲ᴸ, 1 מַלְאֲכֵיהֶם mit 𝕲.

[27] Glossen: v. 2-6 = IIb, v. 8 כִּדְבַר יהוה = IIb, אֲשֶׁר־בְּנְיָמִין = IIa, v. 14 כֹּה יִשְׂרָאֵל = Vc, וְאֵת I = Ib. — Textänderungen: v. 11 הַמִּצְוָה וְהַחֻקִּים hinter v. 10, v. 12 1 סֵפֶר (I) mit Qᴼʳ, 1 בֶּן־דֹּדִי mit etwa 11 MSS𝕲𝕾.

7*

18. Jer 43 8-13: Er-Bericht über Jeremia, nach dem er einige große Steine in den Boden vor dem Regierungsgebäude in Thachpanches stecken soll[28].

Metrum: 3 Strophen zu je 7 Kurzversen mit prosaischer Einleitung in v. 8 (v. 9-10 aα. 10 aβ-b. 12-13 aα).

> Gliederung: Befehl (v. 8-9),
> Deutung mit Zusage (v. 10. 12. 13 aα).

19. Jer 51 59-64: Er-Bericht über Jeremia, nach dem Seraja die von Jeremia aufgeschriebenen Fluchworte über Babylon nach ihrer Verlesung im Euphrat versenken soll[29].

Metrum: 3 Strophen zu je 3 Kurzversen mit prosaischer Einleitung vor der 1. und in der 3. Strophe (v. 61. 63 a-bα. 63 bβ-64 aα).

> Gliederung: Befehl Jeremias (v. 61. 63),
> Deutung mit Symbolbeziehung (v. 64 aα).

20. Ez 4 1-3: Jahwewort, nach dem Ezechiel auf einen Ziegelstein eine Stadt einritzen und ringsum Belagerungswerkzeuge, danach eine eiserne Pfanne zwischen sich und dem Ziegelstein aufstellen und sein Angesicht gegen ihn richten soll[30].

Metrum: 2 Strophen zu je 9 Kurzversen (v. 1-2. 3).

> Gliederung: Befehl (v. 1-3 bα),
> Deutung (v. 3 bβ).

21. Ez 4 4-8: Jahwewort, nach dem Ezechiel 190 Tage (nach ⑮) auf der linken und 40 Tage auf der rechten Seite liegen und die Schuld Israels und Judas tragen soll[31].

Metrum: zweimal abwechselnd nacheinander je 1 Strophe zu 7 Kurzversen und 1 Strophe zu 5 Kurzversen (v. 4. 5. 6. 8).

> Gliederung: Befehl I (v. 4-5)
>   mit eingeschlossener Deutung,
>   Befehl II (v. 6)

---

[28] Glossen: v. 9 אֲשֶׁר = Ia 1, v. 10 אֱלֹהֵי יִשְׂרָאֵל = IIIa, v. 11 = IIIa nach 15 2, v. 12 וְשָׁבַם = IIIa, v. 13 aβ = IIa, v. 13 b = Ic. — Textänderungen: v. 9 l בַּלָּט mit ΑΣΘᵃᵇ, v. 10 l וְשָׂם אֶת mit ⑮⑯ᵃᵇ, v. 12 l וְהִצִּית mit ⑮⑯ᵃᵇ, v. 13 a hinter 12 a.

[29] Glossen: v. 62 = Va, v. 64 aβ = IIb, v. 64 b = Vc.

[30] Um unnötige Wiederholungen zu vermeiden, sei zu Glossen und Textänderungen der angeführten Ezechieltexte im einzelnen verwiesen auf G. FOHRER, Die Hauptprobleme des Buches Ezechiel, 1952; ders.-K. GALLING, Ezechiel, 1955.

[31] Die Handlung symbolisiert die Dauer der Gerichtszeit. Die Deutung auf Belagerung Jerusalems (mit Beschränkung auf 4 4-5) nach J. HERRMANN, Ezechiel, 1924, S. 34 ff.; V. HERNTRICH, a. a. O. S. 82 f.; P. AUVRAY, Ézéchiel, 1947, S. 26; Ézéchiel, 1949, S. 29 f., ist unwahrscheinlich, weil die Zahlen die Schuldjahre Judas angeben müßten und die Handlung Ezechiels sich auf die Darstellung der Vergangenheit beschränken würde.

mit eingeschlossener Deutung,
Sicherung der Ausführung der Befehle (v. 8).

22. Ez 4 9-17: Jahwewort, nach dem Ezechiel sich unreines Brot backen und es wie auch das Wasser nur in kleinen Rationen zu sich nehmen soll.
Metrum: 3 Strophen zu je 10 Kurzversen mit prosaischer Einleitung vor der 2. und in der 2. und 3. Strophe (v. 9a+12b. 14-15. 10-11+16).

> Gliederung: Befehl I (v. 9a. 12b),
> Korrektur des Befehls (v. 14-15),
> Befehl II (v. 10-11),
> Deutung mit Zusage (v. 16).

23. Ez 5: Jahwewort, nach dem Ezechiel sich die Haare abscheren, in drei Teile teilen und die Teile auf verschiedene Weise vernichten soll[32].
Metrum: 5 Strophen zu je 5 Kurzversen mit prosaischer Einleitung vor der 3. und 4. Strophe (v. 1a. 1b-2. 4b-6a. 8-9. 12+14).

> Gliederung: Befehl (v. 1-2),
> Deutung I (v. 5-6a),
> Deutung II mit Zusage (v. 8a. 9. 12*. 14*).

24. Ez 12 1-11: Ich-Bericht Ezechiels, nach dem er seine Habseligkeiten tagsüber aus seinem Hause schafft, in der Nacht nachfolgt und sie wegträgt[33].
Metrum: 5 Strophen zu je 7 Kurzversen mit prosaischer Einleitung vor der 1. und 5. und in der 5. Strophe (v. 2. 3. 5-6. 7. 9+11).

> Gliederung: Befehl (v. 1-3. 5-6),
> Bericht (v. 7),
> Deutung mit Zusage und Symbolbeziehung (v. 8-9. 11).

25. Ez 12 17-20: Ich-Bericht Ezechiels, nach dem er sein Brot mit Beben essen und sein Wasser mit Zittern trinken soll.
Metrum: 2 Strophen zu je 5 Kurzversen mit prosaischer Einleitung vor der 1. Strophe (v. 18-19aα. 19aβ-20aα).

> Gliederung: Befehl (v. 17-18),
> Deutung mit Zusage (v. 19-20*).

26. Ez 21 11-12: Jahwewort, nach dem Ezechiel in bitterem Schmerz seufzen soll.

---

[32] Vgl. zu dem schwierigen Text auch ZAW 63 (1951), S. 51—53.
[33] Die Deutung auf das Schicksal Zedekias 12 12-15 ist ein späterer Nachtrag Ezechiels, 12 16 eine Glosse.

Metrum: 2 Strophen zu je 7 Kurzversen mit kurzer prosaischer Einleitung vor der 2. Strophe (v. 11-12 a. 12 b).

Gliederung: Befehl (v. 11),
Deutung (v. 12).

27. Ez 21 23-29: Ich-Bericht Ezechiels, nach dem er zwei Wege mit je einem Wegweiser anlegen soll, die nach Rabba und Jerusalem führen.

Metrum: 6 Strophen zu je 5 Kurzversen mit prosaischer Einleitung vor der 1. und 6. Strophe (v. 24 a. 24 b-25. 26. 27. 28. 29).

Gliederung: Befehl (v. 23-25),
Deutung (v. 26-28)
mit Zusage und Symbolbeziehung (v. 29).

28. Ez 24 1-14: Ich-Bericht Ezechiels, nach dem er einen Kessel auf den Herd stellen, Wasser hineingießen, Fleischstücke hineinlegen und Feuer darunter anmachen und nach dem Kochen den Inhalt des Kessels wieder herausnehmen (und wahrscheinlich: den leeren Kessel zum Ausglühen auf das Feuer stellen) soll.

Metrum: 9 Strophen zu je 5 Kurzversen mit prosaischer Einleitung vor der 1., 4. und 6. Strophe (v. 2. 3b-4a. 5+6bα. (3a) 6a+7a. 9b-10. 11. 13. 14). Nach der 3. Strophe ist wohl eine Strophe im Text ausgefallen.

Gliederung: Nebenbefehl (v. 1-2),
Befehl (v. 3b-4a. 5. 6bα),
Deutung mit Zusage (v. 3a. 6a. 7-14*).

29. Ez 24 15-24: Ich-Bericht Ezechiels, nach dem er im Anschluß an den Tod seiner Frau die üblichen Trauergebräuche unterläßt.

Metrum: 6 Strophen zu je 5 Kurzversen mit prosaischer Einleitung vor der 1. und in der 3. Strophe (v. 16. 17. 18aβ-19. 20-21 aα. 21αβ-b. 24).

Gliederung: Befehl (v. 15-17),
Bericht (mit Frage an Ezechiel) (v. 18-19),
Deutung mit Zusage und Symbolbeziehung (v. 20-21. 24).

30. Ez 3 22-27 24 25-27 33 21-22: Zwei Ich-Berichte Ezechiels und ein Jahwewort, nach denen Ezechiel seine prophetische Wirksamkeit durch Verstummen zeitweilig einstellen soll, bis ein Flüchtling aus Jerusalem kommt und er wieder reden kann.

Metrum: 3 22-27 = 3 Strophen zu je 7 Kurzversen (v. 22-23. 24-26. 27).
24 25-27 = 2 Strophen zu je 5 Kurzversen (v. 25. 27).
33 21-22 = 2 Strophen zu je 7 Kurzversen (v. 21. 22).

3 22-27 = Nebenbefehl (v. 22),
　　　　　　Bericht und Ergehen (v. 23-24 a),
　　　　　　Befehl (v. 24 b. 26 a. 27 a),
　　　　　　Deutung (v. 27 b).
24 25-27 = Ankündigung (v. 25. 27 a),
　　　　　　Deutung (v. 27 b).
33 21-22 = Bericht.

31. Ez 37 15-28: Ich-Bericht Ezechiels, nach dem er zwei Stäbe mit auf Juda und Israel hinweisenden Aufschriften nehmen und zu einer Einheit zusammenfügen soll.

Metrum: 9 Strophen zu je 7 Kurzversen mit prosaischer Einleitung vor der 1. und in der 3. Strophe (v. 16. 17-18. 19 aα+21 aβ-b. 22. 23. 24. 25. 26-27 aα. 27 aβ-28).

Gliederung: Befehl (v. 15-17),
　　　　　　　Deutung mit Zusage (v. 18-21)
　　　　　　　und Verheißung (v. 22-28).

32. Sach 6 9-15: Ich-Bericht Sacharjas, nach dem er aus Gold und Silber eine Krone anfertigen und sie Serubbabel aufs Haupt setzen soll[34].

Metrum: 3 Strophen zu je 6 Kurzversen mit prosaischer Einleitung vor der 1. Strophe (v. 10 b-11 bα. 12 a+13 a. 13 b+15 aα).

Gliederung: Befehl (v. 9. 10b-11),
　　　　　　　Deutung mit Zusage (v. 12a. 13. 15aα).

Drei weitere Stücke müssen aus der Untersuchung von vornherein ausscheiden, da sie keinesfalls über eine wirklich ausgeführte symbolische Handlung berichten. In Jer 25 15 a. bα. 16 a. 27 a. 28-29 a liegt nur ein dichterisches Bild vor, in Ez 2 8-10. 3 2-3 der Bericht über ein ekstatisches Erlebnis des Propheten und in Sach 11 4-5. 7. 8 b-10 bα. 12-15. 16 a-17 eine Allegorie, die Zug für Zug gedeutet werden muß, jedoch nur den Eingeweihten restlos klar geworden ist.

---

[34] Glossen: v.: 10 a = II a, ו von ובאת I = V a, ובאת II = I b, v. 11 bβ = IV a, v. 12 לאמר = V b, v. 12 b = I c zu 3 8 6 13 a, v. 14 = III a, v. 15 aβ = I d1 nach 2 13, v. 15 b = V c. —Textänderungen: v. 10 1 בָּא mit ⑤, v. 11 1 עֲטֶרֶת mit ⑤MSS, einf. וזרוּבָבֶל nach בראש, v. 13 einf. יְהוֹשֻׁעַ nach והיה, 1 מִימִינוֹ mit ⑤. Äußerst unwahrscheinlich ist die Beibehaltung von 𝔐 mit Josua als Empfänger der Krone, wie sie nach C. VON ORELLI, Hesekiel und kleine Propheten, 1888, S. 186; D. BUZY, Les symboles de l'Ancien Testament, 1923, S. 396 ff.; R. KITTEL, Geschichte des Volkes Israel, III, 1929, S. 472 f., noch von A. VAN DEN BORN, a. a. O. S. 126 ff., u. a. vertreten wird.

II. Die äußeren Merkmale der Berichte

1. Der größte Teil der vorliegenden Texte ist im Stil des Ich-Berichts oder des an den Propheten ergangenen Jahwewortes gehalten; zu der ersten Stilart gehören 13 Texte[35], zu der zweiten 9 bzw. 10[36]. Als Texte im reinen Er-Stil sind außer den 4 Legenden in I—II Reg nur Hos 1 Jer 28 43 51 zu nennen, da in Jes 7 3 vielleicht eine Textänderung vorzunehmen ist (אלי) und in Jer 19 1 nicht sicher entschieden werden kann, ob die erforderliche Einfügung in der 1. oder 3. Person zu halten ist. Nun ist der Er-Stil in den Legenden als selbstverständlich zu betrachten und für die Jeremiatexte auf Baruch zurückzuführen; dagegen erklärt er sich in Hos 1 wohl am ehesten aus der antiken Sitte, von sich selbst in der 3. Person zu berichten. Es liegen also, von den Legenden abgesehen, durchweg Aufzeichnungen vor, die von den Propheten selbst herrühren oder von ihnen veranlaßt worden sind.

2. Lediglich die vier Legenden in I—II Reg sind in Prosa gehalten, sonst sind alle Texte metrisch gegliedert. Bei den von Baruch bearbeiteten Berichten im Buche Jeremia trifft das naturgemäß manchmal nur für die eigentlichen Prophetenworte zu (Jer 28 51), während der von ihm geschaffene erzählende Rahmen prosaisch ist. Stets handelt es sich um Kurzverse, die in Strophen zusammengefaßt sind. In den Berichten über symbolische Handlungen der Propheten liegt also nicht eine prosaische Gattung vor, wie bisher durchgehend angenommen worden ist, sondern eine poetische Gattung.

3. Die Texte sind im einzelnen sehr mannigfaltig gestaltet; dazu tragen sowohl die vier Legenden bei als auch die Tatsache, daß die Propheten häufig nur den Befehl zur Ausführung einer symbolischen Handlung und die damit verknüpfte Deutung wiedergeben, die Ausführung selbst aber seltener berichten. Dadurch ergibt sich, daß neben dem eigentlichen Schema verschiedene Abwandlungen auftreten:

a) Befehl — Bericht — Deutung: in einfacher Form Hos 3 Jer 32 Ez 12 1-11 24 15-24; in mehrfacher Form II Reg 13 Hos 1 Jer 13.

b) Befehl: Jes 7.

c) Befehl — Deutung: in einfacher Form Jer 16 1-4 16 5-7 16 8-9 19 27 43 51 Ez 4 1-3 5 12 17-20 21 11-12 21 23-29 24 1-14 3 22-27 (24 25-27) 37 Sach 6; in mehrfacher Form Jes 8 Ez 4 4-8 4 9-17.

---

[35] Hos 3 Jes 8 Jer 13 Ez 12 1-11 12 17-20 21 23-29 24 1-14 24 15-24 3/33 37 Sach 6; ferner der Hauptteil von Jer 27 und 32, bei denen nur die spätere Überschrift im Er-Stil gehalten ist.

[36] Jes 20 Jer 16 1-4 16 5-7 16 8-9 Ez 4 1-3 4 4-8 4 9-17 5 21 11-12. Als 10. Beispiel wäre Ez 24 25-27 zu nennen, wenn man diesen Text neben 3/33 selbständig betrachten will.

d) Bericht: I Reg 19 (Ez 33 21-22).
e) Bericht — Deutung: I Reg 11 22 Jer 28.
f) Deutung: Jes 20.

4. Der *Befehl* zur Ausführung der symbolischen Handlung. Das Bewußtsein, einen Befehl Jahwes erhalten zu haben, ist für die Propheten der unmittelbare Anlaß für die Ausführung ihrer symbolischen Handlungen. Weder der eigene Wunsch oder der Wille anderer Menschen noch religiöser Brauch oder ethische Notwendigkeit, sondern dieser Befehl ist für sie das entscheidende Moment. Ihm entspricht der Gehorsam der Propheten, der auch dort vorauszusetzen ist, wo die Ausführung der befohlenen Handlung nicht berichtet wird.

Die meisten Berichte enthalten Sätze, die einen solchen Befehl einleiten. Sie werden in verschiedenen Formen überliefert, deren Unterschiede weniger wichtig sind als das ihnen zugrunde liegende Bewußtsein solcher Anordnung überhaupt:

a) (אלי oder יהוה) ויאמר: Hos 1 2. 4. 6. 8 3 1 Jes 7 3 8 1. 3 Jer 13 6 Ez 3 22.
b) כה אמר יהוה: Jer 13 1 16 3 19 1 27 2.
c) ויהי דבר יהוה: Jer 13 3 43 8 Ez 12 1. 17 21 23 24 1. 15 37 15 Sach 6 9[37].
d) נאם יהוה: Jer 16 2.
e) ואדע כי דבר־יהוה הוא: Jer 32 8[38].

Dabei wird in Jer 32 nur von einer Ankündigung Jahwes berichtet, an deren Eintreffen Jeremia den Befehl Jahwes erkennt. In I Reg 19 16 soll mit der Anordnung der Salbung Elisas der Auftrag zur symbolischen Handlung erteilt sein. In Jer 16 8-9 Ez 4 1-3 4 4-8 4 9-17 5 21 11-12 fehlt jede Einführung, doch sind die Berichte in unmißverständlichem Befehlston gehalten; der Befehl erfolgt in ihnen ohne einleitende Bemerkung. In Ez 24 25 liegt im Rahmen der drei zusammengehörigen Berichte (3/24/33) nur eine Ankündigung ohne Einführung vor. Eine andere Besonderheit weist Ez 4 9-17 auf: Ezechiel erhebt gegen die Ausführung des Befehls Einspruch, weil sie ihn verunreinigen muß; daraufhin wird der Befehl korrigiert.

Obwohl jede symbolische Handlung in sich eine geschlossene Einheit bildet, kann sie doch auf mehreren Befehlen beruhen. So enthält Hos 1 2a zunächst den grundlegenden Befehl (Hurenweib und -kinder), dem drei weitere über die Namengebung des jeweils geborenen Kindes folgen. In Jes 8 wird zunächst das Aufschreiben des Namens und später seine Übertragung auf den Sohn Jesajas befohlen.

---

[37] Jer 16 1 mit derselben Formulierung ist eine Glosse.
[38] In Jer 27 1 und 32 1 liegen nachträgliche Überschriften vor, die außer acht bleiben können.

Jer 13 enthält drei Befehle, deren Ausführung erst zusammen die ganze Handlung ergibt (Kaufen und Tragen des Gürtels, Vergraben, Wiederausgraben). Ez 4 4-8 enthält durch die Beziehung der Handlung auf Israel und Juda naturgemäß zwei Befehle (Liegen auf der linken und rechten Seite), ebenso ergeben sich in Ez 4 9-17 durch die Absicht der Handlung zwei Befehle (Backen von Kriegsbrot aus Resten, Rationieren von Brot und Wasser). Auch II Reg 13 enthält zwei zusammengehörige Befehle (Schießen und Schlagen der Pfeile), zu denen außerdem noch vier Nebenbefehle treten, damit die Handlung ausgeführt werden kann. Ebenso werden Ez 3 22-27 und 24 1-14 durch je einen Nebenbefehl eingeleitet (Hinausgehen in die Ebene, Aufschreiben des Datums), die nicht durch die Situation bedingt sind, sondern aus anderen Gründen hinzutreten.

In II Reg 13 und Jer 51 erteilt der Prophet selbst einem anderen den Auftrag zur Ausführung der symbolischen Handlung; es bleibt unausgesprochen, ob er sich durch eine Weisung Jahwes zu diesem Auftrag gedrungen fühlt.

Die Verbformen, die den Befehl ausdrücken, sind verschieden:

a) am häufigsten Beginn mit dem Imperativ: II Reg 13 Hos 1 3 Jes 7 8 Jer 13 (II, III) 27 32 43 Ez 4 1-3 4 4-8 (I) 4 9-17 (I) 5 12 1-11 21 11-12 21 23-29 24 1-14 3 22-27 37.

b) Imperfekt mit לֹא: Jer 16 1-4 16 8-9 Ez 24 15-24.

c) Jussiv: Ez 4 9-17 (II) 12 17-20.

d) Jussiv mit אַל: Jer 16 5-7.

e) Infinitiv absol. mit Perfekt cons.: Jer 13 (I) 19.

f) Perfekt cons.: Jer 51 Ez 4 4-8 (II).

g) Perfekt (proph.): Sach 6.

Ein Befehl fehlt in I Reg 11 22 Jer 28, wo sofort die Ausführung der Handlung berichtet wird, und in Jes 20, wo die Handlung als bereits beendet vorausgesetzt wird.

5. Der *Bericht* über die Ausführung der symbolischen Handlung. Ein solcher Bericht liegt vor in I Reg 11 29f. 19 19 22 11 II 13 15ff. Hos 1 3 3 2 Jer 13 2. 5. 7 28 10 32 9ff. Ez 12 7 24 18f. Entsprechend der Mehrzahl von Befehlen in einer symbolischen Handlung können auch mehrere Berichte über deren Ausführung überliefert sein. In II Reg 13 liegen demgemäß sechs Berichte vor, in Hos 1 in Ausführung des ersten grundlegenden Befehls drei Berichte, in Jer 13 entsprechend drei Berichte. Einen Bericht über die Beendigung einer Handlung enthält Ez 33 21-22; in Jes 20 wird die Handlung als vollzogen innerhalb der Deutung, in I Reg 19 über ihre Wirkung auf Elisa berichtet. In Hos 3 3 erweitert der Prophet die Handlung in ihrer Ausführung über den mitgeteilten Wortlaut des Befehls hinaus, in Ez 4 8 wird eine Sicherung zur Ausführung des Befehls angekündigt. Dagegen berichtet Ez 3 23-24a lediglich über die Ausführung des Nebenbefehls;

in Jes 8 3a ist der Geburtsbericht eingeschoben, der für den weiteren Fortgang benötigt wird, aber durch 8 1-2 nicht vorbereitet ist.

Als Verbform für den Bericht findet sich durchweg das Imperfekt mit ו consecutivum. Lediglich Jes 20 bildet eine Ausnahme, da der Bericht in die als Jahwewort formulierte Deutung (im Perfekt) eingeschlossen ist.

In mehr als der Hälfte der Fälle fehlt der Bericht über die Ausführung der angeordneten Handlung. Das bedeutet jedoch nicht, daß der Prophet von ihrem Vollzug abgesehen hätte; vielmehr ist er angesichts des göttlichen Befehls so gewiß vorgenommen worden, daß ein Bericht darüber als überflüssig erscheinen mußte. Daher wurde nur der Befehl mit der angeschlossenen Deutung schriftlich niedergelegt.

6. Angaben über *Augenzeugen*. Fast immer wird die symbolische Handlung vor Augenzeugen ausgeführt. Teilweise werden die Menschen, vor denen sie ausgeführt wird oder werden soll, ausdrücklich genannt:

a) im Bericht über die Ausführung: I Reg 11 19 22 10 II 13 Jer 28 32 Ez 12 7 24 19;

b) im Befehl zur Ausführung: Jes 7 8 (I) Jer 19 27 43 Ez 21 12 Sach 6.

Teilweise wird die Gegenwart von Augenzeugen stillschweigend vorausgesetzt:

a) im Bericht über die Ausführung: Hos 1 3;

b) im Befehl zur Ausführung: Jes 8 (II) 20 Jer 16 1-4 16 5-7 16 8-9 Ez 4 1-3 4 9-17 5 12 19 21 23-29 24 1-14 37.

Eine Ausnahme bilden Jer 13 51 Ez 3/24/33 4 4-8. Bei der zweimaligen Euphratreise Jeremias schloß sich jede Beteiligung anderer von vornherein aus, bei der Ankündigung des Untergangs Babylons verbot sie sich durch den Inhalt der Botschaft. Die Bedeutung des zeitweiligen Verstummens mit dem Einschließen in sein Haus war zunächst nur Ezechiel allein klar. Er verschwand für einige Zeit aus dem Gesichtskreis der Deportierten, enthielt sich jeder Wirksamkeit und hat wahrscheinlich in dieser Zeit auch das lange Stilliegen in seinem Hause vorgenommen. In diesem Ausschluß der Öffentlichkeit liegt eine letzte Erinnerung an die magische Handlung vor, die häufig in aller Verborgenheit vollzogen wird, weil ihr Erfolg lediglich durch ihre Ausführung gewährleistet wird und die Anwesenheit Fremder der Entfesselung der magischen Kräfte nur schaden kann.

7. Die *Deutung* der symbolischen Handlung. Die Texte haben durchweg ein Wort der Deutung bei sich; es fehlt nur I Reg 19 und

Jes 7. Diese Deutung weist darauf hin, daß wir es bei den prophetischen Handlungen mit Verkündigung zu tun haben, die gehört und angeeignet sein will, nicht aber mit magischen Praktiken, die durch die ihnen immanente Kraft wirksam sind.

Die Deutung erfolgt meist in Form eines Jahwewortes; als Wort des Propheten selbst ist sie nur II Reg 13 17. 19 Hos 3 3 als von ihm gesprochen und Jer 51 64 als von Seraja zu sprechen überliefert. Liegt sie als Jahwewort vor, so kann es sich handeln um:

a) ein vom Propheten tatsächlich gesprochenes Jahwewort: I Reg 11 22 (an je eine Einzelperson) Jer 32 (an mehrere Personen) Jer 28[39] Ez 24 15-24 (an das Volk bzw. die Deportierten);

b) ein vom Propheten offensichtlich noch zu verkündendes Jahwewort: Sach 6 (an eine Einzelperson) Jer 19 27 43 (an mehrere Personen) Ez 5 12 1-11 12 17-20 21 11-12 24 1-14 37 (an die Deportierten) Jes 20;

c) ein an den Propheten ergangenes Jahwewort, das wahrscheinlich auch zur Verkündigung bestimmt ist: Hos 1 Jes 8 Jer 13 16 1-4 16 5-7 16 8-9 Ez 21 23-29;

d) ein an den Propheten ergangenes Jahwewort, das offensichtlich nicht verkündigt werden soll: Ez 4 1-3 4 4-8 4 9-17 3/24/33.

In den Ezechieltexten gibt die Deutung manchmal Antwort auf erwartete (12 9 21 12 37 18) oder tatsächlich gestellte (24 19) Fragen der Deportierten an den Propheten nach dem Sinn seines Tuns.

Ein Teil der Deutung war also zunächst nur für den Propheten selbst bestimmt, allerdings mit dem mehr oder weniger offensichtlichen Zweck, später öffentlich verkündet zu werden (b und c). Andere Deutungen aber sollten allem Anschein nach überhaupt nicht weiter mitgeteilt werden, sondern waren allein für den Propheten bestimmt (d); außerdem fehlt für die von der symbolischen Handlung Betroffenen jede Deutung auch in I Reg 19 und Jes 7. Die Erklärung, es sei für die Beteiligten ausreichend gewesen, wenn sie einmal auf den symbolischen Charakter der Handlungen aufmerksam geworden seien, so daß sich eine immer neue Erklärung erübrigte, genügt keineswegs. Denn die symbolische Handlung meint stets etwas Neues, dessen Bedeutung nicht ohne weiteres einsichtig ist; das zeigen schon die für die Exegese bestehenden Schwierigkeiten. Jedoch erfüllen die symbolischen Handlungen anscheinend ihren Zweck auch dann, wenn ihr Sinn den Beteiligten unbekannt bleibt. Das weist darauf hin, daß es sich um ein Geschehen handelt, das nicht nur Verkündigung oder äußeres Tun ist, hinter dem vielmehr eine mächtige Wirkungskraft geglaubt wird: Jahwes Wille und Wort. Hierin wirkt sowohl das ursprüngliche magische Element solcher symbolischen Handlungen nach, als auch seine prophetische Überwindung durch die Beziehung der Handlung auf Jahwe deutlich wird.

---

[39] Auch nach der in Jer 19 berichteten Handlung hat Jeremia noch einmal ein Wort an das ganze Volk gerichtet (19 14f.).

8. Die Ausdrücke für die *Zusage Jahwes* zur Verwirklichung des Symbolisierten sind mit der Deutung unmittelbar verbunden. Der Prophet, der die symbolische Handlung ausführt, ist dessen gewiß, daß das symbolisierte Ereignis tatsächlich geschehen wird. Wie er seine Handlung auf Grund eines göttlichen Befehls ausführte, so wird der Befehlende das mit ihr Gemeinte auch Wirklichkeit werden lassen. Die Zusicherung des Eingreifens Jahwes ist also wie der Befehl mehr als ein Stilmittel: Sie ist Ausdruck der Abhängigkeit des Propheten von seinem Auftreggeber.

Die Zusage Jahwes wird in manchen Berichten besonders zum Ausdruck gebracht. Sie findet sich in drei Grundformen:

a) (אלי oder יהוה) ויאמר: Jes 20 3 Ez 4 16 Hos 1 4. 6. 9.

b) כה אמר יהוה (כי) oder (לכן): I Reg 11 31 22 11 Jer 16 3. 5. 9 19 11 28 11 32 15 43 10 Ez 5 8 12 19 21 29 24 9. 21 37 19 Sach 6 12.

c) ויהי דבר יהוה: Jer 13 8 Ez 12 8 (24 20).

In einigen Berichten wird die Zusage nicht besonders ausgedrückt, ergibt sich aber aus dem Zusammenhang des ganzen Geschehens: II Reg 13 Jes 7 8 Ez 4 1-3 4 4-8 21 11-22 3/24/33. Sie fehlt nur in I Reg 19 und Jer 51.

9. Die Ausdrücke für die *Beziehung* der symbolischen Handlung zu dem sie symbolisierenden Geschehen sind ebenfalls mit der Deutung unmittelbar verbunden. Diese Beziehung der Handlung auf das künftige Ereignis wird verschieden hergestellt:

a) Wie sich die prophetische Handlung vollzieht oder vollzogen hat, so wird sich das künftige Geschehen ereignen; es wird durch die Handlung verbürgt. Diese Beziehung wird hergestellt durch

ככה: Jer 13 9 19 11 28 11 51 64.

כן—כאשר: Jes 20 3f. Jer 13 11 Ez 12 11.

Derselbe Gedanke ohne diese Ausdrücke findet sich I Reg 19 II Reg 13 Ez 4 4-8 5 37 Sach 6.

b) Der Prophet vollzieht eine Handlung, denn das gleiche wird sich in Wirklichkeit ereignen; er begründet das Eintreffen des künftigen Geschehens. Diese Beziehung wird hergestellt durch

כי: I Reg 11 31 Hos 1 4. 6. 9 3 4 Jes 8 4 Jer 16 3. 5. 9 32 15 Ez 21 26.

ככל: Ez 24 24.

Dieselbe Vorstellung ohne diese Ausdrücke findet sich Jer 7 Ez 4 9-17 21 11-12 3/24/33.

c) Das Tun des Propheten ist nur ein Zeichen für das in der Wirklichkeit erwartete Geschehen; es weist auf die Handlung hin, die sich an dem symbolisierten Urbild ereignen wird. Daher fehlt jede besondere Formel: I Reg 22 Jer 27 43 Ez 4 1-3 12 17-20 24 1-14.

10. In einigen Fällen sind die Berichte ausführlicher, als für ihre Absicht notwendig ist; dann sind andere prophetische Gattungen oder

Motive in sie hineingearbeitet oder ihnen hinzugefügt worden, vor allem in den Ezechieltexten. So enthalten Ez 21 29 ein abschließendes Drohwort, 37 23-28 eine Verheißung, 5 5-6 a 12 2 und 24 6 a. 7-8 ein Scheltwort. I Reg 11 ist deuteronomistisch ausgearbeitet.

11. Für die Frage nach der Herkunft und dem »Sitz im Leben« der Gattung ist die urtümliche Verwurzelung der prophetischen symbolischen Handlungen in magischen Handlungen zu beachten. Analog dürften die Berichte über symbolische Handlungen aus Berichten über magische Handlungen entstanden sein. Dafür lassen sich auch die Erzählungen von den ägyptischen Plagen anführen, soweit sie sich in den Quellenschichten des Elohisten (Ex 7 15b. 17b. 20αβ.b. 23 9 22-23 aα. 24. 25 b. 35 10 12-13 aα. 14 aα. 15 aβ. 20 10 21-23. 27) und der Priesterschrift finden (Ex 7 19-20 aα. 21 b-22 8 1-3. 11 aβ.b 8 12-15 9 8-12). Die Ähnlichkeit ihres Schemas, das die drei Grundelemente Vorhaben-Ausführung-Erfolg aufweist, mit dem Schema der Berichte über symbolische Handlungen ist auffällig. In beiden Schemata sind die zwei ersten Grundelemente »Vorhaben-Befehl« und »Ausführung« gleich. Auch das dritte Grundelement »Erfolg« bzw. »Deutung« ist letzten Endes nicht verschieden; in den Plagenerzählungen bezieht es sich auf das sofortige Ergebnis (Reaktion des Pharao), in den Berichten über symbolische Handlungen auf das bevorstehende und bezweckte Ergebnis. Und wie die symbolischen Handlungen in magischen Handlungen wurzeln, so vollziehen Mose bzw. Aron beim Elohisten bzw. in der Priesterschrift nahezu magische Handlungen. Demgemäß geht die Form beider Berichtarten letztlich auf die Art zurück, in der man magische Handlungen zu erzählen pflegte. Es ist die Form des Berichts über machterfülltes und wirksames Handeln.

III. Die innere Struktur der symbolischen Handlungen

Über den rein literarischen Aufbau hinaus lassen die Berichte die innere Struktur der symbolischen Handlung erkennen, wie die Propheten sie ausgeführt haben.

1. Der *Gegenstand* der Handlung.

a) Sämtliche Dinge können Gegenstand der symbolischen Handlung werden und als Abbild für das gemeinte Urbild dienen:

1. Der Mensch selbst — Prophet, Frau und Kinder —, sein Haar oder sein Name.
2. Die Kleidung: Mantel und Gürtel. 3. Besitztum und Geräte: Acker, Stab, Stein, Weg, Kriegsgerät, Krug oder Kessel, Nahrungsmittel, Schreibblatt, Joch, Hörner. 4. Symbole des Königtums: Thron und Krone.

b) Als Abbilder stehen diese Gegenstände der symbolischen Handlung zu einer anderen, von ihnen selbst verschiedenen Wirklichkeit in einem bestimmten Verhältnis. Sie meinen meist einen anderen Gegenstand, als sie selbst sind:

1. Das israelitische Volk als ganzes, seine Stämme, seine beiden Volksteile, Jerusalem und die Jerusalemer, die Deportierten in Babylonien, den Rest des Volkes. 2. Fremde Völker. 3. Die politische Herrschaft oder Knechtschaft. 4. Die kriegerische Kraft. 5. Jahwe selbst. — Nur in wenigen Fällen liegt die gemeinte Wirklichkeit in derselben Sphäre: 6. Acker und Nahrungsmittel des Propheten beziehen sich auf dieselben Gegenstände im Volk, Steine auf ein Thronfundament.

c) Das Verhältnis der Gegenstände der Handlung zu dem von ihnen selbst verschiedenen Urbild ist das der Darstellung. Es ist dabei nicht erforderlich, daß eine klare und jedem einsichtige sachliche Darstellung der gemeinten Wirklichkeit vorliegt. Die Beziehung kann erst durch ein deutendes Wort hergestellt werden, vor allem durch ein »denn«, »gleichwie so« oder »ebenso«.

d) Das Abbild kann in verschiedener Nähe zum dargestellten Urbild stehen. 1) Der Gegenstand verkörpert das Urbild, ja ist es geradezu selbst:

Mantel I Reg 19; Pfeil II Reg 13; Gürtel Jer 13; Krug Jer 19; Joch Jer 28; Haar Ez 5; Stab Ez 37; Krone Sach 6.

2) Der Gegenstand stellt das Urbild dar. Er verkörpert es nicht mehr, steht aber doch in enger Beziehung zu ihm; er ist das Urbild insofern, als er es tatsächlich repräsentiert:

Mantelstücke I Reg 11; Kinder Hos 1 Jes 7 8; Frau Hos 3; Acker Jer 32; Nahrungsmittel Ez 4 9-17.

3) Der Gegenstand ist weder das Urbild noch stellt er es dar; er ist vielmehr nur ein Zeichen für es:

Hörner I Reg 22; Steine Jer 43; Kessel Ez 24 1-14.

2. Die *Art* und *Weise* der Handlung.

a) Sämtliche Arten des Handelns können verwendet werden, um das symbolisierte Geschehen zu bezeichnen:

1. Zerstören durch Zerreißen, Zerbrechen, Versenken, Verbrennen, Verstreuen, Verderbenlassen. 2. Bewegen durch Aufsetzen, Überwerfen, Zusammenfügen, in den Boden legen, Schießen und Schlagen, Jochtragen, Auswandern. 3. Unterlassen durch Absondern, Stilliegen, Sichenthalten, Rationieren. 4. Alltägliches Tun: Backen, Kochen, Essen und Trinken, Kaufen, Aufschreiben, Geben, Mitnehmen, Seufzen. 5. Familiäres Tun: Heiraten und Benennen.

b) Die Handlung besteht in Nachahmung. Anders als beim Gegenstand der Handlung meint sie nicht eine andere Wirklichkeit und ein anderes Geschehen, als sie selbst ist, sondern weist eine sachliche Beziehung zu dem symbolisierten Ereignis auf. Die Art der Handlung, die sich in der Zukunft vollziehen soll, wird durch die gegenwärtige nachgeahmt.

c) Die Handlung wird nach dem Grundsatz der Analogie vollzogen; sie geschieht, damit sich in Wirklichkeit an anderer Stelle das gleiche ereignet. Die symbolische Handlung soll sich durch das Abbild auf das Urbild beziehen. Analog dem, was sich in ihr ereignet, wird es dem Urbild ergehen. Die drei Arten, in der diese Vorstellung zum Ausdruck gebracht werden kann, sind in Abschnitt II, 9 dargestellt worden (Beziehung der symbolischen Handlung zum symbolisierten Geschehen).

3. Das Bild ergänzt sich durch die Beobachtung, daß in den symbolischen Handlungen der Propheten stets eine einfache Symbolik vorliegt, keine doppelte, etwa der Gegenwart oder Vergangenheit und der Zukunft[40]. Wie ein und dasselbe Wort nicht alle Zeiten umfassen kann, so auch die Handlung nicht; sie symbolisiert immer ein zukünftiges Geschehen[41].

Es ist schließlich nicht möglich, jeden Zug einer symbolischen Handlung allegorisch zu deuten. Sie hat vielmehr ein bestimmtes Ziel, von dem aus sie als ganze ihren Sinn empfängt. Auf literarischem Gebiet hat sie ihre Parallele nicht in der Allegorie, sondern in der Parabel.

---

[40] So A. van den Born, a. a. O. S. 45, 58, 62, 88ff.

[41] In der in Hos 1 berichteten Handlung, die dem zu widersprechen scheint, bildet die Heirat Hoseas als Symbol des gegenwärtigen Verhältnisses des Volkes zu Jahwe nur Ausgangspunkt und Grundlage für die Symbolisierung der Zukunft durch die Namen der Kinder.

Entstehung, Komposition und Überlieferung von Jesaja 1—39

Die Probleme von Entstehung, Komposition und Überlieferung des Buches des Ersten Jesaja (Jes 1—39) sind oft behandelt worden. Jeder Kommentar über das Buch Jesaja und jede Einleitung in das Alte Testament muß sich mit ihnen befassen, seitdem CORNILL[1] über die Frage der Analyse hinaus diejenige der Synthese aufgeworfen und mit dem Hinweis auf die beabsichtigte chronologische Anordnung der Orakel Jesajas und auf die Sachordnung nach Stichworten beantwortet hat. Außerdem sind den Problemen eine Reihe weiterer Abhandlungen gewidmet worden. Im allgemeinen hat die Untersuchung zu zwei sehr verschiedenen Auffassungen geführt.

Auf der einen Seite nimmt man an, daß zunächst mehrere selbständige Sammlungen von prophetischen Orakeln mit mittlerem oder großem Umfang bestanden haben, die später miteinander vereinigt worden sind. DUHM[2] betrachtet als solche kleinen Bücher, die ursprünglich selbständig waren, Kap. 1—12 13—23 24—27 und 28—33, während 34—35 als Abschluß von 1—33 gedient haben können. Diese kleinen Bücher sollen sämtlich in sehr später Zeit entstanden sein. Jedoch ist die für Kap. 1—12 und 13—23 angenommene Zeit der Entstehung im 2. Jh. v. Chr. durch die Funde von Qumran als unmöglich erwiesen. Auch PROCKSCH[3] rechnet mit ursprünglich selbständigen Sammlungen, führt sie aber auf Jesaja selbst oder auf seine Schüler zurück. Jesaja hat Kap. 1 2—6 9 7—10 4 und 28—31 (32) verfaßt, seine Schüler haben die Orakel aus der Zeit des syrisch-ephraimitischen Krieges in Kap. 7 1—9 6 11 1ff. und die Orakel über fremde Völker in Kap. 10 5-34 14 24ff. und 15—23 zusammengestellt. Alle Sammlungen sind später durch Worte anderer Propheten erweitert worden.

Auf der anderen Seite nimmt man an, daß ein altes Jesajabuch bestanden hat, das in späterer Zeit bearbeitet, erweitert oder umgestellt worden ist. So erklärt BUDDE[4]: »ein ursprüngliches Jesaja-Buch ist durch Umordnungen, Ausschaltungen und Einschübe zu dem geworden, was uns die Überlieferung jetzt unter seinem Namen bietet.« Durch die Umordnung sind drei Teile geschaffen worden (Unheils-

---

[1] C. H. CORNILL, Die Composition des Buches Jesaja, ZAW 4 (1884), S. 83—105.

[2] B. DUHM, Das Buch Jesaia, 1922[4].   [3] O. PROCKSCH, Jesaia I, 1930.

[4] K. BUDDE, Über die Schranken, die Jesajas prophetischer Botschaft zu setzen sind, ZAW 41 (1923), S. 165.

orakel Kap. 1—12, Orakel gegen fremde Völker Kap. 13—23, Heils-
orakel Kap. 28—33). Die Ausschaltungen haben besonders Berichte
über die Person und die Erlebnisse des Propheten beseitigt. Die
Einschübe beruhen auf einer eschatologischen Redaktion. Auch
MOWINCKEL[5] vermutet, daß die drei Teile Kap. 1—12 13—23 und
28—32 nicht als Bücher für sich bestanden haben, sondern durch
Bearbeitung, Erweiterung und vielleicht auch Umstellung eines alten
Jesajabuches entstanden sind. Allerdings nähert er sich der ersten
Auffassung mit der Annahme, daß dieses Jesajabuch aus drei Sammlungen von Orakeln Jesajas zusammengesetzt war — nämlich Kap. 1
(von einem Schüler Jesajas), Orakel in Kap. 2—5 und 9—33 (in der
späten assyrischen oder in der neubabylonischen Zeit gesammelt),
dazwischen eingeschoben Kap. 6 1—8 23 a (von Jesaja selbst geschrieben) — und aus drei fremden Sammlungen — nämlich Orakel gegen
fremde Völker in Kap. 13ff. (aus dem 4. Jh. v. Chr.), Kap. 24—27
und 34—35. Erst die Einarbeitung der letzten Sammlungen und der
Kap. 11—12 haben den Eindruck geschaffen, daß das Buch aus mehreren selbständigen Teilen besteht.

Neuerdings werden die Probleme unter zwei weiteren Aspekten
betrachtet. Manchmal rechnet man mit kleineren Sammlungen, die
zusammengefügt worden sind. Und manchmal weist man auf die Bedeutung der Prophetengenossenschaften als Träger der Tradition und
auf die Bedeutung der mündlichen Überlieferung hin. So behauptet
LIEBREICH[6], daß der Redaktor des Buches Jesaja die Kap. 1—39
kunstvoll in der folgenden Weise angeordnet hat: IA Kap. 1—5 und
Überleitung Kap. 6, IB Kap. 7—12, IIA Kap. 13—19 und Überleitung Kap. 20, IIB Kap. 21—27, III Kap. 28—35 und IV Kap.
36—39, wobei die Teile I—III jeweils mit einem »happy ending«
schließen. Nach JONES[7] sind drei Stadien der Überlieferung zu unterscheiden: Jesaja selbst schrieb seine Orakel nieder (Jes 8 16 30 8), dazu
trat die Interpretation der Tradition durch seine Schüler nach dem
Fall Jerusalems; schließlich stellte Deuterojesaja, der größte Schüler
des Propheten, das dritte Stadium dar. Ebenso geht EATON[8] davon
aus, daß einige Komplexe des Buches durch Jesaja zusammengestellt
worden sind (besonders in Kap. 1—12 und 28—33) und daß sie im
Kreise seiner Schüler von Generation zu Generation weitergegeben, an
die jeweilige Situation angepaßt und durch neues Material erweitert

---

[5] S. MOWINCKEL, Die Komposition des Jesajabuches Kap. 1—39, AcOr 11 (1933),
S. 267—292; Komposisjonen av Jesajaboken kap. 1—39, NTT 44 (1943), S. 159—171.
[6] L. J. LIEBREICH, The Compilation of the Book of Isaiah, JQR 46 (1955/6), S. 259 bis
277; 47 (1956/7), S. 114—138.
[7] D. JONES, The Traditio of the Oracles of Isaiah of Jerusalem, ZAW 67 (1955), S.
226—246.
[8] J. H. EATON, The Orgiin of the Book of Isaiah, VT 9 (1959), S. 138—157.

worden sind. Auch die später entstandenen Komplexe sind noch mit den Gedanken Jesajas verwandt: Kap. 13—23 und 24—27 (7. Jh. v. Chr.) 34—35 und 40—66 (6. Jh. und später). Daher ist das Buch Jesaja — das ist der neue Gedanke — nicht eine Anthologie der Orakel vieler Propheten, sondern trägt eine gedankliche Einheitlichkeit, die die lebendige Weiterbildung der Ideen Jesajas im Kreise seiner Schüler widerspiegelt.

Ich denke, daß mit alledem nicht das letzte Wort gesagt ist. Vielleicht kann es nie gesagt werden. Aber eine neue Untersuchung der Probleme mag weitere Gesichtspunkte beibringen, die sie besser verstehen helfen als bisher.

I.

Natürlich hat Jesaja wie die anderen Propheten seine Orakel zuerst in mündlicher Rede verkündigt. Ob sie danach zunächst mündlich weiterüberliefert oder sofort bzw. zu einem früheren Zeitpunkt schriftlich niedergelegt worden sind, kann zunächst außer acht bleiben. Unabhängig von der Art der Überlieferung fragen wir nach den kleinsten Komplexen, in denen sie weitergegeben worden ist. Und da ergibt sich, daß die Orakel gewöhnlich nicht als einzelne Einheiten, aber auch nicht in der Form eines ganzen Buches überliefert worden sind. Vielmehr treffen wir auf eine Reihe von kleinen Sammlungen, deren jede mehrere Orakel enthält. Sie heben sich deutlich voneinander ab und sind meist aus drei Elementen aufgebaut:

1. dem Korpus der Sammlung,
2. einem oder mehreren Fragmenten von Orakeln Jesajas,
3. einer abschließenden Verheißung.

Dazu tritt in drei Fällen eine einleitende Überschrift (1 1 2 1 13 1). Bevor wir uns den Sammlungen zuwenden, ist es zweckmäßig, diese Überschriften zu betrachten.

1 1 Die Vision Jesajas, des Sohnes des Amoz, die er über Juda und Jerusalem schaute in den Tagen des Ussia, Jotam, Ahas, Hiskia, der Könige von Juda.

2 1 Das Wort, das Jesaja, der Sohn des Amoz, über Juda und Jerusalem schaute.

13 1 Der Ausspruch über Babylon, den Jesaja, der Sohn des Amoz, schaute.

Die Überschrift 13 1 ist sekundär verfaßt worden, um die Orakel in Kap. 13—23 einzuleiten. Sie enthält den Ausdruck משׂא »Ausspruch, Orakel«, den zwar eine jüngere Gelehrsamkeit in Jer 23 34-40 wegen der möglichen Verwechslung mit dem gleichlautenden Wort »Last« abgelehnt hat, der aber in den Orakeln in Jes 13—23 nicht weniger als zehnmal gebraucht wird (außerdem in 30 6-7). Er läßt auf eine geschlossene Sammlung von Orakeln über die Völker schließen, die mit den Orakeln Jesajas vermengt worden ist. Für diesen großen Komplex ist in Anlehnung an und in Nachahmung von 2 1 und unter Verwendung des Ausdrucks משא die Überschrift 13 1 gebildet worden. Sie setzt also sowohl die Überschrift 2 1 als auch die Zusammenfassung der Orakel Jesajas mit der משא-Sammlung voraus. Darum ist sie wahrscheinlich die jüngste der drei Überschriften.

Die Überschriften 1 1 und 2 1 sind frühestens in der exilischen Zeit entstanden. Denn die Reihenfolge Juda-Jerusalem, die sich in ihnen findet, wird erst in dieser Periode üblich. Bis dahin wird, auch von Jesaja selbst (vgl. Jes 3 1. 8 5 3), an erster Stelle die im Besitz des Königs befindliche Hauptstadt und an zweiter Stelle die Landschaft Juda genannt[9]. In die exilische oder nachexilische Zeit weisen ferner die Ausdrücke חזה חזון »die‚ Vision schauen« (1 1) und חזה דבר »das Wort schauen« (2 1). Der erste Ausdruck, der offenbar noch in Ez 12 27 in erster Linie auf die Visionen des Propheten bezogen wird, meint (wie das bloße חזון in Nah 1 1 und Ob 1) in der Überschrift Jes 1 1 den gesamten Offenbarungsempfang des Propheten. Er ist vielleicht etwas jünger als der zweite Ausdruck, der gleicherweise in Mi 1 1 und in der abgewandelten Form חזה משא in Jes 13 1 und Hab 1 1 gebraucht wird.

Die Überschrift 2 1 könnte entweder zu der Sammlung Kap. 2—4 gehört haben, die in diesem Falle zuerst selbständig überliefert und später vor die schon zusammengefaßten Kap. 5ff. gestellt worden wäre, oder für den damaligen Gesamtbestand der Jesajaüberlieferung in Kap. 2—10 bestimmt gewesen sein, soweit er gesammelt und vereinigt war[10]. Aber beides schließt einander nicht aus. Am wahrscheinlichsten ist es, daß die Sammlung Kap. 2—4 vor den vereinigten Bestand von Kap. 5—10 gestellt worden ist, der seine eigene Geschichte gehabt hat und damals vorgelegen haben muß. Für das Ganze von Kap. 2—10 ist bei der Zusammenfassung die Überschrift 2 1 verfaßt worden. Ebenso ist es verständlich, daß die noch nicht eingegliederte Sammlung Kap. 1 nicht an eine beliebige Stelle in die vorliegende Überlieferung eingeschoben wurde, sondern unter voller Schonung der Komposition wiederum vor den bereits zusammengefaßten Bestand an die Spitze gestellt wurde. Infolge dieser Voranstellung war eine neue Überschrift für das Ganze erforderlich, und sie ist in der — gegenüber 2 1 etwas jüngeren — Form von 1 1 gebildet worden.

---

[9] Vgl. D. Jones, a. a. O. S. 239f.; G. Fohrer, Zion-Jerusalem im Alten Testament, ThW VII, S. 292—318.

[10] Eine dritte Möglichkeit erwägt P. R. Ackroyd, A Note on Isaiah 2 1, ZAW 75 (1963), S. 320f.: Die Notiz in 2 1, die die bereits vorhandenen Überschriften 1 1 und 13 1 nachahmt, stammt von jemandem, der sich des Problems des zweifachen Vorkommens von Jes 2 2-4 = Mi 4 1-4 bewußt war und seine Ansicht bekräftigen wollte, daß das Orakel von Jesaja stamme.

II.

Wir wenden uns jetzt den Sammlungen der Orakel Jesajas zu. Es lassen sich sieben solcher Sammlungen erfassen, die im Verlauf der Überlieferung ihre besonderen Schicksale erlitten haben. Die folgende schematische Darstellung gibt zunächst eine allgemeine Übersicht:

Korpus	*Fragmente*	*Verheißung*
A. 1 2-26(28)	1 29-31	2 2-4 (5)
B. 2 6—4 1	(3 25—4 1 ?)	4 2-6
C. 5 1-23* 10 1-3 (4)	5 14-17. 24	— — —
D. 6 1—8 18	8 19. 21-22	(8 23b) 9 1-6
E. 9 7-20 5 25-29 (30) 10 5-15	10 27b-32	11 1-9 (10. 11-16)
F. 13—23* 28 1-4	— — —	28 5-6 (23 17-18)
G. 28 7—32 14	— — —	32 15-20

A. Das Korpus der ersten Sammlung[11] umfaßt fünf Orakel: 1 2-3. 4-9. 10-17. 18-20. 21-26. Von ihnen stammt 1 4-9 nach der geschilderten Situation aus dem Jahre 701 v. Chr., während 1 2-3 sich nicht sicher einordnen läßt und die übrigen Orakel am besten in das Ende der ersten Periode des Auftretens Jesajas passen.

Manche Exegeten betrachten 1 2-9 wegen der ähnlichen Ausdrucksweise in v. 2-3 und 4 oder wegen der vermuteten kultischen Situation der ganzen Rede als eine Einheit. Aber das Metrum ist unterschiedlich. In v. 2-3 weisen die Verse 6 Hebungen auf (2+2+2 und 3+3), in v. 4-9 dagegen 4 Hebungen (2+2). Ferner handelt es sich um zwei verschiedene Gattungen. Die Form von v. 2-3 ist dem Beginn einer Gerichtsverhandlung nachgebildet, bei der der Prophet wie ein Ansager oder Gerichtsdiener die Zuhörer oder Zeugen herbeiruft, worauf die Anklagerede Jahwes folgt (wie in 3 12-15). Dagegen werden v. 4-9 durch das einleitende הוי als Scheltwort gekennzeichnet. Dem entspricht es, daß Jesaja ganz bei der gegenwärtigen Situation bleibt und die Zukunft völlig offen läßt. Schließlich kann von einer gemeinsamen kultischen Situation keine Rede sein. Der einzige mögliche Hinweis darauf ist die Anrufung von Himmel und Erde in v. 2. Sie erfolgt jedoch nicht als kultischer Brauch oder in Anlehnung an altorientalische Staatsverträge, sondern deswegen, weil für die Beurteilung des jahrhundertelangen Aufwachsens und Sündigens Israels die Zeugen aus uralter Zeit stammen müssen (vgl. Dtn 4 26 30 19 31 28 32 1).

Ebensowenig bildet 1 10-20 eine Einheit. Während v. 10-17 sich in Strophen gliedern, die nach der Einleitung (2 Verse) immer 3 Verse

---

[11] Vgl. unten: Jesaja 1 als Zusammenfassung der Verkündigung Jesajas.

umfassen, stellen v. 18-20 ein zusammenhängendes Stück von 5 Versen dar. Ferner sind v. 10-17 in die Form einer »Tora« gekleidet, v. 18-20 dagegen nach der Form der gerichtlichen Auseinandersetzung (יכח) über einen Einspruch oder nach der Form der gerichtlichen Behandlung eines Einspruchs oder einer Beschwerde gegen eine Verfügung oder ein Urteil geschaffen. Außerdem haben v. 10-17 die Funktion einer Mahnung, v. 18-20 dagegen die Funktion eines Diskussionswortes, in dem der Prophet einen Einwand gegen seine Botschaft behandelt.

1 21-26 ist eine in sich geschlossene Einheit, deren Abgrenzung DUHM[12] aus dem gleichartigen Anfang und Schluß stilistisch zutreffend begründet hat: »Mit dem Ausdruck ,treue Stadt' kehrt das Gedicht in den Anfang zurück. Schon dies verrät, daß wir hier den Schluß haben.« Auch BUDDE[13] hat erkannt, daß v. 27-28 abzutrennen sind: »Nach dem wundervollen Abschluß, den die Rede Jahwes in v. 26 mit dem Rückgriff auf den ersten Anfang, der *restitutio in integrum*, erreicht, braucht der Prophet nicht noch einmal das Wort zu nehmen, am wenigsten mit so lahmen Wiederholungen und Verallgemeinerungen, wie diese Verse sie bringen.« Die beiden Verse wenden das Orakel Jesajas auf die nachexilische Zeit an und beziehen sich auf die Befreiung von Fremdherrschaft und auf die Ausmerzung abtrünniger Juden.

Der Sammler hat die Orakel aneinandergereiht, indem er teilweise gleiche Ausdrücke in zwei Orakeln als Stichworte benutzt, teilweise den ähnlichen Inhalt zweier Orakel als Bindeglied genommen hat. An 1 2-3 schließt sich nämlich 1 4-9 an, weil es zu Anfang das Stichwort »Söhne« (v. 4 wie v. 2) und das Thema »Sünde« aufweist. Es endet in v. 9 mit der Erwähnung von »Sodom« und »Gomorra«, die das folgende Orakel 1 10-17 in v. 10 nennt. Für den Anschluß von 1 18-20 kann man den Anklang der gerichtlichen Auseinandersetzung in v. 18a an den Rechtsstreit in v. 17, den Anklang der Ausdrücke »weiß wie Schnee« und »wie Wolle« in v. 18b an die Waschungen in v. 16 und besonders die ähnliche Thematik in v. 16-17 anführen. Auch für 1 21-26 ist wieder auf das Stichwort »Recht« in v. 21, das an v. 17 und 18a anschließt, und auf den Inhalt, der 1 18-20 weiterführt, hinzuweisen.

Inhaltlich bilden die fünf Orakel eine planvoll aufgebaute Komposition mit einem fortschreitenden Gedankengang. Nacheinander werden die Themen der Sünde, des deswegen drohenden Strafgerichts, der möglichen Rettung vor dem Verderben und einer möglichen Verwirklichung der Rettung berührt:

---

[12] B. DUHM, a. a. O. S. 34f.
[13] K. BUDDE, Zu Jesaja 1—5, ZAW 49 (1931), S. 34.

1 2-3 die Sünde,
1 4-9 das Gericht wegen der Sünde,
1 10-17 die Möglichkeit der Rettung,
1 18-20 die Entscheidung für Gericht oder Rettung,
1 21-26 eine mögliche Verwirklichung der Rettung.

Diese Reihenfolge beruht sicherlich nicht auf einem Zufall, sondern ist absichtlich zu dem Zweck vorgenommen worden, einen zusammenfassenden Überblick über die Verkündigung Jesajas zu geben. Die Sammlung hat den Charakter eines Kompendiums der Botschaft des Propheten oder eines Querschnitts durch sie. Das ist wohl auch ein Grund dafür gewesen, sie an den Anfang der Jesajaüberlieferung zu setzen.

An das Korpus der Sammlung schließt sich das Fragment 1 29-31 an. Über die Gründe für den Anschluß läßt sich wenig ausmachen, weil das Orakel verstümmelt ist und gerade der Anfang fehlt. Ein gewisser thematischer Anklang liegt in »schmelzen« (v. 25) und »brennen« (v. 31) vor. Es läßt sich ferner nicht entscheiden, ob v. 29-31 schon als Fragment an die Sammlung angehängt oder erst im Verlauf der Überlieferung aus einem vollständigen Stück verstümmelt worden sind.

In den meisten Fällen ist an das Korpus der Sammlungen und die Fragmente eine Verheißung angehängt worden. Es ist anzunehmen, daß es sich bei dieser ersten Sammlung ebenso verhalten hat. Unter dieser Voraussetzung muß 2 2-4 (mit der Glosse 2 5) diese Verheißung sein, die von der Sammlung, zu der sie gehört hat, entweder durch die (versehentliche oder absichtliche) Umstellung der Überschrift 2 1 oder durch nachträgliche Umstellung der Verheißung hinter 2 1 getrennt ist. Das Orakel ist ein zweites Mal in Mi 4 1-4 überliefert, wo sein Text sogar einen ursprünglicheren Eindruck macht. Aber es stammt weder von Jesaja noch von Micha. Wie alle Verheißungen, die an die Sammlungen der Orakel Jesajas angehängt worden sind, ist es von einem unbekannten eschatologischen Propheten der späten exilischen oder der nachexilischen Zeit verfaßt worden. Die Tatsache, daß man die Verheißungen an die Fragmente angehängt hat, die entweder als Abschluß gedacht waren oder deren Verstümmelung schon auf eine längere Zeit der Überlieferung der selbständigen Sammlung hinweist, läßt darauf schließen, daß die Anfügung erst nachträglich und in einer späteren Epoche geschehen ist, als die Orakel Jesajas längst gesammelt waren. So sind frei umlaufende Orakel unbekannter Propheten gewählt worden, die noch zur Verfügung standen und sich von den Orakeln Jesajas grundlegend unterscheiden.

B. Das Korpus der zweiten Sammlung umfaßt vier oder fünf Orakel aus der ersten Periode des Auftretens Jesajas: 2 6-22 3 1-9.

12-15. 16-24 und 3 25—4 1, falls darin ein in sich geschlossenes und vollständiges Orakel vorliegt.

Während die Abgrenzung von 2 6-22, in dessen Mittelpunkt die Beschreibung des Tages Jahwes steht, nicht schwierig ist und lediglich die zahlreichen Zusätze störend wirken, faßt man manchmal 3 1-15 zu einer Einheit zusammen. Doch beruht der Eindruck der Einheitlichkeit darauf, daß die Sätze sich gegen die verderbte Führung des Staates richten; und man verkennt gerade die Grundsätze der Sammler, wenn man die Orakel, die sie wegen ihres ähnlichen Inhalts aneinandergereiht haben, zu großen Einheiten zusammenfaßt. In Wirklichkeit ist 3 1-9 ein vollständiges und in sich abgeschlossenes begründetes Drohwort. Es enthält die Drohung (v. 1-5), eine anschauliche Erläuterung der entstehenden Situation (v. 6-7) und die Begründung (v. 8-9). Die Länge der Strophen wechselt von 4 zu 3 Versen (v. 1-3. 4-5. 6-7. 8-9), und das Metrum ist sehr unregelmäßig und wechselvoll. Dagegen folgt 3 12-15 wie 1 2-3 dem Vorbild des Gerichtsverfahrens. Der Prophet spricht die Klage, die das Eingreifen des Richters herbeiführt (v. 12). Als solcher tritt Jahwe auf (v. 13-14 a) und hält die Anklagerede (v. 14 b-15). Jeder dieser kleinen Teile bildet eine Strophe von 2 Versen mit dem gleichbleibenden Metrum 3 + 3. Abgesehen davon muß die Weisheitssentenz in 3 10-11 vor einer Zusammenfassung von 3 1-9. 12-15 warnen. Denn die Sentenz, die natürlich nicht von Jesaja stammt, ist zwischen zwei Orakel gesetzt, wie es beim Einschub ganzer Sprüche üblich war, und nicht in ein Orakel hineingeschoben worden.

Es ist ebenso falsch, 3 16—4 1 als eine Einheit zu betrachten. Vielmehr richtet sich 3 16-17. 24, das durch den langen Katalog von Toilettengegenständen sekundär erweitert worden ist[14], gegen die Frauen des Zion, des Regierungsviertels von Jerusalem, d. h. gegen die vornehmen Damen des Hofes und der Gesellschaft. Den deutlichen Abschluß bildet der alleinstehende Halbvers am Schluß von v. 24: »Brandmal statt Schönheit«. Dagegen ist in 3 25-26 nicht mehr von den Frauen die Rede, sondern von den Männern der Stadt Jerusalem, die im Kriege fallen werden, und nach diesem Bild der verwitweten Stadt von den in Jerusalem lebenden Frauen (4 1), die dort zurückbleiben, während die in 3 16-17. 24 genannten Damen auf den Sklavenmarkt kommen und deportiert werden[15]. Darüber hinaus wird noch zu erwägen sein, ob 3 25—4 1 überhaupt ein vollständiges Orakel bildet.

Der Sammler hat die Orakel 3 1-9. 12-15. 16-17 + 24 zusammengestellt, weil sie sich gegen die führende Schicht Judas richten. Dieser sachliche Gesichtspunkt ist maßgeblich gewesen. Das Ganze steht

---

[14] Die Herleitung dieser trockenen Aufzählung von Jesaja z. B. durch K. Budde, Zu Jesaja 1—5, ZAW 50 (1932), S. 38 f., ist nicht ernsthaft in Betracht zu ziehen.

[15] Besonders H. Schmidt, Die großen Propheten, 1923², S. 37, hat auf die Unterschiede zwischen 3 16ff. und 3 25—4 1 hingewiesen.

unter dem Motto des Orakels 2 6-22, das offenbar mit Bedacht an die Spitze gestellt worden ist und für das die refrainartigen v. 11 und 17 kennzeichnend sind:

> 2 11 Die hochmütigen Augen der Menschen werden niedrig,
>   der Stolz der Männer muß sich ducken.
>   Jahwe wird allein erhaben sein
>   an jenem Tage.
> 2 17 Da muß sich der Hochmut der Menschen ducken
>   und der Stolz der Männer niedrig sein.
>   Jahwe wird allein erhaben sein
>   an jenem Tage.

Solchen Stolz zeigen die führenden Männer des Staates. Das stolze und unverschämte »Aussehen der Gesichter« (3 9), mit dem sie ihre Sünde zur Schau tragen, und die verbrecherische Beraubung des Volkes klagen sie an. Und hinsichtlich ihrer Frauen wird ausdrücklich darauf hingewiesen, daß sie »hochfahrend sind« (3 16). Demnach ergibt sich:

> 2 6-22 die Erniedrigung des Stolzes am Tage Jahwes,
> 3 1-9 das Gericht über die hochmütige Führung,
> 3 12-15 die Anklage gegen die Führung,
> 3 16-17. 24 das Gericht über die hochmütigen Frauen.

Wie verhält es sich nun mit 3 25—4 1 ? Das Stück ist an das vorhergehende Orakel gegen die vornehmen Damen des Zion angefügt worden, weil in 3 25-26 von Jerusalem unter dem Bilde einer Frau und in 4 1 wieder von Jerusalemer Frauen gesprochen wird. Während 4 1 einen deutlichen und verständlichen Abschluß bildet, ist es fraglich, ob 3 25-26 in der ursprünglichen Form vorliegt. Im Unterschied von der klaren Diktion Jesajas redet v. 25 Jerusalem in der 2. Person an, worauf v. 26 in die 3. Person übergeht. Der Anfang des Orakels ist also beschädigt oder verstümmelt. Außerdem befaßt sich der ganze Abschnitt nicht mehr mit der führenden Schicht, sondern mit den anderen Einwohnern der Stadt, von denen die Männer im Kampf fallen und die Frauen übrigbleiben. Beides läßt vermuten, daß die Verse ein ebensolches Fragment darstellen, wie es sich in den meisten Fällen im Anschluß an eine Sammlung von Orakeln Jesajas findet.

Bildet 3 25—4 1 vielleicht das die alte Sammlung abschließende Fragment, so ganz sicher 4 2-6 die angehängte Verheißung. Daß sie nicht von Jesaja stammt, läßt sich am Inhalt und an einzelnen Ausdrücken völlig sicher nachweisen[16]. Daß sie aber sorgfältig ausgewählt und absichtlich gerade an dieser Stelle verwendet worden ist, zeigt das Stichwort »Stolz« in v. 2 b:

---

[16] Vgl. zuletzt O. KAISER, Der Prophet Jesaja, Kapitel 1—12, 1963², S. 41 f.

die Frucht des Landes (wird)
zu Stolz und Zier
den Entronnenen Israels gereichen.

Dem sündigen Stolz der Jerusalemer in der Zeit Jesajas wird der erlaubte Stolz auf die eschatologische Fruchtbarkeit des Landes gegenübergestellt.

C. Die dritte Sammlung von Orakeln Jesajas beginnt mit dem »Weinberglied« in 5 1-7. Daran schließen sich eine Reihe von Weherufen an. Die beiden ersten in 5 8-10. 11-13 sind der Form nach Schelt- und Drohworte, auf die in 5 14-17 drei Fragmente folgen, von denen das erste und dritte (v. 14 und 17) durchaus Reste von Orakeln Jesajas sein können. Fünf weitere Weherufe, die nur Scheltworte darstellen, liegen in 5 18-19. 20. 21. 22. 23 vor. Sie werden in 5 24 wieder durch ein Fragment abgeschlossen, das sich durch das einleitende לכן als Drohwort erweist, während das ihm vorangehende Scheltwort, auf das sich die Einleitung bezieht, verlorengegangen ist. Denn mit dem letzten Weheruf steht die Drohung in keinerlei Zusammenhang. Schließlich gehört der Weheruf 10 1-3 zu der Gruppe hinzu, wenn man die Glosse in v. 4 a und den Refrain des großen Orakels 9 7ff. in v. 4 b wieder entfernt. Dieses Scheltwort ist wie andere Orakel durch den Einschub der Sammlung D von seinem ursprünglichen Platz versprengt worden. Alle Orakel stammen aus der ersten Periode des Auftretens Jesajas.

Wie ist die Komposition des Korpus der Sammlung zu verstehen? Wie 2 6-22 in der zweiten Sammlung bildet 5 1-7 das grundlegende Orakel. Aber während 2 6-22 sozusagen das Motto angibt, unter dem die folgenden Orakel betrachtet werden sollen, verhält es sich hier umgekehrt: Die Weherufe sollen die grundlegenden Aussagen von 5 1-7 erläutern und im einzelnen darlegen, worin für Jesaja die Verkehrung von משפט und צדקה in Unrecht und Schuld nach 5 7 besteht.

Ein zweiter Unterschied von der zweiten Sammlung liegt darin, daß die Weherufe, die ursprünglich selbständig waren, weniger nach inhaltlichen Gesichtspunkten aneinandergereiht worden sind als vielmehr wegen des gleichen Anfangswortes הוי. Es hat als gleichbleibendes Stichwort für die ganze Reihe gedient.

Ist der Aufbau des Korpus der Sammlung leicht erklärbar, so bleibt zu fragen, welche Bedeutung die Fragmente 5 14-17 und 24 besitzen. Wahrscheinlich bildet v. 24 das Schlußfragment der ganzen Sammlung — vorausgesetzt, daß 10 1-3 ursprünglich den letzten Weheruf im Anschluß an v. 23 und vor v. 24 dargestellt hat. Das könnte wiederum darauf schließen lassen, daß die Sammlung zur Zeit des Einschubs der Sammlung D und der Umstellung von 10 1-3 und 5 25-29 an ihre jetzigen Plätze noch kein Schlußfragment besessen hat. Sonst müßte es ebenfalls umgestellt worden sein. Vielleicht ist es in

Analogie zu anderen Sammlungen erst später vor dem klaren Neu-
einsatz von Kap. 6 eingefügt worden.

Was die Fragmente in 5 14-17 betrifft, so fällt auf, daß die beiden
vorhergehenden Orakel nach dem mit הוי eingeleiteten Scheltwort
noch ein Drohwort enthalten, das als Schwur Jahwes (v. 9) bzw. mit
dem für die Drohung typischen לכן (v. 13) eingeführt wird. Die auf
die Fragmente folgenden Sprüche sind dagegen reine Scheltworte,
von denen nur das letzte (10 1-3) die Drohung mittels Fragen an-
deutet. Daher ist es möglich, daß zunächst nur die beiden ersten Orakel
zur Sammlung gehörten und diese mit den Fragmenten in v. 14-17 abgeschlossen wurde, daß aber später eine Reihe weiterer Weherufe auf
Grund des gleichen Stichwortes הוי angehängt und nach der Absprengung von 10 1-3 mit dem Fragment 5 24 abgeschlossen wurden.

> 5 1-7   das Weinberglied,
> 5 8-10   die Großgrundbesitzer,
> 5 11-13   die Zecher,
> (5 14-17 Fragmente),
> > 5 18-19 die Spötter,
> > 5 20   die Klugen,
> > 5 21   die Klugen,
> > 5 22   die Trinkhelden,
> > 5 23   die Richter,
> 10 1-3   die Gesetzgeber,
> (5 24 Fragment).

Im Gegensatz zu den übrigen Sammlungen folgt auf das Schlußfragment keine Verheißung. Der Grund dafür ist wohl in der allmäh-
lichen Entstehung der Sammlung zu suchen. Es ist möglich, daß an
ihre ältere Form 5 1-17 eine Verheißung angehängt worden war, aber
beim Anschluß von 5 18-23 10 1-3 wieder entfernt wurde. Als die Sammlung in ihrer jüngeren Form, nach der Umstellung von 10 1-3, ein
neues Schlußfragment erhielt, hat man von der neuen Einfügung einer
Verheißung abgesehen.

D. Die Abgrenzung der Einheiten der vierten Sammlung in
6 1—8 18 bereitet keine Schwierigkeiten. Das Korpus enthält Berichte
und Orakel aus der Zeit des syrisch-ephraimitischen Krieges, die von
zwei besonderen Stücken eingerahmt werden. Das erste ist der Bericht
über die Berufung Jesajas, mit der seine prophetische Tätigkeit begonnen hat (6 1-11, erweitert um v. 12-13). Das zweite Stück in 8 16-18
drückt in bildlicher Redeweise aus, daß Jesaja »das Zeugnis und die
Weisung« beenden und sozusagen den Schlußpunkt unter seine prophetische Tätigkeit setzen will. Weil er sich in den kriegerischen Ereignissen vergeblich bemüht hat, Juda dazu zu bewegen, auf Gott zu

vertrauen, wie es der Auftrag bei der Berufung voraussagt (6 9-10), hat er sich danach zurückgezogen, um das Eintreffen seiner Orakel abzuwarten[17].

Für die in diesen Rahmen eingebetteten Berichte und Orakel ist anscheinend eine chronologische Reihenfolge beabsichtigt, wenn sie auch an einer Stelle nicht eingehalten werden konnte. 7 1-9 gehört in die Anfangszeit der Krise, und 7 10-17 folgt zeitlich darauf. 7 18-19. 20. 21-22 sind drei kleine Sprüche, die das in v. 14 ff. in kurzen, erregten Worten angekündigte »Zeichen« erläutern sollen. Sie werden durch ein dreifaches »an jenem Tage« miteinander und mit 7 10-17 verknüpft. Der nächste Text, der von Jesaja stammt, ist 8 1-4 : der Bericht über das Aufschreiben des Wortes *măher šalal ḥaš băz* und über die Namengebung des Kindes des Propheten. Während die Namengebung, mit der auch die Deutung des Namens erfolgt, mit dem in 7 1-17 geschilderten Auftreten Jesajas etwa gleichzeitig zu denken ist, weil sie das gleiche Ziel hat, muß das Aufschreiben früher geschehen sein (vor der Zeugung des Kindes), als noch kein Krieg drohte, sondern Verhandlungen mit den späteren Feinden Damaskus und Samaria im Gange waren. Daher ist das Aufschreiben des Namens die erste Äußerung Jesajas; aber weil der Bericht darüber mit demjenigen über die Namengebung verbunden ist, konnte an dieser Stelle die genaue zeitliche Reihenfolge nicht eingehalten werden. Die beiden Orakel 8 5-8 (durch mehrere Glossen erweitert) und 8 11-15 folgen wahrscheinlich chronologisch darauf, besonders weil das zweite Stück zeigt, daß Jesaja allmählich von der Verwirrung angesteckt worden ist und die Krise also schon einige Zeit andauert.

6 1-11 (12-13) Beginn der Tätigkeit Jesajas,
>   7 1-9   erstes Auftreten vor Ahas,
>   7 10-17 zweites Auftreten vor Ahas,
>   7 18-22 Erläuterung des »Zeichens«,
>   8 1-4   symbolische Handlungen Jesajas,
>   8 5-8   »Siloa« und »Euphrat«,
>   8 11-15 Jahwe als Verschwörer,
8 16-18 Beendigung der Tätigkeit Jesajas.

In das Korpus der Sammlung sind an zwei Stellen spätere Zusätze eingeschoben worden. In 7 23. 24. 25 handelt es sich um drei Sprüche, die mittels des Stichworts »Dorngestrüpp und Unkraut« lose miteinander verbunden sind. Sie sind an 7 21-22 angeschlossen, weil sie wie diese Verse von dem verwüsteten und verödeten Land handeln; aber stilistisch sind sie viel zu schwerfällig, um von Jesaja stammen zu können. In 8 9-10 ist ein Spruch eingefügt, der das Stichwort

---

[17] Vgl. G. FOHRER, Das Buch Jesaja, I 1966², S. 132—134.

»Immanuel« aus 7 14 im Gegensatz zu Jesaja in siegesgewisser Zuversicht verwendet und der dasjenige, was Jesaja zu und über Juda gesagt hat, auf die Völker überträgt[18].

Man hat die vorliegende Sammlung oft als Denkschrift Jesajas bezeichnet, in der er sein Auftreten rechtfertige und legitimiere, um seine zweifelnden Anhänger zu stützen oder um ein Zeugnis für künftige Tage abzulegen[19]. Daran ist sicher richtig, daß der Berufungsbericht nicht als isolierte Selbstbiographie betrachtet werden darf, sondern mit dem Schlußstück 8 16-18 den Rahmen für die ganze Sammlung bildet und also mit ihr zusammen verstanden werden muß. Er deutet den Mißerfolg des Propheten auf Grund von 6 9-10, die ebenso wie 6 11 erst damals, nach den schlimmen Erfahrungen während seiner bisherigen Tätigkeit, formuliert worden sind; denn ursprünglich hat Jesaja weder völlige Vernichtung angedroht (vgl. 1 21-26 3 1-9 3 25—4 1) noch mit einer Verstockung von König und Volk gerechnet (vgl. 1 10-17. 18-20 7 1-9. 10-17). Richtig ist ferner, daß die Sammlung schon gegen Ende des syrisch-ephraimitischen Krieges entstanden ist, wahrscheinlich zu dem Zeitpunkt, als Jesaja sich entschloß, seine prophetische Tätigkeit zu beenden (8 16-18). Fraglich ist jedoch, ob es sich um eine rechtfertigende Denkschrift handelt. Diese Frage muß erwogen werden, wenn wir nach den Gründen für die Überlieferung und Sammlung der prophetischen Orakel fragen.

Auch diese Sammlung hat — gewiß nicht durch Jesaja, sondern nachträglich — einen fragmentarischen Zusatz als ersten Abschluß erhalten. In 8 19. 21-22 liegen zwei Fragmente vor (durch v. 20. 23 a erweitert), die Reste von Orakeln Jesajas sein können.

Schließlich bildet das messianische Orakel 9 1-6 die angehängte Verheißung. Es stammt wie all diese Anhängsel aus der eschatologischen Prophetie der späten exilischen oder der nachexilischen Zeit. Ein Bearbeiter des Buches Jesaja hat es durch 8 23b mit den vorhergehenden Fragmenten zu verbinden gesucht.

E. Nach der Komposition zu urteilen, haben die zwei Orakel 9 7-20 + 5 25-29 (erweitert um v. 30) und 10 5-15 (vor allem um v. 10 und 12 erweitert) eine kleine fünfte Sammlung gebildet, die durch den Einschub der Sammlung D zerrissen worden ist und ein ähnliches Geschick wie der Schlußteil der dritten Sammlung erlitten hat.

Das erste Orakel stammt noch aus der Zeit des syrisch-ephraimitischen Krieges. Es richtet sich gegen das Nordreich Israel, das beim erneuten Auftreten Jesajas nach den Jahren des Schweigens

---

[18] Trotz M. Sæbø, Zur Traditionsgeschichte von Jesaia 8 9-10, ZAW 76 (1964), S. 132—144, bin ich nicht davon überzeugt, daß das Wort von Jesaja stammt.

[19] Vgl. z. B. K. Budde, Jesajas Erleben, 1928, S. 1ff.; E. Jenni, Jesajas Berufung in der neueren Forschung, ThZ 15 (1959), S. 320—339.

im Anschluß an jenen Krieg schon von den Assyrern erobert war. Daher muß das Orakel in die gleiche Zeit wie Kap. 7—8 gehören (ebenso 17 1-6 28 1-4), ist jedoch außerhalb dieser Sammlung geblieben und durch ihren Einschub in die Überlieferung zerrissen worden. Dabei sind (nach der 1.—3. Strophe in 9 7-20) die ersten 4 Verse der 4. Strophe verlorengegangen, wie der Rest mit dem Refrain in 5 25 zeigt. Die letzte Strophe ist in 5 25-29 vollständig erhalten.

Dazu ist ein zweites Orakel über ein außerhalb Judas wohnendes Volk getreten, so daß eine kleine Sammlung von Orakeln gegen andere Völker bzw. Herrscher vorliegt. Denn 10 5-15 richten sich gegen den überheblichen König von Assur, den Jesaja in der letzten Periode seines Auftretens als Vollstrecker des göttlichen Strafgerichts an Juda verworfen hat.

Die Vereinigung beider Orakel ist auf Grund des Stichwortes »Zorn« im Refrain des ersten Stücks und in 10 5 erfolgt. Ferner besteht ein Zusammenhang zwischen der Erwähnung der ausgereckten »Hand« Jahwes im Refrain und dem natürlich von der Hand geschwungenen Stab und Stock in 10 5.

Als Schlußfragment hat der Rest eines anderen Orakels Jesajas gedient: 10 27b-32. Der Text ist sicherlich nicht vollständig erhalten. Am Anfang fehlt etwas, weil der »er«, der gegen Jerusalem heraufzieht, jetzt ungenannt ist und nicht näher bestimmt wird. Und am Schluß erwartet man eine Ankündigung dessen, was sich aus der Bedrohung Jerusalems für dieses oder für den Angreifer ergibt. Das Fragment, das den Versuch einer heimtückischen Überrumpelung Jerusalems durch die Assyrer schildert, paßt so gut in die Sammlung, daß sich die Frage erhebt, ob es nicht einmal ein vollständiges Orakel der Sammlung gewesen und später beschädigt worden ist. Jetzt bildet es jedenfalls das Schlußfragment.

Die angehängte Verheißung fehlt ebenfalls nicht. Sie liegt in 11 1-9 vor und stammt ungeachtet der Fülle und Tiefe ihrer Gedanken nicht von Jesaja. Vielmehr trägt diese Ankündigung des Messias und des Friedensreiches durchaus nachexilisches Gepräge. Zwei Einzelheiten zeigen dies besonders deutlich: der Gedanke des dauernden Besitzes des Geistes in v. 2, der in eine späte Zeit gehört, und die Abhängigkeit des v. 9 von Jes 65 25 und Hab 2 14.

Die desintegrierte Sammlung hat einen Ansatzpunkt für die Zufügung einer Reihe weiterer Stücke geboten, die von unbekannten Verfassern stammen. Die Verfasser von 10 16-19. 20-23 und 24-27 a haben kräftig aus anderen Prophetentexten entlehnt und sie auf ihre Zeit angewendet[20]. 10 33-34 bildet eine sekundäre Ergänzung zu dem Frag-

---

[20] Vgl. G. Fohrer, a. a. O. S. 158—162.

ment in v. 27b-32, 11 10 eine Ergänzung zu der Verheißung in v. 1-9. Schließlich ist der Inhalt von 11 11-16 eine Beispiel dafür, wie das spätere Judentum die eschatologische Prophetie im Anschluß an 11 1-9 verstanden und gedeutet hat. Kap. 12 ist in einem anderen Zusammenhang zu berücksichtigen.

F. Die sechste Sammlung von Orakeln Jesajas ist ebenfalls desintegriert und bildet zusammen mit zahlreichen anderen Orakeln, die nicht von Jesaja stammen, den großen Komplex von Kap. 13—23. Die Jesaja-Sammlung hat einmal fünf größere und sechs kleinere Orakel sowie den Bericht über eine symbolische Handlung umfaßt:

14 24-27 gegen Assyrien,
14 28-32 gegen die Philisterstädte,
17 1-6   sechs Sprüche gegen Damaskus und Nordisrael (v. 1-2. 3.
            4. 5a. 5b. 6),
18   eine Botschaft für Ägypten,
20   Bericht über eine symbolische Handlung gegen Ägypten,
22 1-14 gegen Jerusalem,
22 15-19 gegen einen nichtjudäischen Beamten (erweitert um v.
            20-23 und 24-25).

Vielleicht hat ursprünglich noch ein weiteres Orakel zu der Gruppe gehört:

28 1-4   gegen Samaria.

Dieses Orakel paßt schlecht in den Zusammenhang von Kap. 28—32. Wie 8 1-4 9 7-20 + 5 25-29 17 1-6 muß Jesaja es in der zweiten Periode seiner Tätigkeit während des syrisch-ephraimitischen Krieges gesprochen haben. Alle Orakel aus dieser und der vorhergehenden ersten Periode finden sich in den ersten sechs Sammlungen A—F. Daher wird auch 28 1-4 zu der vorliegenden Sammlung gehört haben, dann aber wegen des Motivs der Trunkenheit mitsamt der angehängten Verheißung aus Kap. 13—23 herausgenommen und mit 28 7-13 verbunden worden sein, weil dieses Stück sich gegen die betrunkenen Priester und Propheten richtet.

Es ist nicht zu übersehen, daß die Sammlung F fast nur Orakel gegen andere Völker oder Menschen enthält. Man muß sie daher wie die fünfte Sammlung als eine solche von Orakeln gegen fremde Völker bezeichnen. Nur das Orakel gegen Jerusalem in 22 1-14 fällt nicht unter diese Bestimmung. Immerhin ist es in einem Augenblick gesprochen worden, als die Stadt durch die Unterwerfung des Königs Hiskia vor der Eroberung und Zerstörung durch ein fremdes Volk bewahrt geblieben ist. Oder sollte die Einreihung in diese Sammlung zum Ausdruck bringen, daß Jesaja die Stadt wegen ihres unwürdigen Verhaltens in der Krise und nach der Rettung zu den fremden Völkern gerechnet hat? Jedoch hängt der wirkliche Grund der Einreihung mit der Komposition der Sammlung zusammen.

Zwar wirkt die Reihenfolge der Orakel Jesajas sprunghaft und willkürlich. Aber sie läßt sich erklären durch die ägyptischen Ächtungstexte, in denen die verfluchten Völker und Personen in einer festen geographischen Ordnung (Süden — Norden — Westen) mit Ägypten als der Mitte an letzter Stelle aufgezählt werden. Dabei wurden ihre Namen gewöhnlich auf Gefäße geschrieben, die man in einer sakralen Handlung an heiliger Stätte zerbrach, um in magischer Weise den Untergang der Feinde zu bewirken[21]. Während Jeremia mit dem Zerbrechen des Kruges in einer symbolischen Handlung das Ritual nachahmt (Jer 19 1. 2 a*. 10-11 a), haben Amos und Ezechiel ihre Orakel gegen fremde Völker nach dem geographischen Schema der Ächtungstexte aufgebaut, allerdings infolge der Lage in Palästina in einer abweichenden Reihenfolge (Am 1 3—2 16 Ez 25)[22]. Gleiches gilt für die Orakel Jesajas, für die sich die Reihenfolge Osten — Westen — Norden — Süden — Mitte ergibt:

Osten   — Assyrien (14 24-27),
Westen   — Philisterstädte (14 28-32),
Norden   — Damaskus und Samaria (17 1-6),
Süden   — Ägypten (18 20),
Mitte   — Jerusalem (22 1-14. 15-19).

Ob diese Sammlung einmal ein Schlußfragment besessen hat, läßt sich nicht feststellen. In der vorliegenden Überlieferung findet sich keines, jedoch kann es bei der Desintegration der Sammlung und der Verschmelzung mit den weiteren Orakeln weggefallen sein.

Die den Sammlungen angehängte Verheißung liegt in 28 5-6 vor, vorausgesetzt daß 28 1-4 ursprünglich zu der Sammlung F gehört hat. Andernfalls muß man 23 17-18 nennen. Denn die Methode der Bearbeiter, auf eine Drohung eine Verheißung folgen zu lassen, war so stark eingewurzelt, daß sie auch bei den nichtjesajanischen Orakeln beachtet worden ist, zu denen die genannten Verse gehören (vgl. auch 17 7-8 nach v. 1-6 und 19 19-22. 23. 24-25 nach v. 1-15).

Sicherlich hat die Sammlung der Orakel Jesajas über die Völker einmal selbständig bestanden wie die übrigen Sammlungen. Jedoch ist sie nicht mehr in dieser Form überliefert. Wahrscheinlich schon vor der Einfügung in das Buch Jesaja ist sie desintegriert und mit

---

[21] Vgl. unten: Prophetie und Magie, Anm. 25.
[22] Vgl. G. FOHRER - K. GALLING, Ezechiel, 1955, S. 144.

zahlreichen anderen Worten gegen fremde Völker — mit der מַשָּׂא-Sammlung (vgl. III, H) — zu einer neuen großen Einheit verschmolzen worden, die Kap 13—23 umfaßt. Diese neue Großsammlung ist dann mit der Überschrift 13 1 versehen und in das Buch eingeordnet worden.

Für die Zusammensetzung dieser Großsammlung scheint überwiegend das Prinzip der Stichwortverbindung befolgt worden zu sein[23]. Zumindest läßt sich dies — nach der Vereinigung von 13 2-22 und 14 1-23 durch die Beziehung auf Babylon — von 14 28-32 an beobachten. Denn an diesen Abschnitt sind Kap. 15—16 auf Grund der Ausdrücke »heulen« und »schreien« (14 31) angefügt worden. Weiter sind 17 5a. 5b. 6. 9-11 und 18 durch den Ausdruck und das Bild der Ernte verbunden, 17 12-14 und 18 außerdem durch das einleitende הוֹי. Danach sind Kap. 18—20 durch die Beziehung auf Ägypten und Kusch zusammengefaßt. An Kap. 20 schließt sich 21 1-10 mittels des Stichworts »Hüfte« (20 2 21 3) und des Befehls an den Propheten an (20 2 21 6). 21 1-10 und 11-12 sind durch die Ausdrücke »Wachtposten — alle Nächte« (v. 8) und »Wächter — Nacht« (v. 11) miteinander verknüpft, 21 11-12 und 13-15 durch das Verb אתה (v. 12 und 14), 21 13-15 und 22 1-14 durch die Stichworte »fliehen, Schwert, Bogen, Krieg« (21 15 22 2-3). So ergibt sich teilweise eine fortlaufende Aneinanderreihung.

G. Das Korpus der siebten und letzten Sammlung in Kap. 28—32 enthält fünfzehn Orakel Jesajas aus der dritten und vierten Periode seines Auftretens zur Zeit des Königs Hiskia (mit 28 1-4 sind es sechzehn Orakel).

Die Abgrenzung der Einheiten bietet in den meisten Fällen keine Schwierigkeit. Mehrfach findet sich die Einleitungsformel, die ein Wort Jahwes einführt: 28 14 29 13 30 15 31 4, abgewandelt auf die Theophanie in 30 27 und auf die Rede des Propheten in 28 23 32 9. Andere Orakel werden durch das הוֹי des Scheltworts eingeleitet: (28 1) 29 1. 15 30 1 31 1. Eine sekundäre Überschrift findet sich in 30 6. Mittels solcher Formeln lassen sich die meisten Einheiten klar von-

---

[23] Darauf hat schon C. H. Cornill, a. a. O. S. 93—97, hingewiesen. Manchmal ist er allerdings sehr unkritisch. Die Orakel über die Völker sind sicher nicht nach der Aufzählung in 11 11-16 zusammengestellt worden, weil dieser Text jünger ist als die Sammlung und weil ein großer Teil der Völker erst in einer Glosse zu v. 11 genannt wird. Für die Aneinanderreihung der Stücke in Kap. 13—14 sind nicht die Stichworte von 9 3 maßgeblich gewesen, weil sie in Kap. 13—14 teilweise in verderbtem Text und teilweise in Glossen vorkommen und weil die Sammlungen unabhängig voneinander waren. Die Anfügung von 17 1ff. beruht nur scheinbar auf Stichworten aus 16 14, weil 16 13-14 ein junges Nachwort bilden, das mit Hilfe von Ausdrücken aus 17 1ff. verfaßt worden ist.

einander abgrenzen. Nur 29 9-10 und 30 8-14 besitzen keine besonderen Einleitungen. Jedoch hebt sich 29 9-10 von v. 1-7 durch die Anrede im Plural ab, die natürlich den Judäern und nicht den Völkern von v. 1-7 gilt. 30 8ff. mit der Anrede und dem Auftrag an den Propheten, dem in v. 12ff. das Wort Jahwes folgt, unterscheidet sich deutlich von v. 6-7. Ein Überblick zeigt folgendes Bild:

(28 1-4   gegen Samaria,)
28 7-13   gegen Priester und Propheten Jerusalems,
28 14-22   gegen Politiker Jerusalems,
28 23-29   Rechtfertigung des Propheten,
29 1-7 (8) Schelt- und Drohwort und bedingte Verheißung für Jerusalem,
29 9-10 (11-12) Verblendung der Judäer,
29 13-14   gegen Juda,
29 15-16   gegen das Bündnis mit Ägypten,
30 1-5   gegen das Bündnis mit Ägypten,
30 6-7   gegen das Bündnis mit Ägypten,
30 8-14   gegen Juda,
30 15-17   gegen Juda,
30 27-33   gegen Assyrien,
31 1-3   gegen Juda und Ägypten,
31 4-9   Mahnung und bedingte Verheißung für Juda,
32 9-14   gegen Jerusalem.

Der Sammler hat die Orakel überwiegend auf Grund ähnlichen Inhalts, seltener mittels Stichworten aneinandergereiht. Das aus der Sammlung F übernommene Stück 28 1-4 ist mit 28 7-13 durch das Motiv der Trunkenheit verbunden. Wie nach diesem Text die Priester und Propheten den Jesaja verspotten, so beginnt 28 14-22 mit dem Stichwort »Spötter«. 28 23-29 steht isoliert, wenn man nicht annehmen will, daß die Sätze als Verteidigung Jesajas gegen den Spott über ihn an diese Stelle gerückt sind. Freilich fehlt auch die Verbindung zum folgenden Orakel in 29 1-7. Dieses redet von »Traum« und »Nachtgesicht« (v. 7). Weil man sich dabei im Zustand der תרדמה »Tiefschlaf« befindet, ist 29 9-10 mit diesem Stichwort (v. 10) angefügt worden. Dieses Orakel behandelt das Thema der Blendung, dem das Thema der Verblendung in 29 13-14 zu entsprechen scheint. Und danach wird in 29 15-16 das »Tun im Dunkeln« behandelt. So ergibt sich für die letzten drei Orakel ein thematischer Zusammenhang. Ähnlich verhält es sich bei den nächsten Orakeln. Wie 29 15-16 beziehen sich 30 1-5 und 6-7 auf die Bündnisverhandlungen mit Ägypten. Dabei ist anscheinend auch die chronologische Reihenfolge beibehalten, die sie eng aneinander gebunden hat. Deswegen wird auf Grund des schon in 30 1 vorkommenden Stichworts »störrische Söhne« erst 30 8-14 mit

dem Ausdruck »verlogene Söhne« (v. 9) angeschlossen. Dem folgt
30 15-17 wegen des ähnlichen Themas. Für die Anfügung von 30 27-33
und 31 1-3 lassen sich keine Gründe angeben. Aber 31 4-9 ist an v. 1-3
angehängt worden, weil v. 8 a in enger Beziehung zu v. 3 steht. 32 9-14
befindet sich wohl mit Absicht am Schluß. Denn es ist wahrscheinlich
das letzte Orakel Jesajas, wie der Zusammenhang mit 22 1-14 zeigt,
das aus dem Jahre 701 v. Chr. stammt[24].

Die Sammlung enthält kein Schlußfragment, wohl aber eine
angehängte Verheißung in 32 15-20, die in engem Zusammenhang mit
v. 9-14 steht. Der Anfang עַד־יֵעָרֶה »bis ausgegossen wird« spielt
lautlich auf מְעָרוֹת עַד־עוֹלָם »kahle Felder für immer« und מִרְעֶה
»kahles Feld« in v. 14 b an. Die künftigen Obstgärten und Wohnstätten
werden der in v. 10 und 12-14 angedrohten Verödung entgegengesetzt
und das »Glücklich seid ihr« (v. 20) dem »zittern« und »erbeben«
von v. 11. Ferner beginnt die Verheißung nicht mit einem ganzen Vers,
sondern mit einem halben. Das in 32 9-14 Gesagte ist in Kraft,

. . . .
        bis Geist aus der Höhe über uns ausgegossen wird.

Damit erklärt der eschatologische Verfasser das »für immer« Jesajas
zu etwas Vorläufigem und Vorübergehendem, das nach dem Eintreten
des »bis« durch das ewige Heil abgelöst wird. Gerade an dieser Stelle
wird sehr deutlich, aus welchem Grund solche Verheißungen an die
Orakelsammlung angehängt worden sind.

Überblicken wir das Ganze, so ergibt sich, daß die Sammlungen
der Orakel Jesajas — abgesehen von den Schlußfragmenten und den
angehängten Verheißungen — nach verschiedenen Methoden aufgebaut worden sind und sich dadurch wiederum als ursprüngliche Sammlungen erweisen:

A: nach Stichworten und nach ähnlichem Inhalt,
B: ein grundlegendes Orakel als Motto für weitere Orakel, die einen ähnlichen
    Inhalt besitzen,
C: ein grundlegendes Orakel, das durch weitere Sprüche mit gleichem Anfangs-
    wort erläutert wird,
D: chronologische Anordnung mit zwei Rahmenstücken,
E: nach Stichworten,
F: geographische Anordnung nach dem Schema der Ächtungstexte,
G: überwiegend nach ähnlichem Inhalt, seltener nach Stichworten.

Ferner zeigt sich, daß die Auswahl und Zusammenstellung der
Orakel zu Sammlungen meist nach sachlichen Gesichtspunkten erfolgt
ist:

---

[24] Vgl. G. Fohrer, Das Buch Jesaja, II 1962, S. 123 f. (1967²).

A: Orakel für Juda, die eine Zusammenfassung der Botschaft Jesajas ergeben,

B: Orakel gegen die Hochmütigen, besonders gegen die Oberschicht Judas,

C: Orakel gegen Juda unter Hervorhebung der einzelnen Sünden,

D: Orakel für die am syrisch-ephraimitischen Krieg Beteiligten,

E: Orakel gegen andere Völker und Menschen,

F: Orakel gegen andere Völker und Menschen,

G: Orakel für Juda.

Schließlich enthalten manche Sammlungen Orakel aus bestimmten Perioden des Auftretens Jesajas:

(A: aus mehreren Perioden,)

B: aus der ersten Periode,

C: aus der ersten Periode,

D: aus der zweiten Periode, abgesehen vom Berufungsbericht,

(E: aus der zweiten und vierten Periode,)

F: aus der zweiten bis vierten Periode,

G: aus der dritten und vierten Periode (Zeit des Königs Hiskia).

Offensichtlich sind die Sammlungen nach sorgfältigen und überlegten Plänen zusammengestellt worden. Bevor wir uns den weiteren Fragen nach ihrer Zusammenfügung zum Buch und nach den dabei befolgten Prinzipien zuwenden, müssen wir einen Blick auf die übrigen Teile von Jes 1—39 werfen.

III.

Außer den Sammlungen der Orakel Jesajas (mit den eingeschobenen und angehängten späteren Stücken) enthalten Jes 1—39 vier weitere Komplexe von Überlieferungen.

H. Die sechste Sammlung der Orakel Jesajas (F) ist, wie wir festgestellt haben, mit einer Sammlung anonymer Orakel über fremde Völker verschmolzen worden. Diese Sammlung war dadurch gekennzeichnet, daß ihre Stücke die Bezeichnung משׂא »Orakel« trugen. Zu ihr gehörten:

13 2-22   gegen Babylon (6. Jh. v. Chr.),

14 4b-21   gegen einen Weltherrscher, durch den Rahmen 14 1-4 a.

22-23   ebenfalls auf Babylon bezogen und an 13 2-22 angeschlossen (6. Jh.),

15 1-9 16 2 ⎫

16 1. 3-5   ⎬ über Moab (wahrscheinlich nachexilisch),

16 6-12   ⎭

19 1-15   gegen Ägypten (nachexilisch),

21 1-10   gegen Babylon (exilisch),

21 11-12   über Edom (wahrscheinlich nachexilisch),

21 13-15   über Dedan (wahrscheinlich nachexilisch),

23 1-14   über Phönizien (wahrscheinlich 4. Jh.).

Für die Komposition der Sammlung, die wenigstens teilweise erkennbar ist, ist das in Abschnitt II, F Gesagte zu vergleichen.

In späterer Zeit, vielleicht erst nach der Verschmelzung mit den Orakeln Jesajas und nach der Aufnahme der dadurch entstandenen Großsammlung in das Buch Jesaja, haben Bearbeiter mehreren Orakeln der Sammlung H einige Nachträge hinzugefügt:

16 13-14 zu den Orakeln über Moab,
19 16-17. 18. 19-22. 23. 24-25 zum Orakel gegen Ägypten,
21 16-17 zum Orakel über Dedan (derselbe Verfasser wie 16 13-14),
23 15-16. 17-18 zum Orakel über Phönizien.

Außerdem sind in die Großsammlung im Anschluß an 17 1-6 drei kleine Stücke eingefügt worden:

17 7-8   über die eschatologische Bekehrung (nachexilisch),
17 9-11   gegen den Götzendienst in Juda (nach 600 v. Chr.),
17 12-14   über den eschatologischen Völkersturm (nachexilisch).

Das Ganze umfaßt demnach 13—14 23 15—16 17 7-14 19 21 und 23.

I. Ein weiterer Komplex von Überlieferungen ist in der sogenannten Jesajaapokalypse in Kap. 24—27 der siebten Sammlung der Orakel Jesajas (G: Kap. 28—32) vorangestellt worden. Diese Kapitel sollen jetzt eine Einheit bilden, sind aber aus drei prophetischen Liturgien und mehreren Einzelstücken zusammengesetzt, die in nachexilischer Zeit entstanden sind[25]:

24 1-20   erste prophetische Liturgie,
24 21—25 12 zweite prophetische Liturgie,
26 1-6. 7-21   verbindende Texte,
27 1-6. 12-13 dritte prophetische Liturgie,
27 7-11   theologische Betrachtung.

K. Ebenso findet sich in 33—35 ein Komplex von Überlieferungen aus der nachexilischen Zeit im Anschluß an die siebte Sammlung der Orakel Jesajas:

33 1-6   prophetische Liturgie,
33 7-24   prophetische Liturgie,
34—35   über Gericht und Heil der Endzeit.

Dabei bestehen zwischen den Abschnitten mancherlei sachliche und stichwortartige Zusammenhänge. Alle stammen aus der nachexilischen Zeit; Kap. 34—35 sind von Deuterojesaja abhängig.

---

[25] Vgl. G. Fohrer, a. a. O. S. 1—41; ferner unten: Der Aufbau der Apokalypse des Jesajabuchs (Jesaja 24—27).

L. Als der Grundbestand von Jes 1—35 vorlag, sind Kap. 36—39 als letzter Teil angefügt worden. Die überwiegend erzählenden Abschnitte finden sich fast gleichlautend in II Reg 18 13. 17—20 19. Dort haben die Verfasser der Königsbücher sie als eine schon vorliegende und in sich geschlossene Sammlung von Legenden über Jesaja an einer passenden Stelle in ihre Darstellung einbezogen. Von dort sind sie in das Buch Jesaja übernommen worden. Diesen Vorgang belegen kleine Änderungen des Textes im Buch Jesaja und besonders die Umstellungen in Jes 38 gegenüber II Reg 20. Die Übernahme geschah offenbar aus dem Wunsch, alles über Jesaja Überlieferte in einem Buch miteinander zu vereinigen.

Kap. 36—37 enthalten zwei Erzählungen über die Bedrohung Jerusalems und Hiskias durch die Assyrer und über die wunderbare Rettung vor ihnen. Sie sind gleichartig aufgebaut:

Forderung der Kapitulation		
durch Sanherib	36 1-22	37 9b-13
Reaktion Hiskias	37 1-5	37 14-20
Verheißung Jesajas	37 6-7	37 21-35
Abzug der Assyrer	37 8-9 a. 37-38	37 36

Die Probleme der Historizität der Legenden und der historischen Beurteilung der angeblichen Verheißungen Jesajas können in diesem Zusammenhang nicht untersucht werden. Sie spielen für die Probleme von Entstehung, Komposition und Überlieferung des Buches Jesaja auch keine Rolle.

Kap. 38 erzählt von der Krankheit und wunderbaren Genesung Hiskias mit einem eingeschobenen Psalm. Während die Erzählung ursprünglich nicht auf eine bestimmte Zeit bezogen war, ist sie durch die Einleitung und den späteren v. 6 in die Monate der Bedrohung durch die Assyrer eingegliedert worden.

Kap. 39 spiegelt ursprünglich eine Episode aus den Vorbereitungen für den zweiten Aufstand Hiskias gegen Assyrien wider (705 v. Chr.), ist aber im Zusammenhang mit dem eingefügten Prophetenspruch in eine Voraussage des babylonischen Exils umgedeutet worden.

IV.

Nach der Analyse der ursprünglichen Bestandteile von Jes 1—39 stellen sich die weiteren Fragen nach dem Alter der Sammlungen der Orakel Jesajas und nach der Reihenfolge der Zusammenfügung zum jetzigen Buch.

In die Zeit Jesajas läßt sich mit Sicherheit die Sammlung D zurückführen, wie es auch die meisten Exegeten annehmen. Sie ist gegen
Ende des syrisch-ephraimitischen Krieges zusammengestellt worden
(vgl. II, D). Dagegen besitzen wir keine sichere Handhabe in den
anderen Sammlungen, um zu ermitteln, wann sie entstanden sind.
Einen Hinweis könnte die Beobachtung bilden, daß mehrere Sammlungen nur Orakel aus bestimmten Perioden des Auftretens Jesajas
enthalten: B und C aus der ersten Periode und G aus der Regierungszeit Hiskias (dritte und vierte Periode). Man könnte argumentieren:
Weil spätere Zeiten von der chronologischen Zuordnung der Orakel
nur mehr wenig oder gar nichts gewußt haben dürften, sind die Sammlungen bald nach der Verkündigung der Orakel entstanden, d. h. noch
zu Lebzeiten Jesajas. Aber das ist ein schwaches Argument, weil die
Beziehung auf die Zeitgeschichte in den meisten Orakeln Jesajas klar
zutage liegt[26], so daß seine Orakel leicht einzuordnen waren. Den
wirklichen Grund für eine frühzeitige Entstehung der Sammlungen
werden wir in Abschnitt VI kennenlernen.

Auf bessere Verhältnisse treffen wir hinsichtlich der Frage nach
der Reihenfolge der Zusammenfügung der Sammlungen. Besonders
die in Kap. 5—10 eingetretene Verwirrung und das Alter der Überschriften 1 1 und 2 1 erlauben einige Rückschlüsse.

Zuerst müssen die Sammlungen C und E miteinander vereinigt
worden sein. Das ist die notwendige Voraussetzung dafür, daß der Einschub der Sammlung D die ursprüngliche Ordnung in C und E gestört
hat. Er hat die Absprengung von 10 1-3 und 5 25-29 und ihre Umstellung an den jetzigen Platz sowie den Wegfall mehrerer Verse bei 5 25
verursacht. Warum D gerade zwischen C und E geschoben und nicht
vor- oder nachgestellt worden ist, wissen wir nicht. Es könnte mit der
chronologischen Zuordnung der Sammlungen zusammenhängen. Denn
C enthält Orakel aus der ersten Periode Jesajas, D solche aus der
zweiten Periode und E solche aus der zweiten und vierten Periode.
Diese chronologische Reihenfolge kann auf einem Zufall beruhen,
aber ebensogut Absicht sein. Nähme man weiter an, daß dieses chronologische Wissen nur bei einer zeitlichen Nähe zu den Ereignissen
möglich war, so müßten die genannten Vorgänge sich zu Lebzeiten
Jesajas oder bald danach abgespielt haben. Wir könnten dann annehmen, daß die vereinigten Sammlungen C—E schon um 700 v. Chr.
als älteste Form des Buches Jesaja vorgelegen hätten. Allerdings
müßte die Zusammenfügung so locker gewesen sein, daß in späteren
Jahrzehnten vielleicht die Fragmente, sicher aber die eschatologischen
Verheißungen eingearbeitet werden konnten. Dies alles ist sehr hypo-

---

[26] Vgl. H. DONNER, Israel unter den Völkern, 1964, obwohl ich nicht mit all seinen
Annahmen und Folgerungen übereinstimme.

thetisch und in mancher Hinsicht unwahrscheinlich. Ich nehme eher
an, daß die Zusammenfügung der Sammlungen C + E und der Einschub
von D erst in spätexilischer Zeit zustande gekommen sind, nachdem
alle Sammlungen ihre Anhängsel am Schluß erhalten hatten. Die
Epoche des Exils ist ja überhaupt dadurch gekennzeichnet, daß in ihr
mehrere Bücher geschaffen worden sind, nachdem nicht lange vorher
mit dem Buch Deuteronomium ein wichtiger Schritt getan worden
war. Im Exil wirkten dann die deuteronomistischen Geschichtsschrei-
ber und wurde das Heiligkeitsgesetz in seiner endgültigen Form niedergeschrieben. Ferner entstanden die Bücher Jeremia und Ezechiel.
Vermutlich hat das Beispiel dieser Prophetenbücher dazu angeregt,
auch die Sammlungen der Orakel Jesajas zu einem Buch zusammen-
zustellen. Auch wenn dies bloß eine Vermutung ist, steht doch die
Reihenfolge fest, in der die ersten Sammlungen zusammengefügt
worden sind.

In dieser Form hat das älteste Buch Jesaja längere Zeit bestanden, bis weitere Sammlungen von Orakeln um es als Kern und Kristal-
lisationspunkt herumgruppiert worden sind. Die Sammlung B ist
nämlich frühestens in der exilischen Zeit vorangestellt worden. Dieser
Zeitpunkt ergibt sich aus dem Wortlaut der ersten Überschrift 2 1,
die bei der Hinzufügung verfaßt worden ist. Noch später, vielleicht
in der frühen nachexilischen Zeit, wurde den vereinigten Sammlungen
B—E die Sammlung A vorangestellt und dem neuen Gesamtkomplex
die Überschrift 1 1 beigegeben.

In dieser Form, nämlich als Vereinigung der Sammlungen A—E,
hat das Buch wieder längere Zeit bestanden. Denn die nächste Sammlung F ist ja erst nach ihrer Verschmelzung mit der nicht-jesajanischen
Sammlung H (משא-Sammlung) in das Buch aufgenommen und an
A—E angeschlossen worden. Die Orakel der Sammlung H aber
stammen meist aus dem 6.—5. Jh. v. Chr., das Orakel über Phönizien
in 23 1-14 wahrscheinlich sogar aus dem 4. Jh. v. Chr. Dieses Orakel
könnte freilich erst später hinzugefügt worden sein, besonders weil
es ohne Verbindung mit den anderen an letzter Stelle steht. Dann wäre
der Anschluß der verschmolzenen Sammlungen F + H noch im 5. Jh.
v. Chr. möglich gewesen. Ebenso setzt die Überschrift 13 1 diejenige
von 2 1 voraus und führt auf jeden Fall in die nachexilische Zeit.
Danach erst kann die Sammlung G ihren Platz erhalten haben. Dafür
spricht ferner, daß sie durch die Sammlungen I und K mit einem
Rahmen umgeben worden ist, der aus nachexilischer Zeit stammt.
Bald danach sind vermutlich die Jesaja-Legenden aus dem Königs-
buch übernommen worden (L).

Demnach hat das Buch des Ersten Jesaja seine jetzige Form im
5. oder spätestens im 4. Jh. v. Chr. erhalten. Für seine Entstehung
lassen sich folgende Stadien erschließen:

1. Aneinanderreihung von C und E ⎫
2. Einschub von D   ⎬ exilische Zeit,
3. Voranstellung von B   ⎭
4. Voranstellung von A   — frühe nachexilische Zeit,
5. Anfügung von F+H   — 5. Jh.
6. Anfügung von G mit I und K ⎫
7. Anfügung von L.   ⎬ 5. oder 4. Jh.
                             ⎭

V.

Konnte ein besonderes Prinzip bei der Komposition des Buches befolgt werden, wenn die Bearbeiter so vorgingen, daß sie die Orakelsammlungen um den Kern in Kap. 5—10 gruppierten und sie ihm voranstellten oder anfügten? Häufig findet sich die Ansicht, daß Jes 1—35 nach dem Schema aufgebaut sei, das den Büchern Jeremia (in der Form der Septuaginta), Ezechiel und Zephanja zugrunde liegt: Drohungen gegen das eigene Volk — Drohungen gegen fremde Völker — Verheißungen für das eigene Volk (und vielleicht für andere Völker). Den ersten Teil könnte Jes 1—12 bilden, obwohl die darin aufgenommene Sammlung E aus Orakeln über andere Völker besteht. Den zweiten Teil bildet Jes 13—23 (F+H), der tatsächlich fast ausschließlich Orakel gegen fremde Völker enthält. Am schwierigsten steht es mit dem dritten Teil. Gewiß laufen die Sammlungen I und K auf Verheißungen für Israel hinaus und sind wohl gerade deswegen als Rahmen beigegeben worden. Aber die von ihnen umschlossenen Orakel in Jes 28—32 richten sich doch überwiegend scheltend und drohend gegen das eigene Volk. Daher hat EISSFELDT durchaus Recht, wenn er feststellt[27]: »so rein wie beim Hesekiel-Buch und in der 𝔊-Gestalt des Jeremia-Buches kommt das Schema hier doch keinesfalls zum Ausdruck, und wenn c. 1—35 überhaupt danach angelegt ist, so hat die Hand, die da am Werk war, mit dem ihr vorliegenden Stoff nicht so frei schalten und walten können, wie das bei Hesekiel und bei Jeremia der Fall war. Vielmehr mußte sie sich daran genügen lassen, einen in vieler Hinsicht schon geordneten Stoff nachträglich in dies Schema hineinzuzwängen.« Die tieferen Gründe dafür liegen in der zeitlichen Reihenfolge, in der die Sammlungen nach unseren Beobachtungen zusammengefügt worden sind (vgl. IV).

Dennoch läßt sich ein Schema der Komposition erkennen. Das gilt zunächst für die kleinen Sammlungen der Orakel. Bei fast allen von ihnen ist an das Korpus mit dem Schlußfragment nachträglich eine Verheißung angehängt worden, so daß sich ein zweigliedriges

---

[27] O. EISSFELDT, Einleitung in das Alte Testament, 1964³, S. 410f.

Schema ergibt. Sinn und Zweck dessen enthüllen sich meist mit ausreichender Deutlichkeit. An die Sammlung A ist 2 2-4 angehängt worden, um dem verderbten oder einem Läuterungsgericht zu unterwerfenden Jerusalem (1 4-9. 21-26) das eschatologische Jerusalem als Wallfahrtsziel der Völker gegenüberzustellen. In der Sammlung B wird nach dem sündigen Stolz der Jerusalemer Oberschicht in 4 2-6 von dem gottgemäßen Stolz des eschatologischen Restes gesprochen. Nach dem Versagen des Königs von Juda laut Sammlung D erwarten 9 1-6 für die eschatologische Heilszeit den messianischen Herrscher als Stellvertreter Jahwes auf Erden. Und 11 1-9 erhoffen die gleiche Gestalt mit dem eschatologischen Friedensreich nach dem Ende der sündigen fremden Reiche und Herrscher, von denen die Sammlung E redet. In der Sammlung G erklärt 32 15-20 die gegenwärtige oder angedrohte Zeit des Unheils als etwas Vorläufiges und Vorübergehendes, das durch das eschatologische Heil abgelöst werden wird. Ähnliches besagt die Verheißung 28 5-6 im Anschluß an das ursprünglich zu F gehörige Orakel 28 1-4. In allen Fällen liegt das Denkschema der eschatologischen Theologie zugrunde, das sich äußerlich im Schema der Komposition zeigt: die Aufeinanderfolge der zwei Perioden des Unheils und des eschatologischen Heils. Während Jesaja selbst das Entweder-Oder von Strafgericht oder Rettung durch Umkehr verkündigt hat, deutet die eschatologische Theologie dies zu dem Vorher-Nachher von vorübergehendem Unheil und ewigem Heil um.

Das gleiche zweigliedrige Schema haben die Bearbeiter der Prophetenbücher an anderer Stelle befolgt. Den Orakeln des Amos, die denen des Jesaja ähnlich sind, haben sie die Verheißungen Am 9 8-15 gegenübergestellt. Im Buche Micha findet sich das Schema sogar zweimal: auf die Orakel Michas in Kap. 1—3 folgen die Verheißungen in Kap. 4—5; auf die später zugefügten Orakel 6 1—7 7 folgt 7 8-20. Ebenso erklärt sich daraus, daß das Buch Hosea mit der Verheißung 14 2-9 schließt; allerdings ist in diesem Fall ein Orakel benutzt worden, das von Hosea selber stammt. Nur nebenbei ist anzumerken, daß die Sammlung der Berichte und Orakel in Hos 1—3 anders zu beurteilen und voreschatologischer Art ist. Immerhin zeigt sich, daß die Sammlungen der nichteschatologischen Propheten der vorexilischen Zeit mehrfach mittels der Anfügung von Verheißungen in ein eschatologisches Schema gezwängt worden sind.

Es scheint, daß nicht nur die Sammlungen der Orakel Jesajas diesem Schema entsprechen sollten, sondern auch das erste Buch, das aus ihnen entstand (Kap. 1—12). Zunächst hat dessen frühnachexilische Form mit der Verheißung 11 1-9 geschlossen, die dann um v. 10 und 11-16 erweitert wurde, um den heilvollen Abschluß zu betonen. Außerdem hat ein Bearbeiter das Kap. 12 angefügt, das ein eschatologisches Danklied (v. 1-3) und einen eschatologischen Hymnus (v. 4-6) enthält. Gewiß ist diese Zufügung an sich ein Zeichen für den kultischen Gebrauch des Buches. Daß aber nicht beliebige Doxologien, sondern eschatologische Lieder ausgewählt worden sind, beruht auf dem gleichen Grundsatz, aus dem an die Einzelsammlungen die eschatologischen Verheißungen angefügt wurden.

Bei der Anfügung der verschmolzenen Großsammlung F+H sind die Bearbeiter einen Schritt weitergegangen. Wie die Überschrift 13 1 zeigt, haben sie die Sammlung der Orakel über die fremden Völker (Kap. 13—23) als einen zweiten Teil des Buches betrachtet, der auf Kap. 1—12 mit der Überschrift 1 1 (und 2 1) als den ersten Teil folgt. Nun gehört es zum volleren eschatologischen Schema, daß die Drohungen gegen fremde Völker einem Moment in der Verwirklichung der Heilszeit entsprechen. Es handelt sich um die Übergangsperiode vom Unheil zum Heil Israels. In ihr trifft die fremden Völker, die Jahwe und Israel feindlich gesinnt sind, das endgültige Strafgericht. So gelten die Völkerworte als indirekte Verheißungen für Israel. Daher bleibt die Zweiteilung des Buches Jesaja in Kap. 1—12 und 13—23 grundsätzlich noch im zweigliedrigen eschatologischen Schema: Bis zur Gegenwart herrscht die Unheilszeit für Israel, dann wird mit dem Gericht über die Völker die Verwirklichung des eschatologischen Heils für Israel beginnen.

Jedoch dürfte bald danach die vereinigte Großsammlung I+G+K angefügt und damit der Weg zum dreigliedrigen eschatologischen Schema beschritten worden sein. In ihm erscheint das Gericht über die fremden Völker lediglich als Durchgangsstadium für die Zuteilung des Heils an Israel. Von diesem Heil sprechen allerdings — wie schon gesagt — hauptsächlich die Kap. 33 und 34—35 (diese beiden Kapitel wieder in der Doppelheit: Unheil für die Völker — Heil für Israel). Dazu treten einige Verheißungen in Kap. 28—32. Der Bearbeiter hat also die schwierige Aufgabe, die meist scheltenden und drohenden Orakel Jesajas der Sammlung G im Buch unterzubringen und trotzdem die Ankündigung des eschatologischen Heils für Israel als dritten Teil des Buches zu schaffen, so gelöst, daß er die Orakel Jesajas (G) mit dem Rahmen I und K umgeben und auf diese Weise in das Schema einbezogen hat. So liegt das dreigliedrige eschatologische Schema zwar nicht so klar vor wie in den Büchern Jeremia (Septuaginta), Ezechiel und Zephanja, ist aber dennoch als angestrebtes Ziel erkennbar.

Daß eine derartige Einzwängung in das zwei- oder dreigliedrige eschatologische Schema der Theologie Jesajas nicht gerecht wird, sei abschließend noch einmal betont.

VI.

Bisher haben wir die Entstehung und Komposition des Buches des Ersten Jesaja von der Analyse der ursprünglichen Orakelsammlungen bis zum beabsichtigten dreigliedrigen Aufbau des Ganzen verfolgt. Es bleibt die Frage zu beantworten, wie es sich mit der mündlichen oder schriftlichen Überlieferung der Orakel verhält und welches der Grund für die frühe oder späte schriftliche Fixierung gewesen ist.

Auf die Rolle der mündlichen Überlieferung ist in den letzten Jahrzehnten mehrfach mit großem Nachdruck hingewiesen worden. Zweifellos ist besonders für Erzählungen und Lieder oft eine kürzere oder längere Periode mündlicher Überlieferung anzunehmen, in der sie umgeformt und neu interpretiert werden konnten. Für viele Erzählungen des Pentateuch ist dergleichen mit Sicherheit zu behaupten. Aber nach der Annahme mancher Exegeten soll auch die Tradition der Prophetenworte entweder längere Zeit ausschließlich mündlich oder gleichzeitig mündlich und schriftlich erfolgt sein[28]. Es ist nicht möglich, an dieser Stelle das ganze Problem eingehend zu behandeln. Ich meine, daß nicht mit einer langen mündlichen Tradition der prophetischen Orakel zu rechnen ist — auch nicht parallel zur schriftlichen Tradition —, sondern daß die mündlich vorgetragenen Orakel bald danach niedergeschrieben und in dieser Form weitergegeben worden sind. Dafür spricht neben vielen anderen ein Argument, das die Vertreter der Annahme einer mündlichen Tradition selber angeführt haben: daß die metrisch geformten Stücke am frühesten schriftlich festgehalten worden sind. Weil die prophetischen Orakel aber zu dieser Kategorie von Texten gehören, ist mit ihrer schriftlichen Tradition zu rechnen[29]. Aber beschränken wir uns auf die Ermittlung des Beitrags, den das Buch Jesaja liefern kann.

Man könnte auf Jes 8 16-18 und 30 8 verweisen, in denen vielleicht von einer schriftstellerischen Tätigkeit Jesajas die Rede ist.

    8 16-18 Verschnüren will ich[30] das Zeugnis,   2+2 (3)
          versiegeln die Weisung בלמדי.

---

[28] Vgl. zuletzt E. Nielsen, Oral Tradition, 1954; A. H. J. Gunneweg, Mündliche und schriftliche Tradition der vorexilischen Prophetenbücher als Problem der neueren Prophetenforschung, 1959.

[29] G. Fohrer, Neuere Literatur zur alttestamentlichen Prophetie, ThR NF 19 (1951), S. 282—284; 20 (1952), S. 199—203; Zehn Jahre Literatur zur alttestamentlichen Prophetie (1951—1960), 28 (1962), S. 33—35.

[30] צור und חתום können nicht als Imperative übersetzt werden, weil sie dann einen Befehl Jahwes an Jesaja darstellten und einer Einleitung bedürften und weil למדים die Schüler Jahwes bezeichnen würde. Die beiden Verbformen sind vielmehr als absolute Infinitive und als Ersatz des Verbum finitum zu verstehen.

Ich will auf Jahwe hoffen,	2+2
der sein Antlitz verbirgt	
vor dem Hause Jakob,	2+2
und auf ihn harren.	
Siehe, ich und die Kinder,	3+3
die Jahwe mir gegeben hat,	
sind Zeichen und Wahrzeichen in Israel	3+3
von Jahwe Zebaot,	
der auf dem Berge Zion wohnt.	3

Man kann den ersten Satz infolge seiner kurzen Ausdrucksweise sehr verschieden interpretieren: daß Jesaja seine bisher bzw. im syrisch-ephraimitischen Krieg verkündeten Orakel »durch«, »mit«, »für« oder »in Anwesenheit« seiner Schüler aufschreibt[31]; daß er sie »in« seinen Schülern versiegelt und ihnen zur mündlichen Überlieferung übermittelt[32]; oder daß er seine Orakel lediglich seinen Schülern vortragen will[33]. Aber gegen diese Auffassungen erheben sich große Bedenken.

Das Wort בלמדי als Bezeichnung von Schülern Jesajas wird durch die Versionen des Textes in Frage gestellt. Die Peschita hat das Wort als »Weisung, Belehrung« verstanden. Dies kann aus der Form des Substantivs למדים erschlossen werden, von der es mehrere Fälle zur Bezeichnung von Abstrakta gibt[34]. למדים in solchem abstrakten Sinn begegnet vielleicht in Jes 50 4 Sir 51 28. Daher bevorzugt WIDENGREN[35] die Übersetzung: »Bound up is the witness, sealed the torah with my instruction«. Doch gibt das keinen guten Sinn; denn es schließt eine Tautologie ein, weil תורה selbst »Weisung« bedeutet (»sealed the instruction with my instruction«), oder setzt eine ganz ungewöhnliche Bedeutung von תורה voraus, wenn die Tautologie vermieden werden soll. Und die andere mögliche Übersetzung »auf meine Weisung«, d. h. »auf meinen Befehl«, entspricht nicht dem Hebräischen. Deshalb ist eher anzunehmen, daß die Peschita בלמדי als eine Wahllesart zu תורה vorgefunden oder verstanden hat.

Septuaginta und Targum scheinen überhaupt einen anderen Text vor sich gehabt zu haben, in dem מלמד stand. Die Septuaginta hat die Konsonanten als Infinitiv Piel mit מן gedeutet: τοῦ μὴ μαθεῖν. Das Targum dagegen hat sie in dem Sinne aufgefaßt: »damit sie nicht verstanden wird« und die freie Umschreibung gegeben: »O Prophet, behalte das Zeugnis; bezeuge nicht gegen sie, weil sie nicht hören. Versiegle und verbirg die Weisung (das Gesetz), denn sie wünschen nicht, darin zu lernen.« Beide Versionen beziehen das Wort darauf, daß Jesaja seine Verkündigung beenden soll und daß die Leute nicht bereit sind, auf ihn zu hören und von ihm zu lernen. Das entspricht auch den tatsächlichen Verhältnissen. Denn die Judäer haben nicht auf ihn gehört, und Jesaja hat nach seinen Orakeln zum syrisch-ephraimitischen Krieg lange Jahre ge-

---

[31] So z. B. D. JONES, a. a. O. S. 232—236; O. KAISER, a. a. O. S. 94.

[32] So I. ENGNELL, The Call of Isaiah, 1949, S. 21, 59.

[33] So J. ZIEGLER, Isaias, 1958, S. 43.

[34] GKa § 124 d.

[35] G. WIDENGREN, Literary and Psychological Aspects of the Hebrew Prophets, 1948, S. 69 n. 4.

schwiegen. Das nächste Orakel, das datiert werden kann, ist mehr als 15 Jahre jünger und stammt aus der Zeit des Königs Hiskia (14 28-32).

Die Versionen lassen es also als fraglich erscheinen, ob בלמדי die ursprüngliche Form und nicht erst später aus einem anderen Wort entstanden ist. Abgesehen davon stellt sich wie bei der Peschita die Frage, ob das Wort nicht auch in seiner ursprünglichen Form ein Zusatz zum Text Jesajas ist, der diesen erläutern sollte. Dafür spricht nicht zuletzt das Metrum, das in den beiden folgenden Versen 2+2 beträgt. Behält man בלמדי bei, so ergibt sich für den ersten Vers der ungewöhnliche Rhythmus 2+3, während nach der Ausscheidung des Wortes auch der erste Vers 2+2 aufweist.

Nach alledem scheint es richtig zu sein, בלמדי als einen sekundären Zusatz zu v. 16 zu betrachten, der im Verlauf der Tradition verschieden gelautet hat und verschieden gedeutet worden ist. Damit fallen sogleich die Thesen von der mündlichen Tradition durch die angeblichen Schüler Jesajas und von dem Vortrag der Orakel vor ihnen. Und ferner kann Jesaja das behauptete Aufschreiben der Orakel keinesfalls in bezug auf seine Schüler vorgenommen haben.

Wo aber ist im Text überhaupt davon die Rede, daß Jesaja seine Orakel auf eine Buchrolle schrieb? Unmißverständlich spricht v. 16 lediglich von »verschnüren« und »versiegeln«, nicht aber von »schreiben«. Die grundlegende Voraussetzung für die These, daß der Vers das Aufschreiben der Orakel Jesajas meine, wird immer in ihn eingetragen! Daher ist es verständlich, daß mehrere Exegeten die Verse mit dem Bericht über das Aufschreiben des Namens und über die Benennung des Sohnes Jesajas in 8 1-4 verbunden oder sie auf diesen Bericht bezogen haben[36]. Aber dieser Ausweg ist nicht richtig. Denn 8 1-4 und 8 16-18 sind zwei in sich geschlossene Texte, die nicht vermengt werden dürfen. Außerdem bezieht 8 18 sich nicht allein auf das Kind von 8 1-4, sondern auf die beiden Kinder des Propheten und auf diesen selbst.

Ebensowenig kann man annehmen, daß 8 16 das Aufschreiben der Orakel stillschweigend voraussetzt, und dies aus den Worten »verschnüren« und »versiegeln« ableiten. Denn diese Ausdrücke müssen keinesfalls wörtlich, sondern können bildlich verstanden werden. In der Tat wird nur eine solche bildliche Auffassung dem Text gerecht, weil das für die wörtliche Auffassung notwendige Wort »schreiben« gerade fehlt. Wie der Schreiber eine Buchrolle wirklich verschnürt und versiegelt, nachdem er sie fertiggestellt hat, und danach beiseite legt, ohne sie benutzen zu wollen, so verfährt Jesaja mit dem, was er als göttliche Weisung (תורה) und als Bezeugung (תעודה) dessen,

---

[36] Vgl. z. B. L. G. RIGNELL, The Oracle Maher-šalal-haš-baz, Is 8, StTh 10 (1956), S. 40—52; W. EICHRODT, Der Heilige in Israel, Jesaja 1—12, 1960, S. 93—98.

was Jahwe tun wird, verkündigt hat. Wie der Schreiber beendet er seine Tätigkeit und legt deren Ausfluß — Weisung und Bezeugung — beiseite und unter Verschluß. Das bedeutet: Anstatt weiterhin zu reden, will er sich zurückziehen und warten, bis Jahwe das verwirklicht, was sein Prophet bezeugt hat und wofür besonders seine Kinder durch ihre symbolischen Namen eine Gewähr bilden: den Untergang von Damaskus und Samaria (8 1-4) und das Schicksal Judas, das nur bestehen bleiben kann, wenn es umkehrt und glaubt, sonst aber ebenfalls vergehen muß (7 1-9). Daher ist in 8 16-18 weder von einer schriftstellerischen Tätigkeit Jesajas (oder seiner angeblichen Schüler) noch von einer mündlichen Tradition seiner Orakel die Rede, sondern von der Beendigung seines prophetischen Auftretens nach dem syrischephraimitischen Krieg.

> 30 8 Jetzt geh, schreib's auf [auf eine Tafel bei ihnen]   2+2
> und ritze es als Inschrift ein,
> damit es für einen künftigen Tag   2+2
> als Zeuge diene [auf ewig].

Worin besteht der Auftrag Jahwes an Jesaja? Die Exegeten nehmen meist an, daß er die in der frühen Regierungszeit Hiskias verkündigten Orakel als »Zeuge« für die Nachwelt aufschreiben sollte, damit künftige Generationen erkennen könnten, daß seine Orakel sich verwirklicht haben. Aber dazu ist das bloße »es« viel zu unbestimmt und ungenau. Ferner bezeichnet חקק nicht das Beschreiben von Buchrollen, sondern bedeutet »einritzen, einzeichnen«. Man ritzt ein den Grundriß einer Stadt (Jes 49 16 Ez 4 1), das Bild eines Menschen (Ez 23 13f.) oder einen kurzen Text von Worten (Hi 19 23)[37]. Dabei ist, wenn der Ausdruck im wörtlichen Sinn gebraucht wird, an Stein als Material zu denken (vgl. ferner Jos 8 32, vielleicht Ex 17 14). Demgemäß ist ספר wie in Hi 19 23 nach seiner ursprünglichen Bedeutung »Botschaft, schriftliche Nachricht«[38] als »Inschrift« zu verstehen. Von einem Blatt oder einer Buchrolle kann keine Rede sein. Vielmehr soll Jesaja an eine nicht genauer bezeichnete Stelle gehen und eine Inschrift einritzen. Die spätere Glosse in v. 8 a hat denn auch ganz richtig an ein öffentliches Aufschreiben eines kurzen Textes gedacht, allerdings im Anschluß an 8 1 auf eine Tafel. Wahrscheinlich ist aber die Stadtmauer gemeint, weil Jesaja sie in v. 13 bildlich verwendet.

Andere Exegeten kommen dem insofern nahe, als sie annehmen, daß Jesaja nicht alle seine Orakel aus der dritten Periode seiner Tätigkeit aufschreiben sollte, sondern einen kurzen Spruch. Er sollte ihn

---

[37] In Hi 26 10 und Prov 8 27 ist ferner vom »Einritzen« des Horizonts die Rede.

[38] Vielleicht kommt ספר in der Bedeutung »Inschrift« auch in der Aḥiram-Inschrift, Zeile 2, vor, doch ist der Text unsicher.

einem Orakel entnehmen, das 30 8-14 vorangeht oder folgt (30 7 oder
30 15). Aber das ist ganz ausgeschlossen, weil die Orakel ursprünglich
selbständig und getrennt waren. Sie sind ja erst nachträglich zusammengefügt worden, um Sammlungen zu bilden, so daß »es« genau-
sogut jeden anderen Spruch bezeichnen könnte.

Am nächstliegenden ist es doch, daß die einzuritzende Inschrift
im gleichen Orakel angegeben wird. Denn jedes Orakel muß für sich
allein klar und verständlich sein. Dann muß v. 9 den Text der Inschrift enthalten. Tatsächlich faßt er die Vorwürfe Jesajas in einer
großen Anklage zusammen, die in v. 10-11 erläutert wird und das in
v. 12-14 angekündigte Strafgericht begründet:

Sie sind ein widerspenstiges Volk,	2+2
verlogene Söhne,	
[Söhne,] die auf die Weisung Jahwes	2+2
nicht hören wollen.	

Diese Inschrift soll an einem »künftigen Tag«, wenn das Gericht
vollstreckt und die Mauer Juda eingestürzt ist (v. 13), als »Zeuge« der
Anklage Gottes gegen das Volk dienen. Sie soll jedem Vorübergehenden sagen, warum die Katastrophe eingetreten ist: nicht weil Jahwe
schwächer war als die siegreichen Assyrer und ihre Götter, sondern
weil Juda sündig war.

Jes 8 16-18 und 30 8 sprechen also nicht von einer Niederschrift
der Orakel Jesajas, und 8 16 beweist auch nicht die These von einer
mündlichen Tradition durch einen Kreis von Schülern. Zugleich fällt
mit der abgelehnten Deutung von 30 8 die Annahme, daß das Aufschreiben der Orakel für künftige Zeiten erfolgt sei. Damit wird ferner
die Annahme in Frage gestellt, daß die Sammlung Jes 6—8 eine
rechtfertigende Denkschrift darstelle (vgl. III, D). Ferner können in
der Zeit Jesajas oder bald danach keine kultischen Gründe die Überlieferung seiner Orakel gefordert haben, weil die schweren Anklagen
und Drohungen gegen Juda und Jerusalem weder während der Regierung der angegriffenen Könige Ahas und Hiskia noch während der
Regierung des prophetenfeindlichen Königs Manasse im Kultus vor-
getragen worden sein können. Ebenso scheiden literarische Gründe
für das Aufschreiben der Orakel aus. Aus welchem Grunde aber sind
dann die Orakel Jesajas überliefert worden und in welcher Form?

Einen ersten Hinweis kann der Bericht über ein anderes, von
Jes 30 8 zu unterscheidendes Aufschreiben durch Jesaja liefern: das
Aufschreiben des rätselhaften Namens *māher šalal ḥaš bāz* »Eilebeute — Plünderschnell«. Das ist der erste Teil einer symbolischen
Handlung, dem als zweiter Teil die Benennung des Sohnes Jesajas
mit dem Namen folgt. Im Zusammenhang mit dem zweiten Teil wird
die Deutung gegeben: Damaskus und Samaria werden eine baldige

Beute des Königs von Assur werden. Eine solche symbolische Handlung ist in der gleichen Weise eine prophetische Verkündigung wie
das gesprochene Wort[39]. Wie das Wort Jahwes, das der Prophet
spricht, wie ein Hammer ist, der den Felsen in Stücke zerschlägt
(Jer 23 29) und dasjenige ausführt, wozu Jahwe es gesandt hat (Jes
55 10), so kündigt die symbolische Handlung den Willen Jahwes hinsichtlich eines zukünftigen Geschehens wirkungsmächtig und wirkungs-
voll an. Symbolisches Tun setzt sich mit geheimnisvoller Kraft in
Wirklichkeit um. Indem Jesaja den Namen »baldige Beute« aufschreibt und dann seinem Sohn gibt, kündigt er das Eintreffen des
Gemeinten als göttlichen Willensbeschluß wirksam an; ja, er führt es
in gewisser Weise mit herbei. Er macht die Vernichtung von Damaskus und Samaria unabwendbar.

Das Aufschreiben hängt also mit der Wirkungskraft zusammen,
die dadurch erreicht oder gesteigert wird. Das gilt auch für das Aufschreiben anderer Worte. Denn ein geschriebener Fluch oder Segen
ist kräftiger und wirksamer als ein bloß gesprochener (vgl. Num
5 23f.). Die gleiche Vorstellung treffen wir in der Erzählung über die
Buchrolle Jeremias in Jer 36 an[40]. Allerdings ist für Jeremia zuerst
ein anderes Motiv entscheidend. Jeremia darf den Tempel nicht betreten und schickt daher Baruch an seiner Stelle. Dieser handelt als
Jeremias Bote und Beauftragter und benötigt dazu ein Beglaubigungs-
schreiben, an Hand dessen die Richtigkeit seiner Botschaft geprüft
werden kann — genauso wie bei Gesandtschaften mit Briefen bei den
Königshöfen des Alten Orients. Es besteht kein Grund für die Annahme, daß die Anordnung zum Aufschreiben der Orakel ihre Ursache
in dem Wunsch hatte, die Orakel für die Zukunft zu erhalten. Denn
die Absicht, die hinter der ganzen Aktion steht, ist die, Eindruck auf
die damals lebende Generation zu machen, »so daß ein jeder von seinem
bösen Wege umkehre« (v. 3).

Aber während es sich beim Schreiben der ersten Rolle um eine
einmalige Maßnahme handelt, die durch die besondere Situation Jeremias bedingt ist, verschiebt sich die Motivation im weiteren Verlauf
der Ereignisse. Das zeigt sich schon an der Vernichtung der Rolle
durch den König Jojakim. Und der Verfasser von v. 29b hat den Zusammenhang erkannt, wenn er Jeremia über den König sagen läßt:

> Du hast jene Rolle verbrannt, indem du sagtest: »Warum hast du darauf ge-
> schrieben: Der König von Babylon wird sicher kommen, dieses Land verheeren und
> Mensch und Vieh aus ihm vertilgen!?«

Ferner läßt Jeremia nach der Vernichtung der ersten Rolle eine
zweite Rolle mit dem gleichen Inhalt schreiben, obwohl der Zweck

---

[39] Vgl. G. Fohrer, Die symbolischen Handlungen der Propheten, 1967².
[40] Vgl. auch E. Nielsen, a. a. O. S. 64—79.

der ersten Rolle erfüllt war und die zweite nicht mehr vorgelesen werden konnte. Hierbei und bei der Vernichtung der ersten Rolle ist ein Grund maßgeblich, den NIELSEN[41] richtig erkannt hat, ohne aber die richtigen Folgerungen daraus zu ziehen: »The king had destroyed Jeremiah's roll of prophecy and would have got rid of its authors. YHWH interfered and saved the authors. And now follows the last part: YHWH orders Jeremiah to reproduce the roll in the exact manner of the former one. Just as the intention of the king undoubtedly was to neutralize the prophecies of disaster, to avert them by destroying the roll and seeking to dispatch its authors, the intention behind the reproduction of it is quite evidently to ensure that Jeremiah's prophecies remain in force.« Die Rolle wird zum Brennpunkt der Ereignisse. Der König vernichtet sie, um das Unheil zu vertreiben. Jeremia aber läßt sie von neuem herstellen — in genau der gleichen Form wie die erste Rolle; die Unheilsdrohungen bleiben unverändert in Kraft (v. 32).

Darin erkennen wir den Hauptgrund für das Aufschreiben, Sammeln und Überliefern der prophetischen Orakel: die Wirkungskraft des einmal gesprochenen Wortes wird konserviert und vielleicht sogar gesteigert, indem es schriftlich festgehalten wird. Und beim erneuten Lesen oder Rezitieren wird die inhärente Kraft aufs neue freigesetzt und wirksam.

Daß diese Motivierung auch der Niederschrift und Tradition der Orakel Jesajas zugrunde liegt, zeigen die Rahmenstücke der Sammlung D (Kap. 6—8), die auf ihn selber zurückgeht. Entscheidend am Berufungsbericht in Kap. 6 sind die Beauftragung Jesajas (v. 10):

> Verhärte das Herz dieses Volkes,
> mach seine Ohren taub
> und seine Augen blind,
> damit es mit seinen Augen nicht sieht,
> mit seinen Ohren nicht hört
> und mit seinem Herzen nicht versteht!

und die anschließende Drohung (v. 11):

> Bis daß die Städte
> wüst liegen ohne Einwohner
> und die Häuser ohne Menschen
> und das Ackerland als Öde 'übrigbleibt'.

Auf die Verwirklichung dieser Drohung, die derjenigen während des syrisch-ephraimitischen Krieges entspricht (vgl. 7 18-22 8 8. 14f.), wartet Jesaja nach 8 16-18. Und wie den Namen *māher šalal ḥaš bǎz* hat er all die Drohungen niedergeschrieben, damit sie in Kraft bleiben und sich verwirklichen. So bildet die Sammlung keine rechtfertigende

---

[41] E. NIELSEN, a. a. O. S. 70.

Denkschrift, sondern eine Vergewisserung, daß Jesajas Orakel in Kraft bleiben.

Ebenso ist zu beachten, daß die Sammlung F mit Völkerorakeln Jesajas (Kern von Kap. 13—23) wie bei anderen Propheten nach dem Vorbild der ägyptischen Ächtungstexte angelegt ist. Das ist weder Zufall noch Spielerei. Dem ägyptischen Ritual der Ächtung nämlich, für das die Texte geschrieben wurden, liegt die Vorstellung von der magischen Wirksamkeit derartiger Bräuche zugrunde. Diese Idee der Wirksamkeit ist es, die die Propheten zur Übernahme des Schemas bewogen hat. Gewiß haben sie nicht geglaubt, daß ihre Worte aus magischer Kraft wirksam seien. Sie wirken vielmehr, weil sie den unwiderstehlichen Willen Jahwes ausdrücken. Ungeachtet dessen erklärt sich die Anordnung der Völkerorakel Jesajas bei der schriftlichen Aufzeichnung oder Sammlung daraus, daß die Befolgung des Schemas der Ächtungstexte ihre Kraft konservieren sollte.

Ist dies der Hauptgrund für die schriftliche Fixierung der prophetischen Orakel, so sind sie deswegen sehr bald nach ihrer mündlichen Verkündigung niedergeschrieben worden. Das gesprochene Wort mußte schnell aufgeschrieben werden, um seine Kraft zu behalten. Und das in schriftlicher Form überlieferte Wort ist kräftiger und wirksamer als das mündlich überlieferte. Es ist möglich, daß der gleiche Grund noch galt, als spätere Bearbeiter die eschatologischen Verheißungen an die Sammlungen anfügten und die Sammlungen entsprechend dem eschatologischen Schema aneinanderfügten. Vielleicht wollten sie auf diese Weise den Anbruch der eschatologischen Heilszeit sicherstellen, dadurch die Unheilsorakel zeitlich begrenzen und — wie Jojakim bei der Zerstörung der Rolle Jeremias — neutralisieren.

Sicher sind in späterer Zeit vorwiegend kultische und auch grundsätzliche theologische Gründe für die Tradition der prophetischen Orakel und Schriften maßgeblich geworden, je mehr die Bücher der Propheten als heilige Schriften galten. Die Orakel und Schriften der Propheten, auch des Jesaja, wurden sorgfältig bewahrt und überliefert, damit man sie im Kultus verlesen konnte. Auch darin wirkt die Vorstellung nach, daß das Wort lebendig wird, indem der Mensch es ausspricht und im Kultus rezitiert. In solcher Verlesung des Buches Jesaja redet Jahwe aufs neue drohend, mahnend und verheißend zu seiner Gemeinde.

Aber das ist ein späterer Gedanke. Für Jesaja und seine Zeit war die Vorstellung maßgeblich, daß die Niederschrift der Orakel ihre Kraft konserviert. Von da aus erklären sich ihre schriftliche Aufzeichnung und ihre schriftliche Tradition in Form der die Kraft konservierenden und — infolge der Anhäufung von Orakeln — intensivierenden Sammlungen. Vielleicht ist noch die eschatologische Bearbeitung unter diesem Gesichtspunkt erfolgt.

Jesaja 1 als Zusammenfassung der Verkündigung Jesajas

O. Eissfeldt hat in seiner »Einleitung in das Alte Testament«den in Jes 1 2-26 vorliegenden Ausschnitt der Jesajaüberlieferung als »eine Gruppe von fünf wohl ursprünglich selbständigen Worten« bezeichnet[1] und mit der Gliederung in 1 2-3. 4-9. 10-17. 18-20. 21-26 die aller Wahrscheinlichkeit nach treffendste Aufteilung vertreten. Obschon dieser Komplex mehrfach als Ganzes[2] oder im Hinblick auf mancherlei Einzelfragen[3] behandelt worden ist, scheint mir eine neue Betrachtung wünschenswert zu sein, die außer der Frage nach dem ursprünglichen Bestand der Wortsammlung unter Berücksichtigung der zweifachen Überschrift in 1 1 und 2 1 den Sinn und Zweck der Voranstellung des Kapitels erwägt und hinsichtlich seiner Komposition die wichtige Bemerkung Eissfeldts bedenkt, daß zwar »jede als selbständig nachweisbare literarische Einheit zunächst aus sich allein heraus erklärt werden muß«, aber doch auch »unser Buch nicht wie das Psalm- und Spruchbuch eine lose Aneinanderreihung von Sprüchen und Reden, Liedern und Erzählungen darstellt, auf deren Folge gar nichts ankäme«[4]. Lassen sich für die genannten Gesichtspunkte bestimmte Absichten wahrscheinlich machen, so stellen sich schließlich die

---

[1] O. Eissfeldt, Einleitung in das Alte Testament, 1964[3], S. 414f.

[2] K. Budde, Zu Jesaja 1—5, Kap. 1, ZAW 49 (1931), S. 19—40 (Einteilung: v. 2-20. 21-28. 29-31); E. Robertson, Isaiah Chapter I, ZAW 52 (1934), S. 231—236 (Einteilung: v. 2-7. 10-15. 18-20. 21-23. 24-26. 29-31); L. G. Rignell, Isaiah Chapter I, StTh 11 (1957), S. 140—158.

[3] Vgl. zu 1 2-3: E. Nielsen, Ass and Ox in the Old Testament, in: Studia Orientalia I. Pedersen dicata, 1953, S. 263—274; J. Ziegler, Ochs und Esel an der Krippe, Münchner ThZ 3 (1952), S. 385—402. Zu 1 4-31: N. H. Tur-Sinai, A Contribution to the Understanding of Isaiah I—XII, Scripta Hierosolymitana 8 (1961), S. 154 bis 188. Zu 1 4: A. Guillaume, Hebrew Notes, PEQ 79 (1947), S. 40—44; A. Ravenna, Osservazioni sul testo di Isaia, Riv Bibl 6 (1958), S. 365f. Zu 1 16-17: A. M. Honeyman, Isaiah I, 16 הִזַּכּוּ, VT 1 (1951), S. 63—65; E. Hammershaimb, On the Ethics of the Old Testament Prophets, Supplements to VT VII, 1960, S. 75—101. Zu 1 18: E. Sjöberg, »Om edra synder äro blodröda . . .« Till tolkningen av Jes 1 18, Sv ExArsb 12 (1947), S. 309—326. Zu 1 20: G. R. Driver, Notes on Isaiah, in: Von Ugarit nach Qumran, Festschrift O. Eißfeldt, 1958, S. 42—48. Zu 1 21-26: S. Abramski, »Slag« and »Tin« in the First Chapter of Isaiah, Eretz-Israel 5 (1958), S. 105—107. Zu 1 25: L. Hayman, A Note on Isa 1 25, JNES 9 (1950), S. 217.

[4] O. Eissfeldt, a. a. O. S. 413.

Fragen, wie die Worte von Kap. 1 sich in die übrige Verkündigung Jesajas eingliedern und welche Folgerungen sich für diese daraus ziehen lassen.

Dabei soll auf die beiden Überschriften 1 1 und 2 1 nicht mehr eigens eingegangen werden, da dies an anderer Stelle geschehen ist[5]. Es genügt der Hinweis darauf, daß sie sekundär und frühestens in der exilischen Zeit entstanden sind und daß 2 1 am ehesten als Überschrift für das Ganze von Kap. 2—10[6] verfaßt worden ist. Die erst danach angegliederte Sammlung Kap. 1 ist dann nicht an eine beliebige Stelle in die vorliegende Überlieferung eingeschoben, sondern vor den bereits vereinigten Bestand an die Spitze des entstehenden Buchteils Kap. 1 bis 12 gestellt worden, der die neue Überschrift 1 1 erhalten hat.

1. Die *Sammlung Kap. 1* umfaßt vor allem die eingangs genannten fünf ursprünglich selbständigen Prophetenworte (deren fünftes um v. 27-28 erweitert worden ist). Die Technik des Sammlers liegt klar zutage: Er hat die einzelnen Worte auf Grund sowohl gleicher Ausdrücke, die als Stichworte dienten, als auch ähnlichen Inhalts aneinandergereiht. So schließt sich 1 4-9 an 1 2-3 an, weil es zu Anfang das Stichwort »Söhne« (v. 4 nach v. 2) und das Thema »Sünde« aufweist. Es endet in v. 9 mit der Erwähnung von »Sodom« und »Gomorra«, die das folgende Wort 1 10-17 wiederum in v. 10 nennt. Für den Anschluß von 1 18-20 kann man den Anklang des gerichtlichen Auseinandersetzens in v. 18 a an den in v. 17 genannten Rechtsstreit und denjenigen des »weiß wie Schnee«, »wie Wolle« in v. 18 b an die in v. 16 erwähnten Waschungen und das Sichreinigen anführen, vor allem die ähnliche Thematik in v. 16-17. Ähnlich ist für 1 21-26 wieder auf das an v. 17 anschließende Stichwort »Recht« in v. 21 und insbesondere auf den an 1 18-20 anschließenden Inhalt zu verweisen.

Inhaltlich bilden diese fünf vollständigen Worte der Sammlung einen gedanklich fortschreitenden Zusammenhang, der nacheinander die Themen der Sünde, des darum eintretenden Gerichts, der möglichen Rettung vor dem Verderben und einer möglichen Verwirklichung solcher Rettung berührt:

1 2-3 die Sünde,
1 4-9 das Gericht wegen der Sünde,
1 10-17 die Rettungsmöglichkeit,
1 18-20 die Entscheidung für Gericht oder Rettung,
1 21-26 eine mögliche Verwirklichung der Rettung.

---

[5] Vgl. oben: Entstehung, Komposition und Überlieferung von Jes 1—39, Abschnitt I.
[6] Dazu und zu den einzelnen Sammlungen vgl. oben: Entstehung, Komposition und Überlieferung von Jes 1—39.

Diese Reihenfolge beruht schwerlich auf einem Zufall, sondern ist in der Absicht erzielt worden, einen zusammenfassenden Überblick über die Verkündigung Jesajas zu geben, wie der Sammler sie verstanden hat. Dieser kompendien- oder querschnittartige Charakter der Sammlung hat wohl einen weiteren Grund dafür gebildet, sie bei der Einreihung in den Bestand der Jesajaüberlieferung an die Spitze zu setzen.

Zur Sammlung ist noch das Fragment 1 29-31 hinzuzurechnen. Da der Anfang des jetzt verstümmelten Wortes fehlt, läßt sich über die Gründe für den Anschluß wenig ausmachen; man muß sich mit dem Anklang des Brennens von v. 31 an den Schmelzofen von v. 25 begnügen. Wichtiger ist, daß sich die Anfügung solcher Fragmente in der Jesajaüberlieferung mehrfach beobachten läßt. Die Sammlung 6 1—8 18 weist zwei solcher Fragmente in 8 19-23 a und die auseinandergerissene, in Kap. 10 nachträglich erweiterte Sammlung 9 7-20 5 25-30 10 5-15 ein Fragment in 10 27 b-32 auf. Ähnlich verhält es sich wohl mit der Sammlung, zu der die Weherufe 5 8 ff. 10 1-4 gehören; nach dem eingeschobenen Fragment 5 14-17 dürfte 5 24 wieder das Schlußfragment bilden, falls 10 1-4 seinen ursprünglichen Platz vor diesem Vers gehabt hat. Es muß offen bleiben, ob die Fragmente schon als solche an die Sammlungen angehängt worden oder infolge eines ungünstigen Schicksals der Überlieferung nachträglich durch Verstümmelung vollständiger Worte entstanden sind.

Zu dem Korpus der Sammlungen und den Schlußfragmenten ist schließlich in mehreren Fällen eine Verheißung hinzugetreten. So soll 4 2-6 den heilvollen Abschluß der Sammlung Kap. 2—4 bilden, 9 1-6 denjenigen von Kap. 6—8, die in Kap. 11 vereinigten Stücke denjenigen von 9 7-20 5 25-30 10 5-15 und Kap. 12 denjenigen der Gesamtsammlung Kap. 1—11. Die Vermutung liegt nahe, daß es sich bei Kap. 1 ebenso verhalten hat. Dann muß man 2 2-4 (5) als das angehängte Heilswort betrachten, das durch eine versehentliche oder absichtliche Umstellung der Überschrift 2 1 oder durch die unrichtige Einfügung hinter 2 1 statt hinter 1 31 sich nicht genau am Schluß der Sammlung befindet, zu der es gehört. Im übrigen weist die Tatsache, daß man die Verheißungen an die Fragmente angeschlossen hat, darauf hin, daß es sich um damals frei umlaufende und schon darum schwerlich von Jesaja herrührende Worte handelt.

2. Nicht selten hat man 1 2-9 als eine Texteinheit betrachtet. Meist ist dies auf Grund der ähnlichen Thematik in 1 2-3 und zu Beginn von 1 4-9 geschehen. Aber auch von dem auf getrennte Einheiten hinweisenden unterschiedlichen Metrum abgesehen (in 1 2-3 weisen die Verse sechs Hebungen auf, im ersten Vers in der Form $2+2+2$, in den drei folgenden in der Form $3+3$; in 1 4-9 finden sich durchgehend vier Hebungen in der Form $2+2$), stellen sie zwei sehr ver-

schiedenartige Gattungen dar, mit deren Hilfe dennoch ein gleichartiger Sachverhalt gekennzeichnet werden soll. Sowohl die Doppelheit der Gattung als auch die Parallelität (nicht Identität) des Inhalts sprechen für die Annahme von zwei Einheiten. Hinzu tritt ein auffälliger Unterschied im Ton, der eine gleichzeitige Entstehung ausschließt: Das von Jesaja eingeleitete Jahwewort 1 2-3 ist eine harte und scharfe Anklage, während Jesaja in dem Scheltwort 1 4-9 eher schimpfend beginnt, dann aber sein Volk mehr beklagt, als daß er es schilt.

Man kann die Zusammenfassung von 1 2-9 ebensowenig mit einer kultischen Situation der Rede begründen[7]. Sie würde an den genannten Unterschieden nichts ändern und höchstens zwei kultisch orientierte Worte annehmen lassen müssen. Jedoch bildet die Anrufung von Himmel und Erde in 1 2 überhaupt eine zu schmale Grundlage für eine vermutete kultische Situation und den Jerusalemer Tempel als Ort der Rede. Denn die Nennung von Himmel und Erde, die als wesentliche Teile des Weltgebäudes dessen Gesamtheit bezeichnen, geht weder auf einen Kultbrauch noch auf alte Vertragstexte zurück, sondern erfolgt wie in Dtn 4 26 30 19 31 28 32 1 deswegen, weil für die rechte Beurteilung des jahrhundertelangen Geschehens des Aufwachsens und Sichauflehnens Israels immerwährende Zeugen aus uralter Zeit erforderlich sind. Damit ist der einzige Hinweis auf eine kultische Situation hinfällig, obschon dies die Möglichkeit natürlich nicht ausschließt, daß Jesaja das in die Situation des Jahres 701 v. Chr. gehörige Wort 1 4-9 anläßlich einer Klagefeier gesprochen haben könnte; nur läßt sich dergleichen nicht aus dem Text selbst erschließen[8].

> Höre, Himmel,
>> vernimm es, Erde,
>>> denn Jahwe redet:
> Ich habe Söhne großgebracht und aufgezogen,
>> doch sie haben sich gegen mich aufgelehnt.
> Ein Stier kennt seinen Besitzer
>> und ein Esel die Krippe seines Herrn;
> Israel aber kennt's nicht,
>> mein Volk ist nicht einsichtig.

---

[7] O. Kaiser, Der Prophet Jesaja, Kap. 1—12, 1963², S. 5f.

[8] An ein Auftreten Jesajas im Tempelbezirk während eines Festes könnte man ferner bei 1 10-17 5 1-7 22 1-14 28 7-13 29 1-8 30 27-33 denken. Jedoch liegen Hinweise im Text nur in 5 1-7 (außer Jerusalemern auch Leute aus der Landschaft Juda anwesend) und 28 7-13 (Priester und Propheten) vor. Bei anderen Worten wird man eher an einen Gebrauch bildhafter Redeweise denken (besonders bei 1 10-17 29 1-8 30 27-33), wie auch das Berufungserlebnis schwerlich im Tempel stattgefunden hat. In keinem Falle bedeutet ein Auftreten im Tempelbezirk, daß Jesaja zum Kultuspersonal gehörte; es war für ihn nur ein zweckmäßiges Mittel, um eine größere Zahl von Menschen zu erreichen.

Die Form von 1 2-3 ist dem Beginn einer Gerichtsverhandlung nachgebildet, bei der der Prophet wie ein Ansager oder Gerichtsdiener die über die Verhältnisse orientierten Zuhörer und Zeugen herbeiruft, worauf die Anklagerede Gottes folgt, während sein weiteres Auftreten als Beweiszeuge und als Richter überflüssig ist, weil eine von ihm vertretene Anklage zugleich als bewiesen gelten kann und demnach ferner die Verurteilung der Angeklagten selbstverständlich ist. Auch in 3 12-15 führt die Verhandlung nur bis zur Anklagerede; in 5 1-7, wo die Strafe angegeben wird, liegt eine andere formale Struktur zugrunde[9]. So macht die Anklagerede den Kern von 1 2-3 aus. Ihre Motive bilden vor allem: die Feststellung eines verpflichtenden Gemeinschaftsverhältnisses zwischen dem Kläger und den Angeklagten (»Söhne«, »mein Volk«), die Darlegung der eigenen Pflichterfüllung durch den Kläger (Großbringen und Aufziehen der Söhne) und die Klage über mangelnde Pflichterfüllung durch die Angeklagten (Auflehnung, Nicht-kennen, Nicht-einsichtig-sein). Dazu kann wie in 5 3 die Anrufung der Rechtsgemeinde zum Schiedsspruch treten.

Inhaltlich ist das Wort völlig von der Rüge der »Söhne« wegen ihrer Sünde beherrscht. An sich beruht der Gedanke der Sohnschaft von Völkern oder Menschen wie derjenige der niederen Götter auf altorientalischen Traditionen und ist wegen der darum mit ihm verbundenen mythischen Vorstellungen vom Jahweglauben nur zögernd und abgewandelt übernommen worden. Vermutlich haben sich auch die nomadischen Ahnen Israels in vormosaischer Zeit ihren Sippengöttern verwandt gefühlt; auch abgesehen von den schwer deutbaren Gottesbezeichnungen פחד יצחק und אביר יעקב liegt ein Nachhall dessen wohl noch vor, wenn die Quellenschicht von Ex 4 22f. (E) Jahwe das Volk als »meinen« erstgeborenen Sohn bzw. als »meinen« Sohn bezeichnen läßt. Die Auslassung des »mein« bei Jesaja und anderwärts soll zunächst die mögliche Annahme leiblicher Abstammung von Jahwe ausschließen. Der Glaube der Frühzeit ist dahin abgewandelt, daß die Israeliten die nach freier Wahl angenommenen und adoptierten Kinder Gottes sind, wie auch das Verhältnis zwischen Jahwe und dem König durch eine Adoptions- oder Legitimationsformel festgelegt werden kann (Ps 2 7). Ferner hat Hosea das Traditionsmotiv zwar aufgegriffen, aber wieder dahin neu interpretiert, daß das angenommene Kind Israel sich als undankbar erwiesen und gegen seinen Vater vergangen hat (Hos 11 1ff.). Jesaja verschärft dies noch, indem er die »Söhne« sogar als schlimmer denn das Vieh bezeichnet. Er gebraucht den Ausdruck mehrfach in solch abschätzigem Sinn, wie die bei-

---

[9] Vgl. dazu G. Fohrer, Das Buch Jesaja, I 1966², S. 75. H. Donner, Israel unter den Völkern, 1964, S. 119—121, denkt genauer an die Zeit unmittelbar nach der Belagerung Jerusalems.

gegebenen Näherbestimmungen zeigen: »verderbte Söhne« (1 4), »störrische Söhne« (30 1) und »verlogene Söhne« (30 9). So erscheint das Wort bei ihm fast als ein *terminus technicus* für das sündige Israel. Und von dem anderen, in 1 3. 4 30 9 damit verbundenen Ausdruck עם »Volk«, dessen ursprüngliche Bedeutung »Familie, Verwandtschaft« an die »Söhne« anknüpft, führt die Linie zu der etwas verächtlichen und wegwerfenden Bezeichnung העם הזה, die der Verkündigung Jesajas eigen ist (vgl. 6 9f. 8 6. 11f. 9 15 28 11. 14 29 13)[10].

Die Sünde Israels beschreibt Jesaja einerseits als Auflehnung der Söhne, die nicht bloß Söhne sein und den Willen des Vaters befolgen wollten, wie das Vieh seinen Herrn anerkennt und ihm gehorcht, vielmehr eigenständig und eigenmächtig zu leben und zu handeln beabsichtigten, andererseits als Nicht-kennen und Nicht-einsichtig-sein, was einschließt, daß sie an sich sehr wohl um das Richtige wissen und sich demgemäß verhalten könnten, es jedoch nicht wollen. Diese Charakterisierung der Sünde als Auflehnung und Widerspenstigkeit gegen Gott oder als Abfall von ihm (vgl. 1 4 3 1-9 30 8f. 31 6) mit dem Gegenpol des Vertrauens auf die eigenen Möglichkeiten und Kräfte (vgl. 22 8ff. 28 14ff. 29 15f. 30 1-5 31 1-3) begegnet immer wieder als die Jesaja eigene Grundauffassung, die anderwärts durch die Züge des Hochmuts und der Überheblichkeit ergänzt wird (vgl. 2 6ff. 10 5-15) und aus der letztlich alle konkreten Einzelvergehen abgeleitet werden (vgl. 3 16ff. 5 8ff.). Der Gegensatz zwischen wahrem und falschem Verhältnis zu Gott reicht bis in die Ausdrucksweise hinein. Wie für die Verwendung der Ausdrücke »Söhne« und »Volk« gilt dies auch für einige Verben. Zwar kann בטח »vertrauen« in bezug auf das Richtige und Falsche gleicherweise gebraucht werden (vgl. 30 12. 15 31 1), aber אמן »glauben« wird in bezug auf das Falsche vermieden und durch שען »sich verlassen, stützen (auf jemanden oder etwas)« ersetzt (vgl. 30 12 31 1), so daß es den Gegensatz zu »glauben« als Sichstützen und Vertrauen auf Gott (vgl. 7 9 28 16) bildet.

3. Der durch seine Einleitung הוי als Scheltwort gekennzeichnete Abschnitt 1 4-9 nimmt im Anschluß an den eher schimpfenden v. 4 klagenden Charakter an. Die Situation ist diejenige des Jahres 701 v. Chr., in dem Sanherib den Aufstand Hiskias zerschlagen hatte und nach der Besetzung der Landschaft Juda nur die Hauptstadt Jerusalem übriggeblieben war. Diese Situation schildert Jesaja so, daß v. 5-6 das Volk unter dem Bilde eines von seinem Herrn ausgepeitschten Sklaven darstellen, v. 7 die Verwüstung des Landes ohne Bild vor Augen führt und v. 8-9 die »Tochter Zion«, d. h. die Einwohner-

---

[10] Seltener ist das später für Ezechiel typische »widerspenstig sein, Widerspenstigkeit« (1 20 3 8 30 9).

schaft der mit dem für das Ganze stehenden Namen des Regierungsviertels bezeichneten Hauptstadt, unter bildhaften Vergleichen als dem
völligen Untergang bisher gerade noch entronnen beschreiben. Daß
über das künftige Schicksal nichts gesagt wird, entspricht wieder der
Form des Scheltwortes.

> Wehe dem sündigen Volk,
>   den schuldbeladenen Leuten,
> der Brut von Übeltätern,
>   den verderbten Söhnen!
> Sie haben Jahwe verlassen,
>   den Heiligen Israels verschmäht ' '.
> Wohin wollt ihr noch geschlagen werden,
>   daß ihr immer abtrünniger werdet?
> Das ganze Haupt ist krank
>   und das ganze Herz siech.
> Von Kopf bis Fuß
>   ist keine heile Stelle daran,
> nur Wunden und Beulen
>   und frische Striemen,
> nicht ausgedrückt noch verbunden
>   und nicht mit Öl gelindert.
> Euer Land ist eine unheimliche Öde,
>   eure Städte mit Feuer verbrannt;
> euer Ackerland — vor euren Augen
>   verzehren es Fremde. ' '
> Nur die Tochter Zion ist übriggeblieben
>   wie ein Laubdach im Weinberg,
> wie ein Wächtergestell im Gurkenfeld,
>   wie eine eingeschlossene Stadt.
> Hätte nicht Jahwe Zebaot
>   uns einen ' ' Entronnenen übriggelassen,
> so wären wir wie Sodom
>   und glichen Gomorra.

Jedenfalls geht aus dem Text hervor, daß Jesaja die unheil-
schwangere Kriegssituation als das von ihm so häufig angedrohte göttliche Gericht und dieses wiederum als Ahndung der Sünde seines
Volkes gegen Gott versteht. Zugleich ist deutlich, daß sich das Verhalten des Volkes auch in dieser Lage nicht ändert, vielmehr der
göttliche Schicksalsschlag ebenso wirkungslos wie die prophetische
Verkündigung bleibt; so hat es schon der Berufungsbericht ausgedrückt (6 10). Aus alledem geht hervor, daß Jesaja — wie die übrigen
vorexilischen großen Propheten — sein Volk nicht mehr in einer
grundlegenden Heilssituation erblickt hat, die durch einzelne Verfehlungen zeitweilig gestört, durch kultische und andere Maßnahmen
wiederhergestellt werden kann (wie es seine eigene Frage »wie lange?«
bei der Berufung noch verrät), sondern in einer grundlegenden Un-

heilssituation, in der auf Grund der schweren Schuld des Volkes (1 4) eigentlich nur das Gericht erwartet werden kann. So ist denn auch hier wie in der ganzen Prophetie die gnadenlose und unabänderliche Aufeinanderfolge von Sünde und Gericht, die besonders klar in der Form der Spiegelstrafe mit der gegenseitigen Entsprechung von Sünde und Gericht zum Ausdruck kommt, die praktische Folge der Grundsituation. Der unerbittliche Ernst, mit dem gerade Jesaja dies ins Auge gefaßt und von Anfang an bis zu dem zu seinen letzten Worten gehörigen Text 1 4-9 ausgesprochen hat, macht einen Teil seiner Größe aus.

Wo Jesaja über die Beschreibung des Gerichts als eines göttlichen Eingreifens hinausgeht, hat er fast ausschließlich an den Krieg mit seinen Folgen als Mittel der Verwirklichung des Gerichts gedacht. Darin ist er sich ebenfalls von seiner ersten Zeit bis zum Jahre 701 v. Chr. gleichgeblieben. Ausnahmen bilden wohl nur die Hinweise auf das unmittelbare göttliche Eingreifen mittels der Theophanie, das für verschiedene Situationen angekündigt wird (2 6-22 29 1-8 30 27-33), jedoch selbst wieder als ein Kriegszug bezeichnet werden kann (31 4-9). Sonst ist es der Krieg, in dem die Männer fallen (1 20 3 25—4 1), die Oberschicht ausgerottet oder deportiert wird (1 21-26 3 1-9. 16-24 5 11-13 7 10-17. 18-22 8 1-4. 5-8), der Verheerung und Hungersnot (5 8-10), Anarchie (3 1-9 3 25—4 1) und ein kahles Steppenland zurückläßt (7 21f. 32 9-14). Genau dies sieht Jesaja nach 1 4-9 sich im Jahre 701 verwirklichen.

Aber sind nicht die Einwohner Jerusalems übriggeblieben (1 8f.)? Treffen wir da nicht auf die Vorstellung vom »Rest«, dem neues Heil zuteil werden soll? Es mag in der Tat fraglich sein, ob Jesaja in dieser Zeit die Ausführung des Gerichts und damit auch die Vernichtung Jerusalems durch die Assyrer erwartet haben kann, nachdem er sie im vierten, letzten Zeitraum seiner Tätigkeit als gottbestimmtes Werkzeug des Gerichts hatte verwerfen müssen (31 4-9 10 5-15. 27 b-32 14 24-27 30 27-33 28 23-29). Gänzlich ausgeschlossen wäre eine erneute Kehrtwendung nicht. Doch wen immer Jesaja als Vollstrecker des Gerichts erwartet hat — daß er Jerusalem aus dem Gericht nicht ausgenommen sieht, zeigen die beiden nach dem Abzug der Assyrer gesprochenen Worte 22 1-14 und 32 9-14 zur Genüge. Auch in 1 8-9 stellt er lediglich fest, daß im gegenwärtigen Zeitpunkt die Einwohner Jerusalems noch übrig sind — als ein »Entronnener«, d. h. wie ein aus vernichtender Niederlage entkommener Flüchtling. Daß dies keine endgültige Rettung einschließt, zeigt der Eingang des Scheltwortes, der die Gesamtheit des Volkes unter Einschluß der Jerusalemer als sündig, ja als immer abtrünniger werdend bezeichnet (1 4-5), so daß als Folge dessen das Gericht natürlich weiterfressen muß.

Darüber hinaus muß einmal mehr festgestellt werden, daß der Gedanke an einen heiligen Rest, der das künftige Gottesvolk bilden und neues Heil erfahren soll, bei Jesaja nicht begegnet. Er findet sich erst in der späteren eschatologischen Prophetie (4 3 10 20f. 11 11. 16 28 5), während Jesaja den Begriff oder die Vorstellung vom »Rest« in der ursprünglichen Bedeutung des einer Schlacht entkommenen kläglichen Überrestes, der lediglich die Schwere der Katastrophe bezeugt[11], verwendet hat (1 8 6 11. 12f.[12] 7 3 17 3. 5f. 30 14. 17). Genauso verhält es sich noch in der Zeit Jeremias und Ezechiels (vgl. Jer 24 8f. 42 2f. Ez 9 8 17 21). Will man exegetische Untersuchungen überhaupt noch ernst nehmen, so wird man sich der Einsicht nicht verschließen können, daß alle Erwähnungen eines für künftiges Heil bewahrten Restes aus exilischer oder nachexilischer Zeit stammen und die Vorstellung vom Rest, der nicht bloß nach dem göttlichen Gericht übriggeblieben ist, sondern den für ein neues Gottesvolk ausersehenen Teil Israels bildet, unter den Deportierten im Exil entstanden ist[13]. Bei Jesaja gehört der Restgedanke nicht zu einer Heilserwartung, sondern zur Gerichtsdrohung und Umkehrmahnung[14].

4. Hatten die beiden ersten Worte von Kap. 1 die Themen Sünde und Gericht angeschnitten, so beantwortet 1 10-17 die sich daraus ergebende Frage nach einer möglichen Rettung aus dem Verderben. Das ergibt sich aus der Einleitung, die das Wort als eine prophetische Tora für die mit »Sodom« und »Gomorra« Angeredeten bezeichnet[15], unter denen zweifellos die Judäer mit ihrer Führung zu verstehen sind. Denn wie die — vielleicht in der nordisraelitischen Überlieferung bekannten — Städte Adma und Zeboim (Hos 11 8, mit Sodom und Gomorra zusammengefaßt in Dtn 29 22) gelten Sodom und Gomorra besonders in der älteren Zeit als Beispiele für ein vollständiges Vernichtungsgericht (Dtn 29 22 Jes 1 9 13 19 Jer 49 18 50 40 Am 4 11), das ande-

---

[11] Vgl. W. E. Müller, Die Vorstellung vom Rest im Alten Testament, Diss. Leipzig 1939.

[12] Jes 6 13bβ »ein heiliger Same wird solcher Stumpf sein« ist natürlich ein späterer heilseschatologischer Zusatz zu 6 12-13bα.

[13] Vgl. die klaren Ausführungen von E. W. Heaton, Die Propheten des Alten Testaments, 1959, S. 191—195; ähnlich G. v. Rad, Theologie des Alten Testaments, II 1960 (1965⁴), S. 175f.

[14] Je nach der Situation kann das ganze Volk einbezogen sein. So meint der Name des Jesajasohnes »Der Rest, der umkehrt« (7 3), daß Juda, sobald das Gericht Samaria und Damaskus als die Schuldigen ereilen wird (8 4), wie die einer Schlacht Entronnenen bestehen bleiben wird, falls die Judäer umkehren. Grundsätzlich das gleiche besagt die indirekte Aufforderung Jesajas, daß »die Elenden seines (= Jahwes) Volkes«, d. h. sein elendes Volk (als demütige Selbstbezeichnung), letztlich bei Jahwe Zuflucht suchen sollen (14 32).

[15] O. Kaiser, a. a. O. S. 10f., ignoriert die Bezeichnung als Tora und bezeichnet den mit 1 18-20 zusammengefaßten Abschnitt 1 10-17 fälschlich als »Diskussionsrede vor Gericht«; diese Bestimmung trifft nur für 1 18-20 zu.

ren wie ihnen angedroht werden kann (Jer 23 14 Zeph 2 9). Erst mehr
als ein Jahrhundert nach Jesaja werden sie — dazu viel seltener —
als Beispiele für besonders schwere Sünde angeführt (Thr 4 6 Ez
16 46-49. 56[16] Dtn 32 32[17] Jes 3 9 [Zusatz]). Wenn Jesaja in 1 10 von
»Sodomsführern« und »Gomorravolk« spricht, spielt er daher aller
Wahrscheinlichkeit nach nicht auf die Sünde[18], sondern auf das Strafgericht über die beiden Städte an: dem gleichen vollständigen Untergang wie sie geweiht und zum Ausrottungstode verurteilt.

Nun aber sollen die Verurteilten auf ein »Wort«, wie es der Prophet spricht, auf eine »Tora«, wie sie der Priester auf eine Anfrage
hin erteilt, hören. Insbesondere in der Tora handelt es sich um eine
Anweisung oder eine Antwort auf eine bestimmte Frage, die in erster
Linie das praktische Verhalten in der gegebenen Lage betreffen. Im
Jesajawort wird die Lage durch die Namen Sodom und Gomorra
bezeichnet. Die Tora will also darüber belehren, wie die Judäer sich
in ihrer Sodom-Gomorra-Situation verhalten sollen — natürlich nicht,
um sie zu verschärfen, sondern um sie zu bessern. Sie will über das
belehren, was die Judäer tun und lassen können oder müssen, um sich
aus ihrem Sodom-Gomorra-Geschick zu retten. Was in dieser Hinsicht
zu unterbleiben und zu geschehen hat, beschreibt Jesaja in zweifacher
Weise nach der negativen und positiven Seite hin. Einerseits erklärt er,
daß der herkömmliche Weg kultischer Maßnahmen mit Opfern, Tem-
pelbesuch, Feiern und Gebeten die zum Tode verurteilten Sünder nicht
vor dem Untergang retten kann, wie es seiner veränderten Einschätzung der Grundsituation des Menschen entspricht (vgl. zu 1 4-9).
Andererseits hebt er knapp und einprägsam hervor, was zu retten
vermag: Gutes tun statt Böses — und das im ganzen täglichen Leben.
Er befaßt sich mit dem, was man häufig als das Problem von Kultus
und Ethos bezeichnet.

> Hört das Wort Jahwes,
>   ihr Sodomsführer!
> Vernimm die Weisung unseres Gottes,
>   du Gomorravolk!

---

[16] Ez 16 44-58 ist ein jüngerer Zusatz zu 16 1-43.

[17] Das Alter von Dtn 32 ist unbestimmt. Zu hoch erscheint mir, um nur diese zu
nennen, die zeitliche Ansetzung von O. EISSFELDT, Das Lied Moses Deuteronomium
32 1-43 und das Lehrgedicht Asaphs Psalm 78 samt einer Analyse der Umgebung des
Mose-Liedes, 1958. An die persische Zeit denkt R. MEYER, Die Bedeutung von Deuteronomium 32 8f. 43 (4 Ω) für die Auslegung des Moseliedes, in: Festschrift W.
Rudolph, 1961, S. 197—209.

[18] So zuletzt wieder W. EICHRODT, Der Heilige in Israel, Jesaja 1—12, 1960, S. 31;
J. MAUCHLINE, Isaiah 1—39, 1962, S. 45. Ganz ohne Parallele ist die Deutung von
O. KAISER, a. a. O. S. 11: wie sich die Einwohner Sodoms an den Boten Gottes,
vergreifen wollten, so stellt sich die Gemeinde dem Jesaja entgegen. Davon kann jedoch in 1 10-17 keine Rede sein.

Was soll mir die Menge eurer Schlachtopfer?,
  fragt Jahwe.
Ich habe das Brandopfer von Widdern
  und das Fett von Mastvieh satt.
Das Blut von jungen Stieren ' ' und Böcken
  gefällt mir nicht.

Wenn ihr kommt, mein Antlitz 'zu schauen',
  . . . .
Wer hat von euch gefordert,
  meine Vorhöfe zu zertreten?
Bringt nicht länger wertlose Gabe dar;
  Weihrauch ist mir ein Greuel.

' ' Das Einberufen einer Versammlung ertrage ich
  Festgottesdienst ist Sünde.   [nicht,
Eure Neumondfeste und Feiertage
  hasse ich.
Sie sind zu einer Last für mich geworden,
  ich bin es müde, sie zu tragen.

Wenn ihr eure Hände betend ausbreitet,
  verhülle ich meine Augen vor euch.
Auch wenn ihr noch soviel betet,
  höre ich nicht.
Eure Hände sind voll Blut —
  nehmt Waschungen vor, reinigt euch! ' '

Hört auf, Böses zu tun,
  lernt, Gutes zu tun!
Trachtet nach Recht,
  leitet 'den Unterdrückten'!
Schafft der Waise Recht,
  führt den Rechtsstreit der Witwe!

Tatsächlich fällt Jesaja kein Urteil über den israelitischen Kultus seiner Zeit überhaupt, sondern über einen, allerdings vielleicht den wichtigsten Aspekt, unter dem man ihn ausübt. Genau genommen, übt er gar keine Kritik am Kultus, sondern am kultischen Menschen. Er hält es für unnütz und sinnlos, den Kultus als Heilsmittel zu benutzen, um mit seiner Hilfe die Vergebung oder das Erbarmen Gottes zu erlangen, die Schuld zu tilgen und den vermeintlichen früheren Heilszustand wiederherzustellen. Was immer der todeswürdige Sünder unternehmen mag, um den zürnenden und strafenden Gott zu versöhnen, kann vor dem Gericht nicht retten, sondern vergrößert eher den göttlichen Zorn. Das geht auch aus dem begründeten Drohwort 29 13-14 hervor, das das Gericht ankündigt, weil das Volk sich Gott nur mit seinem Munde naht und ihn bloß mit seinen Lippen ehrt, während das Herz ganz fern von ihm und das gesamte Glaubensleben (die Gottesfurcht) lediglich angelernte Menschensatzung ist. Daß der Mensch sich Gott »naht«, bedeutet ja die Teilnahme am Kultus. Jesaja lehnt diesen keineswegs ab, sondern tadelt die bloß äußerliche Art, in der man ihn mit Mund und Lippen statt mit dem Herzen begeht. So verurteilt er stets den Menschen, der den Kultus mit einer verkehrten Grundhaltung ausübt — in bloß äußerlichem Tun und darum als leicht zu handhabendes Heilsmittel.

Wie demgegenüber die rechte Grundhaltung für die Ausübung des Kultus darin besteht, daß das Herz Gott nahe ist und also die echte, innere Zuneigung und die volle Hingabe an Gott herrscht (vgl. Dtn 6 5), so entspricht dem das Tun des Guten im ganzen täglichen Leben. Insofern ergänzen 1 16b-17 und 29 13 einander. Gutes tun und Gott nahe sein gehören zusammen. So ist denn auch 1 16b-17 nicht als eine Sammlung von Einzelanweisungen zu verstehen, mittels derer Jesaja zum alten Recht Israels zurückriefe, um durch dessen erneute Befolgung die Verhältnisse der Frühzeit wiederherzustellen oder in einer für seine Zeit abgewandelten Form zu verwirklichen. Das Primäre ist die Grundforderung »Gutes statt Böses tun!«; die folgenden Einzelforderungen werden nicht als Ordnungen alten Rechts angeführt — so sehr sie dies sein mögen —, sondern als konkrete und beispielhafte Anwendungen der Grundforderung. Der bedeutsame Schritt Jesajas besteht gerade darin, daß die der altorientalischen und israelitischen Tradition gleichfalls bekannten Einzelanweisungen[19] ihre Konzentration in der einen grundlegenden Forderung »Gutes tun« finden, die damit dem Bereich des Rechts und Gesetzes entnommen wird und ihr Äquivalent im Nahesein des Herzens zu Gott besitzt. Beides zusammen meint die innere und äußere Wandlung des Menschen von der Auflehnung gegen Gott (vgl. 1 2-3. 4-5) zur vollen Hingabe an ihn und vom Tun des Bösen zur vollen Verwirklichung des Gotteswillens im ganzen Leben. Solches Hinüberschreiten in ein neues gottgemäßes Dasein kommt der auch von Jesaja geforderten »Umkehr« gleich. Sie also ist es, die den todeswürdigen und schon verurteilten Sünder vor der Katastrophe retten kann (vgl. 6 10 7 3 9 12 29 4 30 15 31 6).

5. Von der notwendigen Entscheidung zwischen dem drohenden Gericht und der angebotenen Rettung spricht 1 18-20. Freilich ist das Wort sehr verschieden interpretiert worden, je nachdem man die beiden Nachsätze über Schnee und Wolle in v. 18b verstanden hat. Sie könnten eine entrüstete oder spöttische Frage bilden: Sollen die Sünden etwa weiß werden können wie Schnee und Wolle? Nein!

---

[19] Vgl. im einzelnen G. FOHRER, Tradition und Interpretation im Alten Testament, ZAW 73 (1961), S. 26f., und oben: Bemerkungen zum neueren Verständnis der Propheten (Abschnitt II).

Oder eine ironische Aufforderung: Laßt sie doch weiß werden, wenn ihr es vermögt! Oder als verheißende Zusage: Gott wird sogar die blutigste Sünde schneeweiß machen und vergeben! — vielleicht mit dem Zusatz (v. 19-20): wenn man ihm dabei nicht widerstrebt. Aber diese und ähnliche Deutungen scheitern entweder an v. 18a, der ausdrücklich von einer Auseinandersetzung wie vor Gericht spricht, während bei einer bedingungslosen Vergebungsbereitschaft Gottes und glatten Heilszusage eine derartige Diskussion unnötig wäre, oder an v. 19-20, die eine bestimmte Bedingung nennen, an deren Erfüllung oder Nichterfüllung alles hängt, die aber bei einer entrüsteten oder ironischen Verneinung überflüssig und falsch wäre. Es ist daher nötig, die Form des Wortes und deren Funktion genauer zu bestimmen, als es gewöhnlich geschieht.

Das in v. 18a verwendete Verb יכח bedeutet »sich im Rechtsstreit auseinandersetzen«, wobei die präzisierende Nebenbedeutung »sich rechtfertigen, sich als im Recht befindlich erweisen« mitklingt (vgl. Gen 20 16 Hi 23 7):

> Kommt doch, daß wir uns auseinandersetzen,
> spricht Jahwe.

Die Auseinandersetzung vor Gericht ist erforderlich, weil die Vorgeladenen gegen etwas, was sie betrifft, als falsch oder unzulässig Einspruch erhoben haben. Dieser Einspruch muß anschließend wörtlich oder sinngemäß zitiert werden, wie es auch in den prophetischen Diskussionsworten geschieht, weil er dem Hörer oder Leser des Wortes in irgendeiner Form mitgeteilt werden muß. Dann stellen die beiden Sätze von v. 18b den Einspruch dar, der aus der 1. in die 2. Person übertragen worden ist. Hat er ursprünglich gelautet:

> Wenn unsere Sünden feurigrot sind,
> können sie weiß werden wie Schnee.
> Wenn sie rot sind wie rotgefärbter Stoff,
> können sie wie Wolle werden,

so muß er nach der Umbildung in die 2. Person als Frage übersetzt werden, zumal der Fragesatz nicht unbedingt der Fragepartikel bedarf:

> Wenn eure Sünden feurigrot sind,
> können sie weiß werden wie Schnee?
> Wenn sie rot sind wie rotgefärbter Stoff,
> können sie wie Wolle werden?

Daraufhin erteilen v. 19-20 den endgültigen Gerichtsbescheid, der die Bedingung nennt, bei deren Erfüllung das in Frage Gestellte sich verwirklichen wird, bei deren Nichterfüllung davon aber keine Rede sein kann:

Wenn ihr willig seid und gehorcht,
werdet ihr das Gut des Landes essen.
Wenn ihr euch aber weigert und widerspenstig seid,
müßt ihr das Schwert fressen[20].

Das der Form der gerichtlichen Auseinandersetzung über einen Einspruch bzw. der richterlichen Behandlung eines Einspruchs oder einer Beschwerde gegen eine Verfügung oder ein Urteil nachgebildete Wort Jesajas hat die Funktion eines prophetischen Diskussionswortes, das einen Einwand behandelt, der gegen die Botschaft des Propheten erhoben worden ist. Jahwe will sich deswegen mit den Leuten auseinandersetzen und damit die Berechtigung der Botschaft nachweisen. Die Auseinandersetzung kann sich natürlich nur darauf erstrecken, ob die Sünden schneeweiß werden können (v. 18b); denn die Berechtigung zu Gehorsam oder zu Widerspenstigkeit gegen Gott (v. 19-20) steht niemals zur Diskussion. Somit ist gegen die in der Tora 1 10-17 von Jesaja genannte Rettungsmöglichkeit ein Einwand erhoben worden[21]. Man hat ihm vielleicht darin zugestimmt, daß der Kultus kein Heilsmittel sei und keine Rettung gewährleiste, gegenüber der Forderung der Umkehr jedoch einfach auf Gottes Gnade und Erbarmen hingewiesen, der jede Sünde vergeben kann. Das entspricht ganz der außerprophetischen Annahme einer grundlegenden Heilssituation, die sich nach einer Störung leicht wiederherstellen läßt.

Statt dessen fordert Jesaja eine klare und unmißverständliche Entscheidung, von deren Ausfall es abhängt, ob die nach 1 10-17 grundsätzlich *mögliche* Rettung vor dem Gericht sich als *wirkliche* Rettung ereignen wird: *entweder* Willigsein und Gehorsam zum Tun des Guten (1 17), dann können die Leute weiterhin in Frieden die Güter des Landes essen; *oder* Weigerung und Widerspenstigkeit, dann wird der Krieg als Mittel des Gerichts sie vernichten. Dieses Entweder-Oder der gegenwärtigen Entscheidung ist ein wesentlicher Grundzug der vorexilischen Prophetie, in dem sie sich deutlich von dem Vorher-Nachher der zwei Perioden unterscheidet, das für die eschatologische Prophetie charakteristisch ist[22]. Für Jesaja geht es um die Entscheidung zwischen Umkehr und Widerspenstigkeit und damit zwischen Rettung und Gericht.

---

[20] Oder: sollt ihr vom Schwert gefressen werden.

[21] Das zeigt nebenher wieder, daß es sich in 1 18-20 um ein von 1 10-17 zu trennendes selbständiges Wort handelt.

[22] Sehr bezeichnend dafür ist der Anschluß von 32 15-20 an 32 9-14. Hat Jesaja dem Entweder der Umkehr zu Gott das Oder der Verwüstung »für immer« (v. 14) gegenübergestellt, so erklärt v. 15-20 das »für immer« zu etwas Vorläufigem und Vorübergehendem, das nach dem erreichten »bis daß« (v. 15) durch die Periode ewigen Heils abgelöst wird. Vgl. im einzelnen G. Fohrer, Das Buch Jesaja, II 1962, S. 122 bis 128 (1967²).

Es wäre eine Mißdeutung Jesajas, wollte man in der zur Rettung erforderlichen Umkehr des Menschen oder in der Entscheidung dafür eine von ihm zu erbringende Leistung erblicken, die sich das Heil erringen oder aus der ein Anspruch erwachsen könnte. Vielmehr ist es eine von Gott angebotene und sogar gewünschte Möglichkeit, die nun aber freilich auch ergriffen und verwirklicht werden muß. Dem liegt die für Jesaja — und für den alttestamentlichen Glauben weithin — so grundlegende Korrelation zwischen dem göttlichen und dem menschlichen Handeln zugrunde. Gott handelt nicht ohne Berücksichtigung des menschlichen Verhaltens oder gar ihm entgegen, obschon er gewiß nicht davon abhängig ist. Zwischen dem Tun beider besteht ein Einklang. Die Willigkeit des Menschen und die Vergebungsbereitschaft Gottes gehören zusammen und sind letztlich zwei Aspekte oder Teile eines einzigen Vorgangs: der Rettung des sündigen und todverfallenen Daseins. Umgekehrt herrscht dieser Einklang in der tödlichen Krise des Nichtglaubenden: Die Unwilligkeit des Menschen und die von Gott gewirkte Verblendung und Betäubung lassen den unbußfertigen Schuldigen sich immer tiefer ins Verderben verstricken (6 9f. 29 9f.). Auch die Verwerfung der überheblichen Assyrer als Gerichtswerkzeug und ihre angedrohte Vernichtung hängen damit zusammen[23].

Diese Korrelation zwischen göttlichem und menschlichem Handeln zeigt wiederum, daß es unzutreffend ist, von einem »Plan« Jahwes in bezug auf Gericht und Heil als von einem Hauptgedanken Jesajas zu sprechen[24]. Es ist schon bezeichnend, daß die auf solche Weise interpretierten Ausdrücke zugegebenermaßen nur in den Gerichtsworten, niemals in Heilsverheißungen vorkommen, daß der vermutete Heilsplan mancherlei Spannungen aufweist — was nicht verwunderlich ist, weil man ihn aus Worten mehrerer später Propheten konstruiert — und daß es sich bei dem »Plan« Jahwes überhaupt nicht um ein starres, sachlich bis in alle Einzelheiten festgelegtes »Programm« handelt[25]. Hinzu kommt, daß dieses »Planen« offensichtlich stark veränderlich ist: Wie die Assyrer zunächst als Gerichtswerkzeug Gottes gelten, danach aber selbst zur Vernichtung bestimmt werden, so bietet Jesaja den Judäern, die an sich zum Sodom-Gomorra-Schicksal verurteilt sind, dennoch grundsätzlich und auch in konkreter Lage (7 1-9) die Rettung und Bewahrung an, um sie dann wegen ihres Versagens wieder zu verdammen (7 10-22) und doch bis zur assyrischen Belagerung Jerusalems die Rettungsmöglichkeit offen zu lassen (22 1-14). Angesichts dessen kann man doch nicht von einem festen Plan, sondern

---

[23] Vgl. auch die Ausführungen von M. Hengel, Die Zeloten, 1961, S. 151—154, über die Korrespondenz des Eifers Jahwes und des Eifers für Jahwe.

[24] So vor allem J. Fichtner, Jahves Plan in der Botschaft des Jesaja, ZAW 63 (1951), S. 16—33 (Gottes Weisheit, 1965, S. 27—43).   [25] J. Fichtner, a. a. O. S. 27 (S. 37 f.).

muß von einer »Absicht« oder einem »Entschluß« sprechen, die von Fall zu Fall gefaßt und gegebenenfalls umgestoßen werden können. Eben das hängt mit der Korrelation zwischen göttlichem und menschlichem Handeln zusammen, die einen *a priori* gefaßten und ständig beibehaltenen göttlichen Plan ausschließt, weil das jeweilige menschliche Verhalten zu berücksichtigen bleibt. Daher gibt es für Jesaja keine unbedingte Heilsverheißung ohne einen Einklang mit dem menschlichen Verhalten, sondern nur die Mahnung zur Umkehr, in Zusammenhang mit der sich Rettung und Heil ereignen werden.

6. Eine mögliche Verwirklichung der Rettung legt Jesaja in dem selbständigen Abschnitt 1 21-26 dar, der deswegen in die Wortsammlung von Kap. 1 eingefügt worden ist[26]. Freilich handelt es sich lediglich um eine Möglichkeit neben anderen, die Jesaja ebenfalls erwogen oder vorgeschlagen hat (z. B. 7 1-9 14 28-32 29 1-8 30 15 31 4-9).

> Ach, wie ist zur Dirne geworden
>> die treue Stadt,
> erfüllt von Recht,
>> in der die Gerechtigkeit nächtigte! ‘ ’
> Dein Silber ist in Bleiglätte übergegangen,
>> dein Weizenbier verpanscht ‘ ’.
> Deine Vorsteher sind störrisch
>> und Diebsgesellen,
> jeder liebt Bestechung
>> und jagt Geschenken nach. ‘ ’
>
> Darum lautet der Spruch
>> des Jahwe Zebaot,
>>> des Starken Israels:
> Ha, ich will mir Trost an meinen Gegnern schaffen
>> und mich an meinen Feinden rächen! ‘ ’
> Ich werde ‘im Schmelzofen’ deine Bleiglätte ausschmelzen
>> und all deine Schlacken ausscheiden.
> Ich werde deine Herrscher zurückbringen wie früher
>> und deine Ratgeber wie im Anfang.
> Danach wird man dich nennen:
>> Stadt der Gerechtigkeit,
>> treue Stadt!

---

[26] Sowohl die Glosse v. 27-28 als auch das Fragment v. 29-31 müssen davon getrennt werden. Man sollte die stilistisch richtig begründete Abgrenzung durch B. Duhm, Das Buch Jesaia, 1922⁴, S. 32—35, nicht wieder rückgängig machen (S. 34f. zu v. 26: »Mit dem Ausdruck ‚treue Stadt' kehrt das Gedicht in den Anfang zurück. Schon dies verrät, daß wir hier den Schluß haben«). Vgl. auch K. Budde, a. a. O. S. 34: »Nach dem wundervollen Abschluß, den die Rede Jahwes in v. 26 mit dem Rückgriff auf den ersten Anfang, der *restitutio in integrum*, erreicht, braucht der Prophet nicht noch einmal das Wort zu nehmen, am wenigsten mit so lahmen Wiederholungen und Verallgemeinerungen, wie diese Verse (= v. 27-28) sie bringen«.

Jesaja verbindet nach der Anklage gegen die führende Schicht Jerusalems[27] die Rettung der Stadt und der Masse ihrer Bewohner mit einem Teil- oder Läuterungsgericht, das die jetzigen verderbten »Beamten«, »Richter« und »Ratgeber« ausscheidet, wie die Schlacken beim Schmelzen ausgeschieden werden. Wie immer bei Jesaja soll das Gericht die wahrhaft und hauptsächlich Schuldigen treffen, als die in diesem Wort wie in der ganzen ersten Wirkungsperiode des Propheten die Jerusalemer Oberschicht erscheint (vgl. 3 1-24 5 8-24 10 1-4), in deren Untergang das abhängige Volk allerdings hineingezogen werden kann (3 1-9 3 25—4 1), während nach dem Versagen im syrisch-ephraimitischen Krieg die Gerichtsdrohung von vornherein dem ganzen Volke gilt[28]. Nach 1 21-26 soll die Oberschicht beseitigt werden, ohne daß das übrige Volk in Anarchie und Auflösung bis zum völligen Erlöschen getrieben wird; sonst käme ja keine Rettung zustande. Daher soll die auszuscheidende schlechte Oberschicht durch eine neue bessere ersetzt werden.

Einerseits wird dieses Vorgehen zur Folge haben, daß Jerusalem wieder als treue und gerechte Stadt gelten kann. So ist es schon einmal unter einer guten Oberschicht gewesen — »früher, im Anfang« und also wohl in der ersten israelitischen Zeit der Stadt unter der Regierung Davids. Diese Zeit, in der Jahwe siegreich für Israel gekämpft hat (vgl. 28 21), so daß David in der Stadt sein Lager beziehen konnte (vgl. 29 1), hat dem Jesaja offensichtlich als eine Epoche mit rechtmäßigen und geordneten Zuständen gegolten. Wie Hosea und Jeremia die Wüstenzeit als die ideale Zeit Israels betrachtet haben, so Jesaja die Regierungszeit Davids. Dabei betrachtet er die geschichtliche Zeit dieses Königs als vorbildlich, spricht jedoch nicht von einer Erwählung Davids und seiner Dynastie, von der Erweckung eines neuen David oder von irgendeiner anderen Herrschererwartung, die man manchmal in 9 1-6 hineinliest. Analog weiß er nichts von einer Erwählung und unbedingten Bewahrung Jerusalems oder des Zion[29]; vielmehr wird die Stadt, falls die Rettung nicht zustande kommt, genauso vernichtet wie das Reich der Nachfolger Davids (vgl. be-

---

[27] Die Verbindung der Form des Leichenliedes mit dem Inhalt des Scheltwortes kann in diesem Zusammenhang außer acht bleiben; vgl. dazu G. FOHRER, Das Buch Jesaja, I 1966², S. 41 f.

[28] Auf Grund der gleichen Erwägungen weist auch W. EICHRODT, a. a. O. S. 37, das Wort der Frühzeit Jesajas zu.

[29] Der Begriff »Zion« hat bei Jesaja noch nicht den theologischen Inhalt, mit dem er nach der Kultuszentralisation Josias gefüllt worden ist, sondern bezeichnet das von Salomo erbaute Regierungsviertel mit dem Staatstempel (vgl. 1 8 3 16 8 18 10 32 14 32 28 16 31 4. 9). Dabei ist eine sich anbahnende Gleichsetzung von »Zion« mit der Gesamtstadt Jerusalem insofern zu beobachten, als »Zion« gelegentlich als *pars pro toto* für die letztere verwendet wird.

sonders 28 14-22 32 9-14). Es gibt keine unbedingte Rettung um Davids oder des Zion willen[30], sondern nur die bedingte Rettung bei echter Umkehr oder die in 1 21-26 erwogene Möglichkeit eines Teil- oder Läuterungsgerichts mit der es ergänzenden positiven Maßnahme der Einsetzung einer neuen Oberschicht.

Andererseits bewirkt die Einsetzung einer neuen Oberschicht nach der Meinung Jesajas wohl auch eine Änderung und Wandlung des übrigen verführten Volkes, das gleichfalls wieder gerecht und ehrbar werden muß und wird[31]. Es ist kaum anzunehmen, daß der Prophet die Stadt andernfalls als treu und gerecht bezeichnen und als gerettet betrachten würde. Während also die verderbte Oberschicht wie sonst mit dem Untergang bedroht wird, sollen die von ihr Bedrückten und Verführten durch eine neue Oberschicht auf den rechten Weg zurückgebracht werden. Für die jetzige Führung besteht keine Möglichkeit mehr, die geforderte Umkehr zu vollziehen und gerettet zu werden, wohl aber für die zur Sünde Verführten. Denn sie sollen eine neue Führung erhalten, unter deren Einfluß sie wieder ehrbar werden. Darin sind nicht nur göttliches Strafgericht, Umkehrforderung und Rettung miteinander verbunden, sondern es spielt auch der Gedanke einer Einwirkung der Oberschicht auf das übrige Volk hinein. Wie sich die Führung verhält, so die Geführten. Von der Korrelation zwischen göttlichem und menschlichem Handeln unterscheidet sich diese Einwirkung dadurch, daß sie sich nur in einer Richtung und nicht in Wechselbeziehung ereignet. Genauso erklärt der nichtjesajanische Weisheitsspruch 32 1-5, daß eine gerechte Regierung sich auf das Leben und Verhalten aller Glieder des Volkes auswirkt.

Insgesamt findet sich bei Jesaja eine viel nüchternere Einschätzung der möglichen Verwirklichung der Rettung als in der späteren überschwenglichen eschatologischen Prophetie, die sich in der Ausmalung der Ereignisse kaum genug tun kann (vgl. 2 2-4 4 2-6 8 9-10 9 1-6 11 1-16 17 12-14 24 21—25 12 27 2-6. 12-13 28 5-6 29 17-24 30 18-26 32 15-20 33 7-24 35). Gewiß ist Jesaja kein »Unheilsprophet«, ebensowenig jedoch ein Prophet mit einer Botschaft unbedingter Verheißung. Vielmehr geht er zwar von der großen Sünde Israels und dem deswegen drohenden Gericht aus, bietet aber auch immer wieder die Möglichkeit der Rettung

---

[30] So G. v. RAD, a. a. O. S. 158—185.

[31] Daß Jesaja eine Scheidung zwischen den Frommen und den Gottlosen meint (O. KAISER, a. a. O. S. 16) und damit die nicht der Oberschicht angehörigen Glieder des Volkes als fromm beurteilt, ist unwahrscheinlich und wird auch durch 3 4f. 3 25—4 1 ausgeschlossen. Das übrige Volk ist keineswegs fromm, vielmehr ebenfalls sündig, aber dazu nur verführt (3 12) und daher besserungsfähig.

auf dem Wege der Umkehr, des Naheseins zu Gott und des Tuns des Guten an. Daß man auf seine Mahnung — wie auf diejenige anderer Propheten — nicht gehört und ihn später gar — und das bis heute! — Jerusalem mit der Glorie unbedingten Heils umweben geglaubt hat, liegt nicht an ihm. Er war ein Prophet der Umkehrforderung, wobei aus der verwirklichten Umkehr die Rettung und das Heil folgen würden. Freilich ist seine Mahnung wegen der Bosheit des menschlichen Herzens unbeachtet verhallt. Man könnte ihn zeitweilig auch einen Propheten der bedingten Verheißung nennen — einer genau bedingten Verheißung, gebunden nämlich an das Tun des Guten (1 17), den Gehorsam und das Willigsein (1 19), den Glauben (7 9), das Stillhalten und Vertrauen (30 15). Allerdings sind seine Zeitgenossen dem niemals gefolgt, so daß sein wahrscheinlich letztes Wort daraus die düstere Folgerung zieht (32 9-14). Es fragt sich, wann endlich wir die Botschaft dieses großen Gottesmannes so verstehen, wie der Sammler der in Kap. 1 vereinigten Worte und der Bearbeiter, der diese Sammlung als Zusammenfassung der Gesamtbotschaft an den Anfang der Jesajaüberlieferung gestellt hat[32], sie aus einer größeren Nähe heraus, als wir sie besitzen, verstanden haben und verstehen lehren wollten.

---

[32] Ähnlich z. B. A. WEISER, Einleitung in das Alte Testament, 1966⁶, S. 171: Der Sammler scheint Kap. 1 »als eine Art programmatische Einleitung, die einige wesentliche Hauptgedanken der Prophetie Jesajas vorwegnimmt, an die Spitze der Sammlung 1—12 gestellt . . .« zu haben; C. KUHL, Die Entstehung des Alten Testaments, 1960², S. 177: Kap. 1 ist »gleichsam als Programm seines ganzen Wirkens« an den Anfang gestellt worden.

Zu Jesaja 7₁₄ im Zusammenhang von Jesaja 7₁₀—₂₂

לכן יתן אדני
הוא לכם אות
הנה העלמה הרה
וילדת בן
וקראת שמו
עמנו אל

1. L. KÖHLER hat in ZAW 67 (1955), S. 48—50, vorgeschlagen, den viel umstrittenen[1] Begriff העלמה in Jes 7₁₄ kollektiv zu verstehen. Diese Auffassung, die ich in ThR 20 (1952), S. 225, ebenfalls vertreten habe, ist zwar nicht neu[2], verdient aber mit Nachdruck erneuert zu werden. Sie scheint ebenso sachgemäß zu sein und zu der Situation zu passen, in der Jesaja spricht und auf die er sich bezieht, wie die unbestimmte Deutung, nach der eine beliebige Frau gemeint ist, die gebären wird. Der Artikel vor עלמה dürfte hier wie an vielen anderen Stellen auf die kollektive oder die unbestimmte Bedeutung hinweisen.

2. Freilich läßt sich nicht eindeutig bestimmen, was der Begriff עלמה bezeichnet. Das Verständnis als »junge Frau (bis zur Geburt des ersten Kindes)« hat viel für sich; L. KÖHLER führt mit Recht die physiologischen und psychologischen Umstände im Leben des weiblichen Menschen zugunsten dieser Auffassung an. Die übrigen alttestamentlichen Stellen weisen allerdings nicht unbedingt in diese Richtung. Es täte dem Verständnis des Jesajawortes auch keinen Abbruch, wenn unter עלמה das noch unverheiratete Mädchen zu verstehen wäre. In diesem Fall sagt Jesaja: Ein junges oder mehrere junge, im Augenblick noch unverheiratete Mädchen werden nach ihrer

---

[1] Vgl. die mehrfach geänderten Auffassungen, die S. MOWINCKEL, Profeten Jesaja, 1925; Immanuelprofetien Jes 7, Streiflys fra Ugarit, I, NTT 42 (1941), S. 129—157; De senere profeter (S. MICHELET-S. MOWINCKEL-N. MESSEL, Det Gamle Testamente III), 1944; Jesaia, 1949, vertreten hat, sowie die Übersichten von G. FOHRER in ThR NF 19 (1951), S. 295; 20 (1952), S. 224f.; 28 (1962), S. 63—67, 69—72.

[2] Die »kollektive« Deutung findet sich z. B. bei H. GUTHE, Das Buch Jesaia, in E. KAUTZSCH, Die Heilige Schrift des Alten Testaments, I 1922⁴, S. 601 (V. HERNTRICH, Der Prophet Jesaja, Kap. 1—12, 1954², S. 128, schreibt sie sogar der Mehrzahl der Ausleger zu). Verwandt ist die »generelle« Deutung von B. DUHM, Das Buch Jesaia, 1922⁴, S. 75, wonach der Begriff jede beliebige Frau bezeichnet, die demnächst gebiert.

zu erwartenden Vermählung (die als selbstverständlich vorausgesetzt ist) schwanger werden und Söhne gebären. Diese Frage muß wohl offen bleiben, da sich für die von L. KÖHLER vorgeschlagene Bedeutung des Begriffs keine eindeutigen Kriterien finden. Der Prophet geht entweder von den schon verheirateten und schwangeren »jungen Frauen« aus oder von den »Mädchen«, die bald verheiratet und schwanger sein werden. Die kollektive oder die unbestimmte Deutung macht den hartnäckigen Streit über den Sinn des Begriffs עלמה wesenlos.

3. Worin aber besteht das von Jesaja angekündigte Zeichen? Keinesfalls darin, »daß Anlaß sein wird, den noch ganz jungen Sohn עִמָּנוּ אֵל zu nennen« (L. KÖHLER). Der Zusammenhang legt ein anderes Verständnis nahe. Weil Ahas sich kein Zeichen erbeten hat, wird Jahwe selbst eines geben — so bricht es im Augenblick höchster Erregung aus Jesaja heraus. Er spricht nicht auf Grund eines vorher empfangenen Jahwewortes, sondern in plötzlicher, intuitiver Erkenntnis der bevorstehenden Ereignisse als einer besonderen Art »geheimer Erfahrung«. Das Zeichen, das der Prophet ankündigt, kann aber nicht den gleichen Sinn haben wie das vorher dem Ahas angebotene und von diesem abgelehnte, also nicht die Vergewisserung darüber, daß Jahwe die Bedrohung von Jerusalem abwenden werde. Auf das Versagen des Ahas folgt keine Heilszusage, sondern eine Unheilsdrohung (eingeleitet mit לָכֵן). In der Tat sind Geburt und Namengebung auch noch nicht das angekündigte Zeichen, sondern erst die Voraussetzung dafür, daß es erfolgen kann und wird[3]. Das wird durch das einleitende הִנֵּה grammatisch verdeutlicht: Es steht hier im Sinne eines »wenn« vor einem Satz[4] und ermahnt wegen dessen besonderer Bedeutung zum Aufmerken. *Wenn* das oder die Mädchen oder Frauen einen Sohn oder Söhne geboren und sie benannt haben, wird sich das Zeichen ereignen.

Welchen Sinn hat dann die Namengebung? Der Name des Kindes oder der Kinder soll ankündigen oder bewirken, daß Jahwe mit Juda ist oder sein möge. Er soll die Erwartung des Heils und der Hoffnung aussprechen oder sogar das Heil und die Hilfe Jahwes herbeiführen. Er ist Ausdruck der Politik des Ahas, der militärische Maßnahmen trifft, die Assyrer herbeiruft und die Unterstützung Jahwes für seine Pläne erhofft: »Gott ist/sei mit uns« — wir werden den Aramäern und Israeliten nicht erliegen!

Aber, so fährt Jesaja in 7 15-16 fort, trotz dieses heilvollen Namens des Kindes oder der Kinder wird Unheil über Juda kommen, das jetzt

---

[3] Damit wird die von L. KÖHLER gestellte Frage nach dem Hochzeitstermin für das Verständnis des Jesajawortes belanglos, ohne freilich ihre allgemeine Bedeutung einzubüßen.

[4] L. KÖHLER - W. BAUMGARTNER, Lexicon in Veteris Testamenti libros, 1953, z. St. Nr. 10.

so schmählich versagt. Das ist das Zeichen, das Jahwe geben wird! Der
oder die Jungen werden in wenigen Jahren Butter und Honig essen
müssen — keine Götter- oder Wunderspeise, sondern die kärgliche
Nahrung von Nomaden. Und wenn sie in Palästina darauf angewiesen
sind, lebt man dort eben wie in Steppe und Wüste, da der Acker
verlassen und verödet sein wird.

Das angekündigte »Zeichen« ist also eine Unheilsdrohung, deren
Sinn durch die deutende Glosse am Schluß von 7 16 verdunkelt worden
ist, die אדמה fälschlich auf die beiden Staaten bezieht, die Juda an-
greifen[5]. Dagegen hat die erläuternde Glosse 7 17 das »Zeichen« noch
richtig als Drohung gegen Juda verstanden[6].

4. Was Jesaja in 7 13-16 in kurzen, erregten und für seine Zuhörer
vielleicht nicht ganz klaren Worten angedroht hat, legt er in drei
weiteren Sprüchen erläuternd nach verschiedenen Seiten hin dar;
diese kleinen selbständigen Einheiten sind mit Recht an 7 10-17 angeschlossen worden und bestätigen die Deutung des »Zeichens« als
Unheilsdrohung. Die Verbindung ist durch den Ausdruck ביום ההוא
gegeben, der hier die Gleichzeitigkeit zweier wichtiger Begebenheiten
meint[7]. In 7 18-19 sagt Jesaja, wie es zum angedrohten Unheil des
»Zeichens« kommen wird: Die Heere der beiden Großmächte Assyrien
und Ägypten werden auf judäischem Boden zusammenstoßen, nachdem Ahas sie durch seinen Hilferuf an die Assyrer mobilisiert hat.
In 7 20 sagt Jesaja, worin das Unheil besteht: Die Assyrer werden
Juda, wahrscheinlich in Zusammenhang mit der zu erwartenden Niederlage der Ägypter, völlig verwüsten. In 7 21-22 schildert Jesaja die
bleibenden Auswirkungen des Unheils: Die überlebenden Judäer werden nach der Verwüstung des Acker- und Kulturlandes bei geringer
Viehwirtschaft kümmerlich ihr Leben fristen.

Damit ist das »Zeichen«, das Jahwe geben will, in seinen einzelnen
Phasen erläutert. Die Ereignisse werden anders verlaufen, als Ahas
und die Judäer hoffen und errechnen. Statt Sicherheit wird Juda den
Untergang finden, weil es vergißt, daß es nur aus dem Vertrauen auf
den Gott leben kann, der die menschlichen Geschicke lenkt, und weil es
sich in Bereiche wagt, in denen es nur Spielball der Gewalten ist, die es
geweckt hat. Die Schuld des glaubenslosen Suchens nach politisch-mili-
tärischer Sicherheit unter Absehen von Gott führt gerade in das Unheil
und Elend, denen man entgehen wollte. Nur der Glaubende (7 9) findet
in solcher Lage den rechten Weg, so daß er bestehen bleiben kann.

---

[5] 7 16bβ: »vor dessen zwei Königen dir graut«.
[6] 7 17: »Jahwe wird über dich und über dein Volk und über das Haus deines Vaters
   Tage bringen, die nicht gekommen sind von dem Tage an, da Ephraim sich von
   Juda trennte: den König von Assur«.
[7] P. A. MUNCH, The expression bajjôm hāhū', 1936.

Der Aufbau der Apokalypse des Jesajabuchs (Jesaja 24—27)

Die sog. Jesaja-Apokalypse (Jes 24-27), die diesen Namen an sich zu Unrecht erhalten hat, weil sie keine Merkmale der Apokalyptik aufweist, ist so oft analysiert worden, daß es unnütz erscheinen kann, den bisherigen Untersuchungen eine weitere hinzuzufügen. Jedoch ist eine neue Hypothese insofern berechtigt, als die bisher dargelegten Ansichten häufig Bedenken erregen oder Widerspruch hervorrufen. Wird die ursprüngliche Annahme der literarischen Einheitlichkeit[1] in abgewandelter Form weiterhin vertreten[2], so steht dem die entgegengesetzte Auffassung gegenüber, daß es sich vielmehr um eine kleinere oder größere Zahl von selbständigen Abschnitten eines oder mehrerer Verfasser handle[3]. Zwischen diesen beiden Polen bewegen sich die übrigen Deutungen: als Addition einer Reihe von prophetischen Ankündigungen und Liedern[4], als allmähliche, in mehreren Stufen erfolgte

---

[1] Vgl. die Darstellung bei P. LOHMANN, Die selbständigen lyrischen Abschnitte in Jes 24—27, ZAW 37 (1917/8), S. 1—4.

[2] E. S. MULDER, Die Teologie van die Jesaja-Apokalipse, Jesaja 24—27, 1954.

[3] W. RUDOLPH, Jesaja 24—27, 1933: 10 Weissagungen und Dichtungen, deren 7 von einem Verfasser stammen; O. PLÖGER, Theokratie und Eschatologie, 1959: Hauptbestand in Jes 24—26 aus selbständigen Überlieferungen zu einer Darstellung zusammengefaßt und erweitert; thematisch zusammengehaltene Nachträge in Jes 27; W. KESSLER, Gott geht es um das Ganze, Jesaja 56—66 und Jesaja 24—27, 1960: mehrere selbständige prophetische Worte, deren jüngstes Jes 27 ist; J. MAUCHLINE, Isaiah 1—39, 1962: zahlreiche prophetische Orakel, die mit Ausnahme von 25 1-5, 27 10-11, vielleicht auch von 24 21-23, 26 19 von Jesaja selber herrühren. Gegen solche Herleitung von Jesaja gelten immer noch die Argumente von R. SMEND, Anmerkungen zu Jes 24—27, ZAW 4 (1884), S. 193—224, und von W. RUDOLPH, a. a. O.

[4] Am häufigsten vertretene Hypothese seit B. DUHM, Das Buch Jesaia, 1922⁴: Addition eines älteren Orakels mit einer Reihe von jüngeren Liedern. Vgl. O. PROCKSCH, Jesaia I, 1930; J. A. BEWER, The Book of Isaiah, Vol. I: Isaiah, Chr. 1—39, 1950; P. AUVRAY-J. STEINMANN, Isaïe, 1951; G. W. ANDERSON, A Critical Introduction to the Old Testament, 1959, S. 110; E. SELLIN-L. ROST, Einleitung in das Alte Testament, 1959⁹, S. 104; C. KUHL, Die Entstehung des Alten Testaments, 1960², S. 184f. Ähnlich R. B. Y. SCOTT, The Book of Isaiah, Chapters 1—39, Interpreter's Bible, V 1956, S. 298, aber zu vier Zyklen geordnet. Dagegen O. EISSFELDT, Einleitung in das Alte Testament, 1964³, S. 439: die Lieder (über eine Stadt in Moab) sind älter, die Orakel jünger. Unentschieden A. WEISER, Einleitung in das Alte Testament, 1966⁶, S. 175. Ungefähr gleichzeitig nach R. H. PFEIFFER, Introduction to the Old Testament, 1941, S. 442f.: beide wohl von einem Verfasser und lose miteinander verbunden.

Erweiterung eines kleinen Kerns bis zum jetzigen Umfang[5] oder als einheitliche Komposition einer »Kantate« aus eschatologischen Gedichten und Liedern[6].

All diese Hypothesen sind nicht unberechtigt, aber sie haben jeweils nur ein Element aus dem Verlauf der Entstehung und Überlieferung der sog. Jesaja-Apokalypse berücksichtigt. Zweifellos stehen prophetische Ankündigungen und Lieder nebeneinander und oft in einem engeren Verhältnis zueinander. Jeweils mehrere von ihnen scheinen zusammen einmal selbständige Abschnitte gebildet zu haben, die später durch Addition und durch Erweiterung um neue Abschnitte zusammengefaßt worden sind. Auf diese Weise ist eine einheitliche Komposition entstanden, die auf den ersten Blick geradezu als literarische Einheit erscheinen kann. Eine kurze Untersuchung des Aufbaus soll dies in groben Zügen darlegen[7].

Die Grundlagen der Analyse bilden 1. in formaler Hinsicht die Art der Aufeinanderfolge von prophetischen Ankündigungen und Liedern, 2. in strukturell-inhaltlicher Hinsicht die Art der Schilderung des eschatologischen Dramas und 3. in terminologischer Hinsicht die Bedeutung der mehrfach genannten »Stadt«.

I.

Duhm hat das Nebeneinander von Orakel und Lied grundsätzlich erkannt[8], und Lindblom hat eine regelmäßige Aufeinanderfolge von fünf eschatologischen Gedichten und vier Liedern nachzuweisen versucht[9]. Eine Nachprüfung ergibt jedoch an mehreren Stellen ein abweichendes Bild.

Am Anfang steht eine prophetische Ankündigung des Weltgerichts, die nach dem einleitenden »siehe« mittels des Partizipialstils das unmittelbare Bevorstehen der Katastrophe aussagt. Sie findet ihren deutlichen Abschluß in v. 3 mit der Formel »denn Jahwe hat's gesagt« (sekundär durch »dieses Wort« erweitert). Da es sich um eine typische

---

[5] C. Steuernagel, Lehrbuch der Einleitung in das Alte Testament, 1912, S. 497: Kern in Jes 24. G. Hylmö, De s. k. profetiska liturgiernas rytm, stil och komposition, 1929, nahm eine prophetische Liturgie in Jes 25—26 als Kern an.

[6] J. Lindblom, Die Jesaja-Apokalypse, Jes 24—27, 1938. Schon P. Lohmann, a. a. O., scheint an eine Komposition aus eschatologischen und lyrischen Abschnitten gedacht zu haben.

[7] Zur Exegese von Jes 24—27 vgl. G. Fohrer, Das Buch Jesaja, II 1962, S. 1—41 (1967²).

[8] B. Duhm, a. a. O. S. 172.

[9] J. Lindblom, a. a. O.: eschatologisches Gedicht (eG) 24 1-6; Lied (L) 24 7-16aα; eG 24 16aβ-20; L 25 1-5; eG 25 6-10a; L 26 1-14; eG 26 20-21; L 27 2-11; eG 27 12-13. Zusätze: 24 21-23 25 10b-12 26 15-19 27 1.

Schlußformel handelt, die im Buch Jesaja mehrfach vorkommt (vgl. Jes 1 20 21 17 22 25 25 8 40 5 58 14), ergibt sich daraus, daß die erste Einheit lediglich 24 1-3 umfaßt und darüber nicht hinausreicht.

Daran schließt sich in 24 4-16 aα ein dreistrophiges Lied an. Die beiden ersten Strophen, die — ein wichtiges stilistisches Merkmal! — mit dem gleichen Verb *'abăl* beginnen (v. 4. 7), sind klagender Art (24 4-6. 7-11), die dritte Strophe ist hymnischer Art (24 12. 14-16 aα). Das Lied ist nicht selbständig, sondern knüpft an die vorhergehende prophetische Ankündigung an und greift in v. 5-6 wie diese auf die Urgeschichte der Genesis zurück, so daß es vom gleichen Verfasser stammen dürfte.

Die folgende Einheit umfaßt 24 16 aβ-20, weil das »an jenem Tage« in 24 21 eindeutig einen neuen Einsatz anzeigt. Der Text erweist sich durch die Einleitung »aber ich sprach« als eine zweite prophetische Ankündigung, die die Schilderung des Grausigen und Entsetzlichen gegenüber 24 1-3 steigert und zugleich die klagenden Töne des vorhergehenden Liedes in dem Betroffensein des Propheten aufgreift. Dabei spielt sie wie die vorhergehenden Einheiten ebenfalls auf die Urgeschichte an.

Mit der im eschatologischen Sinn gebrauchten Formel »an jenem Tage« beginnt die Einheit 24 21-23, für deren Abgrenzung keinerlei Schwierigkeiten bestehen. Wie in anderen Fällen, in denen jene Formel einleitend oder abschließend begegnet (vgl. Jes 2 11. 17 4 2 7 18. 20. 21. 23 10 20. 27 11 10. 11 17 4. 7. 9 19 16ff. 22 20 23 15 27 1. 12f. 28 5)[10], handelt es sich wieder um eine prophetische Ankündigung. Auch Stil und Inhalt lassen dies ohne jeden Zweifel erkennen. Angekündigt werden die Entmachtung und Gefangennahme der Feinde Jahwes im Himmel und auf Erden, damit sie später verurteilt werden, während er auf dem Berg Zion die Königsherrschaft ausüben und — wie die Bezugnahme auf Ex 24 9-11 zeigt — einen neuen Bund schaffen wird.

Auf diese prophetische Ankündigung antwortet das ebenso klar abgrenzbare Lied 25 1-5 (mit sekundären Zusätzen in v. 4 und 5). Es dankt für das machtvolle Handeln Jahwes, der einerseits seine Feinde und die Bedrücker seiner Gemeinde zu Boden zwingt, andererseits dadurch sich als die Zuflucht seines Volkes erweist.

Darauf folgt eine weitere prophetische Ankündigung, die nach der Schlußformel »denn Jahwe hat's gesagt« die Verse 25 6-8 umfaßt. Sie steht durch den Rückverweis »auf diesem Berg« (v. 6f.) mit 24 21-23 in Verbindung und führt den dort anklingenden Gedanken des neuen Bundes und des Bundesmahls aus.

---

[10] Daß die Formel sich auch in Liedern findet, ergibt sich aus dem Vorkommen in Jes 25 9 26 1 27 2.

In den gleichen Zusammenhang gehört auf Grund des nochmaligen »auf diesem Berg« das kurze Danklied 25 9-10 a, das sich auch inhaltlich genau an die vorhergehenden Verse anschließt. Dabei bildet v. 10 a unbestreitbar den Abschluß.

Der folgende Spruch gegen Moab in 25 10 b-11, der sich ursprünglich wohl gegen das Nachbarland Israels gerichtet hat, im jetzigen Zusammenhang aber symbolisch auf die herrschende Weltmacht bezieht, steht völlig isoliert. Durch seine derben und drastischen Bilder unterscheidet er sich ferner inhaltlich von allen anderen Einheiten der sog. Jesaja-Apokalypse. Er ist durch v. 12, der 26 5 nachgebildet ist, sekundär erweitert worden.

Jes 26 enthält zwei Einheiten, die sich nach Gattung, Metrum, Stil und Inhalt voneinander abheben. In 26 1-6 liegt ein Danklied (mit dreigliedrigen Versen) aus Anlaß eines Sieges vor, das durch die Eingliederung in Jes 24-27 umgestaltet und eschatologisch gewendet worden ist. Es beginnt als Einzugslied, das die Prozession in den Tempel zur Feier des Sieges voraussetzt, und fährt als Siegeslied fort, das als Züge des Dankes die Aufforderung zum Vertrauen auf Jahwe und die Erzählung der gefeierten Begebenheit enthält.

Dagegen bildet 26 7-21 das Gebet eines einzelnen für die Gemeinde, mit der er sich zusammenschließt (in zweigliedrigen Versen). Es ist vorwiegend klageartig gehalten (v. 7-18 a), mündet aber in die Gewißheit der göttlichen Hilfe (v. 18 b-19) und eine daraus folgende Aufforderung an Israel (v. 20-21). Es ist zu beachten, daß in v. 19 und 20-21 keine Antwort Jahwes vorliegt, sondern daß der Beter diesen bzw. sein Volk anredet; in v. 19 bezieht sich ja der Ausdruck »dein Tau« auf Jahwe, von dem dann v. 21 in der dritten Person redet.

In Jes 27 heben sich durch die mehrmalige Formel »an jenem Tage« (27 1. 2. 12. 13) einige Einheiten voneinander ab. Die erste in 27 1 stellt nach Stil und Inhalt eine prophetische Ankündigung dar, die von der Vernichtung der Chaosmacht als dem Symbol der herrschenden Weltmacht handelt.

Dem folgt in 27 2-6 das eschatologische Weinberglied als ausdrückliches Gegenstück zu Jes 5 1-7. Wie dort ist es als Lied Jahwes gestaltet, soll aber wohl von der Heilsgemeinde in Dank und Freude über das künftige Heil Israels gesungen werden.

Sachlich schließt sich daran 27 12-13 an. Die Verse sprechen im typischen Stil der prophetischen Ankündigung von der eschatologischen Sammlung und Wiedervereinigung aller Israeliten. Da sie sich in zwei Bereichen vollzieht — in den idealen Grenzen des israelitischen Gebiets und in der übrigen Welt — wird die Einleitungsformel »an jenem Tage« auch zweimal verwendet.

Die dazwischen stehenden Verse 27 7-11 (davon v. 8 ein späterer Zusatz) stellen dagegen eine theologische Betrachtung dar, die vom babylonischen Exil als dem göttlichen Strafgericht ausgeht und nach der Möglichkeit und Bedingung für das Ende der damit eingeleiteten Notzeit fragt.

So folgen in Jes 24—27 mehrfach prophetische Ankündigungen und Lieder in regelmäßigem Wechsel aufeinander, wobei sie zugleich inhaltliche oder formale Beziehungen zueinander aufweisen: in 24 1-20, in 24 21—25 10a und in 27 1-6.12-13. Unterbrochen wird der Wechsel durch die beiden einander unmittelbar folgenden prophetischen Ankündigungen in 24 16aβ-20 und 24 21-23, durch die drei Lieder oder Gebete in 25 9-10a 26 1-6 und 26 7-21 und durch die theologische Betrachtung in 27 7-11. Damit stellt sich die Frage, ob Jes 24—27 nicht aus mehreren größeren Abschnitten, innerhalb derer jener regelmäßige Wechsel herrscht, zusammengesetzt worden ist.

II.

Verstärkt wird die Frage, wenn man — von den Strukturelementen der alttestamentlichen Eschatologie ausgehend[11] — die Art der Schilderung des eschatologischen Dramas in Jes 24—27 betrachtet.

In 24 1-20 ist die Sachlage einfach. Das ganze Interesse konzentriert sich auf die Ankündigung und Schilderung des sich über die ganze Erde erstreckenden eschatologischen Weltgerichts. Nach der ersten kurzen Ankündigung (24 1-3), die das Grauen des Endes durch die Umkehrung der geordneten Verhältnisse in ihr Gegenteil charakterisiert, schildert das Lied (24 4-16aα) einerseits die Auswirkung dessen auf der ganzen Erde und andererseits andeutend als Kontrast das für Israel heilvolle Ergebnis des Gerichts. Jedoch nimmt die zweite Ankündigung (24 16aβ-20) die Darstellung des Grausigen und Schaurigen wieder auf und steigert sie sogar. Bei alledem sucht der Verfasser seiner Sicht der Dinge dadurch Anerkennung zu verschaffen, daß er Worte älterer Propheten verwendet, und knüpft an die Urgeschichte der Genesis (besonders an die Sintfluterzählung) an, um zu zeigen, daß die künftigen Erfahrungen der Menschheit den damaligen entsprechen werden.

Anders verhält es sich in den Einheiten von 24 21—25 10a. Zwar sollen auch sie nichts anderes als den Anbruch der Endzeit verheißen und schildern; aber nicht das Grauen, sondern das Glück als Folge der großen Umwälzung steht im Mittelpunkt und wird freudig beschrieben. Ferner unterscheidet der Verfasser zwischen den Völkern und ihren Herrschern. Während die Könige mitsamt anderen Feinden Jahwes

---

[11] Vgl. oben: Die Struktur der alttestamentlichen Eschatologie.

dem Gericht verfallen, werden die Völker nicht bis auf wenige Menschen verringert (24 6), sondern bleiben bestehen und werden sogar in die eschatologische Gottesherrschaft einbezogen. Vor allem ist das ganze Geschehen in wenigstens zwei Akte gegliedert, die in den beiden prophetischen Ankündigungen zur Sprache kommen, während die Lieder die Reaktion des Propheten oder der Gemeinde darauf ausdrücken: 1. die Entmachtung und Gefangennahme der Feinde Jahwes (24 21-23) und 2. das universale Bundesmahl als Vorbereitung und Einleitung der Gottesherrschaft (25 6-8), während dessen vielleicht auch die Verurteilung der abgesetzten Könige stattfinden soll. Das Ganze steht unter dem Gesichtspunkt der eschatologischen Königsherrschaft Jahwes und der Konzentration auf »diesen Berg«, den Zion.

Ein ähnlicher Weg wird in 27 1-6. 12-13 nochmals zurückgelegt. Die darin zusammengefaßten Einheiten führen vom endzeitlichen Kampf Jahwes (27 1) über die Bewahrung des von ihm umhegten Israel (27 2-6) zur Sammlung und Wiedervereinigung aller Israeliten (27 12-13). Es handelt sich also um drei verschiedene Akte des eschatologischen Geschehens, die aber sachlich eng zueinander gehören und aufeinander bezogen sind, was wohl auch durch die regelmäßige Verwendung der Formel »an jenem Tage« angedeutet werden soll. Im Unterschied von den zwei ersten großen Abschnitten gilt das die Endzeit einleitende Gericht weder allen Völkern, die nahezu ausgerottet, noch allen irdischen Herrschern und himmlischen Gegnern, die verurteilt würden, sondern der unter dem Bild des Chaosungeheuers vorgestellten herrschenden Weltmacht, die Jahwe wie ein Krieger im Zweikampf besiegt. Während für den Verfasser des ersten großen Abschnitts ungeachtet des künftigen Heils für Israel der leichtfertige Jubel darüber in der Furcht vor dem richtenden Gott, im Grauen vor dem wütenden Unheil und im Mitleid mit den Gerichteten erstirbt, da der Anbruch der Endzeit für ihn nun einmal kein Volksfest, sondern eine todernste Angelegenheit ist, und der Verfasser des zweiten Abschnitts trotz der Einbeziehung der Völker in das Heil immerhin schon von einem gewissen Vorzug Israels weiß, dessen Ehrenrettung den krönenden Abschluß von 25 6-8 bildet, betrachtet der Verfasser des dritten Abschnitts die Fürsorge Jahwes für Israel als den eigentlichen Zweck und das letzte Ziel der eschatologischen Umwälzung, denen die einleitende Beseitigung der Weltmacht dient. Und während der erste große Abschnitt die Israeliten über die Hoheit Jahwes jubeln läßt (24 14) und der zweite mit dem Jubel der Erlösten über die eschatologische Königsherrschaft Jahwes schließt (25 9-10 a), ist im dritten das Ziel der eschatologischen Umwälzung ja mit der Vereinigung des ganzen Israel in den Grenzen des alten Davidreiches erfüllt, so daß weniger Jahwe, der gewiß alles herbeiführt, als vielmehr das eschatologische Israel alles in allem sein wird.

Die drei großen Abschnitte von Jes 24—27 sind einander demnach parallel und enthalten Ankündigungen oder Schilderungen des Anbruchs der eschatologischen Gerichts- und Heilszeit unter drei verschiedenen Aspekten. Sie können schwerlich von vornherein eine Einheit gebildet, sondern müssen als selbständige Abschnitte bestanden haben, bevor sie zur jetzigen Komposition zusammengesetzt worden sind.

III.

Einen letzten Hinweis auf diese Art der Entstehung bildet in terminologischer Hinsicht die mehrfache, aber der Bedeutung nach unterschiedliche Erwähnung der »Stadt«[12], die das Ganze geradezu wie ein Stichwort durchzieht. Dem steht die gleichfalls mehrfache ausdrückliche Nennung Jerusalems und des Berges Zion kontrapunktisch gegenüber (24 23 25 6f. 10a 27 13).

Erstmalig ist in 24 10. 12 von der Stadt (*qirjā*) die Rede, die verödet, wüst und nichtig daliegen wird, nachdem sie zertrümmert, ihr Tor in Stücke zerschlagen und statt der früheren Freude nur Entsetzen übriggeblieben ist. Dabei denkt der Verfasser nicht mehr an den schleichenden Fluch als Ursache, der nach v. 4-6 die Verringerung der Menschen bewirkt, sondern an eine gewaltsame Zerstörung, die sich als Folge der Zerstreuung der Menschheit (24 1) in einem anarchischen Kampf aller gegen alle ereignet. Ferner ist zu beachten, daß statt des Triumphes über den Untergang und die Zerstörung eine echte Trauer und ein lebhaftes Mitempfinden über das kommende Unheil herausklingen. Angesichts dessen kann schwerlich eine bestimmte Stadt gemeint sein; vielmehr bezeichnet der Ausdruck, wie PLÖGER richtig gesehen hat[13], »die städtische Lebensform der zeitgenössischen Menschheit überhaupt, an der das Vernichtungswerk Jahwes nicht vorbeigehen wird«, obwohl es sich um mehr als bloß »einen anschaulichen Einzelzug« handelt. Denn es ist die geordnete Polis im antiken Sinn als eigentliche Heimstätte des Menschen, die von der Anarchie infolge der Zerstreuung ergriffen wird, sich auflöst und im Krieg aller gegen alle untergeht.

Im zweiten großen Abschnitt erwähnt 25 2f. wieder die »Stadt« (*'īr, qirjā*), die unzugänglich, mit festen Wohntürmen bewehrt und Sitz eines starken Volkes und gewalttätiger Nationen ist, jedoch infolge des göttlichen Eingreifens zu Trümmern und Steinhaufen zerfallen und niemals wieder aufgebaut werden wird. Bei dieser Androhung der

---

[12] Auch O. PLÖGER und W. KESSLER, a. a. O., vermuten, daß nicht immer die gleiche Stadt gemeint, sondern der Ausdruck verschieden zu deuten ist.

[13] O. PLÖGER, a. a. O. S. 73.

vollständigen Zerstörung (ähnlich der Drohung Mi 3 12 gegen Jerusalem) könnte man, wie es oft geschieht, an Babylon denken. Jedenfalls
kündigt der Text nicht wie 24 10 die Auflösung der städtischen Lebensform an, sondern die Zertrümmerung der Bollwerke der Vermessenen
und Gewalttäter (v. 5), die auch Ps 86 14 miteinander nennt. Beide
Ausdrücke bezeichnen das frevlerische Verhalten gegen andere Menschen, besonders gegen die Frommen, die davor bei Gott Schutz suchen
und finden. Nimmt man dazu den vorhergehenden Text über die Entmachtung der Feinde Jahwes, so wird es fraglich, ob 25 2f. einen bestimmten Ort und nicht vielmehr die Hauptstadt der zu Beginn der
eschatologischen Umwälzung herrschenden Weltmacht oder die
Hauptstädte der abzusetzenden Könige überhaupt meint. Auf diese
Weise wird sich Jahwe in der Entmachtung der Könige nicht nur seiner
Feinde entledigen, sondern sich auch als Zuflucht für jene Armen und
Geringen (v. 4) erweisen, die zugleich die Frommen sind. Daß dann das
jetzt noch gewalttätige Volk ihn fürchten und ehren wird, schlägt die
Brücke zu der folgenden Ankündigung des universalen Bundesmahls.
Es bedeutet ja, daß es Jahwes Königsherrschaft anerkennt und ihm
den Respekt entgegenbringt, der einem Herrscher gebührt.

Den gleichen Sinn hat die Erwähnung der unzugänglichen »Stadt«
(*qirjā*) am Schluß von 26 1-6. Es mag sein, daß die Verse auf einem
älteren Danklied aus Anlaß eines Sieges beruhen. Um welchen Sieg es
sich gehandelt hat, ist freilich nicht mehr zu ersehen[14], weil der Text bei
der Eingliederung in Jes 24—27 umgestaltet, auf den vorhergehenden
großen Abschnitt bezogen und eschatologisch uminterpretiert worden
ist. Jedenfalls ist die Bezugnahme auf 24 21—25 10a unverkennbar:
Jahwe wird seinem Volk dadurch helfen, daß er die unzugängliche
Stadt (vgl. 25 2) zerstört. Mitsamt ihren Einwohnern, die dem Heer
der Höhe in 24 21f. gleichen, wird sie hinuntergestürzt. Dann können
die Elenden und Geringen (vgl. 25 4) die Reste zerstampfen.

Im gleichen Lied spricht 26 1f. von der »starken Stadt« (*'îr*) mit
Mauer und Wall, die »wir« haben und durch deren Tore das gerechte
Volk einziehen soll. Es kann kein Zweifel darüber herrschen, was
gemeint ist: Ähnlich den Zionspsalmen beginnt 261-6 mit dem Blick auf
die Stärke der heiligen Stadt, die von Jahwe geschützt wird und im
Gegensatz zu der feindlichen Stadt (v. 5f.) uneinnehmbar ist.

Die Betrachtung 27 7-11 spricht in v. 9 von der notwendigen
Sühnung der Schuld Israels, die in v. 10f. damit begründet wird, daß die
»feste Stadt« (*'îr*) einsam, entvölkert und verlassen daliegt, daß dort
das Vieh weidet und die Nomadenfrauen sich Brennmaterial sammeln.
Auch abgesehen von dem Anklang an Jesajas Drohung gegen Jeru-

---

[14] Auch der Vorschlag einer moabitischen Stadt durch O. EISSFELDT, a. a. O. S. 393f.,
und insbesondere der Stadt Dibon durch E. S. MULDER, a. a. O. S. 90f., ist völlig
unsicher.

salem in Jes 32 9-14 kann nach dem Zusammenhang des Textes unter dieser Stadt nur Jerusalem verstanden werden. An Samaria zu denken, liegt für die nachexilische Zeit, aus der das Wort stammt, recht fern, zumal wenigstens seit Deuterojesaja die Bezeichnung »Jakob« für das um Jerusalem konzentrierte Gottesvolk geläufig war (vgl. 27 6).

Schließlich spielt 25 12, der Zusatz zum Moab-Spruch, auf eine Stadt an, was nach der auf das ganze Land bezüglichen Drohung nicht gerade auf einen geschickten Glossator schließen läßt. So kann der Vers beiseite bleiben.

Was folgt daraus? Abgesehen von der Beziehung der ungenannten »Stadt« ('ir) auf Jerusalem in 26 1f. und 27 10, begegnet diese »Stadt« (meist qirjā) in 24 10. 12 und in 25 2f. mit 26 5f. in sehr unterschiedlicher Bedeutung. Das läßt immerhin erschließen, daß die Abschnitte 24 1-20 und 24 21—25 10 a ursprünglich nicht zusammengehört haben; auch der Abschnitt 27 1-6. 12-13, der sich überhaupt nicht mit einer Stadt befaßt, ist davon zu trennen. Erst die außerhalb dieser Abschnitte stehenden Einheiten 26 1-6 und 27 7-11 haben ein häufigeres Vorkommen des Begriffs herbeigeführt.

IV.

Die bisherige Analyse hat ergeben, daß die drei großen Abschnitte in sich nach dem Prinzip des Wechsels der Gattungen aufgebaut sind, sich voneinander aber formal, strukturell-inhaltlich und terminologisch unterscheiden. Sie bilden demnach die ursprünglich selbständigen Elemente, aus denen der Hauptteil von Jes 24—27 zusammengesetzt worden ist.

Man muß diese Abschnitte als eschatologische prophetische Liturgien bezeichnen, wobei unter dem Begriff »prophetische Liturgie« die Nachahmung und Benutzung der Form einer kultischen Liturgie mit dem bezeichnenden Wechselgespräch oder -gesang zu verstehen ist. Die Propheten haben neben vielen anderen bekanntlich auch diese Form zur Verkündigung ihrer Botschaft benutzt. Diese Botschaft ist in den prophetischen Liturgien der sog. Jesaja-Apokalypse durchaus eschatologischer Art und gehört in den Rahmen der nachexilischen Prophetie. Nichts steht der Annahme im Wege, daß die drei prophetischen Liturgien im 5. Jh. v. Chr. entstanden sind.

Die erste prophetische Liturgie umfaßt 24 1-20 und kündigt das grauenhafte Weltgericht an:

24 1-3 prophetische Ankündigung: Verwüstung und Zerstreuung,
24 4-16 aα Lied: Klagende und Jubelnde,
24 16 aβ-20 prophetische Ankündigung: endgültiges Unheil.

Die zweite prophetische Liturgie umfaßt 24 21—25 10a und steht unter den Gedanken der Königsherrschaft Jahwes und seines Krönungsmahls:

24 21-23 prophetische Ankündigung: Entmachtung der Feinde Jahwes,
25 1-5 Danklied: Dank für die Entmachtung der Feinde,
25 6-8 prophetische Ankündigung: Krönungs-(Bundes-)Mahl,
25 9-10a Danklied: Dank für Jahwes Königsherrschaft.

Die dritte prophetische Liturgie umfaßt 27 1-6. 12-13 und beschreibt das auf den Sturz der Weltmacht folgende Heil Israels:

27 1 prophetische Ankündigung: Sturz der Weltmacht,
27 2-6 Lied: Heil für Israel,
27 12-13 prophetische Ankündigung: Sammlung und Vereinigung Israels.

Zwischen die zweite und dritte prophetische Liturgie sind bei oder nach der Zusammenfügung zwei andere Texte eingeschoben worden, die als Verbindungsstücke dienen sollten: 26 1-6 und 26 7-21.

Das Danklied 26 1-6 ist offensichtlich zu dem Zweck eingefügt worden, die beiden ersten prophetischen Liturgien aufeinander zu beziehen und durch die Gegenüberstellung der in ihnen erwähnten Stadt mit Jerusalem zu einer größeren Einheit zusammenzufassen. Dem dient zunächst die Einleitung, die Jerusalem als den Mittelpunkt des eschatologischen Geschehens hinstellt und seine Bedeutung für die im Lande Juda Lebenden hervorheben will. Vor allem erfüllt das Bewußtsein von der Stärke Jerusalems im Gegensatz zu der von Jahwe bezwungenen feindlichen Stadt das Lied (v. 1 und 5). So dient der Begriff »Stadt«, der ja auch in den beiden ersten prophetischen Liturgien vorkommt, als Mittel zur Verbindung des Ganzen: Im Gegensatz zur städtischen Lebensform, die sich auflösen wird (24 10), und zur Hauptstadt der feindlichen Weltmacht oder zu den Hauptstädten der Könige, die zerstört werden, bleibt Jerusalem als eine starke Stadt bestehen. Im Gegensatz zu den anderen Völkern bleibt sein Volk vom Weltgericht verschont, weil es auf Gott vertraut und ihm die Treue hält.

Das Gebet 26 7-21 soll offenbar die Brücke von den beiden ersten prophetischen Liturgien mit ihrem Verbindungsstück zu der dritten prophetischen Liturgie schlagen. Demgemäß hat es wie sie alle die ganze Erde und nicht innere Verhältnisse der jüdischen Gemeinde im Blickfeld (vgl. v. 9b. 10a. 13f. 21). Und das mittels eines Weisheitsspruchs ausgedrückte Thema (v. 7-8) entspricht, aufs Ganze gesehen, demjenigen der prophetischen Liturgien: Das Geschick, das Jahwe dem Gerechten und Frommen bereitet, ist gut und heilsam; genauso möge und wird es bei der erhofften eschatologischen Umwälzung sein, so daß

Israel mit Heil bedacht, die Frevler in aller Welt dagegen dem Verderben überliefert werden! Hinzu tritt das drängende Verlangen nach der Verwirklichung dessen. Da das heilsame Leben unter der Herrschaft Jahwes erst nach dem Strafgericht über die Frevler möglich sein wird, erbittet der Beter das Eintreten dieses Gerichts, nachdem die prophetischen Liturgien es in verschiedener Weise angekündigt haben. Er schließt wohl absichtlich mit der Ankündigung, daß Jahwe zur Ahndung der Schuld auszieht und die Erde dann die Untaten der Schuldigen enthüllt, damit Jahwe das Urteil sprechen und vollstrecken kann. Denn dadurch ist der Übergang zu 27 1 als der Schilderung der Urteilsvollstreckung geschaffen. So leitet das Gebet von der Gerichts- und Heilsankündigung der beiden ersten prophetischen Liturgien und dem sieghaften Danklied (26 1-6) durch die Bitte um Beendigung der herrschenden letzten Not und um Verwirklichung von Gericht und Heil zur erneuten Schilderung von Strafe und Hilfe in der dritten prophetischen Liturgie über.

So ist aus den ursprünglich selbständigen prophetischen Liturgien mit ihrem Wechsel zwischen prophetischen Ankündigungen und Liedern mittels der beiden Verbindungsstücke eine verhältnismäßig geschlossene Komposition entstanden. Man kann sie mit LINDBLOM[15] insofern eine prophetische »Kantate« nennen, als ein kunstvoller Zyklus von Dichtungen verschiedener Art hergestellt worden ist, den man als Ganzes vortragen konnte, ohne dabei das für die kultische Liturgie bezeichnende Wechselgespräch zu berücksichtigen.

V.

Freilich stellte sich im Hinblick auf die weltumfassenden Drohungen und Verheißungen der sog. Jesaja-Apokalypse bald das Problem, das die gesamte eschatologische Prophetie der nachexilischen Zeit und ihre Anhänger bewegt hat: warum Jahwe das angekündigte Heil mit der Heimkehr aus dem babylonischen Exil vielleicht eingeleitet hatte, aber nicht in vollem Ausmaß zu verwirklichen schien. Die kümmerlichen Verhältnisse in Palästina ließen die leidenschaftliche Frage laut werden, wann endlich die volle Heilszeit anbrechen werde. Die Worte Tritojesajas, Haggais, Sacharjas und Maleachis zeigen, wie die Propheten um eine Antwort ringen und die Ursache für das Ausbleiben der großen Wende gewöhnlich im sündigen oder nachlässigen Verhalten des Volkes erblicken. Genauso verfährt der Verfasser der theologischen Betrachtung Jes 27 7-11, die nachträglich in Jes 24—27 eingeschoben worden ist. Er begründet das Ausbleiben der

---

[15] J. LINDBLOM, a. a. O. S. 69.

in 27 2-6 und 27 12-13 angekündigten letzten und eigentlichen Heilstaten
mit der noch nicht gesühnten Schuld Israels, das sich erst entsündigen
muß, bevor Jahwe die Heilszeit herbeiführen kann.

In diesem Problem aber und seiner versuchten Lösung treffen wir
auf die Grenze der eschatologischen Prophetie der exilisch-nach-
exilischen Zeit. Sie glaubt, daß endzeitliche und letztgültige Ereignisse
bereits nahe bevorstehen und durch entsprechende menschliche Maßnahmen ermöglicht oder beschleunigt werden können, obwohl ihre
Verwirklichung allein im Willen und in der Macht Gottes beschlossen
liegt.

Zum Text von Jesaja 41 8-13

1. Die mehrfach beklagten starken Abweichungen in der Abgrenzung der einzelnen Einheiten in der Schrift Deuterojesajas[1] machen sich auch in der Gliederung von Kap. 41 bemerkbar. Gewiß werden Jes 41 8-13 nicht selten als selbständige Einheit betrachtet[2]. Oft aber wird der Abschnitt in einen größeren Zusammenhang gestellt und mit weiteren Versen zu einer Einheit verbunden: mit den vorhergehenden[3] oder den folgenden[4] oder den vorhergehenden und folgenden Versen[5]. Gelegentlich wird der Abschnitt auseinandergerissen und verschiedenen Einheiten zugeteilt[6].

Jedoch sprechen viele Gründe dafür, Jes 41 8-13 als selbständige Einheit abzuteilen:

a) Inhaltlich gehören 41 8-13 zusammen, weil die positive Heilszusage von 8-10 mit der Verheißung des Untergangs der Feinde in 11-13 fortgesetzt wird. All diese Verse wenden sich an Israel und heben

---

[1] Vgl. H. Gressmann, Die literarische Analyse Deuterojesajas, ZAW 34 (1914), S. 254—297; J. Begrich, Studien zu Deuterojesaja, 1938, S. 1f.

[2] F. Prätorius, Die Gedichte des Deuterojesaja, 1922, S. 50 (mit Vorbehalt); P. Volz, Jesaia II, 1932, S. 17—20; J. Begrich, Das priesterliche Heilsorakel, ZAW 52 (1934), S. 81—92 (Gesammelte Studien zum Alten Testament, 1964, S. 217—231); Studien zu Deuterojesaja, 1938 (1963), S. 6; P. Auvray - J. Steinmann, Isaïe, 1951, S. 158f.; C. R. North, Isaiah 40—55, 1952, S. 52f.; A. Bruno, Jesaja, 1953, S. 167f.

[3] 41 1-13: H. Gressmann, a. a. O. S. 277; M. Haller, Das Judentum, 1925², S. 27—29; S. Smith, Isaiah Chapters xl-lv, 1944, S. 183. — 41 1-4 + 8-13: S. Mowinckel, Die Komposition des deuterojesajanischen Buches, ZAW 49 (1931), S. 91; A. Bentzen, Jesaja, II 1948, S. 20—23. — 41 4b-13: W. Caspari, Lieder und Gottessprüche der Rückwanderer (Jesaja 40—55), 1934, S. 84.

[4] 41 8-16: W. O. E. Oesterley - Th. H. Robinson, An Introduction to the Books of the Old Testament, 1934, S. 268; J. A. Bewer, The Book of Isaiah, II 1950, S. 15. — 41 8-10 + 17-20: K. Marti, Das Buch Jesaja, 1900, S. 279—282. — 41 8-20: K. Budde, Das Buch Jesaia Kap. 40—66 in: E. Kautzsch, Die Heilige Schrift des Alten Testaments, I 1922⁴, S. 660—662; J. Ridderbos, De profeet Jesaja, II 1953³, S. 46—50. — 41 8-29: E. König, Das Buch Jesaja, 1926, S. 363—366.

[5] 41 1-29: J. Fischer, Das Buch Isaias, II 1939, S. 40 (+ 42 8-12); J. Ziegler, Isaias, 1948, S. 119—121; U. E. Simon, A Theology of Salvation, 1953, S. 68.

[6] 41 8-10. 11-16: B. Duhm, Das Buch Jesaia, 1922⁴, S. 303—305. — 41 8-10. 11-13: L. Köhler, Deuterojesaja (Jesaja 40—55) stilkritisch untersucht, 1923, S. 11f., 106. — 41 1-10*. 11-13: S. Mowinckel, Jesajaboken, II, Kap. 40—66; S. Michelet - S. Mowinckel - N. Messel, Det Gamle Testamente, III 1944, S. 206—208.

sich dadurch von 41 1-6 ab, die an die Völkerwelt gerichtet sind[7]. Der in sich geschlossene Abschnitt 41 14-16 ist auf Grund der Stichworte »sich fürchten« und »helfen« an 8-13 angehängt worden.

b) Strophisch gliedern 41 8-13 sich in die umfangreicheren Strophen 8-10 und 11-13[8], während die vorhergehenden und folgenden Einheiten aus kürzeren Strophen bestehen (41 1-6 = Strophen zu 2-4-4 Langversen; 41 14-16 = Strophen zu 2-2-2; 41 17-20 = Strophen zu 2-2-2-2).

c) Stilistisch erweist sich der Abschnitt 41 8-13 durch die als Kernwort in 10 und 13 wiederkehrende Zusage אל תירא und עזרתיך als Einheit. Diese Zusage erscheint in einer nahezu kehrversartigen Weise am Schluß der beiden Strophen.

d) Gattungsmäßig zählt der Abschnitt zu den Heils- oder Erhörungsorakeln, die in den Klageliedern ihren Platz zwischen Klage-Bitte und Gewißheit der Erhörung haben. J. BEGRICH hat dies im einzelnen nachgewiesen[9].

e) Insbesondere können 41 8-13 nicht so aufgeteilt werden, daß 11-13 eine selbständige Einheit bilden sollen. Sonst wird der in diesen Versen Angeredete nur durch das Pronomen der 2. Person und also völlig unzureichend bezeichnet, während das Beziehungswort sich tatsächlich in 8-10 findet[10].

2. Die 1. Strophe ist in Jes 41 8-10 enthalten und besteht aus 5 Langversen, die mit Ausnahme des ersten zweigliedrig sind und 3 + 3 Hebungen aufweisen; am Anfang von 9 ist אשר wohl als redaktionell-verknüpfende Glosse zu streichen[11]. Nur 41 8 fällt mit 3 überlieferten Versgliedern aus diesem Rahmen:

ואתה ישראל עבדי   יעקב אשר בחרתיך   זרע אברהם אהבי

Meist wird dieser Text als dreigliedriger Vers beibehalten. Nun kommen solche Langverse zwar bei Deuterojesaja vor: 3 aufeinanderfolgende in 42 6-7 (als 2. Strophe des Abschnitts 42 5-7), je 1 in 45 3a 49 7aβ. 14 50 1aβ; sie sind demnach selten. Daher wird manchmal

---

[7] 41 7 ist ein späterer Zusatz.
[8] So auch M. HALLER, a. a. O., im Zusammenhang seines Abschnittes 41 1-13, und A. BRUNO, a. a. O.
[9] J. BEGRICH, a. a. O.; schon H. GRESSMANN, a. a. O. S. 288, hat 41 8-13 als zur »Offenbarungsrede« gehörig bezeichnet. Die Zuordnung zu den Botensprüchen durch L. KÖHLER, a. a. O. S. 106, läßt den größeren Zusammenhang außer acht.
[10] Die Annahme von S. MOWINCKEL, Die Komposition des deuterojesajanischen Buches, ZAW 49 (1931), S. 91, daß vor 41 11-13 eine Einleitungsformel verlorengegangen sei, auf die sich die Pronomina bezögen, entbehrt jeder Grundlage im Text und seinen Versionen.   [11] Vgl. L. KÖHLER, a. a. O. S. 11.

angenommen, daß in 41 8b ein Halbvers verlorengegangen ist[12]. Doch
wäre dies der einzige Fall in den Worten Deuterojesajas; in allen
anderen Einheiten sind die Langverse vollständig erhalten und überliefert. Demgegenüber ist einmal erwogen worden, 41 8aβ als späteren
Zusatz auszuscheiden[13]. Das ist sicher unzutreffend, da Deuterojesaja
mehrfach Israel und Jakob nebeneinander nennt. Statt dessen dürfte
eher das 3. Versglied 41 8b als ergänzende Glosse zu 8a zu betrachten
und zu streichen sein.

Vom זרע Abrahams wird zwar schon sehr früh geredet (Gen
12 7), doch ist mit Recht darauf hingewiesen worden, daß man auf die
Abrahamsverheißung erst in spätnachexilischer Zeit besonderen Nachdruck gelegt hat[14]. In der Prophetie wird Abraham erstmalig in Ez
33 24 erwähnt, jedoch nur in dem dort zitierten Ausspruch der im
Jahre 587 in Palästina zurückgebliebenen Judäer. Sie beanspruchen
den Besitz des Landes, der ihnen desto mehr gebühre, als Abraham es
schon als einzelner zugesprochen erhalten habe, während sie sogar
viele seien. Ezechiel lehnt diesen Anspruch bekanntlich ab. Dieses
Wort setzt Deuterojesaja voraus. Er nimmt in 51 2 den Hinweis auf
Abraham als einzelnen auf und interpretiert ihn nunmehr in positivem
Sinn, wobei es ihm allein auf die unzerstörbare Einheit zwischen
Abraham und dem Israel des Exils ankommt:

> Blicket auf Abraham, euren Vater,
>   auf Sara, die unter Wehen euch gebar;
> denn als einzelnen hab ich ihn gerufen,
>   hab ihn gesegnet und gemehrt!

Von dieser Auffassung bis zu der in Jes 41 8b sich findenden ist
aber noch ein weiter Weg. Vorerst schließen sich noch nachexilische
Worte an Jes 51 2 an: Jer 33 26 spricht von Israel als der Nachkommen-
schaft Abrahams, Isaaks und Jakobs, Mi 7 20 von Israel als Abraham
und Jakob, während Jes 63 16 diese Verbindung ablehnt (»denn
Abraham weiß nichts von uns«). Erst Jes 29 22 bringt Abraham als
den von Gott Erlösten in eine engere Beziehung zu Jahwe. Sie wird
in Gen 23 6, das der Priesterschrift zugehört, durch die Anrede Abrahams als »Vertreter (oder Fürst) Gottes« noch deutlicher. Die letzte
Stufe in der Entfaltung dieses Gedankengutes ist in II Chr 20 7 erreicht; dort wird Abraham wie in Jes 41 8b als »Freund« Jahwes bezeichnet, diese Bezeichnung aber als schon bekannt verwendet.

---

[12] B. Duhm, a. a. O.; S. Mowinckel in den in Anm. 3 und 6 genannten Arbeiten, wobei in der letzteren אשר in 41 9 als erstes Wort des ausgefallenen Halbverses betrachtet
wird; P. Auvray - J. Steinmann, a. a. O.

[13] F. Prätorius, a. a. O. S. 50.

[14] P. Volz, a. a. O.; K. Galling, Die Bücher der Chronik, Esra, Nehemia, 1954, S.
127; vgl. die bestätigenden Ausführungen von J. Jeremias in ThW I, 1933, S. 7f.

Immerhin ist es angesichts der späten Stellen, die zu dieser Bezeichnung hinführen, sehr fraglich, ob sie in Jes 41 8b auf Deuterojesaja zurückgehen kann, besonders da ihm die Gestalt Abrahams in
51 2 aus ganz anderem Grunde wichtig ist. Man wird daher Jes 41 8b
als spätere Ergänzung von 8a betrachten müssen[15], so daß 41 8 sich
formal den folgenden Versen angleicht und wie 9-10 nur einen zweigliedrigen Langvers mit 3 + 3 Hebungen enthält:

ואתה ישראל עבדי   יעקב אשר בחרתיך

3. Die 2. Strophe ist in Jes 41 11-13 enthalten und besteht in $\mathfrak{M}$
aus 6 Langversen, die zweigliedrig sind und 3 + 2 Hebungen aufweisen.
Dieser Text ist durchweg ohne jede Änderung beibehalten worden,
doch ergeben sich bei näherer Betrachtung einige auffällige Beobachtungen.

Mehrfach ist der jetzige Text als unbefriedigend empfunden
worden. Die dreifache Wiederholung in 11-12 ermangele eines tiefen
Gedankens[16], 12b wiederhole eigentlich nur 11b[17]; die Verse seien
schriftstellerisch minderwertig und könnten recht wohl ein Einschub
von späterer Hand sein[18]. Man wird diese Anstöße als wenigstens
teilweise berechtigt anerkennen müssen, wenn man den Text unbe-
fangen liest.

Ebenso erheben sich gewisse Bedenken, wenn man die strophische
Gliederung der Worte Deuterojesajas untersucht. Sieht man von den
28 einstrophigen Einheiten ab[19], so ergibt sich, daß in den 34 mehr-
strophigen Abschnitten in 27 Fällen die Strophen einer Einheit jeweils
die gleiche Zahl von Lang- oder Kurzversen umfassen[20]. Für die

---

[15] Dadurch wird die von Ch. C. Torrey, Isaiah 41, HThR 44 (1951), S. 121—136,
vertretene Ansicht, daß der in Jes 41 2f. 25f. genannte Held nicht Kyros, sondern
Abraham sei, noch unwahrscheinlicher, als sie ohnehin ist.

[16] M. Haller, a. a. O.

[17] B. Duhm, a. a. O. S. 305.

[18] K. Budde, a. a. O. S. 661; nach K. Marti, a. a. O., stammen 41 11-16 wahrscheinlich nicht von Deuterojesaja.

[19] 49 13 mit 2 Versen. — 40 6-8 43 14-15 44 23 45 9-10 46 12-13 54 7-8 und 55 6-7 mit je
3 Versen. — 40 1-2 44 21-22 46 3-4 und 49 7 mit je 4 Versen. — 40 3-5 44 1-5 46 9-11
49 22-23. 24-26 51 9-10 54 1-3 und 55 10-11 mit je 5 Versen. — 54 4-6 und 55 8-9 mit je
6 Versen. — 40 9-11 45 1-3. 11-13 48 20-21 und 49 8-12 mit je 7 Versen. — 43 22-28
mit 9 Versen. Außer acht bleiben ferner 50 10-11 52 13—53 12 und die später zugefügten Abschnitte.

[20] Strophen zu je 2 Versen: 41 14-16. 17-20 42 1-4 44 6-8 45 4-7. — Strophen zu je 3 Versen:
40 27-31 43 9-13. 16-21 46 1-2 55 12-13. — Strophen zu je 4 Versen: 40 21-26 42 18-23
43 1-7 45 14-17 48 12-16 50 1-3 52 7-12 55 1-5. — Strophen zu je 5 Versen: 40 12-18
44 24-28 48 17-19 54 9-10. 11-17. — Strophen zu je 6 Versen: 47 1-15 50 4-9. — Strophen
zu je 7 Versen: 48 14-21 51 17-23.

übrigen Einheiten ergibt sich folgender Tatbestand: In 4 Einheiten sind die Strophen unregelmäßig lang (41 1-6 = 2-4-4 Langverse; 42 10-17 = 5-2; 49 1-6 = 1-5-2-5; 51 1-8 = 7-7-4), in 1 Einheit sinkt in den Strophen die Zahl der Langverse (45 20-25 = 5-4-3), in 2 Einheiten steigt sie (41 21-29 = 7-8; 42 5-7 = 2-3). Ein weiteres Beispiel der letzten Art läge in 41 8-13 vor, falls der Text von 11-13 einwandfrei ist (5-6 Langverse). Aus der strophischen Gliederung läßt sich kein abschließendes Urteil gewinnen; doch kann die überwiegend gleichmäßige Strophenlänge in den Worten Deuterojesajas andere Gründe stützen, die für eine Textänderung sprechen.

Aufschlußreicher sind stilistische Beobachtungen. Es zeigt sich zunächst, daß der Ausdruck אפס von Jes 41 12b für Deuterojesaja bezeichnend ist. Von insgesamt 46 Vorkommen (einschließlich 5 konjizierten) erscheinen bei ihm 10 (ein weiteres in der Glosse in 46 9a), außer 45 22 und 52 10 sämtlich in negierender Bedeutung. Die Verbindung von אין mit אפס ist nur für ihn bezeichnend (40 17 41 12 45 14 und cj. 41 24. 29).

Anders verhält es sich mit der Redewendung יהיו כאין ויאבדו in Jes 41 11b. Bei 118 Vorkommen des Verbs אבד im Kal ist es mit אין nur 6mal verbunden, jedoch in anderer Weise als in Jes 41 11b. Denn 4mal stehen beide Ausdrücke in den verschiedenen Versgliedern eines Langverses parallel nebeneinander (Dtn 32 28 Mi 7 2a Ps 142 5 in der Reihenfolge אבד und אין, Jer 49 7 in der Reihenfolge אין, אבד und סרח, also nirgends in der alleinigen Folge אין und אבד wie Jes 41 11b); 2mal stehen die Ausdrücke in zwei Versgliedern oder Langversen als Ausdruck eines Folgeverhältnisses (Koh 5 13 9 6 in der Reihenfolge אבד und אין). In Jes 41 11b ist demnach nicht nur die jetzige Reihenfolge אין und אבד ungewöhnlich, sondern auch die Verwendung der beiden Ausdrücke innerhalb desselben Halbverses. Es fragt sich, ob die Redewendung יהיו כאין aus diesen Gründen und angesichts des כאין וכאפס in 12b ursprünglich zum Text gehört hat.

Ähnliches gilt für die Redewendung תבקשם ולא תמצאם in Jes 41 12a. Bei 231 Vorkommen von בקש im Piel und Pual ist es mit מצא 32mal verbunden[21]. Man verwendet die Ausdrücke vor allem für das Suchen und (Nicht-)Finden von Menschen, Tieren und Weideplätzen, Dingen usw. von der älteren Zeit an[22], für das Suchen und (Nicht-)Finden von Gott usw. vom Deuteronomium und Jeremia an[23], in ethisch-religiöser Beziehung von Jeremia an[24]. Noch jünger ist die

---

[21] Die Verbindung von דרש mit מצא ist so selten (vgl. Jes 55 6 II Chr 15 2), daß sie in diesem Zusammenhang unberücksichtigt bleiben kann.

[22] Jos 2 22 I Sam 10 2. 14. 21 II Sam 17 20 I Reg 1 3 18 10 II Reg 2 17 Jer 2 24 Cant 3 1f. 5 6 Koh 12 10 Esr 2 62 Neh 7 64 I Chr 4 39f.

[23] Dtn 4 29 Jes 65 1 Jer 29 13 Hos 5 6 (sekundär) Am 8 12 (Glosse) Prov 2 4f. Koh 8 17 II Chr 15 15.   [24] Jer 5 1 Ez 22 30 Hos 2 9 (sekundär) Koh 7 28.

seltene Verwendung in dem Sinne, daß Frevler und Feinde nicht mehr
gefunden werden, weil sie vernichtet sind[25]. Da die Redewendung in
Jes 41 12a in der letzteren Art begegnet, fragt es sich, ob sie ursprünglich oder nicht vielmehr ein nachexilischer Zusatz ist.

4. Das Textproblem, das sich an Hand dieser Beobachtungen
erhebt, wird durch 1Q Jes[a] weiter beleuchtet und verschärft. Denn
merkwürdigerweise fehlen bei 1Q Jes[a] in Jes 41 11b-12a (Kol. xxxiv
15-16) gerade die beiden Redewendungen, deren Ursprünglichkeit die
sprachliche Untersuchung in Frage stellt. Beruht dieser Tatbestand
auf Fehlern des Abschreibers oder auf einer von 𝔐 abweichenden
Vorlage, die einen kürzeren Text enthielt?

Die Frage ist deswegen nicht leicht zu beantworten, weil der
Abschreiber in Kol. xxxiv zwischen Jes 41 11 und 12 eine Lücke von
1³/₄ Zeilen = 23 cm gelassen hat, deren Ursache und Zweck nicht
recht deutlich sind, besonders da nach dem Text von 1Q Jes[a] der in
41 11 begonnene Satz in 12 zu Ende geführt wird[26]. Man wird schwerlich vermuten dürfen, daß in Jes 41 12 ein neuer Sinnabschnitt beginnen sollte, wie er oft durch Freilassen des Restes der vorhergehenden Zeile oder durch Einrücken der neuen Zeile[27] angegeben wird.
Diese Abteilung erfolgt gewiß mehrfach an falscher Stelle und zerreißt die tatsächliche Einheit[28], in den meisten Fällen trifft sie aber
mit dem wirklichen Beginn einer neuen Einheit zusammen oder findet
sich wenigstens bei Absätzen innerhalb einer Einheit, wie sie sich
durch inhaltliche Einschnitte, strophische Gliederung oder besondere
Formeln ergeben. Niemals sonst wird außer dem Rest der vorhergehenden noch zusätzlich eine weitere ganze Zeile frei gelassen oder
ein Satz auseinandergerissen.

Ebensowenig genügt die bloße Annahme, daß der Abschreiber
Raum gelassen habe, damit ein in seiner Vorlage unleserlicher Satz
nachgetragen werden könne. Die Sachlage ist wesentlich verwickelter,
da noch an weiteren Stellen, die sich in den verschiedenen Kolumnen
jeweils an ähnlichem Ort befinden, Raum für Nachträge gelassen

---

[25] Glosse in Ez 26 21 über Tyrus, Ps 37 36 nachexilisch, von der Sünde in der späten Stelle
Jer 50 20.

[26] Vgl. J. LINDBLOM, Deuterojesaja i den nyfunna Jesaja-handskriften från Palestina,
SvTeolKvart 1950, S. 302—314; H. BARDTKE, Die Handschriftenfunde am Toten
Meer, 1952, S. 63f.; Die Parascheneinteilung der Jesajarolle I von Qumran, Festschrift F. Dornseiff, 1954, S. 32—75; C. KUHL, Schreibereigentümlichkeiten, Bemerkungen zur Jesajarolle (DSIa), VT 2 (1952), S. 311.

[27] Einrücken der Zeile findet sich mehrfach auch innerhalb eines Verses, ohne daß ein
Sinnabschnitt gekennzeichnet wird, vgl. Kol. xiii 20, 31 xxi 22 xxxiv 5, 8 xxxv 24.

[28] Kol. ii 26f. iii17f. iv 2f. vi 14f. ix 2f. xviii 18f. xx 22f., 28f. xxi 17f. xxvi 30f. xxviii
16f. xxxiii 24f. xxxv 6f. xliii 1f.

worden ist. So verhält es sich innerhalb der Zeile in Kol. xxxiii 19 und lii 23. Der Rest der begonnenen Zeile ist frei geblieben in Kol. xliv 15 und xlv 17, vielleicht auch in xxxii 14 und xlii 20; der Anfang der neuen Zeile in Kol. xlv 17 (außer dem Rest der vorhergehenden Zeile), vielleicht auch in xxxviii 15; eine ganze Zeile oder mehr in Kol. xxviii 19-20 xxx 11-12 xxxiii 15-16 und xxxiv 15-16. Ein Teil dieser Stellen ist nachträglich vervollständigt und ausgeführt worden — entweder vom Abschreiber selbst in Kol. xxx 11-12 oder von anderer Hand in Kol. xxviii 19-20 und xxxiii 15-16, 19. An anderen Stellen sind die Lücken geblieben: in Kol. xxxiv 15-16 xlv 17 und lii 23. Bei den übrigen Stellen liegen wahrscheinlich Besonderheiten vor.

Vielmehr ist bei der Herstellung von 1 Q Jes[a] mit zwei gleichzeitig arbeitenden Abschreibern zu rechnen, die zwei verschiedene Vorlagen benutzten und benutzen mußten, weil man eine noch im Gebrauch befindliche Rolle für diesen Zweck nicht in zwei Teile zerschneiden konnte und wollte[29]. Die erste Vorlage wurde für Kol. i-xxvii, die zweite Vorlage für Kol. xxviii-liv herangezogen. Nun gehören die — teilweise später ausgefüllten — Lücken sämtlich in den zweiten Teil von 1 Q Jes[a], so daß sie im Erhaltungszustand der zweiten Vorlage begründet sein müssen. Die zweite Vorlage, die der zweite Abschreiber benutzte, war also teilweise beschädigt, so daß die Abschrift später ergänzt werden mußte. Dabei stellte sich dann heraus, daß die zur Korrektur und Ergänzung benutzte Vorlage außer in Kol. xxxii 14 auch in xxxiii 7 einen umfangreicheren Text aufwies, als der Abschreiber erwarten konnte. Umgekehrt kannte sie das vom Abschreiber in Kol. xxxiv 15-16 erwartete Mehr an Text für einen Zeilenraum von 23 cm nicht und konnte es nicht kennen. Aus der ganzen Überlieferung ist ja außer den in Jes 41 12 aα enthaltenen 3 Wörtern kein weiteres Wort, geschweige denn ein ganzer Satz bekannt, den man hätte einfügen können, während in den anderen Fällen der ergänzte oder zu ergänzende Text aus der sonstigen Überlieferung bekannt ist.

Wie aber verhält es sich mit der Wortgruppe תבקשם ולא תמצאם in 41 12 aα? Es zeigt sich, daß in Kol. xlv 17 und lii 23 die erforderliche Korrektur übersehen oder vergessen worden ist. Da dieser Fall also begegnet, läßt sich schwer entscheiden, ob in Kol. xxxiv 15 der Nachtrag aus Jes 41 12 aα ebenfalls fälschlich unterblieben ist oder die Korrektur-Vorlage diese Wortgruppe ebensowenig enthielt wie die Abschreibe-Vorlage. Beides ist möglich. Aber da an dieser Stelle vom

---

[29] Vgl. J. HEMPEL, Beobachtungen an der »syrischen« Jesajarolle vom Toten Meer (DSIa), ZDMG 101 (1951), S. 138—173; P. KAHLE, Die hebräischen Handschriften aus der Höhle, 1951, S. 72—77; M. NOTH, Eine Bemerkung zur Jesajarolle vom Toten Meer, VT 1 (1951), S. 224—226; ferner W. H. BROWNLEE in BASOR 127 (1952), S. 16—21; P. W. SKEHAN in CBQ 14 (1952), S. 82.

Abschreiber auffällig viel Raum frei gelassen war, der kaum übersehen werden konnte wie in Kol. xlv 17 und lii 23, wo es sich um freien Raum in oder am Ende der Zeile handelt, ist am ehesten anzunehmen, daß auch die Korrektur-Vorlage die fragliche Wortgruppe nicht enthalten hat.

Das Fehlen der ersten Wortgruppe יהיו כאין in Jes 41 11 bα wäre aber auch im anderen Falle noch nicht erklärt, da ihr Platz schon vor der vom Abschreiber gelassenen Lücke vor dem letzten Wort von Kol. xxxiv 14 ist. Für eine Ergänzung an dieser Stelle ist überhaupt kein Raum vorgesehen, so daß weder die Vorlage für den zweiten Teil von 1 Q Jesᵃ noch die Korrektur-Vorlage jene Wortgruppe in Jes 41 11 bα enthalten haben dürften. Dergleichen findet sich öfter. In den 65 Fällen, in denen 1 Q Jesᵃ gegenüber 𝔐 einzelne oder mehrere Wörter weniger hat, weist 1 Q Jesᵃ — abgesehen von Jes 41 11-12 — 14 mal mit größter Wahrscheinlichkeit[30] und 16 mal möglicherweise[31] einen ursprünglicheren und besseren Text als 𝔐 auf, davon der zweite Abschreiber 9 mal bzw. 6 mal. So wird das Fehlen der Wortgruppe in Jes 41 11 bα ebenso wie in 12 aα darauf beruhen, daß sie in der Vorlage des zweiten Abschreibers von 1 Q Jesᵃ nicht enthalten waren.

5. Keiner der unter 3. und 4. angeführten Gründe genügte für sich allein, um eine Textänderung in Jes 41 11-13 zu rechtfertigen. Zusammengenommen aber stützen sie sich gegenseitig und machen die Annahme wahrscheinlich, daß die Redewendungen יהיו כאין in 11 bα und תבקשם ולא תמצאם in 12 aα nicht ursprünglich sind. Streicht man sie, so erhält man wie für Jes 41 8-10 für 11-13 eine (zweite) Strophe von ebenfalls 5 Langversen. Von ihnen sind der 1. und 3.—5. in 𝔐 richtig überliefert, während die 2. im Anschluß an 1 Q Jesᵃ[32] in Jes 41 11 b-12 a lautet:

ויאבדו אנשי ריבך   ואנשי מצתך .

---

[30] In Kol. vii 13 xiii 26 (wenigstens die 13 Wörter in Jes 16 8, vgl. H. Guthe in: E. Kautzsch, Die Heilige Schrift des Alten Testaments, I 1922⁴, S. 617) xx 17 (zweimal) xxii 30 xxviii 25 xxx 25 xxxiii 7 xli 22 xliii 16, 18, 21 xlviii 25 xlix 26.

[31] In Kol. ii 18 iii 28 iv 1 viii 2 xi 1 xv 2 f. xvii 2 xviii 21, 24 xxi 4 xxviii 17 xxxvi 13 xxxvii 26 xxxviii 14 xlix 5 li 9.

[32] Vor אנשי in 12 aβ ist mit 1 Q Jesᵃ ein ו einzufügen, während כל vor אנשי in 11 bβ nicht übernommen werden muß, obwohl 11 aβ es als möglich erscheinen läßt. Die Lesart ויבשו (unter Auslassung eines Vokalbuchstabens) an Stelle von ויאבדו (vgl. S. Loewinger in VT 4, 1954, S. 157) ist nicht erwägenswert.

Jeremias Tempelwort (Jeremia 7 1-15)

I.

Im Jahre 609 v. Chr. hatte sich der König Josia von Juda dem zur Unterstützung der Assyrer nach Norden ziehenden Pharao Necho entgegengestellt, um die infolge des Zerfalls des assyrischen Reiches errungene Selbständigkeit seines Landes zu verteidigen. Sein kleines Heer wurde bei Megiddo überrannt, er selbst tödlich verwundet. Als seinen Nachfolger erhoben die wahlberechtigten Vollbürger Judas seinen jüngsten Sohn Sallum auf den Thron, der den Königsnamen Joahas annahm[1]; es geschah wohl in der Hoffnung, daß er die Politik seines Vaters fortführen werde. Necho jedoch belegte Juda für diese Eigenmächtigkeit mit einer Geldstrafe, ließ Joahas in sein Hauptquartier nach Ribla holen, setzte ihn ab und schickte ihn als Gefangenen nach Ägypten; dort ist er auch gestorben. An seine Stelle setzte er Josias vorher übergangenen ältesten Sohn Eljakim, der sich als König Jojakim nannte (609—598). Er war von vornherein ein Fürst von Ägyptens Gnaden, dem er auch sofort einen hohen Tribut zu entrichten hatte. Es war selbstverständlich, daß er eine andere Politik als Josia befolgen mußte, war er doch dazu von den Ägyptern ausgesucht worden. Die Errungenschaften der Regierung Josias gingen verloren. Juda war wieder ein Vasallenstaat; fremdes Wesen und fremde Kultur hielten von neuem ihren Einzug; und auch die Einführung der Kulte des Oberherrn und die Verehrung seiner Götter war eine politische Notwendigkeit. Damit war die Kultusreform Josias erledigt.

In dieser Zeit trat der Prophet Jeremia wieder vor die Öffentlichkeit, nachdem er lange Jahre geschwiegen hatte[2]. Die Frommen fühlten sich bedrückt, nachdem die Hoffnung auf ein sicheres Leben im neuerblühten Reiche dahin war. Der fortschreitende Zerfall des assyrischen Reiches, den man freudig begrüßt hatte, nutzte nichts; die Sehnsucht nach Freiheit und Selbständigkeit war betrogen. Man

---

[1] Vgl. A. M. Honeyman, The Evidence for Regnal Names among the Hebrews, JBL 67 (1948), S. 13—25.

[2] Wenn Jer 6 27-29 das letzte Wort der ersten Periode seiner Wirksamkeit ist, muß Jeremia schon vor dem Beginn der Reform Josias geschwiegen haben. Hätte er deren Ergebnisse vor Augen gehabt, so wäre das negative Urteil über den Erfolg seiner Tätigkeit nicht verständlich.

lebte wieder unter einem fremden Herrn, nur hatte man den assyrischen gegen den ägyptischen eingetauscht. Und niemand wußte, was werden würde. Wo konnte man Sicherheit finden?

Die Vertreter des kultischen und des nationalen Erwählungsglaubens wußten die Antwort. Im Tempel als der Stätte des Kultus und dem Unterpfand für die Gegenwart Jahwes inmitten seines Volkes sahen sie die Sicherheit, die man suchte, greifbar verkörpert. Der Tempel war das Symbol der Sicherheit, die sein erwähltes Volk von Jahwe erwarten durfte, wenn es alle kultischen Pflichten erfüllte. Und so schwanden an den großen Festen Sorge und Angst vor dem begeisterten Bekenntnis: »Dies ist der Tempel Jahwes!«

An einem solchen Festtag in der ersten Zeit der Regierung Jojakims erschien Jeremia im Tempel. Er stellte sich auf die innere Seite des zum Tempelvorplatz führenden Tores, auf den »Hof des Hauses Jahwes« (26 2), wo ihn alle sehen und hören konnten, um ein an ihn ergangenes Jahwewort zu verkünden:

Folgendes Wort erging vom Herrn an Jeremia[3]:

> Tritt in das Tor des Tempels,
> verkündige dort dieses Wort
> und sprich:
> Höret das Wort des Herrn, all ihr Judäer,
> die ihr durch diese Tore eingezogen seid,
> den Herren anzubeten!
>
> So spricht der Herr der Heerscharen,
> Israels Gott:
> Bessert doch euren Wandel, eure Taten,
> dann will ich ʽbei euch weilenʼ[4]
> an dieser Stätte!
>
> Verlaßt euch nur ja nicht
> auf solche Lügenworte:
> »Des Herren Tempel,
> des Herren Tempel,
> des Herren Tempel ist dies hier!«[5]
>
> Nur wenn ihr wirklich euren Wandel
> und eure Taten bessert,
> wenn ihr wirklich für Recht sorgt

---

[3] Die Überschrift ist sekundär und in Anlehnung an 26 1 hinzugefügt worden; vgl. H. Erbt, Jeremia und seine Zeit, 1902, S. 248; H. Wildberger, Jahwewort und prophetische Rede bei Jeremia, Diss. Zürich 1942, S. 29.

[4] L. mit A𝔙: *wᵉæškᵉnā ʼittᵉkæm* (𝔐: »Ich werde euch wohnen lassen«).

[5] Die Deutung von *hemmā* als *hm h* = Abkürzung von *hămmaqôm hăzzæ* (H. Torczyner, Dunkle Bibelstellen, in: Festschrift K. Marti, 1925, S. 276) ist unwahrscheinlich; der Tempelbezirk umfaßte mehrere Gebäude.

zwischen dem einen
und dem andern;

wenn Fremdling, Waise, Witwe
ihr nicht bedrückt ' '[6]
und andern Göttern
nicht nachlauft,
euch selbst zum Schaden —

nur dann werde ich 'bei euch weilen'[7]
an dieser Stätte,
im Lande, das ich euren Vätern gab,
von Ewigkeit
zu Ewigkeit. ' '[8]

Nicht wahr: nur stehlen, töten, ehebrechen,
falsch schwören,
dem Baal opfern
und andern Göttern nachlaufen,
die euch nichts angehen —

solche greulichen Dinge tut ihr[9]
und kommt dann her und tretet vor mich
in diesem Hause,
das meinen Namen trägt,
und ruft: »Wir sind geborgen!«

Ist denn dies Haus,
das meinen Namen trägt,
für euch nur eine Räuberhöhle?
Ich bin doch auch nicht blind!,
so spricht der Herr.

So geht doch nur
zu meiner Stätte, die in Silo war,
an der ich früher meinen Namen wohnen ließ,
und seht, wie ich mit ihr verfuhr
wegen der Bosheit meines Volkes Israel!

Und weil ihr nun verübt
genau dieselben Taten, ' '[10]
weil ihr nicht hörtet,
wenn ich zu euch redete, ' '[11]
nicht Antwort gabt, wenn ich euch rief —

---

[6] Str. »und unschuldiges Blut sollt ihr an diesem Ort nicht vergießen« als Zusatz aus 22 3; schon stilistisch als solcher erkennbar.

[7] Vgl. Anm. 4.

[8] Str. 7 8 als prosaischen Zusatz, der 7 4 »in lästig breiter und matter Rede« wiederholt (P. Volz, Der Prophet Jeremia, 1928², S. 88).

[9] Entsprechend dem Vorschlag von P. Volz, a. a. O. S. 88f., ist 7 10b vor 10a gesetzt, dabei *l^emă'ăn* gestrichen und statt »ein Tun« nach ⑤ gelesen: *wă^{ea}śîtæm*.

[10] Str. mit ⑤ »Spruch Jahwes«.

[11] Str. mit ⑤ »früh und spät« (ein Früh-tätig-sein und ein Reden).

> darum verfahr' ich mit dem Haus,
> das meinen Namen trägt
> und auf das ihr vertraut,
> und mit der Stätte, die ich ' '[12] euren Vätern gab,
> wie ich mit Silo schon verfuhr! ' '[13]

II.

Es kann kein Zweifel daran bestehen, daß Jeremia damals ein scharfes Wort gegen das leichtfertige Vertrauen auf den Tempel gesprochen hat; sein Schreiber und Freund Baruch hat darüber und über die sich daraus ergebenden Folgen eingehend berichtet (26 1-19). Es ist auch einleuchtend, daß das in 26 2-6 wiedergegebene Jahwewort nur eine Zusammenfassung des von Jeremia wirklich gesprochenen Wortes in dem schwerfälligen Stil Baruchs bildet[14]. Es bleibt die Frage, ob das ursprüngliche Wort Jeremias in 7 1-15 vorliegt oder enthalten ist.

Wurde diese Frage früher durchweg bejaht, so hat sich dies seit der Erweiterung der Zahl der Quellen des Jeremiabuches von zwei auf drei geändert. Es war die von DUHM[15] angebahnte Annahme MOWINCKELS, daß es außer den Worten und Berichten Jeremias (A) und den Erzählungen über Jeremia (B) noch eine Gruppe von Abschnitten (C) gebe, die einander formal und inhaltlich so ähnlich seien, daß sie ebenfalls eine Quelle gebildet haben müßten[16]. Dieser Anschauung hat sich RUDOLPH angeschlossen, der diese 3. Quelle als »Reden Jeremias in deuteronomischer Bearbeitung« bezeichnet[17]. Er rechnet dazu die Texte 7 1—8 3 11 1-14 (17) 16 1-13 (18) 17 19-27 18 1-12 21 1-10 22 1-5 25 1-14 34 8-22 35, während er die anderen von MOWINCKEL noch zu dieser Quelle genommenen Texte (3 6-13 29* 32* 34 1-7 44 1-30 45) von vornherein ausscheidet; er erkennt richtig, daß sie keine

---

[12] Str. »euch und« analog 7 7.

[13] Str. 7 15 mit P. VOLZ, a. a. O. S. 88, als Zusatz, der das Wort Jeremias abschwächt.

[14] Die entgegengesetzte Meinung von G. A. SMITH, Jeremiah, 1924³, S. 147, hat nichts für sich. Ebensowenig wird man der Ansicht von P. F. STONE, The Temple Sermons of Jeremiah, AJSL 50 (1933/34), S. 73—92, zustimmen können, daß nicht nur Jer 7 1-15 und 26 parallel sind, sondern in 7—10 sieben Tempelreden und in 11—12 14—20 22 1-23 26 die entsprechenden Erlebnisse vorliegen.

[15] B. DUHM, Das Buch Jeremia, 1901, S. 74f. Vgl. auch G. HÖLSCHER, Die Profeten, 1914, S. 382.

[16] S. MOWINCKEL, Zur Komposition des Buches Jeremia, 1914, S. 31ff. Doch hat MOWINCKEL, Prophecy and Tradition, 1946, S. 61ff., seine frühere Auffassung über die 3. Quelle des Jeremiabuches dahin modifiziert, daß er lieber von einem »Traditionskreis« sprechen möchte.

[17] W. RUDOLPH, Jeremia, 1958² (1947), S. XVI.

Besonderheiten aufweisen, die ihre Zuweisung zu dieser Gruppe erforderlich machten. In den eigentlichen Texten der 3. Quelle soll es
sich um Reden oder Erzählungen in Prosa handeln, in denen in einem
stets gleichbleibenden, fast monotonen Stil, der sich vor allem an die
deuteronomische Ausdrucksweise anlehnt, immer dasselbe Thema behandelt wird: der bevorstehende Untergang infolge des Ungehorsams
gegen das Wort Jahwes.

Manche Anstöße beheben sich, sobald man erkennt, daß sich
unter den von RUDOLPH aufgezählten Texten einige befinden, deren
Echtheit unwahrscheinlich ist (7 24—8 3 16 10-13 17 19-27 21 1-10), und
daß auch die echten Worte wie so häufig Zusätze und Erweiterungen
erfahren haben. Ebensowenig kann man sich auf die gleichartige
Überschrift der Texte berufen:»Das Wort, das zu Jeremia von
Jahwe kam«[18]. Sie findet sich ebenfalls in 32 34 1-7 44 1-30, die nach
RUDOLPHS Feststellungen nicht zur 3. Quelle gehören, ferner in 30 1
und in mehr oder weniger stark abweichender Form in 1 2 3 6 29 1
45 1 46 1[19]. Von diesen sind besonders 1 2 und 46 1 wichtig, da sie
ganze Sammlungen (1—45 und 46—51) einleiten sollen. Sie entstam-
men also erst redaktioneller Tätigkeit, und dementsprechend werden
die anderen Überschriften zu beurteilen sein, soweit sie — wie die
angegebenen — von Jeremia in der dritten Person sprechen[20]. Es
bleibt die Behauptung, daß es sich um prosaische Texte handelt, deren
Redewendungen vielfach ans Deuteronomium erinnern — eine Behauptung, die gerade für 7 1-15 angeführt wird[21].

1. Das Tempelwort 7 1-15 ist meist als Prosa verstanden worden,
sei es auch nur, daß man es als nachträgliche Aufzeichnung betrach-
tete, die Jeremia so wortgetreu wie möglich, aber ohne rhythmische
Form vornahm, weil sich an dieses Wort so schwerwiegende Folgen
knüpften[22]. Die bisherigen Versuche einer versmäßigen Gliederung sind
nicht überzeugend. ERBT erreicht die Einteilung des »Mahnworts« in
Verse mit 4 oder 5 Hebungen nur mittels unbegründeter Streichungen
und die des »Drohworts« in Verse mit 6 (3 + 3) Hebungen unter
Absehen vom Parallelismus der Versglieder[23]. Die Versuche von
GIESEBRECHT, Qinaverse (3 + 2) herzustellen[24], und von NOWACK,
Langverse mit einer wechselnden Zahl von Hebungen (4 + 4, 3 + 3,

---

[18] Vor allem S. MOWINCKEL, a. a. O. S. 31ff.

[19] Die Überschriften in 14 1 47 1 49 34 sind unecht.

[20] Vgl. auch H. WILDBERGER, a. a. O. S. 19ff., der unter c, d und f weitere Formen
redaktioneller Überschriften mitteilt.

[21] W. RUDOLPH, a. a. O. S. 47.

[22] So H. CORNILL, Das Buch Jeremia, 1905, S. 93.

[23] W. ERBT, a. a. O. S. 249f.

[24] F. GIESEBRECHT, Jeremias Metrik am Texte dargestellt, 1905.

3 + 2, 2 + 2 + 2) zu erreichen[25], scheitern ebenfalls daran, daß gar
kein Parallelismus vorliegt und viele sachlich falsche Streichungen
vorgenommen werden müssen. Auch die Gliederung von VOLZ in drei
fünfzeilige Strophen (7 4-7. 9-11. 12-14)[26] ist unbefriedigend. Denn
7 3aβ-b muß außerhalb der Strophen bleiben, und die Verszeilen sind
nach unserer sonstigen Kenntnis der hebräischen Metrik zu lang.

Trotzdem ist 7 1-15 in Versform verfaßt; nur liegen nicht die allgemein bekannten Langverse (mit Parallelismus der Versglieder),
sondern Kurzverse zugrunde. Sie bestehen nur aus einem Versglied,
das 2 oder 3 Hebungen aufweist, und lassen sich zu Strophen zusammenfassen[27].

In 7 1-15 schälen sich 12 Strophen heraus, die jeweils aus der
beliebten Zahl von 5 Kurzversen bestehen. Außerhalb des Metrums
steht wie gewöhnlich die später hinzugefügte Überschrift (7 1) und die
Aufforderung »und sprich« (in 7 2b). Im allgemeinen bildet jede
Strophe einen in sich geschlossenen Zusammenhang, wie es sonst bei
den einzelnen Langversen der Fall ist. Jedoch weist dieses Jeremiawort
eine Eigentümlichkeit auf, die sich in anderen aus Kurzversen bestehenden Stücken selten findet: Dreimal greifen mehrere Strophen
ineinander über und bilden erst gemeinsam einen geschlossenen Zusammenhang (4.—6., 7.—8., 11.—12. Strophe). Schließlich fügen sich
jeweils 3 Strophen zu einem Unterabschnitt zusammen, so daß sich
folgende Gliederung ergibt:

1.—3. Strophe (7 2-4): Einleitung und erstes Mahnwort,
4.—6. Strophe (7 5-7): Zweites Mahnwort,
7.—9. Strophe (7 9-11): Scheltwort,
10.—12. Strophe (7 12-14): Drohwort.

Eine solche metrische Gliederung liegt nicht nur in 7 1-15 vor;
auch die übrigen echten Worte der angeblichen 3. Quelle des Jeremia-
buches weisen dieselbe Versform auf. Nur daß sie nicht erkannt wurde,
konnte den Anschein erwecken, als handle es sich um Prosa.

7 16-20: 5 Strophen zu 5 Kurzversen (7 16a. 16b-17. 18a-bα. 18bβ-19. 20).
7 21-23: 3 Strophen zu 5 Kurzversen (7 21. 22. 23a),
          1 Strophe zu 3 Kurzversen (7 23b).
11 1-14:[28] Überschrift (11 1),
          1 Strophe zu 5 Kurzversen (11 2-3a),
          8 Strophen zu 7 Kurzversen (11 3b-4aα. 4aβ-b. 5. 9-10aα. 10aβ-b. 11. 12.
          14).

---

[25] W. NOWACK, Metrum und Textkritik, in: Festschrift Th. Nöldeke, II 1906,
S. 659—670.
[26] P. VOLZ, a. a. O. S. 88.   [27] Vgl. oben: Über den Kurzvers.
[28] Größere Zusätze sind 11 2a (aus 11 6 übernommen). 6-8 (als sekundäre Fassung von
2-5). 13 (als Glosse aus 2 28).

16 1-9 :[29]	3 Strophen zu 5 Kurzversen (16 2. 3. 4),
	3 Strophen zu 5 Kurzversen (16 5 a. 5 bα + 6 b. 7),
	2 Strophen zu 5 Kurzversen (16 8-9 aα. 9 aβ-b).
18 1-11 :	Überschrift (18 1),
	1 Strophe zu 5 Kurzversen (18 2-3),
	5 Strophen zu 7 Kurzversen (18 4. 5-6. 7-8. 9-10. 11 mit Einleitung).
22 1-5 :	4 Strophen zu 7 Kurzversen (22 1-2. 3. 4. 5 mit 6 Kurzversen).
25 1-14 :[30]	Überschrift und Einleitung (25 1-2. 8 a),
	5 Strophen zu 7 Kurzversen (25 3 a-bα. 5 +7 aα. 8 b-9. 10-11. 14 b+ 13 a-bα).
34 8-22 :[31]	Einleitung (34 8-12, von Baruch?),
	9 Strophen zu 7 Kurzversen (34 13. 14. 15. 16. 17. 18. 19-20. 21. 22).
35 :[32]	Überschrift und Erzählung (35 1. 3-13 aα, von Baruch?),
	8 Strophen zu 5 Kurzversen (35 2. 13 aβ-b. 14 aα. 14 aβ-b. 16. 17 a. 18. 19).

Das Vorkommen der Kurzverse beschränkt sich jedoch nicht auf die bereits angeführten Worte, so daß sie sich durch ihr besonderes Metrum nun doch von den anderen, angeblich nicht überarbeiteten Jeremiaworten in Langversen unterschieden. Auch in den echten Worten des Propheten, die zur 1. Quelle gehören, finden sich Kurzverse, wie schon einige Beispiele aus der ersten Periode der Wirksamkeit Jeremias zeigen:

1 4-10 :	Kurzverse in 1 5. 6. 7 aβ-8. 9 bβ-10.
1 11-12 :	Kurzverse in 11 aβ-b. 12 aβ-b.
3 1 :	1 Strophe zu 9 Kurzversen.
3 6-13 :	8 Strophen zu 5 Kurzversen (3 6 mit Einleitung. 7. 8 a. 8 b-9 a. 9 b-10. 11-12 aα. 12 aβ-b. 13).

In Kurzversen verfaßte Abschnitte können auch mit solchen aus Langversen einen großen Zusammenhang bilden, wie die prophetische Liturgie 14 2—15 2 zeigt:

14 10-16 :[33]	6 Strophen zu 7 Kurzversen, 3.—5. Strophe mit Einleitung (14 10 11 b-12. 13. 14. 15. 16).
14 19-22 :	3 Strophen zu 5 Kurzversen (14 19. 20-21. 22)[34].
15 1-2 :[35]	2 Strophen zu 5 Kurzversen (15 1-2 a mit Einleitung. 2 b).

---

[29] Größere Zusätze sind 16 1 (mit 𝔊𝔖ʰ). 4 bβ (als störende Randparallele, die in den Text kam, vgl. P. Volz, a. a. O. S. 178). 5 bβ-6 a (mit 𝔊𝔖ʰ; 5 bβ hinkt nach, 6 a holt das in 5 Vorausgesetzte ausdrücklich nach).

[30] Größere Zusätze sind 25 3 bβ (wegen Auseinanderreißens von 3 und 5). 4 (als Zusatz aus 7 25 f.). 6 (als Zusatz aus anderen Stellen). 7 aβ-b (als Rede Jahwes). 9 aα 2. Hälfte (als Zusatz aus anderen Stellen). 9 aβ 2. Hälfte (als Hinweis auf 25 15 ff.). 12 (als Zusatz nach 29 10 und anderen Stellen). 13 bβ-14 a (als Hinweis auf 25 15 ff.).

[31] Größere Zusätze sind 34 19 aβ (als Auffüllung). 20 aβ (mit 𝔊).

[32] Größere Zusätze sind 35 15 (als Erweiterung und Ausführung). 17 b (als Zusatz nach 7 13 b). 　　　[33] Größere Zusätze sind 14 11 a. 16 aβ (als erläuternde Glossen).

[34] So auch bei P. Volz und W. Rudolph angeführt.

[35] Größerer Zusatz sind die 3 letzten Worte von 15 2; vgl. W. Rudolph, a. a. O. S. 92.

2. Die angebliche deuteronomische Bearbeitung der Worte Jeremias, wie sie bei den Texten der 3. Quelle vorliegen soll, erscheint von vornherein in anderer Beleuchtung, wenn man die Haltung Ezechiels gegenüber den Gedankengängen des Deuteronomiums in Erwägung zieht[36]. Ezechiel setzt in folgenden Vorstellungskreisen das Deuteronomium voraus und folgt dem durch es eingeschlagenen Wege: immer neuer Abfall Israels in Palästina bis zum unabwendbaren Gericht (vgl. Ez 16 20 23), Halten der göttlichen Gebote und Schaffung eines neuen Gesetzes (vgl. Ez 40—48), Hinwendung zum einzelnen (vgl. Ez 3 16 b-21 18 33 1-20), Kultuszentralisation (vgl. Ez 40—48), Beschränkung der Macht des Königtums (vgl. Ez 17 19 21 30-32 [22 6-12. 23-31] 34 1-16). Gleichzeitig erscheint Ezechiel aber von den Worten Jeremias bis zur ersten Deportation (598) beeinflußt[37]. Er versuchte demnach beides miteinander zu verbinden, so daß dieselbe Haltung auch für Jeremia möglich gewesen ist. Wie mehrere Gemeinsamkeiten zwischen Jeremia und Ezechiel auf der Notwendigkeit beruhen, angesichts der Lage ihres Volkes in jenen Jahren auf bestimmte Fragen einzugehen[38], so werden andere auf ihrer beider Abhängigkeit von den theologischen Vorstellungen ihrer Zeit zurückzuführen sein[39]. Daß diese Theologie aber weitgehend durch den Sprachgebrauch des Deuteronomiums bestimmt war, steht außer Frage. Wenn gewisse Redewendungen Jeremias ans Deuteronomium erinnern, ist dies nicht auffallend, sondern zu erwarten. Sie treten überall dort in Erscheinung, wo Jeremia über ein kurzes Bild hinaus ein größeres Wort formt (vgl. z. B. 14 2—15 2), und sind nicht auf die von RUDOLPH hervorgehobenen Texte beschränkt.

Jedoch ist der tatsächliche Einfluß der deuteronomischen Theologie auf Jeremia nicht sehr groß. Nicht nur die Worte der angeblichen 3. Quelle sind typische Schelt- und Drohworte[40], sie finden sich bereits in der ersten, vordeuteronomischen Periode der Wirksamkeit des Propheten (5 1-3. 6 5 30-31 6 10-11 6 13-15 6 20-21). Es ist auch bezeichnend, daß MOWINCKEL sich zum Nachweis deuteronomischen Gedankenguts vor allem auf diejenigen Texte berufen muß, die RUDOLPH mit Recht gar nicht zur 3. Quelle, sondern zu den Sprüchen Jeremias oder Erzählungen Baruchs rechnet[41]. Schließlich ist zu berücksichtigen,

---

[36] Vgl. G. FOHRER, Die Hauptprobleme des Buches Ezechiel, 1952, S. 140—144.

[37] Vgl. G. FOHRER, a. a. O. S. 135—140.

[38] Bekämpfung des Götzendienstes und der Heilspropheten, Heilighaltung des Sabbats, Mißbilligung der proägyptischen Politik und Haltung gegenüber Babylonien.

[39] Z. B. Unabwendbarkeit des Gerichts nach dem Abfall, neuer Anfang.

[40] Vgl. S. MOWINCKEL, a. a. O. S. 35.

[41] Vgl. S. MOWINCKEL, a. a. O. S. 35f. Andererseits fehlt der deuteronomische Einfluß an einer Stelle, wo man ihn erwarten müßte, wenn eine Überarbeitung vorlägd. W. RUDOLPH, a. a. O. S. 71f., bezieht den in 11 1-14 erwähnten Bund mit PUUKKO,

daß infolge von Streichungen, die aus sachlichen oder metrischen Gründen erforderlich sind, manche der an die deuteronomische Ausdrucksweise erinnernden Redewendungen fortfallen, wie RUDOLPH es selbst (gegen MOWINCKEL) an 44 1-30 zeigt.

Es ergibt sich daraus, daß die übrigbleibenden Deuteronomismen in der Zeit Jeremias durchaus erklärlich sind und keinesfalls zur Annahme einer besonderen Quelle für einige Worte zwingen, die zunächst durch ihren anscheinend prosaischen Stil aufgefallen waren, der in Wirklichkeit eine besondere metrische Form darstellt. Da die fraglichen Jeremiaworte sämtlich der nachdeuteronomischen Wirkungsperiode des Propheten angehören, ist eine Beeinflussung durch die deuteronomische Theologie durchaus möglich.

Die Annahme einer deuteronomischen Bearbeitung von Worten Jeremias, die wie alle anderen metrisch geformt sind, erscheint angesichts dieser Beobachtungen als fragwürdig[42]. Für das Tempelwort 7 1-15 bedeutet das, daß wir in ihm (nach kleineren Textänderungen) mit großer Wahrscheinlichkeit das ursprüngliche Wort Jeremias vor uns haben[43].

III.

Daher geht BIRKELAND fehl, wenn er »mit aller Bestimmtheit« den Versuch ablehnt, in den — angeblichen — Prosatexten echt jeremianische Worte zu finden[44]. Es handelt sich nicht um prosaische, sondern um poetische, rhythmisch geformte Prophetenworte.

KÖNIG, NÖTSCHER und VOLZ durchaus richtig auf den Sinaibund anstatt auf den auf Grund des Deuteronomiums von Josia geschlossenen. Würde aber ein deuteronomischer Bearbeiter nicht die Gelegenheit wahrgenommen und das Wort Jeremias auf diesen Bund bezogen haben?

[42] Auch O. EISSFELDT, Einleitung in das Alte Testament, 1964[3], S. 473 ff., nimmt keine 3. Quelle an, sondern hält die fraglichen Texte für ursprüngliche Jeremiaworte, da sonst den stilistischen Unterschieden zwischen diesen prosaischen und den poetischen Worten zu große Bedeutung beigelegt werde, während A. WEISER, Einleitung in das Alte Testament, 1966[6], S. 196, eine paränetisch-erbauliche Bearbeitung und Umrahmung annimmt, die ihren Ursprung im kultischen Vortrag der Prophetenschriften hatte. Ist gegen die letztere Anschauung das gegen die deuteronomische Bearbeitung der Texte Gesagte geltend zu machen, so gegen EISSFELDT die deutlich poetische Form; es gibt keine prosaischen Prophetenworte oder -berichte. Eine Formung der Texte durch Baruch (R. H. PFEIFFER, Introduction to the Old Testament, 1941, S. 505) ist unwahrscheinlich angesichts der Wiederholung in Jer 26 und des umständlichen und schwerfälligen Stils, den Baruchs Erzählungen sonst aufweisen.

[43] Dem entspricht, daß der literarische Aufbau von 7 1-15 wie auch der übrigen zur angeblichen 3. Quelle gehörigen Texte dem der Jahwesprüche Jeremias gleich ist, wie sich aus der Untersuchung von H. WILDBERGER, a. a. O. S. 54 ff., ergibt.

[44] H. BIRKELAND, Zum hebräischen Traditionswesen, 1938, S. 44.

Für BIRKELAND aber ist diese 3. Quelle mit längeren, predigt-
ähnlichen Reden in Prosa von besonderer Bedeutung; scheint sie doch
seine Ansicht vom hebräischen Traditionswesen zu stützen. Er nimmt
hauptsächlich mündliche Überlieferung der Prophetenworte durch
Schülerkreise an, neben der — wie bei Jeremia — gelegentlich schriftlich fixierte Traditionen herlaufen konnten. Angesichts der mündlichen
Überlieferung aber wird die Frage nach »echt und »unecht« unwesentlich. Die Texte sind eigentlich weder echt noch unecht, sondern enthalten eben Prophetenworte in derjenigen Form, die sie durch die
Schülerkreise erhalten haben. So sind auch die angeblichen Prosa-
reden der 3. Quelle für BIRKELAND nichts als Jeremiaworte in einer
durch die mündliche Überlieferung bestimmten Form. Schriftlich
niedergelegt wurden sie erst, als die Prophetie einigermaßen einheit-
lich geworden war, so daß man aus ihnen schwerlich das eigentlich
»Jeremianische« herausfinden kann. Dagegen sollen die metrisch geformten Worte schon früher schriftlich fixiert worden sein[45].

Nun wissen wir nichts von einem Schülerkreis um Jeremia, der
in der Lage gewesen wäre, die Worte des Meisters mündlich weiter-
zugeben. Baruch kann nicht genannt werden, da er ein berufsmäßiger
Schreiber war, dessen Dienst durch Bezahlung abgegolten wurde. So
kann BIRKELAND den Schülerkreis um Jeremia nur annehmen, nicht
aber nachweisen. Hätte er tatsächlich bestanden, so dürfte man erwarten, daß er in den ausführlichen Erzählungen über Jeremia in
Erscheinung träte; in Wirklichkeit lebt und leidet Jeremia allein.

Die Annahme einer mündlichen Überlieferung von Jeremiaworten
wird besonders fraglich, sobald die zur angeblichen 3. Quelle gehörigen
Worte als rhythmisch geformt erkannt werden. Denn sie zählen damit
zu der von BIRKELAND selbst anerkannten Kategorie der schon früh
schriftlich niedergelegten poetischen Worte. Sie steht vor allem bei
Jeremia außer Frage; denn die Überlieferung (36), daß er selbst im
Jahre 605 seine bis dahin gesprochenen Worte durch Baruch habe
aufschreiben und dies nach der Vernichtung der Rolle durch Jojakim
wiederholen lassen (604), ist durchaus glaubwürdig. Es bestehen dann
keine Bedenken gegen die Annahme, daß auch die bis zu diesem Zeitpunkt ergangenen Worte der angeblichen 3. Quelle in die Urrolle aufgenommen worden sind.

Das bedeutet wiederum für das Tempelwort 7 1-15, daß es mit
großer Wahrscheinlichkeit ebenfalls in der Urrolle gestanden hat und
weiterhin schriftlich überliefert worden ist, nicht aber in einer durch
mündliche Tradition geprägten Form vorliegt, an die deshalb keine
literar- und textkritischen Maßstäbe angelegt werden könnten[46].

---

[45] H. BIRKELAND, a. a. O. S. 42.

[46] Daran ist auch gegenüber G. WIDENGREN, Literary and Psychological Aspects of
the Hebrew Prophets, 1948, festzuhalten, der eine sofortige schriftliche Fixierung

IV.

1. Im ersten Mahnwort des Tempelwortes 7 1-15 (2. bis 3. Strophe) stellt Jeremia den wahren Gehorsam und das leichtfertige Vertrauen auf den Tempel einander gegenüber. Dieses Vertrauen hat mehrere Ursachen. Nach alten Vorstellungen ist jedes Heiligtum ein Zufluchtsort für Bedrohte und Verfolgte. Man flieht dorthin, um sich in seinen Schutz zu begeben, oder man bringt sein Eigentum dorthin, damit es unangetastet bleibt. Denn die Gottheit schützt ihre Verehrer; im Tempel, in dem sie weilt, waltet ihre geheimnisvolle Macht, die jeden zerschmettert, der den Frieden der heiligen Stätte stört. Der Glaube an die unverletzliche Heiligkeit des Jerusalemer Tempels wurde für die Judäer dadurch bekräftigt, daß man dort und nur dort den Kultus ausüben konnte; Jahwe konnte doch die Stätte seiner Verehrung nicht untergehen lassen! Und der nationale Erwählungsglaube erblickte im Tempel das Unterpfand für die Gegenwart Jahwes inmitten seines erwählten Volkes, von dem aus er sich als Richter und Rächer gegen seine Feinde erheben würde.

Diesen Glauben an die Unverletzlichkeit des Tempels sah man geschichtlich durch den Abzug Sanheribs von Jerusalem (701) und falsch verstandene Worte Jesajas (Jes 8 18 28 16 und Worte gegen die Assyrer) bestätigt. Als Folge der josianischen Reform war er zu einem Glaubenssatz geworden, an den zu rühren lebensgefährlich war. Der Tempel war das einzige Reale und Sichtbare, an das man sich in aller Unsicherheit klammern konnte. Er verkörperte greifbar die Sicherheit, nach der der kultisch und national bestimmte Glaube als typische menschliche Daseinshaltung strebte.

Jeremia nennt den zuversichtlichen Hinweis auf den Tempel rundheraus »Lügenworte«. Denn die Voraussetzung, daß Jahwe ihn unter keinen Umständen im Stich lassen werde, ist trügerisch. Sie ist der Ausdruck jenes falschen Glaubens, der nach Sicherheit verlangt. Statt dessen wäre ein Glaube erforderlich, der nach Gehorsam strebt — nach dem radikalen Gehorsam und der völligen Hingabe, die Jeremia wie seine Vorläufer immer wieder von seinem Volke verlangt hat. Nur dann wird Jahwe in seiner Mitte weilen, wenn es ihm sein Bleiben durch solchen Gehorsam ermöglicht. Er wird nahe sein, wenn man ihn nicht als Garanten der Sicherheit in den Tempel bannen will, sondern gehorsam ist — und das aus dem einzigen Grunde, um Gott gehorsam zu sein.

---

und entsprechende Überlieferung der alttestamentlichen Texte annimmt, dabei aber die teilweise erheblichen redaktionellen Eingriffe und Änderungen außer acht läßt.

2. Nur wenn das Volk in solchem Gehorsam die Forderungen Jahwes erfüllt, so sagt das zweite Mahnwort (4.—6. Strophe), wird er ihm nahe sein. Diese nun näher bestimmten Forderungen sind die von den Propheten immer erhobenen: rechtliches Handeln gegeneinander, anständige Behandlung der politisch und wirtschaftlich Schwachen, Treue gegenüber Jahwe. Wie gewöhnlich handelt es sich um bezeichnende Einzelbeispiele für ein Handeln, das durch den Gehorsam gegen den göttlichen Willen bestimmt ist.

3. In Wirklichkeit denkt aber das Volk nicht daran, so zu handeln; darum folgt das Scheltwort (7.—9. Strophe). Die Frage, mit der Jeremia einsetzt, zeigt deutlich, daß er erregt ist: Man beachtet nicht einmal die grundlegenden Gebote! Als Beweis zählt er die Verstöße gegen das 7., 5., 6., 8. (oder 2.) und 1. Gebot des Dekalogs auf (vgl. Hos 4 2). Trotzdem aber glaubt man sich des göttlichen Schutzes sicher. Die Jerusalemer nutzen allerdings den Tempel nicht aus, um zu sündigen, sondern fühlen sich sicher, weil sie den Tempel haben, obwohl sie gegen die Gebote Jahwes verstoßen. Im Tempel sind sie auf alle Fälle geborgen, denn er ist durch Jahwes Nähe eine uneinnehmbare Festung!

Tatsächlich aber, so sagt Jeremia, wird er von ihnen wie eine Räuberhöhle verwandt. Nicht daß der Tempel das an sich oder das Volk eine Räuberbande wäre! Es liegt vielmehr ein Vergleich zugrunde: Wie die Räuber sich nach einem Raubzug in eine der vielen Höhlen Palästinas in Sicherheit bringen, so die Judäer in den Tempel. Er ist für die dasselbe, was für den Räuber seine Höhle ist: ein sicherer Unterschlupf, um der Strafe zu entgehen.

4. Nun muß das Drohwort folgen (10.—12. Strophe), das an den Grundlagen jenes selbstsicheren Glaubens rüttelt — am Satz von der Unverletzlichkeit des Tempels als dem realen Unterpfand der Sicherheit.

Jeremia geht vom Beispiel des früheren Heiligtums in Silo aus. Es war ein bedeutendes Wallfahrtsheiligtum gewesen, dessen Anziehungskraft wohl in der heiligen Lade lag, die an ihm aufbewahrt wurde. Von seiner Zerstörung, die Jeremia voraussetzt, wird nirgends berichtet. Sie dürfte um 1050 in Kämpfen mit den Philistern erfolgt sein, wie dänische Ausgrabungen vermuten lassen[47]. Wie seine Zuhörer hat auch Jeremia davon gewußt, besonders da Silo in der Nähe seines Heimatortes Anatot gelegen hatte.

Warum nun sollte der Tempel in Jerusalem besser als jenes Heiligtum sein? War es seinerzeit wegen der »Bosheit Israels« vernichtet

---

[47] Vgl. K. GALLING, Biblisches Reallexikon, 1937, S. 490.

worden, so würde es dem Jerusalemer Tempel ebenso ergehen, wenn
das Volk nicht umkehrte. Er ist keineswegs unverletzlich, sondern
kann, wenn Juda verstockt bleibt, ebenso zerstört werden wie Silo.
So wird dem Volk der sichere Unterschlupf, in dem es sich vor den
Folgen seiner Sünde geborgen fühlt, genommen werden. Dann ist es —
gerade weil es an Stelle des sich preisgebenden Gehorsams Sicherheit
suchte — dem richtenden Zugriff Jahwes schutzlos preisgegeben.

Es ist verständlich, daß diese Worte Jeremias einen Sturm der
Empörung auslösten. Der Prophet entging nur dadurch einem schnellen
Lynchverfahren, daß einige königliche Beamte auf Grund des Tumultes
herbeieilten und sofort eine Gerichtsverhandlung anberaumten, in der
sie als Vertreter des Königs mit der Gesamtgemeinde die richterlichen
Funktionen ausübten. Da außer der Verteidigungsrede Jeremias besonders der Hinweis auf das ungestraft gebliebene ähnliche Prophetenwort Michas (Mi 3 12) vor einem Jahrhundert ins Gewicht fiel, wurde
Jeremia freigesprochen. Zugleich aber war der Grund zu einer er-
bitterten Feindschaft gegen ihn gelegt worden, unter der er fortan zu
leiden hatte.

V.

Was besagt das Wort Jeremias über seine Stellungnahme in einer
bestimmten geschichtlichen Situation hinaus? Der Prophet stellt
einem falschen Glauben, der nach Sicherheit strebt, einen Glauben
gegenüber, der Gehorsam will. Nur einem Glaubenden, der in solchem
Gehorsam lebt, ist Gott gegenwärtig; also gerade nicht dann, wenn
der Mensch seine Nähe zwecks eigener Sicherheit möchte, sondern
wenn er ganz davon absieht und nur gehorsam sein will. Gott ist nur
nahe, wenn der Mensch ihn nicht als Garanten der Sicherheit in irdische Formen bannen will, sondern gehorsam ist, ohne eine Absicht
damit zu verfolgen, nur um Gott gehorsam zu sein; wenn er die göttlichen Forderungen erfüllt, nur um sie als Forderungen Gottes zu
erfüllen.

Gehorcht der Mensch aber nicht radikal und absichtslos, sondern
sucht eigene Ziele zu erreichen und erstrebt nur Sicherheit bei und
durch Gott, so versagt dieser sich ihm. Und sucht der Mensch ihn
gar nur, um sich vor der eigenen Schuld zu verbergen und Ruhe zu
finden, so wird gerade das Gegenteil dessen eintreten, was er erwartet.
Auch das, worauf er sich stützte, worin er Zuflucht und Sicherheit zu
haben glaubte, auch das wird brüchig und fällt in sich zusammen.

Es zerbricht nicht nur, sondern wird dem Menschen zum Gericht
über sich selbst. Wie mit der Zerstörung des Tempels schwindet der
letzte vermeintliche Zufluchtsort, der letzte Schein der Sicherheit —

mag es sich um Volk und Weltanschauung, Weltregierung und Humanitätsideal, Kirche und Bekenntnis handeln. Es bleibt der auf sich selbst zurückgeworfene und beschränkte Mensch übrig, der sich nun gerade schutzlos preisgegeben sieht: der Anklage seiner Schuld und der Härte und Unerbittlichkeit des Daseins, in das er gestellt ist und in dem er sich hatte sichern wollen.

Davor bewahren könnte nur eine radikale Umkehr — die Hingabe an Gott ohne eigenes Wollen und Streben, jener Gehorsam, der ohne geheime Absicht nur Gehorsam gegen die göttliche Forderung sein will.

Die Glossen im Buche Ezechiel

Zu den grundlegenden Aufgaben der alttestamentlichen Wissenschaft gehört das Bemühen darum, dem Urtext so nahe wie möglich zu kommen. Denn er allein kann ein klares Bild des alttestamentlichen Glaubens erkennen lassen, während seine späteren Änderungen und Entstellungen erst Ausdruck derjenigen Zeit sind, in der sie vorgenommen wurden. Es gilt also, diese Änderungen und Entstellungen behutsam, aber entschlossen wieder rückgängig zu machen, soweit es möglich ist. Die Methoden der Literar- und Textkritik, mit deren Hilfe dies geschieht, sind demnach von großer Wichtigkeit, und ihre Ergebnisse können entscheidende Bedeutung für die Beurteilung mancher Fragen gewinnen.

Die Textverderbnisse des masoretischen Textes (𝔐) sind gerade im Buche Ezechiel zu offensichtlich, als daß man ihn ohne weiteres hinnehmen könnte. Noch bevor die heutige Problematik des Buches erkannt war, hatte man die Beobachtung gemacht, daß 𝔐 an vielen Stellen keinesfalls den ursprünglichen Text wiedergeben könne, sondern stark gestört oder verderbt sein müsse, ja daß manche Abschnitte des Buches vielleicht gar nicht mehr wiederherzustellen seien[1]. Selbst wenn man den Wert der Septuaginta (𝔊) gegenüber 𝔐 geringer einschätzen wollte, als es für den Ezechieltext im allgemeinen geschehen ist, und in ihren Abweichungen von 𝔐 hauptsächlich eine Bekundung der nachexilischen Frömmigkeit erblicken möchte[2], darf dies nicht dazu führen, daß dieser Text unbesehen übernommen wird.

Allerdings bedarf diese textkritische Arbeit einer klaren Methode und objektiver Maßstäbe, um so mehr, als sie häufig unmethodisch und subjektiv vorgenommen worden ist. Diese Regellosigkeit bot manchmal einen bequemen Anlaß, die Textkritik als solche zu verwerfen. Hierin dürfte auch ein Grund für den zeitweiligen Erfolg der schwedischen Forscher liegen, die die Möglichkeit oder Notwendigkeit der Literar- und Textkritik grundsätzlich bestreiten. Einige von ihnen nehmen vorwiegend mündliche Überlieferung der Prophetenworte an[3],

---

[1] Vgl. z. B. C. H. Cornill, Das Buch des Propheten Ezechiel, 1886; G. Jahn, Das Buch Ezechiel, 1905.

[2] Vgl. z. B. L. Prijs, Jüdische Tradition in der Septuaginta, 1948.

[3] Nach H. S. Nyberg, Studien zum Hoseabuche, 1935, S. 7f., ging im Orient fast jeder Niederschrift eines Werkes eine längere oder kürzere mündliche Überlieferung voraus, und auch nach der Niederschrift blieb die mündliche Überlieferung die

etwa durch Schülerkreise, die sich um die prophetischen »Meister« gebildet haben. Angesichts dieser mündlichen Überlieferung aber wird die Frage nach »echt« und »unecht« unwesentlich. Was dem Wirken der Propheten und was der Tradition entstammt, kann nicht sicher entschieden werden. Die Texte sind eigentlich weder echt noch unecht, sondern enthalten Prophetenworte in derjenigen Form, die sie durch die Schülerkreise erhalten haben. Ist danach die Textkritik nicht mehr möglich, so erscheint sie nach anderer Ansicht als nicht mehr nötig[4]. Hier wird gegenüber der nur in Ausnahmefällen anerkannten mündlichen Überlieferung, deren Bedeutung und Zuverlässigkeit wesentlich geringer eingeschätzt wird, eine sofortige schriftliche Fixierung und entsprechende Überlieferung der alttestamentlichen Texte angenommen — schon der Gesetze und geschichtlichen Berichte in vorpalästinischer Zeit, dann der Psalmen, Mythen und Rituale, erst recht der Prophetenworte. Die teilweise erheblichen redaktionellen Eingriffe und Änderungen bleiben dabei außer Betracht; sie sind ja von Anfang an schriftlich mitüberliefert worden und bestenfalls Zusätze der Verfasser selbst.

Entgegen diesen Ansichten, die mit der Textkritik überhaupt auch die Frage nach Art und Entstehung der Glossen hinfällig machen möchten, scheint die Annahme späterer Änderungen und Zusätze im Buche Ezechiel durch drei Beobachtungen erforderlich zu sein.

1. Es ist mit schriftlicher Aufzeichnung der Worte Ezechiels durch den Propheten selbst zu rechnen. Er muß solche Aufzeichnungen vor sich gehabt haben, da er in manchen Fällen Änderungen vorgenommen oder Zusätze gemacht hat, die nur von seiner Hand stammen können[5]. In dieser Form werden die Worte auch überliefert worden sein, da sie am Ende häufig Zusätze aufweisen, die nur von späteren Händen hin-

---

normale Form für die Fortdauer und Benutzung eines Werkes. Ähnlich H. BIRKELAND, Zum hebräischen Traditionswesen, 1938: Der Zweck der schriftlichen Fixierung ist es, das mündlich Vorgetragene und Überlieferte vor dem Verlust zu bewahren (S. 13). Der Inhalt der Prophetenbücher ist die durch die mündliche Tradition gefestigte und durch die Dogmatik sanktionierte Form prophetischer Aussagen (S. 15). Die weitgehendsten Folgerungen zog I. ENGNELL, Gamla Testamentet, I 1940, S. 39—43: Die mündliche Überlieferung kann sich über Jahrzehnte und Jahrhunderte erstrecken und spielt noch nach der schriftlichen Fixierung eine Hauptrolle. Die schriftliche Niederlegung ist erst das Ergebnis einer Vertrauenskrise gegenüber dem gesprochenen Wort. Sie erfolgt für den größeren Teil der alttestamentlichen Literatur in exilischer und nachexilischer Zeit. Demgegenüber sucht S. MOWINCKEL, Prophecy and Tradition, 1946, eine vermittelnde Haltung einzunehmen, die auch der Literar- und Textkritik gerecht wird.

[4] G. WIDENGREN, Literary and Psychological Aspects of the Hebrew Prophets, 1948, bes. S. 62, 77, 92f.

[5] 3 10-11. 12 12-15. 24-25a 14 9-11 16 17-21. 26-29 20 33-44 23 28-30. 31-34. 35 29 21 30 8 34 23-24 36 13-14. 15 37 12 aβ-13.

zugefügt worden sein können[6]. Es ist ferner nur schwer vorstellbar, daß die Berichte über das Berufungserlebnis Ezechiels[7], über die Anordnungen zur Ausführung symbolischer Handlungen[8] und über ihn persönlich betreffende Worte[9] von ihm nur mündlich weitergegeben und so zufällig überliefert worden wären.

Wenn aber auch mit ziemlicher Sicherheit eine schriftliche Überlieferung der Worte Ezechiels angenommen werden darf[10], so ist es doch schwerlich richtig, von Anfang an mit der Überlieferung eines fertigen Buches zu rechnen, das der Prophet in ähnlicher Weise wie Muhammed herzustellen gesucht habe, um seinem Volk eine sichtbare Form der im ekstatischen Erlebnis verschlungenen Buchrolle (2 10) zu hinterlassen[11]. Nicht nur umfaßt der Inhalt der Buchrolle — »Totenklage, Seufzer und Jammer« — lediglich einen Teil der Verkündigung Ezechiels, nicht nur fehlt jeder Hinweis darauf, daß Ezechiel die Niederschrift eines Buches beabsichtigt hätte, vor allem wird von ihm stets mündliche Wirksamkeit gefordert oder vorausgesetzt[12]. Außerdem wären die erwähnten Zusätze Ezechiels und späterer Bearbeiter am Schluß der »Worte« weitgehend unmöglich gemacht worden. Es wird also nur mit schriftlicher Überlieferung der einzelnen Worte Ezechiels zu rechnen sein, jedoch nicht mit der eines von ihm hinterlassenen einheitlichen Werkes[13]. Es können also durchaus spätere Glossen zu diesen Worten Ezechiels erwartet werden.

---

[6] 5 10-11. 13-17   6 5-7   11 11-13. 21   16 59-63   19 13-14   22 13. 15-16   26 6   28 23-26   30 7. 9. 26
32 15-16. 29-32 34 31 36 12 44 3 47 21-23.

[7] 1 1—3 15.

[8] 4 1-3. 4-8. 9-17 5 12 1-11. 17-20 21 11-12. 23-29 24 1-14. 15-24 3 22-27 24 25-27 33 21-22 37 15-28.

[9] 3 16b-21 33 1-6. 10-20.

[10] Mit WIDENGREN gegen NYGREN, BIRKELAND und ENGNELL. Freilich dürfte für die vorpalästinische, aber auch noch die spätere Zeit wohl eher mündliche Überlieferung anzunehmen sein. Das Problem kann nur durch sorgfältige Einzeluntersuchungen, nicht aber durch verallgemeinernde Thesen gelöst werden.

[11] So die Annahme von G. WIDENGREN, a. a. O. S. 63.

[12] 2 4ff. 3 4ff. 11. 16b-21 8 1 11 25 12 9f. 14 1 20 1 21 5 24 19ff. 33 30-33.

[13] Das schließt die Ablehnung der Annahme zweier oder mehrerer Rezensionen des Buches Ezechiel ein (vgl. R. KRAETZSCHMAR, Das Buch Ezechiel, 1900; K. BUDDE, Geschichte der althebräischen Litteratur, 1906; C. STEUERNAGEL, Lehrbuch der Einleitung in das Alte Testament, 1912; P. THOMSEN, Das Alte Testament, 1918; J. HEMPEL, Die althebräische Literatur und ihr hellenistisch-jüdisches Nachleben, 1930/34; A. BERTHOLET, Hesekiel, 1936); die angeblichen Parallelen beruhen teils auf Textschäden, teils darauf, daß Ezechiel sich zu einer Frage mehrfach geäußert hat. Es bedeutet ferner die Ablehnung der Annahme tagebuchartiger datierter Sammlungen oder Denkschriften Ezechiels neben undatierten Reden und Dichtungen allgemeineren Inhalts (O. EISSFELDT, Einleitung in das Alte Testament, 1964[3], S. 504ff.; A. WEISER, Einleitung in das Alte Testament, 1966[6], S. 204f.); denn es finden sich zahlreiche undatierte Erzählungen und Worte über konkrete und bedeutsame Be-

2. Das heutige Buch Ezechiel ist das Ergebnis einer redaktionellen Bearbeitung der Worte des Propheten. Der Umfang dieser späteren Bearbeitung läßt sich ziemlich genau erkennen.

a) Einige Verse sind im Zusammenhang mit der Redaktion des Buches umgestellt worden[14].

b) Einzelne Abschnitte sind ineinandergeschoben oder verschachtelt worden[15].

c) Einige neue Abschnitte, die nur von späteren Verfassern stammen können, wurden hinzugefügt[16], lassen sich aber nicht auf einen gemeinsamen Nenner bringen. Einigen ist eine trost- und hoffnungslose Stimmung eigen[17], während andere offensichtlich der Verdeutlichung eines echten ezechielischen Wortes dienen sollen, das allerdings durchweg mißverstanden wird.

d) Die Absicht der Verdeutlichung der ezechielischen Verkündigung liegt ferner der systematischen und teilweise chronologischen Ordnung der Einzelworte zu Sammlungen zugrunde[18], ebenso der hauptsächlich chronologischen Folge der Sammlungen aufeinander und der Gliederung des Ganzen in drei bzw. vier Teile (1—24 25—32 33—39 40—48).

e) Die chronologische Anordnung der Sammlungen diente darüber hinaus der Verdeutlichung des Lebens Ezechiels. Die Redaktion ging noch weiter und rückte es durch die Umstellung einiger Abschnitte[19] in eine ganz bestimmte Beleuchtung.

f) Zur Verdeutlichung der Botschaft Ezechiels sind in einigen Sammlungen in 1—24 auch Worte aus der Zeit nach dem Untergang

---

gebenheiten, und von manchen Worten, die dieselbe Frage behandeln, ist das eine datiert, das andere dagegen nicht. — Grundsätzlich aufgegeben ist die Annahme, daß das Buch Ezechiel ein einheitliches literarisches Werk sei, wie sie verschiedentlich zwecks Spätdatierung in nachexilische Zeit vertreten worden ist (CH. C. TORREY, Pseudo-Ezekiel and the Original Prophecy, 1930; N. MESSEL, Ezechielfragen, 1945).

[14] 1 3a als ursprüngliche Überschrift des Buches; 4 10-11 gehört hinter 4 12-15; 32 19 hinter 32 21a; 40 10 hinter 40 7a; 40 7b hinter 40 9; 41 6aα hinter 41 7aα.

[15] 13 1-16 = 13 1-2. 5. 7-8 13 3. 6. 9 13 10. 13-14. — 13 17-23 = 13 17. 18aα. 22-23 13 18aβ-21. —22 1-16 = 22 1-5. 14 22 6-13. 15b-16. — 24 1-14 = 24 1-2. 3b-5. 6b. 3a. 6a. 7-14. — 8—11 = 8—9 + 11 24-25 9 3a + 10 2. 7. 18-19 + 11 22-23 11 1-13 11 14-21. — 40—48 = 40—42 43 1-9 44 1-3 47 1-12 44 4-31 45 9-17 47 13-23 45 1-8.

[16] 6 8-10 16 30-34. 44-58. 59-63 17 22-24 21 33-37 22 6-13. 15b-16. 23-31 23 36-49 28 20-26 30 13-19 32 9-16 33 7-9 40 38-43 41 15b-26 43 10-27 45 18—46 24 48.

[17] 6 8-10 16 44-58. 59-63.

[18] Sammlungen von Berichten über ekstatische Erlebnisse (in 8—11 40—48), über symbolische Handlungen (4—5 12 1-20 24 1-24), nach Stichworten (»Götzen« in 6, »Schwert« in 21), nach gleichem oder ähnlichem Inhalt (z. B. 12 21—13 23 über Prophetenworte, Heilspropheten u. ä., 26—32 Wortgruppen über Nachbarländer Judas, Tyrus, Ägypten).

[19] 3 22-27 und 24 25-27 4 4-8 3 16b-21.

Jerusalems aufgenommen worden, die eigentlich in 33—37 gesucht werden müßten[20].

Auch in Zusammenhang mit dieser redaktionellen Tätigkeit darf mit dem Eindringen von Glossen gerechnet werden.

3. Die Ansichten über das Verhältnis von 𝔊 zu 𝔐 im Buche Ezechiel gehen ziemlich weit auseinander. Sie reichen von kritikloser Übernahme von 𝔊[21] bis zur Ablehnung ihrer grundsätzlichen Überlegenheit über 𝔐 und der sorgfältigen Prüfung jeder Variante vor ihrer Anerkennung[22]. Eine kritiklose Übernahme übersieht allerdings sowohl die Fehler der Übersetzer und Abschreiber als auch die absichtlich freien Übersetzungen und sachlichen Änderungen des hebräischen Textes. Andererseits dürfte an der grundsätzlichen Überlegenheit von 𝔊 über 𝔐 im Buche Ezechiel kein Zweifel möglich sein, wenn auch ihr Text stets darauf überprüft werden muß, wie weit innergriechische Fehler vorliegen und welche Version zu wählen ist[23]. Darauf weisen folgende Beispiele hin:

a) Die Verwendung des Gottesnamens in 𝔊 läßt darauf schließen, daß der jetzige Doppelname יהוה אדני in 𝔐 sekundär ist und ursprünglich lediglich יהוה gelautet haben muß. Das κύριος der 𝔊 ist nicht Übersetzung eines älteren אדני, sondern hat die Bildung dieses Namens veranlaßt oder doch mit veranlaßt. Dieses אדני ist vielfach in den hebräischen Text eingedrungen und hat das ältere יהוה verdrängt oder wenigstens zurückgedrängt. Im hebräischen Text kann ursprünglich nur der einfache Gottesname יהוה gestanden haben[24].

b) Bei 𝔊 fehlt in 8 8 das zweimalige בקיר, und an Stelle der beiden Formen von חתר finden sich ὄρυξον und ὤρυξα. Bei kritischer Untersuchung von 𝔊 ergibt sich, daß sie an allen anderen Stellen I חפר mit ὀρύττω übersetzt. Sie hat also auch in 8 8 חפר gelesen. Nur handelt es sich nicht um das Verb I חפר, sondern um II חפר (auskundschaften, erspähen, nach etwas suchen). Der Übersetzer hat die beiden Verben verwechselt. Ezechiel hat demnach den Auftrag erhalten, umherzuspähen, und dabei eine Tür erblickt[25].

c) In den vielen Fällen, in denen Worte oder Sätze des 𝔐 in 𝔊 fehlen, ist mit größter Wahrscheinlichkeit anzunehmen, daß die hebräische Vorlage des Übersetzers sie nicht enthalten hat. Es ist undenk-

---

[20] 12 12-15 12 17-20 13 3. 6. 9 16 17-21. 26-29 20 33-44.

[21] G. JAHN, a. a. O. bes. S. III; weitgehend auch C. H. CORNILL, a. a. O. S. 102.

[22] A. BERTHOLET, Das Buch Hesekiel, 1897, S. XX; Hesekiel 1936, S. XX; J. HERRMANN, Ezechiel, 1924, S. VIf.

[23] Vgl. G. BERTRAM, Zur Septuaginta-Forschung, ThR NF 5 (1933), S. 174.

[24] O. EISSFELDT als Zusammenfassung der Untersuchungen von W. W. BAUDISSIN, Kyrios als Gottesname im Judentum und seine Stelle in der Religionsgeschichte, I 1929, S. V.

[25] E. BALLA, Ezechiel 8 1—9 11 11 24-25, in: Festschrift R. Bultmann, 1949, S. 8.

bar, daß er sie nicht nur gelegentlich, sondern häufig ausgelassen hätte. Die Tendenz des Judentums ging auf vollständige Erhaltung, nicht Kürzung des überlieferten Textes. Daher finden sich zwar Erweiterungen und freie Übersetzungen, aber — von wenigen dogmatisch bedingten Stellen abgesehen — keine bewußten und absichtlichen Auslassungen[26]. Auch auf Grund der Eigenart und Bedeutung von 𝔊 ist demnach mit Glossen in 𝔐 zu rechnen[27].

Ist damit die Notwendigkeit und Möglichkeit textkritischer Arbeit erwiesen, so soll im folgenden versucht werden, in dem scheinbaren Chaos der Glossen des Buches Ezechiel nach festen Ordnungen zu suchen, allgemeine Regeln festzustellen und nach den Gründen zu forschen, die zur Hinzufügung von Glossen geführt haben. Dabei wird unter einer Glosse ein »fremdes Einschiebsel«[28] verstanden. Um die Arbeit in gewissen Grenzen zu halten und Urteile auszuschalten, die manchem als zu subjektiv erscheinen könnten, wurden nur 341 Glossen in den echten und 23 Glossen in den wahrscheinlich unechten Abschnitten im Buch Ezechiel gewählt, die von drei und mehr Exegeten als Zusätze erkannt worden sind. Ungefähr ebenso viele Glossen, die von nur zwei und weniger Exegeten als solche bezeichnet werden, blieben außer Betracht. Neue Gesichtspunkte dürften sich bei ihrer Untersuchung kaum ergeben[29].

Folgende Arten von Glossen werden unterschieden:

1. Wiederholende Glossen: a) dittographisch,
                                     b) wiederholend,
                                     c) variierend,
                                     d) zitierend.
2. Erklärende Glossen: a) näherbestimmend,
                                     b) erläuternd,
                                     c) deutend,

---

[26] Vgl. W. O. E. OESTERLEY - TH. H. ROBINSON, An Introduction to the Books of the Old Testament, 1934, S. 329.

[27] Freilich bietet auch 𝔊 in manchen Fällen nur einen verbesserten 𝔐, jedoch nicht den Text Ezechiels selbst. Ihm ist dann mit Hilfe der metrischen und strophischen Gesetze näher zu kommen.

[28] H. GUNKEL, Glosse, RGG II², 1928, Sp. 1250.

[29] Die von F. DELITZSCH, Die Lese- und Schreibfehler im Alten Testament nebst den dem Schrifttexte einverleibten Randnoten, 1920, Nr. 84—88, 149—163, vorgenommene Klassifizierung ist zwar ein erfreulicher Anfang, doch für die Fülle und Vielzahl der Glossen nicht ausreichend. Es muß noch mehr differenziert werden, um dem Tatbestand gerecht zu werden. Zudem verwendet DELITZSCH formale und wertende Maßstäbe durcheinander, wenn er entbehrliche und ungerechtfertigte Zusätze neben Varianten, erklärenden, korrigierenden u. a. Randnoten nennt. Inzwischen hat sich auch G. R. DRIVER, Glosses in the Hebrew Text of the Old Testament, in: L'Ancien Testament et l'Orient, 1957, S. 123—161, mit der Frage befaßt.

                        d) Stichwort,
                        e) lexikalisch,
                        f) ätiologisch-etymologisch.

3. Ergänzende Glossen: a) einfach ergänzend,
                        b) kreuzweis ergänzend,
                        c) zur Bildung eines neuen Satzes,
                        d) angleichend,
                        e) hymnisch.

4. Ändernde Glossen: a) dogmatisch,
                        b) sachlich ändernd.

5. Redaktionelle Glossen: a) verknüpfend,
                        b) vervollständigend,
                        c) Über- oder Unterschrift.

6. Unverständliche Glossen.

I.

Wiederholende Glossen: 94 Glossen (25,8%), die schriftlich Fest-gelegtes wieder aufnehmen und von neuem bringen, nicht aber er-klären, ergänzen oder ändern wollen. Sie wiederholen lediglich etwas schon an gleicher oder anderer Stelle Gesagtes, das noch einmal zum vorgefundenen Text hinzugefügt wird.

a) Dittographische Glossen: 1. Waagerechte Dittographie. Ein Wort oder Satz wird im Anschluß an sein ursprüngliches Vorkommen in derselben Zeile wiederholt. Die Glosse weist zuweilen Schreibfehler auf, die bis zur völligen Entstellung führen können. Fehlerhafte oder falsche Dittographie ist durch * gekennzeichnet.

     1. Gruppe[30]: 8 18b 21 24 I באר, 24 2 את־אצם היום, 24 12* הלאת תאנים,
29 10* חרב, 35 6* ירדפך, 40 8/9 כי־לדם־ השער, 40 30* 44 19 מהבית,
החיצונה אל, 45 1 ארך, 45 14 חמר עשרת.
     2. Gruppe: 25 9* מעריו, 35 15a* 36 10* 37 22* למלך.
     3. Gruppe: 11 15 אחיך, 16 6 II חיי ואמר, 22 2 II התשפט, 24 3 II
הדרך, 42 1 ואת רחב, 40 6* עוד III 37 22 וקרוב יום, 30 3* שן, 27 6* שפת.
     4. Gruppe: 17 10* יבש, 18 7* חוב, 38 7* והכן לך.
     5. Gruppe: 29 11 II לא תעבר־בה, 32 28* תשבר.

2. Senkrechte Dittographie. Ein Wort oder Satz wird in einer an-deren Zeile noch einmal geschrieben. Fehlerhafte oder falsche Ditto-graphie ist durch * gekennzeichnet. Beide Arten der dittographischen

---

[30] Diese Einteilung in Gruppen ist für die Art der Glosse ohne Bedeutung. Sie wird nur im Hinblick auf Abschnitt VII vorgenommen.

Glossen dürften wohl von Anfang an in die Textzeilen selbst geschrieben worden sein.

1. Gruppe: 1 25b 2 6bβ 9 1b* 22 3 ‏בתוכה‏, 36 15 ‏עוד‏————‏וגויין‏.

2. Gruppe: 11 11b 16 4 ‏ומולדותיך‏, 21 17 ‏לשׁום כרים‏, 21 29 II ‏יען הזכרכם‏,
34 5 ‏ותפוצינה‏, 47 9* ‏הנחל‏————‏וחי‏.

b) Wiederholende Glossen: Ein Gedanke oder eine Vorstellung
wird mit ähnlichen oder teilweise gleichen Worten wiederholt, ohne daß
große Abweichungen in Gedankengang oder Wortwahl festzustellen
sind. Es dürfte sich durchweg um Randglossen handeln.

1. Gruppe: 1 8b-9 5 6b 5 7 5 16-17 18 26-29 22 22a 32 25 45 2.

2. Gruppe: 8 16 II ‏קדמה‏, 12 20 ‏תהיה‏————‏והארץ‏, 13 7b 31 9 ‏יפה עשׂיתיו‏,
32 21 ‏הערלים‏————‏את־עזריו‏, 33 12b 34 23 ‏והוא ורעה אתם‏, 37 17 ‏לך לעץ אחד‏.

c) Variierende Glossen: Ein Gedanke oder eine Vorstellung wird
mit anderen, abweichenden Worten oder verändertem Gedankengang
wiederholt. Es dürfte sich durchweg um Randglossen handeln.

1. Gruppe: 5 13 24 22-23a 26 15 ‏בתוכך‏————‏באנק‏, 26 17 ‏אשׁר היתה‏————
‏וישׁביה‏, 26 18b 29 20 ‏אשׁר עשׂו לי‏ (32 15)[31] 36 11 ‏ופר ורבו‏, 45 17b.

2. Gruppe: 5 14aβ 6 12 ‏והנשׁאר‏, 17 8a 17 9 ‏תיבשׁ‏ (17 22 ‏ותלול‏) 20 5b
‏ולוא‏————20 22 ‏ידי‏————‏והשׁבתי‏, 23 28 ‏שׂנאת‏————‏ביד‏, 24 14 ‏אנחם ולא‏, 24 16 ————‏ומכרתי‏ (30 13
‏דמעתך‏, 25 7 ‏אשׁמידך‏, 29 3 ‏דבר‏, 29 19 ‏המנה ונשׂא‏, 30 12 ‏רעים‏————
‏והעתרתם‏, 35 13 ‏דבריכם‏————‏ואת־השׁמנה‏, 34 16 ‏כסתי‏, 31 15 ‏והאבדתי גלולים‏)
38 9 ‏תהיה‏.

d) Zitierende Glossen: Eine Stelle aus dem eigenen oder einem
anderen alttestamentlichen Buch wird zitatähnlich hinzugefügt; wörtliche Übereinstimmung braucht nicht vorzuliegen. Es dürfte sich
durchweg um Randglossen handeln.

1. Zitieren einer Stelle aus demselben Buch: 2 4 ‏לב‏————‏והבנים‏, 5 2
‏אחריהם‏————‏וחרב‏, 11 12.

2. Zitieren einer Stelle aus einem anderen Buch: 4 17 5 12
‏אחריהם‏————‏וחרב‏, 6 5a (17 23 ‏כל־כנף‏) 18 10b (23 40bβ-41) 24 23b.

II.

Erklärende Glossen: 157 Glossen (43,1%), die einen Beitrag zur
Erklärung eines Wortes oder Satzes in einem Prophetenwort liefern
wollen. Ihr häufiges Vorkommen entspricht der auf Verdeutlichung
der Botschaft Ezechiels gerichteten Redaktion des nach ihm benann-
ten Buches.

---

[31] Die Klammer gibt an, daß es sich um eine Glosse innerhalb eines wahrscheinlich
unechten Zusatzes zum Buch Ezechiel handelt.

14*

a) Näherbestimmende Glossen: Schien die Ausdrucksweise eines Prophetenwortes unklar oder mißverständlich, so wurde die fragliche Stelle durch einen meist kleinen Zusatz näher bestimmt. Die Glosse läßt sich häufig durch ein in der Übersetzung vorgesetztes »und zwar« kennzeichnen. Es handelt sich um Rand- und Interlinearglossen.

1. Gruppe: 4 1 כור, 22 18 את־ירושלם.

2. Gruppe: אתנו 8 12, הפנימית 8 3, שנית 4 6, אשר עשה 3 20, מר 3 14, החיות 1 15, ואת כל־מברחו 17 21, ליושבי——ישראל 12 19, מבינות לכרובים 10 7, הכרוב 10 7, 27 33 (ביום ההוא 23 38. 39) עוד 19 9, בהמה 19 12 (רך 17 22) (הרמה 17 22), עדן 31 18 ככה——, בלבנון 31 3, לחבשה 30 21, שם 29 14, מלך מצרים 29 3, רבים, דרך הקדים 40 10 על הרי——תמיד 38 8, אחד 37 16, אליהם 34 20, אדרם 32 18, מהארץ 42 6, אל־הפנימית 42 4.

3. Gruppe: 5 10 16 19 סלת——האכלתיך, 17 16-18 38 5 a 39 12-16 45 10-12.

4. Gruppe: 1 4 מתוך האש.

5. Gruppe: אני 6 3, והיא 4 12, צדוק II 3 21, והמה 2 5, עליו 1 26, לאיש 1 11, שם 18 3, כלם 14 5, היא 11 15, כל 9 8, יהוה 9 4, אחד 8 8, אשר בית־ישראל 8 6, שם 8 1, יהוה 26 14 (היא 22 24) בראש——הדרכים 21 26, איש 20 8, על 19 11, לכם, האלה 33 30, המה עשים 33 24, רשע 33 31 I, III בכף 33 8, בכסף 29 7, בניהם 27 32, הדרום 40 28, גדול 38 13 צאני 34 6 I, II, אליהם 34 2, עמי 33 31 חד את־אחד, את־ביתי 44 7, יהוה 44 5, בנין 42 5.

6. Gruppe: 3 2 הזאת, 3 22 שם, 8 3 המקנה——אשר־שם, 9 6 הזקנים, 17 9, את־הריו 35 8, בניהם ובנותיהם 24 25 ולא——רב.

b) Erläuternde Glossen: In vielen Fällen schien es erforderlich, den Text durch einen Zusatz zu erläutern, der sich meist durch »nämlich« oder »das ist« einführen läßt. Es handelt sich wieder um Rand- und Interlinearglossen.

1. Gruppe: במראה ברוח 1 23b 3 13 6 11 רעות 8 2 כמראה 8 9 הרעות 11 24, 44 27 ארץ המגוג 38 2 עץ אפרים 37 16 (16 32) כנען 16 29, בדם 14 19 אלהים, אל־הקדש.

2. Gruppe: 5 6 לרשעה 5 8 גם־אני 10 7 הבדים——וישא 12 7 ביד 13 22, אתם 34 30 אתם ו 34 4 יבאהו במצדות 19 9 אח 18 18 אתם, 18 2 את——שקר, 37 7 קול 45 4 קדש.

3. Gruppe: משכיתו איש 8 12 בחושך 8 12, בקיר 8 12 zweimal 1 19-21 3 25 8 7 b 8 8, יוסף חבלים 47 13 הבת השמן 45 14 את־החזקה——הנשברת 30 22 בחדרי.

4. Gruppe: 8 3 במראה אלהים.

5. Gruppe: אל־הרעות 6 9 (אשר־סר 6 9) 3 5 b כמראה־אש——סביב 1 27, 16 43 כל־תועבתיך 12 11 בשבי 13 20 zweimal לפרחות 16 22, 23 34 תהיה——וללעג 23 32 בהר מרום ישראל 20 40 ולא——כל־תועבתיך, בקהל 32 3 להיות 27 7 לנס——אוי 24 9 הדמים 24 6 bβ ושדיך תנתקי עמים רבים.

c) Deutende Glossen: In manchen Fällen schien es zweckmäßig, einem Bild die vermutliche Deutung hinzuzufügen, oder erforderlich, eine Aussage in einem bestimmten Sinne zu interpretieren. Hier handelt es sich nicht mehr um Erklärung, sondern um Deutung eines Prophetenwortes. Es dürften wieder Rand- und Interlinearglossen vorgelegen haben.

1. Gruppe: 1 14 4 13 6 5b-7 11 10 אתכם‎————‎על־גבול‎, 13 4 20 26 למען יהוה‎————‎, 20 37 הברית‎, 22 18 סיגים‎.

2. Gruppe: 5 2 בתוך העיר‎, 5 2 סביבותיה‎, 34 31 36 18 aβ-b 39 18 b.

3. Gruppe: 11 11.

4. Gruppe: 25 10 בני־עמון‎.

d) Stichwortglossen: Zu einem aus dem Text herausgegriffenen Stichwort, das wohl an den Rand geschrieben wurde, wird eine längere Erläuterung gegeben, die Neues hinzufügt.

1 2 1 4 החשמל‎————‎ומתוכה‎, 3 15 שם‎————‎ואשר‎, 23 4b 30 5 38 4 כלם‎, 38 5b צנה‎————‎.

e) Lexikalische Glossen: Zu einem ungewöhnlichen, veralteten oder dunklen Wort wird zum besseren Verständnis ein allgemein verständliches Wort hinzugeschrieben. Es dürfte sich durchweg um Interlinearglossen handeln.

4 12 צאת‎, 8 11 ענן‎, 11 1 הפונה קדימה‎, 19 9 בחחים‎, 31 3 ארז‎, 39 9 ובערו‎.

f) Ätiologisch-etymologische Glossen: Ein unverständlicher Name oder eine Bezeichnung unbekannter Herkunft sollen erklärt werden. Es wird sich wohl um Randglossen handeln.

20 29 39 11 aβ 39 11 b.

III.

Ergänzende Glossen: 75 Glossen (20,6%), die zu einem Satz treten, der nach Ansicht der Bearbeiter oder Leser des Buches unvollständig war. Die Glosse dient zur Ergänzung des ganzen Satzes oder eines bestimmten Ausdrucks in ihm.

a) Einfach ergänzende Glossen: Ein Ausdruck oder Satz wird durch einen meist parallelen Satz oder Ausdruck ergänzt, der einfach hinzugefügt wird. Es handelt sich um Rand- und Interlinearglossen.

1. Gruppe: 1 25 a 9 9 ויהודה‎, 11 15 כלה‎————‎וכל־בית‎, 19 12 ————‎ורוח‎ הוביש‎ (30 13 b) 39 11 aα.

2. Gruppe: ‏ונוגה לו סביב‎ 16 8 ,‏והמשה‎ 8 15 16 13 ,‏ותצלחי למלוכה‎, ‏ובשקוציהם‎ 23 37 ‏ושלחתי‎) ————‏בה‎ 23 28) 5 b 26 ,‏והעצמות יחרו‎ 10 24 30 b 20 ‏פשעיהם‎————, 14 42 ‏החיצונה‎ ————‏ולא‎ 14 b 42 12 44 ,‏ונשאו עונם‎ 18 44.

3. Gruppe: ‏וכבדי לשון‎ 16 4 ,‏ובדאגה‎ 16 4 ,‏ובשממון‎ 4 8 17 8 ,‏וישבו‎ ‏להכעיסני‎, 7 35 4 a 38.

4. Gruppe: ‏ושעיר‎ 8 25.

5. Gruppe: ‏וחרש מצל‎ 6 b 17 3 31.

6. Gruppe: ‏וכנסתי אתכם‎ 21 22 ,‏ובדאגה‎ 18 12 ,‏ולחרפה‎ 14 5 12 a 4.

7. Gruppe: ‏יעשה‎ 10 8 ‏ישראל‎————‏וכל‎ ,16 19 ‏ויהי‎, 36 b 16 11 a 18 24 18 ‏והיא‎ 8 38 20 37 ,‏ולקחו המונה‎ 4 30 ,‏ותבקשי‎ ‏תמצאי‎————‏וחי‎ 12 b 24 21 26 ‏הוצאה‎————.

8. Gruppe: 11 b 29.

b) Kreuzweis ergänzende Glossen: ‏ופניהם‎ 16 1 ,‏וכנפיהם‎ 11 1 8 b 1) ‏ומעשיהם‎, 16 1 ‏ומראיהם‎.

c) Glossen zur Bildung eines neuen Satzes[32]: Durch die Hinzufügung, meist eines Verbs, werden aus einem Satz zwei gebildet, deren Teile nun dem *parallelismus membrorum* entsprechen. Es handelt sich wohl um Interlinearglossen.

‏לא אל־חנם‎ 10 6) ‏ולקחת את‎ 2 5 ‏אשר‎ 10 4 ,‏נתתי מצחך‎ 9 3 ,‏פשעו בי‎ 3 2 ‏ואחריך‎ ‏זונה‎————‏והנה ו‎ 34 16) ‏עץ‎————‏היה ב‎ 2 15 ,‏וגלה‎ 3 12 ‏לעשות‎————‏הזאת‎ 10 6) 10 17 ‏תיבש‎ 22 17) ‏ונתתי‎ 28 20 ‏שם‎————‏כעס‎, 43 20 ,‏אשר עשיתם‎ 4 b 24 15 29 ‏אשר תעו‎ 10 44 8 a 44 ,‏הביאני‎, 2 40 ,‏שמה‎, 1 40 ,‏ישמו‎, 6 34 ,‏תהיה שפלה‎.

d) Angleichende Glossen: Gelegentlich erwies sich eine Ergänzung als erforderlich, um verschiedene Verse einander anzugleichen, vor allem nach Textänderungen. Es handelt sich um Rand- und Interlinearglossen.

1. Gruppe: ‏הזה בבאה‎ 5 8 ,‏חמס‎————‏כי מלאו‎ 17 8, 9 21.

2. Gruppe: ‏לארבעתן‎ III 10 1 ,‏לשון‎————‏עמקי‎ 6 3, V 2 4 ‏עליה‎, 11 12 ‏אמר‎.

e) Hymnische Glossen kommen bei den untersuchten Glossen nicht vor.

IV.

Ändernde Glossen: 15 Glossen (4,2 %), in denen es sich deutlich um eine beabsichtigte Änderung des ursprünglichen Textes handelt; die Änderung wurde am Rand oder interlinear vermerkt.

---

[32] Vgl. L. PRIJS, a. a. O. S. 80 ff.

a) Dogmatische Glossen: Bei den vorgefundenen ändernden Glossen dürfte es sich wohl in allen Fällen um Korrekturen aus religiös-dogmatischen Gründen gehandelt haben.

2 2 ‏אלי‎——‏כאשר‎, 2 3 ‏אל־גוים‎, 3 6 ‏לא‎, 3 21 ‏לא‎, 5 3-4 a 8 10 ‏שקץ‎, 9 7 14 22 ‏ובנות‎——‏המוצאים‎ (22 8) 32 26 ‏ערלים‎, 32 27 ‏ולא‎, 32 32 33 22 ‏ותפתח‎ ‏את־פי‎, 47 6 ‏וישבני‎, 47 7 ‏בשובני‎.

b) Sachlich ändernde Glossen kommen bei den untersuchten Glossen nicht vor.

V.

Redaktionelle Glossen: 18 Glossen (4,9%), die mehr formalen Charakter aufweisen und mit der Bearbeitung des Buches in Zusammenhang stehen. Sie dürften zumeist sofort den Textzeilen hinzugefügt und nur in Ausnahmefällen an den Rand gesetzt worden sein.

a) Verknüpfende Glossen: Sie dienen durchweg dazu, verschiedene selbständige Prophetenworte miteinander zu verknüpfen und in Beziehung zueinander zu setzen.

1. Gruppe: 14 21 ‏כי‎.
2. Gruppe: 4 7 4 9b 5 2 ‏כמלאת ימי המצור‎.
3. Gruppe: 24 26 24 27 ‏את־הפליט‎, 25 10 ‏על־בני עמון‎.

b) Vervollständigende Glossen: Sie erwiesen sich durchweg nach Textverderbnissen als erforderlich, um vollständige und klare Sätze zu erhalten.

1. Gruppe: (6 8 ‏והותרתי‎) 6 11 ‏אשר‎, 16 7 ‏נתתיך‎, 26 17 ‏אבדת‎, 32 18 ‏ובנות‎.
2. Gruppe: (6 9 ‏אשר‎) (23 40 ‏תשלחנה‎) 27 4 ‏בניך‎.

c) Glossen als Über- oder Unterschrift: Sie wurden als Einleitung eines Wortes oder zur Zusammenfassung mehrerer inhaltlich ähnlicher Worte hinzugefügt.
12 10 13 16 (32 16).

VI.

Unverständliche Glossen: 5 Glossen (1,4%), die infolge Textverderbnis unverständlich geworden sind und nicht mit Sicherheit wiederhergestellt werden können.

1 22 ‏הנורא‎, 16 4 ‏למשעי‎, 16 16b 31 5 ‏בשלחו‎, 36 5 ‏למען‎——‏לבז‎.

VII.

Forscht man nach den Gründen, die im einzelnen zur Bildung und Hinzufügung der Glossen geführt haben, und sucht man sie in allgemeine Regeln zu fassen, so bieten sich hierfür die hermeneutischen Normen der talmudischen Schriftauslegung an. Freilich gilt von dieser Auslegung, sowohl in der Halacha als auch und vor allem in der Haggada, daß sie meist besser als Einlegung oder als lose an den Text angeknüpfte Gedankenäußerung bezeichnet wird. Trotzdem besitzen die exegetischen Normen einen gewissen Wert. Denn auch die ältesten uns bekannten sind nicht erst in der Zeit entstanden, aus der sie überliefert werden, sondern stellen lediglich die erstmalige schriftliche Fixierung oder älteste überlieferte Fassung längst bekannter Methoden dar. Darüber hinaus sind sie letztlich der konkrete Ausdruck einer bestimmten Art der Textauffassung und -behandlung, die bereits vorhanden war und geübt wurde, bevor sie ihren Niederschlag in den exegetischen Normen fand. Es braucht für diese Untersuchung also kein Hindernis zu bilden, daß die exegetischen Normen erst jungen Datums sind. Denn es geht nicht um ihre jeweilige Formulierung, sondern um die ihnen zugrunde liegende Verhaltensweise gegenüber dem exegesierten Text, die älter als die Normen ist.

Die ältesten exegetischen Normen sind die 7 Regeln Hillels, eine Zusammenfassung von damals (Zeit Herodes I., 37—4 v. Chr., und später) üblichen Auslegungsmethoden, und die auf Ismael (um 110 bis 130 n. Chr.) zurückgeführte Zusammenfassung von 13 für die halachische Auslegung in Betracht kommenden Normen. Sie kehren meist in der Baraita der 32 Normen wieder, die nach Elieser ben Jose, dem Galiläer, benannt ist (3. Generation der Tannaiten in der nachhadrianischen Zeit, um 130—160 n. Chr.)[33]. Freilich verdankt sie ihm keinesfalls ihre heutige Fassung, da in ihr auch spätere Tannaiten genannt werden, geht aber wohl von ihm aus und ist erweitert worden. Vor allem die anwendenden Beispiele und Erläuterungen zu den exegetischen Normen dürften erst später hinzugefügt worden sein; denn im Midrasch hagadol, der wahrscheinlich die eigentliche Baraita enthält, sind die hermeneutischen Regeln zuerst bloß aufgezählt. Heute findet

---

[33] Ausgabe von H. KATZENELLENBOGEN, Sefer Netibot Olam, 1822, mit Zusätzen von STRASCHUN, 1859. Vgl. ferner: L. ZUNTZ, Die gottesdienstlichen Vorträge der Juden, 1852, S. 86; W. BACHER, Die Aggada der Tannaiten, II 1890, S. 293—298; Die exegetische Terminologie der jüdischen Traditionsliteratur, I: Die bibelexegetische Terminologie der Tannaiten, 1899; L. DOBSCHÜTZ, Die einfache Bibelexegese der Tannaïm, Phil. Diss. Halle, 1893; H. L. STRACK, Einleitung in Talmud und Midraš, 1930[5], S. 96—108. Allgemeine Übersichten bei B. HELLER, Agadische Literatur, Encyclopaedia Judaica, I 1928, S. 997—999; Bibel in der Agada und Halacha, a. a. O. IV 1929, S. 673—685; A. KAMINKA, Bibelexegese, a. a. O. S. 621 ff.

sich für jede Regel eine haggadische Anwendung, für manche sogar ausschließlich eine haggadische (ohne halachische); auch hierin ist eine Bearbeitung unverkennbar.

Der größte Teil der angeführten Glossen des Buches Ezechiel läßt sich zu einer dieser 32 exegetischen Normen in Beziehung setzen. Und da diese Normen ja nur Ausdruck einer grundlegenden Verhaltensweise gegenüber dem alttestamentlichen Text und die Kodifizierung älterer Methoden der Auslegung sind, lassen sich auf Grund jener Inbeziehung-setzung die Gründe für die Hinzufügung der meisten Glossen in allgemeinen Regeln ausdrücken[34].

---

[34] Zum Teil berührt sich das mit den Ausführungen von H. W. HERTZBERG, Nachgeschichte alttestamentlicher Texte innerhalb des Alten Testaments, in: Werden und Wesen des Alten Testaments, 1936, S. 110—121. HERTZBERG weist mit Recht darauf hin, daß das Interesse an einer für unecht gehaltenen Stelle nicht mit ihrer Unechtheitserklärung erschöpft sein kann; daß die Bezeichnung als Glosse kein Anlaß sein kann, über den fraglichen Vers zur Tagesordnung überzugehen; und daß eine glückliche Konjektur nicht die Frage erübrigen darf, woher der gegenwärtige Textfehler stammt. Vielmehr müssen die Zusätze und Textänderungen von der Nachgeschichte der Texte her verstanden werden. Auch die Hinzufügung der oben genannten Glossen gehört in die Nachgeschichte der Ezechielworte. Doch sind die Gründe, die zur Bildung der meist kleinen Glossen geführt haben, mehr exegetisch-sachlicher als praktischer Art; zur praktischen Auslegung der Prophetenworte gehören streng genommen nur die dogmatischen Glossen. Infolgedessen lassen die meisten Glossen auch nicht den theologiegeschichtlichen Weg erkennen, den ein Prophetenwort genommen hat; nur in verhältnismäßig wenigen Fällen können sie in die von HERTZBERG genannten Stationen (S. 121) eingegliedert werden. Diese theologische Nachgeschichte läßt sich genauer nur an umfangreichen Zusätzen erkennen und ist von der exegetisch-literarischen zu unterscheiden. — In verstärktem Maße gilt dies von dem Versuch von R. E. WOLFE, The Editing of the Book of the Twelve, ZAW 53 (1935), S. 90—129. WOLFE sucht 1. »to detect the stages by which the twelve isolated prophecies came to be combined together, written upon a single scroll, and considered as a single book«, 2. »to determine the amount and manner of the editorial changing and supplementing which these twelve prophecies underwent before as well as after their incorporation into a single volume« (S. 90). Hier ist also die Frage nach den Glossen einem anderen Zweck untergeordnet und wird auch, trotz vieler richtiger Einzelbeobachtungen, von ihm bestimmt. Zudem werden die kleinen und kleinsten Glossen durchweg wieder außer acht gelassen und zu dem genannten Zweck größere Zusätze gesucht, wobei WOLFE »regards as secondary a larger part of the content of the twelve prophecies than has generally been supposed« (S. 90). Diese nach WOLFES Ansicht sekundären Zutaten »group themselves into a number of clearly defined strata which represent the literary deposits of various ages and points of view« (S. 90). Hier wird die Möglichkeit der Erkenntnis formaler Kriterien und Gesetze für Einteilung und Ursachen der Glossen von vornherein durch die Unterordnung unter literarkritische und theologiegeschichtliche Gesichtspunkte ausgeschaltet. Das aber muß gerade vermieden werden, wenn sich objektive Maßstäbe ergeben sollen. R. H. PFEIFFER, Introduction to the Old Testament, 1941,

5. und 6. Regel: Ausdrücklich angegebener oder nur angedeuteter Schluß *a minori ad maius* und umgekehrt[35]. Nach diesen Grundsätzen sind die Glossen II a 1. Gruppe und V a 1. Gruppe gebildet worden.

7. Regel: Weil an zwei Stellen Worte vorkommen, die gleich lauten oder gleiches bedeuten, unterliegen sie gleichen Bestimmungen und Anwendungen (Schluß nach Analogie)[36]. Nach diesem Grundsatz ist II a 1. Gruppe gebildet worden.

8. Regel: Auf mehrere Stellen, die inhaltlich zueinander gehören, wird irgendeine nähere Bestimmung angewandt, die sich nur bei einer Stelle findet[37]. Nach diesem Grundsatz sind I a 2 1. Gruppe, I d 1 und 2, II b 1. Gruppe und II d 2. Gruppe gebildet worden.

9. Regel: Infolge abgekürzter Ausdrucksweise der Bibel ist eine Ergänzung erforderlich (z. B. der redenden Person). Nach diesem Grundsatz sind I a 1 2. Gruppe, II a 2. Gruppe und II b 2. Gruppe gebildet worden.

10. Regel: Die Wiederholung eines Wortes oder Satzes wird zur Deutung benutzt. Die Annahme einer Wiederholung zwecks Deutung ist in I a 1 3. Gruppe möglich.

12. Regel: Etwas wird zum Vergleich herangezogen, empfängt aber dadurch selbst neues Licht. Diesem Grundsatz entsprechen die Glossen II c 1. Gruppe.

13. Regel: Auf einen kurzen allgemeinen oder zusammenfassenden Bericht kann ein anderer mit Einzelheiten folgen und umgekehrt[38]. Nach diesem Grundsatz sind I b 1. Gruppe, I c 1. Gruppe, II d, II a 3. Gruppe und teilweise V c gebildet worden.

14. Regel: Bedeutendes wird mit Geringerem verglichen, um ein besseres Verständnis zu erzielen. Nach diesem Grundsatz ist II c 2. Gruppe gebildet worden.

15. Regel: Wenn zwei Verse sich widersprechen, beseitigt ein dritter diesen Widerspruch[39]. Nach diesem Grundsatz sind II d 3. Gruppe, III d 1. Gruppe und IV a 1. Gruppe gebildet worden.

17. Regel: Ein an der Hauptstelle nicht deutlich oder gar nicht erwähnter Umstand wird an einer anderen Stelle genannt. Nach diesem Grundsatz sind II b 4. Gruppe und III a 3. Gruppe gebildet worden.

18. Regel: Ein besonderer Fall wird erwähnt, doch ist die ganze Art gemeint. Nach diesem Grundsatz ist IV a 2. Gruppe gebildet worden.

S. 566 f., folgt WOLFE in der Annahme eines judäischen Redaktors für die Worte Hoseas.

[35] Entspricht der 1. Regel Hillels und Ismaels in eigentlicher und abgewandelter Form.

[36] Entspricht der 2. Regel Hillels und Ismaels.

[37] Entspricht der 3. und 4. Regel Hillels und der 3. Regel Ismaels.

[38] Entspricht der 5. Regel Hillels und der 5.—11. Regel Ismaels.

[39] Entspricht der 13. Regel Ismaels.

19. Regel: Eine Aussage über einen Gegenstand gilt auch für einen anderen (kreuzweise Ergänzung). Nach diesem Grundsatz ist IIIb gebildet worden.

20. Regel: Wenn eine Aussage zu der Stelle, an der sie steht, nicht paßt, kann sie auf eine andere bezogen werden, zu der sie paßt. Nach diesem Grundsatz sind IIIa 4. Gruppe und IVa 3. Gruppe gebildet worden.

21. Regel: Bei einem Vergleich von etwas mit mehreren Gegenständen werden diesen nur die guten, vorteilhaften Eigenschaften entnommen. Nach dieser Regel ist IIIa 5. Gruppe gebildet worden.

22. Regel: Ein Satz muß aus dem Parallelsatz ergänzt werden; Ausdrücke in einem Satzteil beziehen sich auch auf den anderen[40]. Nach diesem Grundsatz sind Ia2 2. Gruppe, IIa 4. Gruppe, IIIa 6. Gruppe, IIIa 2. Gruppe, IVa 4. Gruppe und Vb 2. Gruppe gebildet worden.

23. Regel: Ein Satz dient zur Ergänzung des Parallelsatzes[40]. Nach diesem Grundsatz ist IIIa 7. Gruppe gebildet worden.

24. Regel: Hervorheben des Besonderen[41]. Diesem Grundsatz entsprechen Ib 2. Gruppe, Ic 2. Gruppe, IIa 5. Gruppe und teilweise Vc.

25. Regel: Hervorhebung einer an anderer Stelle allgemein und umfassend gemachten Aussage[42]. Diesem Grundsatz entspricht IVa 5. Gruppe.

26. Regel: Eine Stelle wird als Gleichnis für anderes verstanden. Nach diesem Grundsatz ist IIb 5. Gruppe gebildet worden.

27. Regel: Eine bedeutsame Zahl an mehreren Stellen. Diesem Grundsatz entspricht IIIa 8. Gruppe.

28. Regel: Wortspiel (Paronomasie). Nach diesem Grundsatz ist Ia1 4. Gruppe gebildet worden.

32. Regel: Mancher Bibelabschnitt bezieht sich auf eine frühere Zeit als ein vor ihm stehender und umgekehrt. Diesem Grundsatz folgt Va 2. Gruppe.

Über diese 32 exegetischen Normen hinaus lassen sich noch einige andere Regeln heranziehen oder erkennen.

6. Regel Hillels: Die Erklärung einer Stelle erfolgt nach einer anderen ähnlichen. Dem folgen IIc 3. Gruppe und Va 3. Gruppe.

Regel Eleasars und Akibas: Jeder Bibelabschnitt, der dicht bei einem anderen steht, ist im Hinblick auf diesen auszulegen. Dem folgen IIa 6. Gruppe und IIc 4. Gruppe.

Obwohl nicht als Regel erwähnt, gab es die Teilung eines Satzes in zwei Sätze durch Hinzufügung[43]. Dem folgen Ia1 5. Gruppe und II1c.

---

[40] Modifikation der 7. Regel Hillels und der 12. Regel Ismaels.
[41] Beruht auf der 8. Regel Ismaels.   [42] Modifikation der 8. Regel Ismaels.
[43] Von L. Prijs, a. a. O. S. 80ff., in 𝔊 nachgewiesen.

Als eine Art Regel ist schließlich die ätiologisch-etymologische Deutung von Ausdrücken — wie in II f — und die Ersetzung ungebräuchlicher Ausdrücke durch andere — wie in II e — zu betrachten.

Dagegen lassen sich für die Glossen I a 1 1. Gruppe, V b 1. Gruppe und VI keine Regeln erkennen oder nachweisen. Das liegt für dittographische Glossen nahe und ergibt sich bei den unverständlichen Glossen von selbst.

VIII.

Philologische Besonderheiten sind lediglich in 210 Fällen, teilweise an derselben Glosse, zu erkennen. Solche äußeren Kennzeichen gehören also nicht zum Wesen der Glosse. Sie kann sich philologisch einwandfrei in den ursprünglichen Text eingliedern und nur mit anderen Hilfsmitteln als Glosse erkannt werden.

In 101 der genannten Fälle sind die Glossen zudem nur durch ein vorgesetztes ו gekennzeichnet. Zu ihnen zählen zunächst die ergänzenden Glossen der Gruppen III a (außer 18 24 44 18) und III b, die man auch als ו-Glossen bezeichnen könnte. Es gehören ferner dazu die Glossen in 1 4. 14 2 4. 5 3 13. 15 4 7. 12. 13 5 2. 12. 13. 14 a 6 5 a. 5 b-7. 8. 12 8 7 b 9 7 10 7 12 3. 20 13 7 b 16 34. 43 17 9. 21. 22 18 10 b 20 5 b. 22. 29 23 40 bβ-41 24 14. 16. 22-23 a 25 7 26 18 b 29 19 30 12. 13 32 18. 27 33 12 b. 22 34 16. 31 35 13 36 11 39 11 aα. b 44 8 a 47 6.

Einige Glossen haben ein anderes Subjekt als der ursprüngliche Text: 3 25 5 2 9 1 b 16 32 18 10 b 24 22-23 a 31 9.

In einigen Glossen wechselt die Person der Verbform gegenüber dem Text: 5 6 b. 7. 12. 13. 16-17 6 5 a 13 7 b 17 6 b 23 40 bβ-41 28 23 34 20 35 7. 8. 13 39 11 aα. 12-16.

In einigen Glossen wechselt das Tempus der Verbform gegenüber dem Text: 2 2 3 25.

Einige Glossen haben ein anderes Objekt als der Text: 6 5 b. 7 8 17.

In 13 4 wechselt die Anrede.

Durch die Hinzufügung der Glosse wird der Satzbau des Verses falsch: 2 3 6 8 8 6 9 6 17 9 19 11 33 31 36 18 aβ-b 40 28.

Die Glosse erscheint als Relativsatz oder -partikel: 3 20 6 9. 11 8 3. 6 20 43 26 17 29 20 44 10.

Die Glosse ist ein beziehungslos eingeschobener Satz: 2 4. 16. 19.

Die Glosse ist ein beziehungsloses, alleinstehendes Wort: 1 26 4 1. 12 8 10 16 4 25 7 31 3 34 16 35 8.

In der Glosse wird ein Ausdruck des Textes als Stichwort wiederholt: Gruppe II d.

Die Glosse enthält eine grammatisch nicht erforderliche Näherbestimmung: 1 10 4 12 8 11 11 1 19 9 31 3 39 9.

Die Glosse enthält einen Ausdruck in sonst ungewöhnlicher Verbindung oder Bedeutung: 18 18 20 26 29 3. 19 35 6.

Glosse und Text passen grammatisch nicht zueinander: 3 20 5 2 12 20 17 22 34 6.

Die Glosse stört den Zusammenhang des Textes: 1 27 4 13 6 10 13 7b 24 22-23a 38 2 42 14 45 2.

Die Glosse ist an falscher Stelle in den Text aufgenommen worden (zu früh oder zu spät): 1 2. 4. 8b-9 3 5b. 15 12 19 16 43 23 4b 29 20 37 7 38 5b 44 5.

Die Glosse greift auf Vorhergehendes zurück oder auf Folgendes vor: 33 12b.

Die Glosse verläßt die Bildrede des Textes: 5 2 17 9.

Die Glosse enthält in 23 34 ein anderes Bild, das nicht zum Text paßt.

Ferner ist darauf hinzuweisen, daß die kleineren Glossen in den meisten Fällen das metrische, die größeren Glossen das strophische Gefüge des ursprünglichen Wortes — teilweise empfindlich — stören.

Nur in verhältnismäßig wenigen Fällen läßt sich die literarische Herkunft von Glossen erkennen und damit ein Schluß auf ihre Urheber ziehen. Von wenigen Ausnahmen abgesehen, handelt es sich dabei meist um Zitate aus Heiligkeitsgesetz (H) und Priesterschrift (P) oder um gedankliche Anklänge an sie.

Von H sind abhängig: 4 17 5 10. 12 6 5a 24 23b; beeinflußt: 5 6b. 7 (6 5b-7) 6 9 11 12 16 43 22 8 36 18aβ-b.

Von P sind abhängig: 8 11 17 23 18 10b 36 11; beeinflußt: 20 28 44 18 45 17b.

IX.

Daß die vorliegende Ordnung und Begründung der Glossen im Buche Ezechiel allgemeingültige Gesetze wiedergibt, folgt aus der Prüfung anderer alttestamentlicher Bücher, die — ohne daß sie hier ebenfalls vorgelegt werden kann — stets nahezu die gleichen Prozentsätze für die verschiedenen Arten der Glossen wie im Buche Ezechiel ergeben hat. Jedoch ist die Untersuchung der Glossen nur ein Teil der textkritischen Arbeit, da sie nur das Ausscheiden späterer Zusätze zum Urtext betrifft. Hinzu kommt die Erhebung von Regeln für Änderungen des Urtextes, die durch Störungen des Konsonantenbestandes und der Vokalisierung von Wörtern verursacht worden sind. Ferner werden nach weiterer sorgfältiger Untersuchung die Gesetze der Metrik und Strophik wertvolle Handhaben bieten, um Zusätze ausscheiden und Textschäden erkennen und beheben zu können. Schließlich ist die weitere Untersuchung der Versionen und Übersetzungen des hebräischen Textes erforderlich, um dem Urtext näherzukommen.

Umkehr und Erlösung beim Propheten Hosea

I.

Hosea, der im israelitischen Nordreich von der Zeit vor 753 (Tod des Königs Jerobeam II.) bis nach 731 (Thronbesteigung des Königs Hosea) als Prophet gewirkt hat[1], ist nach der Mehrzahl seiner überlieferten Worte mit einer Unheilsbotschaft an sein Volk aufgetreten und hat ihm wegen seiner Sünde den Untergang angedroht. Die Wurzeln dieser Sünde erblickt er einerseits in dem Verfallensein an die kulturellen und religiösen Vorstellungen Kanaans, durch das der Jahweglaube in eine Baalsreligion verfälscht wurde (9 10 10 1-2 11 1-7 13 5-8)[2]. Seither vollzieht sich der Abfall, den Hosea auch als Unzucht und Ehebruch bezeichnet, besonders im Kultus (2 13-15 4 12-14. 16-19 8 4b-6. 11-13 10 5-6a 12 11-12 13 1-3), nicht zuletzt durch die Schuld der Priester (4 4-6. 7-10 5 1-2). Hosea weist die Sünde Israels andererseits am politischen Verhalten in seiner Gegenwart und in der jüngsten Vergangenheit nach[3]. Die Erschütterungen dieser Zeit[4] haben

---

[1] Diese und die weiteren Daten sind nicht mit Sicherheit zu bestimmen; die chronologischen Untersuchungen weisen mehr oder weniger große Abweichungen auf.

[2] Es trifft nicht zu, daß Hosea seine Gegenwart am nomadisch-beduinischen Ideal kritisiert, weil er von ihm religiös und soziologisch-ethisch stark beeinflußt ist, wie in verschiedener Weise P. HUMBERT, Osée le prophète bédouin, RHPhR 1 (1921), S. 97—118; La logique de la perspective nomade chez Osée et l'unité d'Osée 2, 4—22, in: Festschrift K. Marti, 1925, S. 158—166; F. DIJKEMA, De profeet Hozea, NThT 14 (1925), S. 324—342; S. NYSTRÖM, Beduinentum und Jahwismus, 1946, S. 122—158, annehmen. Die Wüstenzeit gilt Hosea nicht an sich als ideal, sondern als Zeit der ersten Liebe zwischen Jahwe und Israel; die Kultur ist nicht an sich verhaßt, sondern wegen ihrer verführerischen Tendenz zum Baalismus. Darauf weisen auch hin TH. C. VRIEZEN, Hosea, profeet en cultuur, 1941; E. OSTY, Amos, Osée, 1952, S. 70; D. DEDEN, De Kleine Profeten, 1953, S. 11. Zu weit gehen andererseits die religionsgeschichtlichen Schlüsse von H. S. NYBERG, Studien zum Hoseabuche, 1935, der die Götter 'Al, 'Eljon, Betel und Melech genannt findet, קָדוֹשׁ auf 'Al bezieht, קְדוֹשִׁים auf heidnische Götter und שָׂרִים auf ihren heidnischen Hofstaat. Vgl. die ausführliche Kritik von J. BEGRICH, Zur Frage der alttestamentlichen Textkritik, OLZ 42 (1939), Sp. 473—483.

[3] H. S. NYBERG, a. a. O., verkennt den geschichtlichen Hintergrund der Verkündigung Hoseas, wenn er das politische Element mittels der Umdeutung des Wortes מֶלֶךְ vom irdischen König auf einen Gott Melech ausschaltet. Dies widerspricht vielen Worten des Propheten, wie die Untersuchung von A. ALT, Hosea 5 8—6 6, NkZ 30 (1919), S. 537—568 (Kleine Schriften zur Geschichte des Volkes Israel, II 1953,

tiefe Spuren bei ihm hinterlassen. Seine Worte hallen davon wider, wenn er den Bruderkrieg mit Juda verurteilt (5 8-9. 10. 11. 12-14), die sinnlose Rüstungs- und Bündnispolitik ablehnt (7 8-9. 11-12 8 8-10 12 2) und das Königtum als Spielball in den Händen der Parteien und Usurpatoren verkommen sieht (6 7-11 a 7 3-6. 7 8 4 a 10 3-4 13 9-11).

Dieses schuldige Dasein muß zerbrechen. Wie für den Propheten alle einzelnen Vergehen aus der eigentlichen Sünde der Undankbarkeit gegen Gott als Ausdruck innerer Abneigung und Feindschaft hervorgehen, so ist für ihn das göttliche Gericht die notwendige Folge dieser Sünde und nicht die juristische Strafe für einzelne Vergehen. Das in falsche Bahnen gelenkte Dasein muß mit innerer Folgerichtigkeit dem Untergang zusteuern. Der Mensch wird bestraft, worin er sündigt; die Ordnung der Dinge wendet sich gegen den, der sie mißbraucht. Daher hat Hosea in Vorahnung der kommenden Ereignisse das Ende Israels verkündet, ja manchmal geradezu herbeigewünscht (7 13 a 9 7 a. 9. 14. 15); der Untergang wird sich durch Krieg (5 6-7 9 11-13 10 9-10. 13 b-15 14 1) und Deportation (9 1-6. 16-17) vollziehen.

Die Unheilsbotschaft, die Hosea in harte oder mitleidige Worte kleidet, bricht eindeutig mit der religiösen Tradition. Wie alle großen Einzelpropheten erblickt er sein Volk nicht mehr in einer Situation gottgegebenen Heils, das man nur zu erhalten braucht oder durch kultische und andere Maßnahmen wiederherstellen kann, wenn es erforderlich werden sollte. Gegeben ist vielmehr grundsätzliches und existentielles Unheil. Das Heil ist nicht zu bewahren, sondern bestenfalls zu gewinnen. Und es macht die eigentliche Größe der Propheten aus, daß sie sich nicht mit der Ankündigung des drohenden Unheils begnügen, sondern nach einem Wege Ausschau gehalten haben, der aus Verderben und Untergang rettet.

So verhält es sich auch bei Hosea. Der Liebeswille des Gottes, den er als Freund (13 5), Vater (11 1-3) und Eheherrn Israels (1 2 3 1-5) beschrieb[5], erschien ihm zu groß, als daß er an der Vernichtung

S. 163—187), wenigstens für 5 8-14 einwandfrei zeigt. Ähnliches gilt für weitere Worte Hoseas, wenn es auch nicht mit völliger Sicherheit gelingt, sie mit einer bestimmten politischen Lage in Verbindung zu bringen.

[4] Ermordung der Könige Sacharja und Sallum 752, Bürgerkrieg und Tributzahlung an Tiglatpileser III. (744—727), Ermordung des Königs Pekachja 740, Verlust der Küstenebene beim ersten palästinischen Feldzug Tiglatpilesers 734, Verlust Galiläas und des israelitischen Ostjordanlandes nach dem syrisch-ephraimitischen Krieg 733, Ermordung des Königs Pekach 732, Machtkämpfe der politischen Richtungen am Königshofe. Den Untergang des Reiches 722 scheint Hosea nicht mehr erlebt zu haben.

[5] Zum Bild der Ehe als erstmaligen Ausdruck für die Liebe Jahwes zu Israel vgl. F. HAUCK in ThW IV, 1942, S. 740; P. I. DUMESTE, Le message du prophète Osée, Vie Spirituelle 75 (1946), S. 710—726; A. NEHER, Le symbolisme conjugal: Expression de l'histoire de l'Ancien Testament, RHPhR 34 (1954), S. 30—49.

Israels Genüge finden könnte. Daher faßt er in der Verheißung 11 8-9 eine unvergängliche Erkenntnis in Worte, die um so eindrücklicher wirken, als sie infolge der subjektiven und dynamischen Vorstellungsweise des Israeliten stark anthropomorph gefärbte Bilder enthalten[6]:

> Wie sollte ich dich, Ephraim, hingeben,
>   wie dich preisgeben, Israel?
> Wie könnte ich dich Adma gleich machen,
>   mit dir verfahren wie mit Zeboim?
> Mein Herz verwandelt sich in mir,
>   gänzlich erregt wird 'mein Erbarmen'.
> Ich kann nun meine Zornglut nicht vollstrecken,
>   Ephraim nicht wieder vernichten!
> Denn ich bin Gott, kein Mensch,
>   heilig in deiner Mitte!
> Ich kann nicht kommen, 'um niederzubrennen'!

Jahwe will nicht, daß das schuldverhaftete Dasein Israels tatsächlich zerbricht und das angedrohte Ende eintritt. Israel soll nicht den Städten Adma und Zeboim gleichen, über die man sich Ähnliches wie über Sodom und Gomorra zu erzählen wußte. So sehr der schuldige Mensch auch vor Gott versinkt — er soll nicht im Nichts untergehen. Gott kehrt selbst von seinem Vernichtungsplan um. Denn er ist kein Mensch, dessen verschmähte Liebe so leicht in dauernden Haß umschlägt, sondern der heilige Gott, der sich nicht von blindwütiger Leidenschaft hinreißen läßt. Deswegen bleibt sein Liebeswille stärker als sein Zürnen.

Es erhebt sich die Frage, wie es dazu kommen kann, daß dieser göttliche Liebeswille sich verwirklicht, und wie es zugehen kann, daß der Mensch sich aus seiner Verstrickung in Schuld und Gericht befreit. Hosea hat keine fertige Antwort bereit, sondern in innerem Ringen Schritt für Schritt voran getan und allmählich die tiefsten Erkenntnisse erlangt. Dem wollen wir nun im einzelnen nachgehen.

II.

Zunächst hat Hosea auf die Frage, wie der schuldige und eigentlich dem Tode verfallene Mensch gerettet werden kann, die Antwort gegeben, die den Propheten herkömmlich zugeschrieben wird: Er hat

---

[6] In 11 8 l רַחֲמָי pr »Trost«. In 11 9 wird שׁוּב als Formverb verwendet; l לְבָעֵר pr »in die Stadt«, während H. W. Wolff, Hosea, 1965², S. 249, an II עיר »Erregung« denkt. Die Ansicht von H. S. Nyberg, a. a. O. S. 90, daß 11 8-9 die grimmige Antwort des ʿAl auf Israels Hinwendung sei, entbehrt jeder Grundlage.

die Umkehr Israels gefordert[7]. So geschieht es in der prophetischen Liturgie 5 15—6 6, deren Text an mehreren Stellen stärker gestört ist[8]. Sie beginnt mit dem Rest eines drohenden Jahwewortes (5 15), von dem durch den Anschluß an die vorhergehende Spruchsammlung 5 8-14 drei Verse weggebrochen sind. In der 2. Strophe (6 1-3) folgt als Erwiderung ein Bußlied des Volkes, dem in der 3. Strophe (6 4-6) ein abschließendes Jahwewort antwortet[9]:

---

[7] Zum Begriff der Umkehr vgl. E. K. Dietrich, Die Umkehr (Bekehrung und Buße) im Alten Testament und im Judentum, 1936; E. Würthwein in ThW IV, 1942, S. 980—985. Durch H. W. Wolff, Das Thema »Umkehr« in der alttestamentlichen Prophetie, ZThK 48 (1951), S. 129—148 (Gesammelte Studien zum Alten Testament, 1964, S. 130—150), werden die Propheten einseitig zu traditionsgebundenen Männern erklärt, deren Ruf zur »Umkehr« ursprünglich die »Rückkehr« Israels zu dem von Jahwe gemachten Anfang bedeute. Tatsächlich bildet solche »Rückkehr« nur den Ausgangspunkt für einen völlig neuen Anfang. Es wird zu wenig beachtet, daß für die Prophetie ein neuschöpfendes Element grundlegend ist und die Tradition — an die sie zweifellos auch gebunden ist — neu interpretiert wird.

[8] Während K. Budde, Zu Text und Auslegung des Buches Hosea, 3.: 5 1—6 6, JPOS 14 (1934), S. 1—41, Hos 5 1-7 aus der Zeit vor 735 herleitete, 5 8-10 aus dem Ausgang des syrisch-ephraimitischen Krieges und 5 11—6 6 aus den Jahren 738/35, hat A. Alt, a. a. O., nachgewiesen, daß 5 8ff. auf verschiedene Phasen des syrisch-ephraimitischen Krieges zu deuten ist. Dies gilt sicher für 5 8-9. 10. 11. 12-14. Dagegen wird man 5 15—6 6 schwerlich in diesen Zusammenhang einbeziehen dürfen; in diesem Wort lautet das Problem nicht mehr »Politik oder Glaube«, sondern »Kultus oder Glaube«, vgl. H. Schmidt, Hosea 6 1-6, in: Festschrift E. Sellin, 1927, S. 111—126.

[9] In 5 15 1 יֶשְׁמוּ pr »sie büßen«; 5 15b ist umzustellen. In 6 1 1 יַכֵּן pr »er wird schlagen«. In 6 3 dl »Und laßt uns erkennen« als ergänzende Glosse, 1 יַרְוֶה pr »Frühregen«. Der Text von 6 5a muß wohl bestehen bleiben, obwohl mancherlei Änderungen vorgeschlagen worden sind, vgl. vor allem T. K. Cheyne, The Two Religions of Israel, 1911, S. 245 (»Deswegen bin ich mit den Propheten erzürnt gewesen; ich habe einen drohenden Schrei wegen der Priester ausgestoßen«); E. Sellin, Das Zwölfprophetenbuch, 1929/30[2-3], S. 66; H. S. Nyberg, a. a. O. S. 40f. (»Ich habe dreingehauen unter bzw. auf die Propheten . . .«); I. Zolli, Hosea 6 5, ZAW 37 (1939), S. 288; Note on Hosea 6 5, JQR 31 (1940/1), S. 79—82 (»Ich habe auf sie durch meine Propheten [geräuschvoll] eingehauen, habe sie . . . angeschrieen [ragamtim]«); S. Spiegel, A Prophetic Attestation of the Decalogue, HThR 27 (1934), S. 105—144 (»In Stein hab ich's gehauen, durch Propheten tat ich's kund, in Worten meines Mundes kam hervor mein Recht wie die Sonne«); O. Procksch, Theologie des Alten Testaments, 1950, S. 156 (»Drum hieb ich's ein in die Steine, unterwies sie in mündlichen Worten . . .«); vgl. auch N. H. Torczyner, Gilead, a City of them that work Iniquity, BJPES 11 (1944), S. 9—16. In 6 5b fehlt offenbar ein Halbvers; 1 וּמִשְׁפָּטֶי כָאוֹר pr »und deine Rechtssätze als Licht« und יֵצֵא pr »es wird aufgehen«. In 6 6 ist gegenüber H. Kruse, Die »dialektische Negation« als semitisches Idiom, VT 4 (1954), S. 385—400, daran festzuhalten, daß מִן nicht den Komparativ »vielmehr« umschreibt, sondern in der Bedeutung »fern von, ohne« gebraucht wird; gemeint ist daher »unter Absehen von Brandopfern«, vgl. GKa § 119 w.

Ich will wieder an meiner Stätte fortgehen,
bis daß 'sie sich entsetzen'.
In ihrer Not werden sie nach mir fragen,
'mein Antlitz suchen'.

»Kommt, laßt uns zu Jahwe umkehren;
denn er hat uns zerrissen und wird uns auch heilen!
'Er hat geschlagen' und wird uns verbinden,
er wird uns nach zwei Tagen neu beleben!
Am dritten Tage wird er uns aufhelfen,
so daß wir vor ihm leben!
' ' Wir wollen danach streben, Jahwe zu erkennen;
er bricht so sicher wie die Morgenröte auf!
Dann wird er wie der Regen zu uns kommen,
wie der Spätregen, der die Erde 'tränkt'!«

Was soll ich dir, Ephraim, tun?
Was soll ich dir tun, Juda?
Eure Verbundenheit ist doch nur wie die Morgenwolke,
wie Tau, der früh vergeht!
Drum habe ich durch die Propheten dreingehauen
und durch die Worte meines Mundes sie getötet.
. . . .
'und ging mein Recht wie Licht auf'.
Verbundenheit will ich und keine Schlachtopfer,
Gotteserkenntnis, keine Brandopfer!

Jahwe will sich aus Israel wieder an seine eigentliche Stätte zurückziehen und damit Unheil über Volk und Land bringen. Doch hofft
er, daß die Not nur von kurzer Dauer sein möge. Wenn das Volk sich
von Gott verlassen sieht, wird es seine Schuld als Ursache des Leidens
erkennen, sich von der Sehnsucht nach Gott ergreifen lassen und die
Hand nach ihm ausstrecken. Das Gericht soll nicht zur Vernichtung,
sondern zur Läuterung führen; dem wird Israel sich nicht entziehen!
    Aber das von Hosea angeführte Bußlied enthält nur die Gedanken,
die an einem allgemeinen Bußtag lebendig zu sein pflegen[10]. Gewiß
sind die Erkenntnis der eigenen Schuld und der Wille zur Umkehr vorhanden. Man sieht ein, daß der Mensch völlig auf Gott angewiesen ist,
weil Unheil und Heil in seiner Hand liegen. Er hat zerrissen und geschlagen; der Mensch ist ohnmächtig vor seiner Majestät. Doch Hosea
vermutet, daß das Volk nicht in dieser spannungsvollen Lage ver-

---

[10] Die spätere Jahweantwort zeigt, daß in 6 1-3 keine wahre Bußgesinnung aus echter,
in der Not geborener Umkehr spricht, wie F. Nötscher, Zwölfprophetenbuch,
1948, S. 19; G. J. Botterweck, »Gott erkennen« im Sprachgebrauch des Alten
Testaments, 1951, S. 43, annehmen. Dagegen ist es durchaus möglich, obwohl nicht
erweisbar, daß Hosea ein Kultlied zitiert, das er an einem israelitischen Heiligtum
gehört hat, vgl. A. C. Welch, Prophet and Priest in Old Israel, 1953², S. 108.

harrt und alles Gott anheimstellt, sondern erwartet, daß er nunmehr verbindet und heilt[11]. Es fühlt sich nicht wie ein Todgeweihter, sondern wie ein Kranker, und erhofft die Heilung nach seiner Umkehr schon in zwei oder drei Tagen[12].

Diese Gewißheit hat Hosea nicht geteilt und nicht angenommen, daß der Mensch der göttlichen Bereitwilligkeit zur Vergebung so sicher sein könne wie des täglichen Anbruchs der Morgenröte oder der Wiederkehr der Jahreszeiten mit ihren Regenfällen[13]. Mit solcher Gewißheit

---

[11] Man hat in 6 1-2 die aus dem Kult der sterbenden und wiederauflebenden Vegetationsgötter entlehnte Hoffnung auf eine Auferstehung am dritten Tage finden wollen, vgl. W. W. GRAF BAUDISSIN, Adonis und Esmun, 1911, S. 403—416; E. SELLIN, Die alttestamentliche Hoffnung auf Auferstehung und ewiges Leben, NkZ 30 (1919), S. 231—256; Das Zwölfprophetenbuch, S. 71f.; H. G. MAY, The Fertility Cult in Hosea, AJSL 48 (1931/2), S. 73—98; W. EICHRODT, Theologie des Alten Testaments, III 1939 (1961⁴), S. 153f.; A. WEISER, Das Buch der zwölf Kleinen Propheten I, 1956², S. 57; E. S. MULDER, Die Teologie van die Jesaja-Apokalipse, 1954, S. 103. Nach F. KÖNIG, Die Auferstehungshoffnung bei Osee 6 1-3, ZkTh 70 (1948), S. 94—100, schimmert das Bild einer Totenerweckung nur durch; nach O. SCHILLING, der Jenseitsgedanke im Alten Testament, 1951, S. 45—47, 81f., ist der Ausdruck uneigentlich und bildhaft gemeint, setzt aber die Kenntnis der Ursprungsvorstellung voraus; nach L. ROST, Alttestamentliche Wurzeln der ersten Auferstehung, in: In Memoriam E. Lohmeyer, 1951, S. 67—72, handelt es sich um vorbereitende Gedankengänge. Demgegenüber ist zunächst zu bedenken, daß bei den altorientalischen Vegetationsgöttern nicht von einer Auferstehung, sondern nur von einer in ihrem Wesen angelegten Wiederbelebung die Rede sein kann; auch der von F. NÖTSCHER, Die Auferstehung nach drei Tagen, Bibl 35 (1954), S. 313—319, verglichene Inanna-Text trägt nichts anderes bei. Vor allem handelt es sich in Hos 6 2 nicht um Auferstehung oder Wiederbelebung eines Toten, sondern um das Genesen und Aufstehen eines Kranken, vgl. J. J. STAMM, Eine Erwägung zu Hos 6 1-2, ZAW 57 (1939), S. 266—268. Das Volk wird mit einem Verwundeten verglichen, wie die Ausdrücke »heilen« und »verbinden« und die Verwendung der aus den Klagepsalmen bekannten »Krankheitsgeschichte« (zerreißen — heilen; schlagen — verbinden; neue Lebenskräfte — Aufstehen vom Krankenlager) zeigen. S. V. McCASLAND, The Scripture Basis of »On the third day«, JBL 48 (1929), S. 124—137, weist darauf hin, daß Hos 6 1-3 vom Judentum des 1. Jh. noch nicht auf den Messias bezogen und in der Kirche erst von Tertullian mit der Auferstehung Jesu in Zusammenhang gebracht wird.

[12] Die beiden Zahlen sind nicht mit J. J. STAMM, a. a. O., tautologisch zu verstehen und beziehen sich nicht nur auf das Aufstehen (»nach zwei Tagen, am dritten Tage wird er uns aufhelfen«), weil dadurch das Metrum gestört wird. Vielmehr gehört die erste Zahl zu »neu beleben«, die zweite zu »aufhelfen«. Sie werden im Sinne der Zahlensprüche verwendet, in denen zwei oder mehr aufeinanderfolgende Zahlen genannt werden, ohne daß ein tieferer Sinn zugrunde liegt (vgl. z. B. Prov 30 15-33). Immerhin soll die Verwendung solch kleiner Zahlen durch Hosea darauf hinweisen, daß man die Heilung sehr schnell erwartet.

[13] Angesichts der Ausführungen von S. AALEN, Die Begriffe »Licht« und »Finsternis«, 1951, S. 35—38, über die kultische Morgensituation in 6 1-3 und die Auffassung der

löst der Mensch sich sogleich wieder aus der Spannung und sucht Sicherheit in der kultischen Frömmigkeit. Darum wird in der Frage Jahwes »Was soll ich dir tun?« nicht nur der gute Wille im Volke anerkannt, sondern zugleich bedauert, daß Gott nicht retten kann, weil keine echte und radikale Umkehr geschieht. Die plötzlich beteuerte Verbundenheit Israels ist nicht dauerhaft. Sie gleicht der Morgenröte, die beim Höhersteigen der Sonne verfliegt, und dem Tau, der in der sengenden Hitze schnell verdunstet. Die Umkehr ist zu wenig tiefgreifend und nachhaltig. Ein Bußlied genügt aber nicht mehr, nachdem Jahwe immer wieder gewarnt und die Propheten als Träger der wirksamen und tödlichen Macht seines Wortes gesandt und nachdem er so oft schlimme Unglücke zur Mahnung verhängt hat[14]. Erforderlich sind vielmehr חֶסֶד, d. h. Verbundenheit als grundlegende Daseinshaltung gegenüber Gott und Menschen[15], und דַּעַת אֱלֹהִים, d. h. Gotteserkenntnis im Sinne einer Gemeinschaft mit Gott als dauernde innere Bindung und Hingabe des Menschen[16]. Daraus folgt,

---

Morgendämmerung als Repräsentant oder Gleichnis für das Heil ist zu beachten, daß es sich um das unzureichende Bußlied des Volkes und nicht um Hoseas eigene Haltung handelt.

[14] Hosea meint nicht, daß Propheten wie Mose und vielleicht Elia den Märtyrertod für die Sünde ihres Volkes gestorben sind, wie E. SELLIN, Hosea und das Martyrium des Mose, ZAW 46 (1928), S. 32f., vermutet, sondern daß gemäß den prophetischen Drohungen Unheil über das sündige Volk gekommen ist; insofern hat Jahwe die Israeliten durch die Worte seines Mundes getötet.

[15] Grundlegend ist die Untersuchung von N. GLUECK, Das Wort ḥesed im alttestamentlichen Sprachgebrauch als menschliche und göttliche gemeinschaftsgemäße Verhaltungsweise, 1927 (1961²); daher L. KÖHLER-W. BAUMGARTNER, Lexicon in Veteris Testamenti libros, 1953: »d. Verhalten gegenüber Andern, zu denen man im Verwandtschafts-, Freundschafts-, Gast-, Zugehörigkeits- oder Dienst-Verhältnis steht, die Gemeinschaftspflicht, Verbundenheit, Solidarität«, also eine praktische Verhaltensweise. Vgl. ferner mit teilweise anderer Begriffsbestimmung J. ZIEGLER, Die Liebe Gottes bei den Propheten, 1930; W. F. LOFTHOUSE, Ḥen and Ḥesed in the Old Testament, ZAW 51 (1933), S. 29—35; G. QUELL in ThW I, 1933, bes. S. 30—32; N. H. SNAITH, The Distinctive Ideas of the Old Testament, 1946; I. RUWET, Misericordia et iustitia, VerbDom 25 (1947), S. 35—42; F. ASENSIO, Misericordia et veritas, 1949; H. J. STOEBE, Die Bedeutung des Wortes ḥäsäd im Alten Testament, VT 2 (1952), S. 244—254; W. L. REED, Some Implications of Hen for Old Testament Religion, JBL 73 (1954), S. 36—41.

[16] Das Verb יָדַע meint nicht ein verstandesmäßiges Erkennen, sondern eine innere Vertrautheit mit einem anderen, ein gegenseitiges und persönliches Gemeinschaftsverhältnis. Vgl. vor allem E. BAUMANN, ידע und seine Derivate, ZAW 28 (1908), S. 22—40; S. MOWINCKEL, Die Erkenntnis Gottes bei den alttestamentlichen Propheten, 1941 (außerdem RHPhR 22, 1942, S. 69—105); G. J. BOTTERWECK, a. a. O. Demgegenüber möchte H. W. WOLFF, »Wissen um Gott« bei Hosea als Urform von Theologie, EvTh 12 (1952/3), S. 533—554, דַּעַת aus dem Bereich priesterlichen Dienstes ableiten und als »gegenwärtiges Wissen« verstehen, in dem der Mensch

daß Rettung einzig und allein durch ernsthafte Umkehr möglich wird (vgl. auch 4 1-2).

Dem Ungenügen des Volkes wird demnach die göttliche Forderung entgegengesetzt. Dagegen sagt Hosea nichts darüber, wie solch radikale Umkehr möglich ist und wie das erhoffte Heil sich zu ihr verhält. In 10 12-13a tut er einen weiteren Schritt[17]:

> Sät euch Gerechtigkeit,
>> erntet gemäß Verbundenheit,
> brecht einen Neubruch,
>> ' ' Jahwe zu suchen,
> bis daß er kommt und euch
>> Gerechtigkeit lehrt!
> 'Warum' habt ihr Unrecht gepflügt,
>> Schlechtigkeit geerntet,
> der Lüge Frucht gegessen?

Auch in diesem Wort, das den Weg, auf dem Israel dem drohenden Gericht entgehen kann, mit Bildern aus der Tätigkeit des Bauern umschreibt, wird nachdrücklich betont, daß nur radikale Umkehr vor dem Unheil retten kann. Sie bedeutet, daß Israel mit seinem bisherigen Dasein brechen und ein neues beginnen muß. Es muß sich so grundlegend ändern, wie wenn ein Stück Ödland umgebrochen, zum erstenmal gepflügt und urbar gemacht wird.

Dieser Forderung fügt Hosea nun einen weiteren Satz hinzu: »bis daß er kommt und euch Gerechtigkeit lehrt!« Demnach liegt der Nachdruck zwar auf dem Neubruch, der von Menschen vorzunehmen ist. Gott begegnet nur dem Glauben, der in Gerechtigkeit und Verbundenheit lebendig ist; er kommt nur zu dem, der ihn sucht. Wird er aber gesucht, so kommt er wirklich und »lehrt Gerechtigkeit«. Er lehrt eben das, was er fordert. Gott begegnet nicht nur dem in Gerechtigkeit und Verbundenheit lebendigen Glauben, vielmehr wird der

---

Geschehenes als gegenwärtig wirksam und gültig kennt, wobei Hosea dem neuen eschatologischen Wissen um Jahwe den Weg bereitet durch die Ankündigung des Gerichts über ein Israel, das sein in der Frühzeit begründetes Wissen um Jahwe verloren hat. Dabei bleibt außer acht, daß zwischen der alten Tradition (einschließlich der deuteronomischen Theologie) und Hosea der grundsätzliche Einschnitt von vorgegebener Heils- und Unheilssituation liegt und daß Hosea keineswegs eine neue eschatologische Theologie lehrt. Ferner sollte die Untersuchung von G. J. BOTTERWECK lehren, daß יָדַע in den verschiedensten Erlebnisbereichen vorkommt und überall gleiche Bedeutung hat. Schließlich zeigt Hos 2 21f. für Hosea selbst, daß solches »Erkennen« nicht ein verstandesmäßiger Akt der Erkenntnis oder ein theologisches Wissen um frühere Ereignisse und Gegebenheiten, sondern eine Haltung des praktischen Lebens ist. Aus diesem Grunde stehen חֶסֶד und דַּעַת in 6 6 parallel nebeneinander. Vgl. die weitere Auseinandersetzung: E. BAUMANN in EvTh 15 (1955), S. 416—425; H. W. WOLFF ebd. S. 426—431.

[17] In 10 12 dl »und (es ist) Zeit«. In 10 13 ins לָמָּה.

Glaube wiederum Gottes Geschenk. Ernsthafte Umkehr zieht die
göttliche Gnade unmittelbar nach sich; auf Grund der Umkehr verwirklicht sie sich und erfüllt das menschliche Leben.

Ähnlich verhält es sich nach der prophetischen Liturgie 14 2-9.
In der 1. Strophe (14 2-4) tritt der Prophet als Vorbeter des Volkes
mit einem von ihm selbst formulierten Bußgebet auf, dem in der 2.
Strophe (14 5-9) ein verheißendes Jahwewort antwortet[18]. Daraus
ergibt sich die Folge: zuerst ernsthafte Umkehr — dann die göttliche
Gnade!

> Kehr doch zu ' ' deinem Gotte um, Israel,
> > denn du bist über deine Schuld gestrauchelt!
>
> Nehmt Worte mit euch
> > und kehrt zu Jahwe um!
>
> Sprecht zu ihm:
> > »'Du kannst doch alle Schuld vergeben',
> > 'daß' wir Gutes empfangen! ' '
> > Assur soll uns nun nicht mehr helfen,
> > auf Rossen woll'n wir nicht mehr reiten
> > und nicht noch einmal 'unser Gott'
> > zum Machwerk unsrer Hände sagen!« ' '
>
> Ich will wie Tau für Israel sein,
> > wie eine Lilie soll es blühen
> > und Wurzeln schlagen 'wie der Storaxbaum'.
> > Seine Ranken soll'n sich ausbreiten,
> > seine Hoheit wie die des Ölbaums werden,
> > sein Duft wie der des Libanon. ' '
> > 'Was hat' Ephraim noch zu tun mit Götzenbildern?
> > Ich bin nun 'seine Göttin und sein Kultpfahl',
> > ich bin wie ein grüner Wacholder,
> > von mir stammt 'seine Frucht'.

---

[18] In 14 2 dl »Jahwe« als vervollständigende Glosse. In 14 3 1 תָּכַל שָׂאת כָּל־עָוֹן pr
»ganz wirst du Schuld vergeben« (H. S. NYBERG, a. a. O. S. 107—110, sinnentstellend:
»Jedesmal wenn du Sünde anrechnest, nimm dafür Gutes an«), 1 נְקַח pr »empfange«
(vgl. neuerdings G. RINALDI in Ägyptus 24, 1945, S. 161—175), dl »und bezahlen
die Frucht unserer Lippen (1 פְּרִי מֵשׁ, anders R. T. O'CALLAGHAN in VT 4, 1954,
S. 171)« als Glosse zur Bildung eines neuen Satzes. In 14 4 dl »da in dir die Waise
begnadigt wird« als deutende Glosse. In 14 5 dl »Ich will heilen ihre Abtrünnigkeit,
ich will sie freiwillig lieben« als deutende Glosse zu 14 6ff., dl »denn gewandt hat sich
mein Zorn von ihm« als erläuternde Glosse. In 14 6 1 כַּלְּבָנֶה pr »wie der Libanon«.
Dl 14 8 »Es werden umkehren, die in seinem Schatten wohnen, Getreide anbauen
und sprießen wie der Weinstock, dessen Reben wie Wein des Libanon sind« als
erläuternde Glosse. In 14 9 1 לוֹ pr »mir«, 1 עֲנִתוֹ וְאֲשֶׁרְתוֹ pr »ich hatte erhört, daß
ich es betrachte« (nach J. WELLHAUSEN; wegen des Parallelismus besser als die
Vorschläge von G. R. DRIVER in: Studies in Old Testament Prophecy, 1950, S.
52—72: וְאֲשֻׁרֶנּוּ »I affirm it« und TH. H. ROBINSON, Die Zwölf Kleinen Propheten,
1954², S. 54: עֲנִיתִיו וְאֲשִׁיבֶנּוּ »Ich erhöre es, daß ich es wiederherstelle«), 1 פִּרְיוֹ pr
»deine Frucht«.

Zu Beginn stehen der Hinweis auf die Schuld und die sich daraus ergebende Aufforderung zur Umkehr. Israel soll dabei »Worte« — reuevolle Gebete statt Opfergaben — mitbringen. Das Gebet als Ausdruck der Hingabe des Menschen an Gott enthebt die Umkehr dem Bereich des Rituellen und erklärt sie zu einer Haltung, die das ganze Dasein umfaßt. Im Anschluß daran spricht der Prophet das Bußgebet des Volkes, wie es eigentlich lauten müßte. In ihm findet sich an erster Stelle die Bitte um Vergebung der Schuld, weil sich durch die Vergebung das Verhältnis des Menschen zu Gott ändert und ein neues Dasein möglich wird. Es folgt die Absage an diejenigen Sünden, die Hosea für seine Zeit als typisch betrachtet: Absage an die Bündnispolitik, das Vertrauen auf die Großmächte und die eigene Rüstung, Absage an den Bilderdienst als Teil des Kultus. Es ist insgesamt die Absage an den Versuch, mit Hilfe von Politik oder Kultus ein neues und besseres Dasein zu schaffen. Diese menschlichen Möglichkeiten müssen preisgegeben werden und an ihre Stelle das bedingungslose Vertrauen auf Gott treten.

Auf ein solches Gebet hin wird Jahwe seine Gnade nicht versagen. Wie der Tau für die Pflanze erweist er sich dann für Israel als lebenspendende und -erhaltende Kraft. Was die Politik vergeblich erhoffte, verwirklicht sich als Folge der Umkehr: Das begnadete Israel wird blühen, feststehen und sich ausbreiten, Hoheit und Ansehen gewinnen. Ebenso wird dem neuen Dasein in religiöser Hinsicht zuteil, was eine irregeleitete Frömmigkeit im Kultus der Fruchtbarkeitsgötter suchte: Gott ist der grünende Baum, an dem man die Frucht für das Leben findet[19].

Diese Erwartung unterscheidet sich vom Heilsglauben mittels kultischer Sühnung wie von demjenigen der Kultprophetie eines Nahum oder Habakuk. In ihm geht es um die Beibehaltung oder Wiederherstellung des bisherigen Daseins mit Hilfe von Riten und Zeremonien oder um seine Hebung und Kräftigung durch ein kultprophetisch vermitteltes Heilserleben mit oftmals nationalem Akzent. Hosea dagegen geht es um die unerwartete Möglichkeit der Rettung des dem Tode verfallenen menschlichen Daseins durch den völligen Umschwung, mit dem die radikale Umkehr die Voraussetzung für die heilbringende göttliche Gnade schafft. Nach der Umkehr schenkt Gott aus freiem Willen seine Liebe und verlangt keine weitere Leistung mehr. Er schenkt sie ganz gewiß, wie Hosea gegenüber dem bloßen »Vielleicht« der Rettung bei Amos (Am 5 15) sagt. Freilich beruht das Heil nicht allein auf der göttlichen Gnade, sondern setzt die vorherige

---

[19] Zu den Vorstellungen in 14 6f. 9 vgl. A. PETER, Das Echo von Paradieserzählung und Paradiesesmythen im Alten Testament mit besonderer Berücksichtigung der prophetischen Endzeitschilderungen, Diss. Würzburg 1947; S. AALEN, a. a. O. S. 35 Anm. 3, S. 38 Anm. 1, S. 55.

Umkehr voraus — nicht als verdienstvolle Leistung, aber doch als Tat des Menschen.

Ist der Mensch dieser Tat fähig? Kann er die Umkehr von sich aus vollziehen? Offensichtlich hat Hosea die Frage zunächst bejaht, wie die soeben genannten Worte zeigen. Aber er ist bald zu der Überzeugung gelangt, daß der Mensch sich nicht selbst aus dem Unheil befreien kann, in das er sich verstrickt hat. Ist die Schuld zu groß, so läßt sie keine Umkehr mehr zu; infolgedessen kann Israel nicht frei handeln, wenn es den Willen dazu haben sollte (5 3-4). Wenn einmal die Geburtswehen kommen, verpaßt es in seinem Unverstand die rechte Zeit zur Geburt in ein neues Dasein (13 12-13). Selbst wenn Gott dabei helfen wollte, wäre er hilflos, weil die ungeheure Schuld sogar ihm eine Schranke setzt (6 11b—7 2).

III.

Ist das vernichtende Gericht in dieser Lage dennoch unvermeidlich? Im Nachsinnen darüber ist Hosea zu einer zweiten Antwort auf die Frage nach der möglichen Rettung des schuldigen und dem Tode verfallenen Menschen gelangt. Er glaubt die göttliche Gnade nicht erst nach der vom Menschen vollzogenen Umkehr wirksam, sondern sieht sie umgekehrt als erste am Werke, während Entscheidung und Tat des Menschen auf sie folgen und antworten. Damit wagt Hosea den Schritt zum Erlösungsglauben[20]. Bevor wir uns mit ihm befassen, sind drei Vorbemerkungen nötig.

1. Die Echtheit der in diesen Zusammenhang gehörenden Worte ist nicht unbestritten[21]. Jedoch sind die gegen sie vorgebrachten

---

[20] Zum Erlösungsglauben im Alten Testament vgl. vor allem E. BALLA, Der Erlösungsgedanke in der israelitisch-jüdischen Religion, Angelos 1 (1925), S. 71—83; M. HOEPERS, Der Neue Bund bei den Propheten, 1933; L. KÖHLER, Theologie des Alten Testaments, 1936 (1966⁴), S. 201—230; W. EICHRODT, a. a. O. bes. III S. 118—141; J. J. STAMM, Erlösen und Vergeben im Alten Testament, 1940; S. HERNER, Sühne und Vergebung in Israel, 1942; O. PROCKSCH in ThW IV, 1942, S. 329—337; Theologie des Alten Testaments, 1950, S. 653—668; C. R. NORTH, The Redeemer God, Interpretation 2 (1948), S. 3—16; TH. C. VRIEZEN, Hoofdlijnen der Theologie van het Oude Testament, 1950, S. 213—244; A. R. JOHNSON, The Primary Meaning of ‏גאל‎ √, Supplements to VT I, 1953, S. 67—77. Zu der damit verbundenen Verwerfung des Opfers vgl. N. H. SNAITH, The Prophets and Sacrifice and Salvation, ET 58 (1946/7), S. 152f.

[21] Als bloßen Unheilspropheten ohne jede Heilshoffnung verstehen Hosea u. a. P. VOLZ, Die vorexilische Jahweprophetie und der Messias, 1897, S. 24—40; K. J. GRIMM, Euphemistic Liturgical Appendixes in the Old Testament, 1901, S. 63—73, 91; K. MARTI, Das Dodekapropheton, 1904, bes. S. 27f., 33f., 164, 204f.; W. R. HARPER, Amos and Hosea, 1905, S. CLIIIf.; G. HÖLSCHER, Geschichte der israeli-

Gründe nicht stichhaltig. Nicht nur sind manche Hinweise und Motive in diesen Worten nur in vorexilischer Zeit möglich; vor allem ist die sachliche und inhaltliche Beziehung zu der gesamten Verkündigung Hoseas unauflöslich[22].

2. Wie verhalten sich die Erlösungsworte zu der an Umfang überwiegenden Unheilsbotschaft des Propheten und zu seiner Forderung der Umkehr? Es ist davon auszugehen, daß man nicht sämtliche Worte eines Propheten in ein starres Schema pressen und jede Änderung ausschließen darf. Tatsächlich hat sich die Botschaft der Propheten, die in einem längeren Zeitraum wirkten, gewandelt, in geringerem Maße bei Jesaja, in stärkerem bei Jeremia und Ezechiel. Auch die verschiedenen Worte Hoseas unterscheiden sich so sehr voneinander, daß seine Botschaft von Unheil, Umkehr und Erlösung nicht zu einer geschlossenen Einheit verbunden werden kann, sondern dreifach gegliedert scheint[23]. Hosea hat einmal den ausweglosen Unter-

tischen und jüdischen Religion, 1922, S. 105f.; L. W. Batton, Hosea's Message and Marriage, JBL 48 (1929), S. 257—273; neuerdings A. Loisy, La religion d'Israël, 1933³, S. 160—164; H. G. May, An Interpretation of the Names of Hosea's Children, JBL 55 (1936), S. 285—291; S. Mowinckel, Det Gamle Testamente, III 1944, S. 568; H. Schrade, Der verborgene Gott, 1949, S. 175; F. Stinespring, Hosea, Prophet of Doom, Crozer ThQ 27 (1950), S. 200—207. Manchmal werden nur einige der Heilsworte als von späteren Händen herrührend bezeichnet, so 2 15b-25 von B. Duhm, Anmerkungen zu den Zwölf Propheten, 1911, S. 19f.; 2 16-25 und 14 2-9 von T. K. Cheyne, a. a. O. S. 222f., 289; 2 16-20 5 15—6 3 10 12 und 14 2-9 von W. Nowack, Die kleinen Propheten, 1922³, S. 21f., 42, 64, 79; 2 18. 20. 23-25 von K. Budde, Der Abschnitt Hosea 1—3, ThStKr 96/7 (1925), S. 1—89; 2 16-18. 21-25 von R. H. Pfeiffer, Introduction to the Old Testament, 1941, S. 569f.

[22] Vgl. W. Baumgartner, Kennen Amos und Hosea eine Heilseschatologie?, Diss. I Zürich 1913; J. A. Bewer, The Literature of the Old Testament in its Historical Development, 1924, S. 95f.; R. Kittel, Geschichte des Volkes Israel, II 1925⁷, S. 347f.; S. L. Brown, The Book of Hosea, 1932; O. Eissfeldt, Einleitung in das Alte Testament, 1964³, S. 521f.; W. O. E. Oesterley-Th. H. Robinson, An Introduction to the Books of the Old Testament, 1934, S. 353f.; E. Sellin, Geschichte des israelitisch-jüdischen Volkes, I 1935², S. 253f.; Th. H. Robinson, a. a. O. S. 4; G. M. Behler, Divini amoris suprema revelatio in antiquo foedere data (Osee, c. II), Angelicum 20 (1943), S. 102—116; P. I. Dumeste, a. a. O.; F. Nötscher, a. a. O. S. 5; G. Vos, Biblical Theology, 1948, S. 311f.; H. Wh. Robinson, Two Hebrew Prophets, 1948, S. 44—61; A. Bentzen, Introduction to the Old Testament, II 1949 (1959⁵), S. 132f.; A. Weiser, Einleitung in das Alte Testament, 1966⁶, S. 213f.; O. Procksch, a. a. O. S. 151—163; E. Sellin-L. Rost, Einleitung in das Alte Testament, 1959⁹, S. 121; N. H. Snaith, Mercy and Sacrifice, 1953, S. 50f.; H. W. Wolff, a. a. O. S. XXIIf. Freilich weist A. Bentzen mit Recht darauf hin, daß Hos 13 14 nicht als Heilswort zu verstehen ist, sondern zwei drohende Fragen enthält.

[23] Die Umkehr ist nicht immer die unerläßliche Vorbedingung für ein künftiges Heil, wie W. O. E. Oesterley-Th. H. Robinson, a. a. O. S. 353f.; C. Kuhl, Die Ent-

gang Israels wegen seiner Sünde angekündigt, ein anderes Mal die Möglichkeit einer Umkehr als Rettung vor dem Untergang gesehen und schließlich einen Erlösungsglauben vertreten, der die Unheilsverkündigung nicht einbezieht, sondern ausschließt, und statt der menschlichen Tat der Umkehr als erstes die göttliche Hilfe erwartet.

3. Wann ist Hosea zu dieser letzten Überzeugung gelangt? Mit aller Wahrscheinlichkeit läßt sich aus den beiden symbolischen Handlungen des Propheten schließen, daß er sich gegen Ende seines Lebens zum Erlösungsglauben durchgerungen hat[24]. Offensichtlich hat er die erste symbolische Handlung (1 2-9) zu Beginn seines Auftretens ausgeführt: Er hat eine Dirne geheiratet und mit ihr drei Kinder gehabt, denen er symbolische Unheilsnamen gab. Er tat dies, um zu zeigen, wie es um Israels Ehe mit Jahwe bestellt sei und welche schlimmen Folgen sich daraus ergeben müßten. Da diese Handlung sich über mehrere Jahre erstreckt haben muß, kann die zweite (3 1-5) erst später erfolgt sein[25]: Hosea hat noch einmal geheiratet, diesmal eine ehe-

stehung des Alten Testaments, 1960², S. 214, meinen. Ebensowenig hat Hosea immer das Gericht erwartet, aber als Läuterungsgericht, dem als zeitweiliger und erzieherischer Maßnahme die schließliche Rettung Israels folgen sollte, wie G. A. Smith, The Book of the Twelve Prophets, I 1896, S. 211 ff.; J. A. Bewer, a. a. O. S. 95 f.; R. Kittel, a. a. O. S. 347 f.; S. L. Brown, a. a. O. S. XXIX f.; E. Sellin, a. a. O. S. 253 f.; F. Nötscher, a. a. O. S. 5; G. Vos, a. a. O. S. 311 ff.; O. Procksch, a. a. O. S. 160—163; E. Osty, a. a. O. S. 69 f.; D. Deden, a. a. O. S. 17; H. N. Snaith, a. a. O. S. 14 f., annehmen; ähnlich W. Caspari, Der Prophet Hosea und sein Gott, Archiv f. Religionspsychologie 5 (1930), S. 36—62. Schließlich trifft die Auffassung von Th. H. Robinson, a. a. O. S. 4, nicht zu, daß die göttliche Liebe Israel noch aus der tiefsten Tiefe erheben werde, so daß es wieder aufleben konnte, wenn es auch starb.

[24] Es ist unwahrscheinlich, daß Hosea von der Hoffnung auf allgemeine Umkehr zu Beginn seiner Wirksamkeit zur reinen Unheilsdrohung gelangt ist, wie G. A. Smith, a. a. O. S. 310; J. Lindblom, Hosea literarisch untersucht, 1927; R. H. Pfeiffer, a. a. O. S. 573, annehmen. Es ist ebensowenig erweisbar, daß er jene Hoffnung von Anfang bis Ende seiner Wirksamkeit festgehalten und stets eine nach der Strafe eintretende Begnadigung Israels erwartet hat.

[25] Die Deutung von Hos 1 und 3 ist sehr umstritten. Insbesondere wird oft die Annahme einer zweiten Ehe Hoseas abgelehnt, indem Hos 3 wegen seiner Verheißung als späterer Zusatz betrachtet, als Allegorie statt als Bericht über ein tatsächliches Geschehen verstanden, als real zu verstehender Parallelbericht zu Hos 1 aufgefaßt oder mit Hos 1—2 zum Bericht über den »Eheroman« des Propheten zusammengefaßt wird. Vgl. jedoch demgegenüber G. Fohrer, Neuere Literatur zur alttestamentlichen Prophetie, ThR NF 19 (1951), S. 311 f.; 20 (1952), S. 255 f.; Die symbolischen Handlungen der Propheten, 1953, S. 51—53 (1967²). Es ist daran festzuhalten, daß Hos 1 und 3 über zwei Ehen des Propheten berichten, vgl. O. Seesemann, Israel und Juda bei Amos und Hosea, 1898; B. Duhm, a. a. O.; A. Heermann, Ehe und Kinder des Propheten Hosea, ZAW 40 (1922), S. 287—312; A. van den Born, De symbolische handelingen der Oud-Testamentische profeten, 1935. S. 52 f. (vgl.

brecherische Frau, die er aber, im Unterschied von der ersten Ehe, ganz abgesondert gehalten hat. Aus mehreren Gründen liegt die Annahme am nächsten, daß er die zweite Ehe erst gegen Ende seiner prophetischen Wirksamkeit geschlossen hat. Da nun sein Erlösungsglaube mit dem Sinn der zweiten symbolischen Handlung zusammenhängt, steht er zeitlich an letzter Stelle, wie es bei Jeremia und Ezechiel ebenfalls zu beobachten ist.

IV.

Der Erlösungsglaube Hoseas bahnt sich zunächst in 12 10 an:

> Und ich, Jahwe, dein Gott
> vom Land Ägypten her,
> ich will dich noch einmal in Zelten wohnen lassen
> wie in den Tagen der Zusammenkunft.

Jahwe wird das Volk aus den gefährlichen Einflüssen Palästinas herausnehmen und den Zustand wiederherstellen, in dem es sich zur Zeit der ersten Begegnung, in der Wüstenzeit, befunden hat. Israel wird aus der Umgebung entfernt, die das ursprüngliche Verhältnis zu Gott zerstört hat, damit es sich nochmals auf es besinnen kann. Hosea erwägt ganz konkret die Möglichkeit, zu den Quellen des Glaubens zurückzukehren und von dort aus einen neuen Anfang zu machen. Die Situation, die in der Zeit der ersten Liebe bestand, soll wiederkehren, damit eine solche Liebe sich von neuem bildet. Obwohl es nicht gesagt wird, setzt dies doch voraus, daß die Rückführung und Rückbesinnung keine Strafe ist, sondern ein helfendes Geschehen, durch das eine Änderung Israels ermöglicht werden soll.

Ähnliches sagt Hosea in dem Bericht über die symbolische Handlung seiner zweiten Ehe in 3 1-5 [26]:

---

auch Profetie metterdaad, 1947); R. H. PFEIFFER, a. a. O. S. 567—569; J. M. P. SMITH, The Prophets and their Times, rev. W. A. IRWIN, 1941, S. 70—76; H. S. NYBERG, Hoseaboken, 1941; TH. C. VRIEZEN, Oud-israëlietische geschriften, 1948, S. 178; A. D. TUSHINGHAM, A Reconsideration of Hosea, chapters 1—3, JNES 12 (1953), S. 150—159. Vgl. auch J. FÜCK, Hosea Kapitel 3, ZAW 39 (1921), S. 283 bis 290. Freilich handelt es sich nicht um ein gleichzeitiges Verhältnis zu den beiden Frauen, wie R. H. PFEIFFER und J. M. P. SMITH annehmen; weder geht es aus dem Text hervor, noch läßt der verschiedene Sinn der Handlungen es zu.

[26] In 3 1 dl »wie Jahwe die Israeliten liebt, obwohl sie sich zu anderen Göttern wenden und Liebhaber von Traubenkuchen sind« als deutende Glosse. In 3 3 ins לֹא אֵלַיִךְ. In 3 5 dl »und David, ihren König, und sie kommen bebend zu Jahwe und seiner Güte am Ende der Tage« als ergänzende Glosse.

Jahwe sprach zu mir:
　Noch einmal geh und lieb ein Weib,
　von einem anderen geliebt und ehebrecherisch!ᶜ ꝑ
Da kaufte ich sie mir für 15 Silberstücke,
ein ganzes und
ein halbes Maß voll Gerste.

Dann sagte ich zu ihr:
　Einsam sollst viele Tage
du dasitzen,
nicht untreu sein
und keinem Mann gehören;
ꞌnichtꞌ einmal ich ꞌverkehreꞌ mit dir.

Denn viele Tage
solln die Israeliten dasitzen
ohne Könige und Beamte,
ohne Opfer und Malstein,
Ohne Orakelschurz und Gottesbild.

Dann werden die Israeliten
umkehren
und Jahwe, ihren Gott, aufsuchen.ᶜ ꝑ

Diese symbolische Handlung kündigt an, was Jahwe mit Israel tun wird. Wie Hosea seine ehebrecherische Frau lange Zeit von allen verführerischen Möglichkeiten fernhält, um ihr einen neuen Lebensbeginn zu ermöglichen, so wird Jahwe seinem Volk alles nehmen, was es zum Abfall von ihm verführt hat: die staatliche Organisation mit König und Beamten und den kultischen Apparat mit seinen vorwiegend kanaanäischen Bräuchen. Im Zusammenhang der übrigen Worte Hoseas kann nicht zweifelhaft sein, daß dies durch die Rückführung in die Wüste (und nicht durch eine Deportation mit Exil) geschieht. Dort wird Israel in sich gehen und umkehren. Der Rückgang auf die vorpalästinischen Verhältnisse ist also keine Strafe, sondern ein helfendes und erlösendes Geschehen, auf das Israel mit jener wahrhaften, inneren Umkehr antworten wird, die ein neues Dasein einleitet[27]. Eindeutig zeigt sich dies in der Verheißung 2 16-17[28]:

Drum siehe, ich will es betören,
　es in die Wüste führen, ihm zu Herzen reden.
Ich geb' ihm seine Weinberge zurück,
　mache das Achortal zur Hoffnungspforte.
ꞌEs wird hinaufziehnꞌ wie in Jugendtagen,
　wie einst, da es heraufzog aus Ägyptenland.

---

[27] H. Wh. Robinson, a. a. O. S. 12ff.
[28] In 2 17 1 וְעָלְתָה pr »wird antworten«.

Ein kühnes Bild: Wie ein Mann sein Mädchen verlockt und verführt, so daß es mit ihm geht, wie er es mit Worten umwirbt, die ihm ins Herz dringen sollen, so wird Jahwe sein Volk überreden, daß es ihm in die Wüste folgt, und es dort mit seiner Liebe umwerben. Gott fordert nicht einfach Umkehr, sondern ermöglicht sie auch. Es gilt nur, sich seinem Liebeswerben nicht zu verschließen, sondern sich für ihn zu entscheiden und sich ihm hinzugeben. Darüber verliert die Sünde die Macht, die sie über den Menschen besitzt. Obwohl der Ausdruck »Erlösung« nicht gebraucht wird und im Alten Testament erst in später Zeit erscheint, ist zweifellos ein erlösendes Handeln Gottes gemeint. Es besteht für Hosea darin, daß Gott die Umkehr als Voraussetzung für ein neues Dasein ermöglicht, weil der Mensch sie von sich aus nicht vollziehen kann. Gott ermöglicht sie, indem er die zum Abfall führenden Einflüsse ausschaltet, zu den Quellen des Glaubens und der Liebe zurücklenkt und dem Menschen werbend zu Herzen redet. Dies ist um so mehr ein erlösendes Handeln, als nun die Sünde nicht mehr durch ihre Macht an der Umkehr hindern und der ins Unheil verstrickte Mensch sich doch aus ihm befreien kann.

Ist Israel auf diese Weise aus seinem schuldigen Dasein erlöst, so zieht es nach Palästina zurück[29]. Es erhält von neuem seine Weinberge — das Symbol des Kulturlandes. Das Achortal — vermutlich das aus dem Jordangraben ins palästinische Hochland führende Wadi Kelt — wird nicht mehr wegen seiner tiefen Felsschluchten gefürchtet, sondern erscheint als Pforte einer neuen Hoffnung. Israel wird wie in seinen Jugendtagen sein. Die unmittelbare und gegenseitige Liebe und Treue zwischen Jahwe und ihm ist wiederhergestellt.

Vom Neuanfang infolge des erlösenden Handelns Gottes spricht Hosea ferner in 2 18-19. 21-22[30]:

---

[29] Wie Hosea seine Gegenwart nicht am nomadisch-beduinischen Ideal kritisiert (vgl. Anm. 2), so beschränkt sich sein Zukunftsprogramm nicht auf die Rückkehr zum Wüstenleben und zu den Lebensbedingungen der Mosezeit, wie P. HUMBERT, La logique de la perspective nomade chez Osée et l'unité d'Osée 2 4-22, S. 162; H. S. NYBERG, Studien zum Hoseabuche, 1935, S. 98f.; W. F. ALBRIGHT, From the Stone Age to Christianity, 1946², S. 239 (deutsche Ausgabe 1949, S. 311), annehmen. Unbefriedigend ist auch die Auffassung von H. W. HERTZBERG, Prophet und Gott, 1923, S. 26f.; J. HEMPEL, Gott und Mensch im Alten Testament, 1926, S. 129f.; E. SELLIN, Das Zwölfprophetenbuch, 1929/30²⁻³, S. 253f.; P. VOLZ, Prophetengestalten des Alten Testaments, 1938, S. 175f., daß Israel seine Weinberge in der Wüste erhalten solle; denn die Rückkehr nach Palästina wird nicht nur in 2 16-17 (auch abgesehen von der Änderung des Verbs »antworten« in »hinaufziehen«), sondern ebenfalls in 2 20. 23-25 vorausgesetzt.

[30] In 2 18 dl »Spruch Jahwes« als vervollständigende Glosse, ins לֹ׳. In 2 19 1 מִפִּיךָ pr »ihrem Mund«, dl »mit ihrem Namen« als näherbestimmende Glosse. In 2 21 dl »Und ich werde dich mit mir verloben für immer« als deutende Glosse. In 2 22 ist das Verb als 2. f. sg. pi. zu verstehen, 1 וּבָדַעַתְּ pr »und du wirst erkennen«.

An jenem Tage wird es geschehen ‘ ’:
Da wirst du »mein Gemahl« ‘mich’ nennen,
aber nicht mehr
»mein Baal«.
Ich werde dann die Namen
der Baale aus ‘deinem’ Mund entfernen,
daß sie nicht mehr genannt werden. ‘ ’.
‘ ’ Ich werde dich mit mir verloben
um den Preis von Recht und Gerechtigkeit,
Verbundenheit und Erbarmen.
Du wirst mit mir verlobt um Treue
und ‘um Gotteserkenntnis’.

Israel wird von der göttlichen Liebe so überwältigt, daß es sie unbedingt erwidern muß. Daher wird der Baalkult entfernt und Jahwe nicht mehr »Baal«, sondern »Gemahl« genannt. Das besagt sowohl, daß die kanaanäischen Einflüsse aus dem Jahweglauben verschwinden, als auch entsprechend der zweiten Bedeutung des Wortes בַּעַל, daß Jahwe in seinem Verhältnis zu Israel nicht mehr mit dem Herrn und Besitzer einer Frau zu vergleichen ist. Das neue Verhältnis zwischen beiden beruht vielmehr auf der gegenseitigen Liebe.

Gleichsam als Brautgeschenke erscheinen die Grundlagen, auf denen sich der neue Ehebund aufbaut. Gott gibt Recht als göttliche Ordnung des Lebens, Gerechtigkeit als seinen helfenden Heilswillen, Verbundenheit als die in der Gemeinschaft wurzelnde Güte und Freundlichkeit, Erbarmen als vergebende Gnade. Israel gibt Treue als zuverlässige Beständigkeit und Gotteserkenntnis als Gemeinschaft mit Gott und Anerkennung seines Willens.

Hosea umschreibt schließlich die Folgen des neuen Bundes in den Verheißungen 2 20 und 2 23-25. Die Glaubenden leben unter einer Herrschaft des Friedens, in der der Kampf aller gegen alle aufhört und alles ausgeschaltet wird, was schaden könnte[31]:

Ich werde für sie einen Vertrag schließen
an jenem Tage
mit allem Wild auf freiem Felde,
den Vögeln unterm Himmel
und dem Gewürm des Ackerbodens.
Bogen und Schwert ‘ ’
tilge ich aus dem Lande
und laß sie sicher wohnen.

---

[31] In 2 20 dl »und Krieg« als ergänzende Glosse. Zum Tierfrieden vgl. A. PETER, a. a. O.; zur Form des Vertragschließens M. NOTH, Das alttestamentliche Bundschließen im Lichte eines Mari-Textes, in: Mélanges J. Lévy, 1953, S. 433—444; H. W. WOLFF, Jahwe als Bundesvermittler, VT 6 (1956), S. 316—320.

Die Glaubenden leben zugleich unter einer Herrschaft des Segens, in der die äußere Existenz des neuen Israel durch die Ordnung der Natur gewährleistet ist[32]:

> An jenem Tage ‘ ’ will den Himmel ich erhören,
> und er wird die Erde erhören.
> Die Erde wird dann Korn und Most ‘ ’ erhören,
> sie schließlich werden »Jesreel« erhören.
> Da säe ich ‘es’ wieder in sein Land ein,
> liebe die »Nicht-geliebt«;
> zu »Nicht-mein-Volk« sprech ich: »Mein Volk bist du«,
> so daß es rufen wird: »Mein Gott!«

V.

Damit schließt sich der Kreis der Verkündigung Hoseas. Am Anfang (1 2-9) steht der Fluch über das abgefallene Volk, dem wegen seiner Sünde der Untergang droht. Am Ende (2 23-25) steht die Umwandlung des Fluches in Segen, begründet durch die erlösende Gnade Gottes, die zuvor die Wandlung des Menschen ermöglicht hat. Damit hat Hosea den ersten Schritt zum Erlösungsglauben getan. Um diesen recht zu verstehen, müssen wir ihn — wenigstens in aller Kürze — in zwei Richtungen weiterverfolgen.

1. Die mögliche Rettung des dem Tode verfallenen Menschen, der vor Gott und in der Welt schuldig geworden ist — das ist das eigentliche Thema nicht nur Hoseas, sondern aller großen Einzelpropheten. Was sie darüber zu sagen haben, erfahren wir schon aus der Verkündigung Hoseas. Die Rettung kann sich einmal mittels der Umkehr ereignen, auf die hin Gott gnädig ist. Darum lautet die Mahnung: Kehrt um, denn ihr seid abgefallen und schuldig geworden! Kehrt um, sonst wird euer Leben zerbrechen! Kehrt um, dann gewährt Gott euch ein neues heilvolles Dasein! Die Rettung kann sich ebenfalls durch Erlösung vollziehen. Am Anfang steht die Erfahrung der erlösenden Tat Gottes, auf die als zweites die Entscheidung und das Handeln des Menschen folgen. Darum lautet die Verheißung: Gott will euch aus dem schuldverhafteten Leben erlösen und die Sünde vergeben! Entscheidet euch dafür und nehmt das Anerbieten an, damit ihr in ein neues heilvolles Dasein versetzt werdet! Mit dieser Botschaft wollen die Propheten offensichtlich auf ihre jeweilige Gegenwart einwirken. Sie stellen sie vor die Entscheidung, ganz im alten Dasein zu verharren

---

[32] In 2 23 dl »ich will erhören, ist der Spruch Jahwes« als vervollständigende Glosse. In 2 24 dl »und Öl« als ergänzende Glosse. In 2 25 l Suffix הי׳ pr »sie«. Zur Umwandlung der Natur vgl. A. Peter, a. a. O. Gegenüber G. Östborn, Yahweh's Words and Deeds, 1951, S. 63, ist zu sagen, daß die Nennung von Himmel-Erde usw. nicht von kanaanäischen Vorstellungen herrührt und keinen Zyklus meint, sondern eindeutig eine Stufenleiter.

oder ganz in ein neues zu treten. Es handelt sich um eine Botschaft, die die jeweils gegenwärtige Existenz des Menschen betrifft — daher auch die des Menschen von heute.

Umkehr und Erlösung stehen also nebeneinander; sie bilden aber keine Gegensätze. In beiden geht es um die Rettung des Menschen, die durch seine Wandlung ermöglicht wird. Umkehr und Erlösung sind nur zwei verschiedene Aspekte dieser Wandlung. Sie unterscheiden sich dadurch, daß der Nachdruck entweder auf dem Tun des Menschen oder auf demjenigen Gottes liegt. Setzen wir sie zueinander in Beziehung, so läßt sich sagen: »Umkehr« bedeutet, daß der Mensch in sich das Schuldverfallene beseitigt und von sich aus das schuldige Dasein erlöst und daß er allem, was sich in ihm regt, die Richtung auf Gott verleiht. »Erlösung« bedeutet, daß Gott im Menschen alles von ihm Wegstrebende umkehren läßt und umkehrt und daß er allem, was sich im Menschen regt, die rechte Richtung gibt. In beiden Formen der Wandlung aber begegnet der Mensch seinem Gott in eigener Erfahrung. In beiden Formen soll die Wandlung zu einem neuen Dasein der Verbundenheit und Gemeinschaft mit Gott als ihrem eigentlichen Ziel führen. In beiden Formen findet der Mensch zugleich einen neuen Mittelpunkt seiner Person, weil sein ganzes Wesen und seine ganze Seele in die Wandlung einbezogen werden. In beiden Formen folgt daraus schließlich eine diesen Erfahrungen entsprechende Lebensgestaltung. Von der neuen Gottesbeziehung aus wird das äußere Tun und Lassen in der Weise umgebildet, daß der Mensch den göttlichen Willen im täglichen Leben erfüllt — weder als Leistung, die einen Lohn heischt, noch als bloßen Gehorsam, der religiös und ethisch wertlos wäre, sondern wie selbstverständlich und aus sich heraus. Denn dieser Wille ist dem Menschen nunmehr in das neue fleischerne Herz geschrieben, wie Jeremia und Ezechiel es umschreiben (Jer 31 33 Ez 36 26f.). Dadurch kommt die Herrschaft Gottes auf Erden zustande; sie verwirklicht sich im Leben der glaubenden Menschen.

2. Nicht alle großen Einzelpropheten haben in gleicher Weise von Umkehr und Erlösung gesprochen, vielmehr lassen sich zwei Linien beobachten. Einige haben stets gleichbleibend die Umkehr gefordert, die das Heil nach sich zieht: Amos, Jesaja, Micha und Zephanja. Andere haben zunächst ebenfalls dazu gemahnt, später aber den Schritt zum Erlösungsglauben getan. Diese Linie geht von Hosea aus und führt zu Jeremia und Ezechiel, teilweise auch zu Deuterojesaja[33].

---

[33] Vgl. Jer 24 4-7 30 5-7 31 2-6. 15-17. 18-20. 21-22. 31-34. 35-37 Ez 11 14-21 34 1-16. 17-31 36 1-15. 16-38 37 1-14. 15-28 38—39 40—48*. Angesichts dessen kann man zwar mit C. H. Gordon, Introduction to Old Testament Times, 1953, S. 219, Amos als »a broad mind with worldwide horizons« bezeichnen, der seine Worte »with a survey of the entire surrounding world« einleitet, nicht aber urteilen, »Hosea's is a much smaller spirit«. Denkt Amos weiter, so Hosea tiefer.

Dabei ist die Erlösungsbotschaft Hoseas freilich erst ein Anfang. Sie bezieht sich ja auf das ganze Volk und erblickt das erlösende Handeln nur in der helfenden Rückführung in die Wüste und im werbenden Zureden Gottes, das die Wandlung ermöglichen soll. Die späteren Propheten führen weiter. Von Jeremia und Ezechiel wird die Erlösung nicht mehr kollektiv oder korporativ, sondern personal gedacht; sie ereignet sich am einzelnen Menschen. Sie geschieht ferner in umfassender Weise, da die Sünde vergeben, dem Menschen ein neues Herz und der göttliche Geist verliehen und der göttliche Wille in jenes Herz geschrieben wird. Deuterojesaja stellt auch den Schöpfungsgedanken in den Dienst seines — eschatologisch umgeprägten — Erlösungsglaubens; als Weltschöpfer vermag Gott alle zu erlösen, die zu seiner Welt gehören, so daß der Weltschöpfung die Welterlösung entspricht. Einen letzten Gedanken fügen die Schüler Deuterojesajas in dem Liede Jes 52 13—53 12 hinzu, das das Leben und gewaltsame Sterben ihres Meisters deuten soll[34]: Der Prophet hat stellvertretend für die anderen gelitten, wie Gott es wollte. Er hat freiwillig und geduldig das den anderen für ihre Schuld gebührende Leid auf sich genommen, so daß dem strafenden Willen Gottes an ihm Genüge geschehen ist. Durch dieses stellvertretende Leiden ist die Erlösung vollzogen und braucht durch den Menschen nur angeeignet zu werden.

Gewiß begegnen wir im Alten Testament noch anderen Propheten als den genannten, außer ihren Vorläufern vor allem den Kultpropheten mit ihrem vorwiegend kultisch-nationalen Heilsglauben und den nachexilischen Epigonen mit der eschatologisch umgeprägten prophetischen Botschaft. Aber nicht diese Gruppen, sondern die kleine Schar der sieben Propheten mit der Botschaft von Umkehr und Erlösung nimmt die für alle Zukunft bedeutsame Schlüsselstellung ein, obwohl sie sich im einzelnen voneinander unterscheiden. Während die Forderung der Umkehr sich gleichbleibt, ist es ein langer Weg, der von den Anfängen des Erlösungsglaubens bei Hosea zu seiner vollen Entfaltung führt. Allerdings gibt es ein Wegmal, das sich überall auf ihm findet: den Hinweis auf die Liebe — als den göttlichen Liebeswillen, der den schuldig gewordenen Menschen nicht seinem Schicksal überläßt, sondern sich um ihn müht und ihm hilft, und als den menschlichen Liebeswillen, der sich des Nächsten nicht schämt, sondern für ihn eintritt und leidet. Es ist die Liebe, von der Ez 18 23 sagt, daß sie kein Gefallen am Tode des Frevlers hat, sondern daran, daß er von seinem Wandel umkehrt und leben bleibt. Damit ist zugleich die Brücke zur Botschaft des Neuen Testaments geschlagen.

---

[34] Zur Deutung vgl. G. Fohrer, Neuere Literatur zur alttestamentlichen Prophetie, ThR NF 19 (1951), S. 301—304; 20 (1952), S. 231—240; Zehn Jahre Literatur zur alttestamentlichen Prophetie, 28 (1962), S. 243—247.

Prophetie und Magie

I.

Die motiv-, überlieferungs- und formgeschichtliche Untersuchung läßt das Phänomen der israelitischen Prophetie wesentlich mannigfaltiger, komplizierter und vielschichtiger erscheinen als vor Jahrzehnten. Gewiß ist die Prophetie damals selten oder gar nicht so einfach als Bewegung zur Entwicklung des Jahweglaubens zu einem ethischen Monotheismus gesehen worden, wie es sich heute rückblickend darstellen mag. Man suchte doch eher die beiden, einander ergänzenden Aspekte auf einen gemeinsamen Nenner zu bringen: einerseits die Verbindung mit dem mosaischen Jahweglauben in Auseinandersetzung mit den ihn gefährdenden religiösen und kulturellen Kräften im palästinischen Kulturlande, andererseits die neuen und erregenden Elemente, die die Propheten spätestens von Elia an mit der ihnen eigenen Verkündigung ins Spiel brachten. Auch die fremdartigen und geheimnisvollen Seiten wurden bemerkt, vielleicht sogar deutlicher als heute: die ekstatischen Erlebnisse[1] mit ihren Begleiterscheinungen, wie der noch bei Ezechiel auftretenden Empfindung des Entrücktwerdens, die geheimen Erfahrungen[2], besonders in der Form von Vision und Audition, die freilich weniger sicheren pathologischen Züge[3], für die man immerhin auf die israelitische Gleichsetzung von »Verzückten« und »Verrückten« verweisen kann (Jer 29 26 Hos 9 7, vgl. II Reg 9 11), insgesamt also das Unheimliche und Phantastische, das Leidenschaftliche und Wilde[4].

Doch sind diese und andere Beobachtungen stark zurückgetreten, seitdem die Beziehungen der Propheten zu den Formen und Traditionen mannigfacher Lebensbereiche eingehender als zuvor erforscht werden

---

[1] B. Duhm, Die Gottgeweihten in der alttestamentlichen Religion, 1905.

[2] H. Gunkel, Die Propheten, 1917, S. 1—31 (Ferner in: H. Schmidt, Die großen Propheten, 1923², S. XVII—XXXIV).

[3] B. Baentsch, Pathologische Züge in Israels Prophetentum, ZWTh 50 (1907), S. 52 bis 81. Für Ezechiel vgl. schon A. Klostermann, Ezechiel, ThStKr 50 (1877), S. 391 bis 431.

[4] Vgl. die Darstellung von W. Baumgartner, Die Auffassungen des 19. Jahrhunderts vom israelitischen Prophetismus, AfK 15 (1922), S. 21—35 (Zum Alten Testament und seiner Umwelt, 1959, S. 27—41).

— seien es die angeblichen Bindungen an das alte Nomadentum[5] oder an die kanaanäische und letztlich gesamtorientalische Kultur und Religion[6], die Aufnahme und Verwendung von Redeformen aus fast allen Bereichen der Vergangenheit und des zeitgenössischen Lebens der Propheten[7], die Bezugnahme auf oder sogar die Abhängigkeit von nahezu allen denkbaren Traditionen, von Recht, Kultus, Weisheit, Geschichts- und Erwählungstraditionen Israels[8]. Fast entgeht das irrationale Element dem Blick, wenn die prophetische Verkündigung in rationalisierender Weise nach rechtlichen Kategorien als Anklage und Urteil, als Geltendmachen des alten Rechts oder als Verkündigung des Gesetzes beurteilt wird[9], wenn die Propheten als Kultbeamte mit der Aufgabe der Rezitation des sakralen Rechts, als lediglich im Vollzug des Kultus tätig[10] oder als Interpreten von Erwählungstraditionen erscheinen[11].

Dennoch wird in vielen Beobachtungen etwas Richtiges gesehen und eignet ihnen ein Wahrheitskern. Eben deswegen erweist sich die Prophetie als außerordentlich vielschichtig und in einem früher ungeahnten Maße mit der Unzahl von Traditionen und Lebensbereichen verflochten, mit denen ein nicht alltäglicher Mensch in seiner Zeit in Berührung kommen kann. Daher ist es fast unmöglich, der Einseitigkeit zu entgehen, wenn man einen Propheten oder gar die Prophetie als ganze erfassen und schildern will. Letzteres wird in den folgenden Ausführungen auch gar nicht versucht. Vielmehr soll lediglich auf die Beziehung zu einem bisher wenig beachteten Bereich hingewiesen

---

[5] S. NYSTRÖM, Beduinentum und Jahwismus, 1946. Für Hosea vgl. die oben: Umkehr und Erlösung beim Propheten Hosea, Anm. 2, angegebene Literatur.

[6] Sehr deutlich z. B. bei A. HALDAR, Studies in the Book of Nahum, 1947.

[7] Vgl. die Angaben bei G. FOHRER in ThR NF 19 (1951); 20 (1952) und 28 (1962).

[8] Ebd., ferner: Tradition und Interpretation im Alten Testament, ZAW 73 (1961), S. 25 Anm. 59.

[9] Vgl. das Urteil von W. ZIMMERLI, Das Gesetz und die Propheten, 1963, S. 77: »‚Mose‘, d. h. der Verkündiger des alten Rechtes, wird zum Evangelisten, die Propheten dagegen werden zum paulinischen Moses, dem Verkündiger des Gesetzes.« So entspricht dieses Prophetenbild manchmal dem zweifellos unzutreffenden des chronistischen Geschichtswerkes, das J. WELLHAUSEN, Geschichte Israels, I 1878, S. 211, ironisierend zusammenfaßt: »Neues und Freies verkünden sie dabei nicht, sondern handhaben nur, ebenso wie Jahve selber, die Thora Mose's, indem sie nach der Schablone Glück oder Unglück in Aussicht stellen, je nachdem das Gesetz treulich erfüllt oder vernachlässigt worden ist.«

[10] So z. B. H. GRAF REVENTLOW, Wächter über Israel, 1962; Das Amt des Propheten bei Amos, 1962; Liturgie und prophetisches Ich bei Jeremia, 1963.

[11] E. ROHLAND, Die Bedeutung der Erwählungstraditionen Israels für die Eschatologie der alttestamentlichen Propheten, Diss. Heidelberg 1956; G. VON RAD, Theologie des Alten Testaments, II 1965[4].

werden: die Beziehung der Prophetie zur Magie. Vielleicht wird damit
zugleich wieder der Blick auf eine urtümliche, geheimnisvolle und unheimliche Schicht in dem verworrenen und verwirrenden Gewebe des
Phänomens der Prophetie frei.

Allerdings erhebt sich die nicht leicht zu beantwortende Frage,
was denn unter Magie zu verstehen und wie ihr Verhältnis zur Religion
zu bestimmen sei. Die Ansichten darüber gehen weit auseinander. So
hat man gemeint, daß die Religion aus der Magie entstanden sei[12], daß
die Religion nach dem Fehlschlag der auf kausalem Denken beruhen-
den Magie als Versöhnung persönlicher Mächte erwachsen sei[13], daß
Religion und Magie als Umgang mit persönlichen Wesen bzw. mit un-
persönlichen Kräften auf eine gemeinsame Wurzel zurückgehen[14], daß
die Magie eine Entartung der Religion oder einen Dekadenzprozeß des
Religiösen darstelle[15]. Eine genaue Bestimmung dieses Verhältnisses
spielt in unserem Zusammenhang keine ausschlaggebende Rolle, zumal
»jeder Religion ein mehr oder minder großer Rest von Frühreligion
bzw. von deren Praktiken anhaftet«[16]. Vielleicht ist es am treffendsten,
»ein Frühstadium des mythischen Bewußtseins anzunehmen, in dem
Religion und Magie tatsächlich verbunden sind zu einer unlösbaren
Einheit? ... Im Frühstadium ... laufen die Reaktionen des Menschen
noch durcheinander: einerseits wirkt sich ein primitiver Kausalitäts-
trieb aus, in dem Sinne, daß man mit den apperzipierten Mächten, mit
denen man sich allenthalben in Kontakt stehend empfindet, Wünsche
zu realisieren sucht. Es ist die Zeit, ‚in der das Wünschen noch geholfen
hat'. ... Alles dies ist eins und ungeschieden voneinander. Wir müssen
geradezu von einem magischen Stadium der Religion sprechen. Dann
aber tritt der Prozeß der Scheidung dieser beiden Elemente voneinander ein: die magische Seite macht sich in wachsendem Maße selbständig und trennt sich völlig von ihrer religiösen Grundlage und wird
zum bloßen ‚Zauber'. Auf der anderen Seite wird sich Religion immer
mehr ihres eigentlichen Wesens bewußt und schließt von sich alle
magischen Züge aus oder — vorsichtiger ausgedrückt — möchte sie
ausschließen«[17].

So läßt Magie sich bestimmen als die mit einer der Naturkausalität
übergeordneten mechanischen Kausalität arbeitende Verwertung
numinoser Apperzeption im Dienst der eigenen Wunscherfüllung[18].

---

[12] K. TH. PREUSS, Der Ursprung der Religion und Kunst, Globus 88f. (1904f.).
[13] J. G. FRAZER, The Golden Bough, 1911—1915 (1949⁹). Vgl. R. PETERSON, Sir J. G.
Frazer's Theorie vom Wesen und Ursprung der Magie, Diss. Bonn 1929.
[14] R. R. MARETT, The Threshold of Religion, 1909.
[15] W. SCHMIDT, Der Ursprung der Gottesidee, 1912—1955; F. HEILER, Erscheinungs-
formen und Wesen der Religion, 1961.
[16] G. MENSCHING, Vergleichende Religionswissenschaft, 1938, S. 72.
[17] Ebd. S. 74.   [18] Ebd. S. 72.

Magisches Handeln birgt nach dem Glauben der Beteiligten ohne weiteres seine Wirksamkeit in sich. An diese Machterfülltheit und Machtwirkung seines Tuns und Lassens wendet sich der Mensch, der die numinose Kraft in und hinter den Dingen gespürt hat. Mittels des magischen Handelns sucht er der geheimnisvollen Macht, die ihm entgegengetreten ist, habhaft zu werden, auf seine Welt einzuwirken und sie zu meistern[19].

II.

Gehen wir von der vorhergehenden Begriffsbestimmung aus, so scheinen zwischen Prophetie und Magie auf den ersten Blick keinerlei Beziehungen zu bestehen. Denn weder will der Prophet einen Zwang auf die Mächte des Göttlichen ausüben und sie in menschliche Dienste stellen, noch die Mächtigkeit seines menschlichen Tuns und Lassens und damit seiner selbst wirksam werden lassen. Vielmehr ist er sich gerade dessen bewußt und beruft sich darauf, daß er im Namen und Auftrag seines Gottes redet und handelt, der ihn unterworfen und bezwungen hat. Liegt also eine Beziehung zur Magie vor, so muß sie gebrochener oder dialektischer Art sein.

Daß eine wie immer geartete Beziehung zumindest in der Auffassung der volkstümlichen Prophetenüberlieferung bestanden hat, zeigen mannigfache Hinweise in den alten Prophetenlegenden. Die Art, wie man Seher und Nebiim beurteilen konnte und teilweise beurteilt hat, wirkt nach einerseits in der Mischung von zwei Schelt- und Drohworten gegen Prophetinnen und gegen Zauberinnen in Ez 13 17-23 (13 17-18aα. 22-23 13 18aβ-21), andererseits in der für Israel angeordneten Ersetzung derjenigen, die zauberische Praktiken ausüben, durch die Reihe der Propheten in Dtn 18 9 ff.[20]:

> Wenn du in das Land kommst, das dir Jahwe, dein Gott, geben wird, sollst du die Greuel jener Völker nicht nachzuahmen lernen. Es soll sich bei dir keiner finden, der seinen Sohn oder seine Tochter durchs Feuer gehen läßt, kein Wahrsager, Beschwörer, Schlangenbeschwörer, Zauberer; keiner, der Bannungen vornimmt, Toten- oder Wahrsagegeister befragt und die Toten ausforscht. Denn jeder, der derlei treibt, ist für Jahwe ein Greuel, und wegen dieser Greuel vertreibt sie Jahwe, dein Gott, vor dir. Du sollst ganz mit Jahwe, deinem Gott, sein. Denn diese Völker, die du vertreiben wirst, hören auf Beschwörer und Wahrsager. Dir aber hat Jahwe, dein Gott, das nicht gestattet. Einen Propheten wie mich wird dir Jahwe, dein Gott, (aus der Mitte deiner Brüder) erstehen lassen; auf den sollt ihr hören.

---

[19] Vgl. auch K. GOLDAMMER, Die Formenwelt des Religiösen, 1960, S. 111f.

[20] Der Textzusammenhang legt die Auffassung »einen Propheten je und je« näher als die Annahme eines einzigen eschatologischen Mittlers wie bei G. VON RAD, Das fünfte Buch Mose, 1964, S. 88.

In der älteren Zeit hat man anscheinend weniger an eine Gegenüberstellung von jeder Form von Zukunftserforschung (Mantik) oder Zukunftsgestaltung (Magie) einerseits und Prophetie andererseits, an ein verurteilendes Beiseiteschieben solcher Möglichkeiten zugunsten des ganz anders gearteten Prophetenwortes gedacht, sondern konkret damit gerechnet, daß ein Prophet im Namen Jahwes das gleiche bewirken könne wie ein Mantiker und Magier. Ja, vielleicht sind sogar umgekehrt derartige Gestalten nachträglich als Seher und Propheten verstanden und ist deswegen eine Überlieferung über sie weitergegeben worden. So könnte es sich mit dem seltsamen »Seher« Bileam verhalten, wenn man der nicht unbegründeten Auffassung von R. LARGEMENT folgt[21]. Danach weisen Name und Heimatort Bileams nach Mesopotamien, obwohl er nicht dort, sondern im Bereich des westsemitischen Halbnomadentums tätig war, und kann der Name seines Vaters Beor ein mißverstandenes *bârû* darstellen. Bileam kann ein Mantiker gewesen sein, der weithin nach dem mesopotamischen Ritual verfuhr, wie die Belege für mannigfache Einzelheiten zeigen: die Inkubation, das Achten auf ein Zeichen, nach dem sich Segen oder Fluch richten, und das Opfer vor dem Orakel. Dazu träte ein ekstatischer Einschlag wie beim *maḫḫû* von Mari. Vielleicht ist ferner das sog. Brunnenlied Num 21 17 f. eigentlich eine Beschwörung, die ein »Gottesmann« gesprochen hat, wenn man unter Beteiligung der Stammesführer mit den Machtsymbolen Stab und Zepter in der Steppe oder Wüste einen Brunnen grub.

Doch wie dem auch sei, die Prophetenlegenden erwähnen des öfteren an die Mantik erinnernde Züge, ob sie den Propheten nun zu Recht zugeschrieben werden oder nicht. Ein Gottesmann kündigt in Gegenwart Jerobeams I. die Entweihung des Altars von Betel an: »Ein Sohn wird dem Davidshaus geboren werden, Josia mit Namen, der wird auf dir die Höhenpriester schlachten, die auf dir geräuchert haben, und wird Menschengebeine auf dir verbrennen« (I Reg 13 2). Die verkleidete Frau Jerobeams geht zu dem erblindeten Propheten Ahia, um ein Orakel über ihren kranken Sohn einzuholen; sobald er ihre Tritte hört, weiß Ahia, wer zu ihm kommt (I Reg 14). Elia ahnt den baldigen Tod Ahasjas (II Reg 1 2 ff.). Elisa erkennt, wo in der Wüste Wasser zu finden ist (II Reg 3 16 f.), daß Gehasi hinter Naeman hereilte (II Reg 5 26), wo die Aramäer im Hinterhalt liegen (II Reg 6 9), daß der König den Auftrag erteilt hat, ihn umzubringen (II Reg 6 32), was der König von Damaskus in seiner Schlafkammer spricht (II Reg 6 12) oder daß er sterben und Hasael sein Nachfolger werden wird (II Reg 8 10-13).

---

[21] R. LARGEMENT, Les oracles de Bileʿam et la mantique suméro-akkadienne, in: École des Langues Orientales Anciennes de l'Institut Catholique de Paris, Mémorial du Cinquantenaire, 1964, S. 37—50.

Außerdem weisen die Prophetenlegenden öfters krasse wunderhafte Züge auf, die nicht selten von geradezu magischer Art sind. Es ist dabei unwichtig, ob und wie weit dergleichen auf tatsächlichen Vorgängen oder Ereignissen beruht. Die Überlieferung macht deutlich, daß man zeitweilig eine derartige Wirksamkeit vom Propheten erwarten und als eines seiner Kennzeichen betrachten konnte. So nimmt Naeman an, daß Elisa unter Anrufen Jahwes seine Hand schwingen und ihn auf diese Weise von seiner Krankheit heilen werde (II Reg 5 11). Ein Prophet kann äußerlich sichtbare Mittel verwenden, um ein wunderhaftes Geschehen zu bewirken, indem er mit Salz das Wasser einer Quelle gesund (II Reg 2 19-22), mit Mehl eine gefährliche Speise unschädlich macht (II Reg 4 38-41), mit einem zurechtgeschnittenen Stück Holz den Eisenteil einer Axt wie mit einem Magneten aus dem Fluß holt (II Reg 6 1-7) oder einem Toten seinen Stab aufs Gesicht legen läßt, um jenen durch dessen zauberhafte Kraft ins Leben zurückzurufen (II Reg 4 29). Gelingt dies nicht, so streckt er sich selbst über den Toten, um ihm die eigene Lebenskraft zu übermitteln (I Reg 17 21 II Reg 4 34 f.). Sogar seine Gebeine machen noch auf wunderbare Weise lebendig (II Reg 13 20 f.). Ebenso vermag er, mit geringen Vorräten zahlreiche Menschen zu sättigen (II Reg 4 42-44), das Öl einer einzigen Flasche viele Krüge füllen (II Reg 4 1-7) und Mehl und Öl nicht aufhören zu lassen (I Reg 17 14-16). Aber er schlägt auch Menschen mit Krankheit und Blindheit (II Reg 5 27 6 18), läßt sie von Bären zerreißen (II Reg 2 23-25) oder vom Blitz zerschmettern (II Reg 1 9-12). Sogar einen Altar kann er mittels Wort und Zeichen zerstören (I Reg 13 1-5). Noch Jesaja bietet seinem König zu dessen Vergewisserung ein Wunderzeichen irgendwo im Weltgebäude, zwischen Scheol und Himmel, an (Jes 7 11).

Angesichts dessen kann man fragen, ob diese Vorstellungen vom Prophetentum und dieses Wissen um die geradezu magisch-zauberische Macht der »Gottesmänner« und prophetischen Meister nicht eine Nachwirkung der urtümlichen, ungeteilten und nichtspezialisierten nomadischen Kultur ist, in der der Stammesprophet, -dichter und -priester gleichzeitig der Stammeszauberer war. Daraus ließe sich mancherlei erklären: die besondere Kleidung von Propheten, die nomadischer Sitte zu entsprechen scheint, die mögliche rituelle Tonsur (II Reg 2 23), die auf der Vorstellung von der Machthaltigkeit des Haars beruht, die Bezeichnung איש (ה)אלהים, die dem Träger El-Kräfte, übermenschliche, göttliche Kräfte zuerkennt, und die Unverletzlichkeit dieser Männer, zumindest der großen Meister, die anzutasten den Tod herbeiführen kann (II Reg 1 9-12 2 23-25).

Auffallend häufig ist es der Prophet selber, der in den genannten Beispielen der durch Wort oder Handlung Wirkende ist. Manchmal jedoch beginnt sich die gebrochene oder dialektische Art der Beziehung zur Magie abzuzeichnen. Dann ist es nicht der Prophet selber, der Unbekanntes erahnt oder weiß, sondern Jahwe, der es ihm kundtut (I Reg 13 2 14 5 II Reg 3 16 f.). Er handelt nicht aus eigener Vollmacht, sondern auf Jahwes Befehl (I Reg 13 3) oder unter Berufung auf seinen Willen (II Reg 4 43). Er wirkt durch das Aussprechen eines Jahweworts (I Reg 17 14), oder Jahwe handelt selber (II Reg 6 18. 20). Oder das Wunder ereignet sich nach einem Gebet oder während eines Gebets zu Jahwe (II Reg 4 33 I Reg 17 20 f.). Darin deutet sich an, worin weiterhin das magische Element nachwirkt und worin seine Bedeutung für die Prophetie liegt: Es ist die Vorstellung von der Wirkungskraft des prophetischen Redens und Handelns — einer Wirkungskraft, die mit dem Willen und der Macht Jahwes begründet wird.

Doch noch in der Spätzeit schlägt in Sir 48 1 ff. die alte Auffassung durch, nach der der Prophet der Machtwirkende ist:

Bis ein Prophet wie Feuer erstand,
 seine Worte wie ein glühender Ofen.
Er zerbrach ihnen den Brotstab
 und ließ sie durch sein Eifern zu wenigen werden.
Durch das Wort Gottes verschloß er den Himmel
 und ließ dreimal Feuer herniederfallen.
Wie furchtbar warst du, Elia,
 wer dir gleichkommt, möge sich rühmen!
Du ließest einen Verstorbenen auferstehen vom Tode
 und aus der Unterwelt mit Einwilligung Jahwes.
Du stürztest Könige 'ins' Grab
 und Hochangesehene von ihren Lagern.
Du salbtest Könige zum Vergelten
 und einen Propheten als Nachfolger für dich.
· · · · · · · · · ·
    · · · · · · · · · ·
Elia entschwand im Wettersturm,
 Elisa aber ward von seinem Geist erfüllt.
Zweifach mehrte er die Zeichen,
 alle Worte seines Mundes wurden zu Wundern. . . .
Keine Sache war zu wunderbar für ihn,
 noch im Grabe hatte sein Leib 'Prophetenmacht'.
Zu Lebzeiten vollbrachte er Wundertaten
 und in seinem Tode staunenswerte Werke.

III.

Die Beziehung der Prophetie, vor allem der sog. Schriftpropheten, zur Magie und zugleich die gebrochene oder dialektische Art dieser Beziehung wird in vollem Umfang an den symbolischen Handlungen deutlich[22]. Solche Handlungen nehmen die Propheten an allerlei Gegenständen, an anderen Menschen oder an sich selber vor. Sie können in einem kurzen Zeitraum vollzogen werden oder sich über Jahre erstrecken, sich in der Einsamkeit oder in aller Öffentlichkeit ereignen, stillschweigend vorgenommen oder von einem erläuternden Wort begleitet oder gefolgt sein.

Schon den frühen Propheten werden einige Handlungen zugeschrieben: Ahia von Silo zerreißt seinen Mantel in 12 Teile und läßt Jerobeam 10 davon nehmen (I Reg 11 29-39), Elia wirft seinen Mantel über Elisa (I Reg 19 19-21), Zedekia macht sich eiserne Hörner (I Reg 22 11), Elisa läßt den König Joas einen Pfeil nach Osten schießen und mit einem Pfeilbündel auf den Boden schlagen (II Reg 13 14-19). Daß zwischen ihnen und den sog. Schriftpropheten kein grundlegender Bruch erfolgt ist, sondern eine Kontinuität besteht, zeigt sich daran, daß derartige Handlungen in nicht geringer Zahl von den späteren Propheten vorgenommen worden sind. Vor allem sind die Jeremia- und Ezechielüberlieferung zu nennen, die Berichte über 10 bzw. 12 symbolische Handlungen enthalten.

Lassen wir unklare oder fragwürdige Fälle beiseite, so handelt es sich um folgende Handlungen[23]:

Hos 1 2-9	erste Ehe Hoseas und Benennung der Kinder,
Hos 3	zweite Ehe Hoseas,
Jes 7 3	vorausgesetzte Benennung eines Kindes Jesajas,
Jes 8 1-4	Benennung eines anderen Kindes Jesajas,
Jes 20	Umhergehen in der Kleidung von Gefangenen,
Jer 13 1-11	Verbergen eines Gürtels,
Jer 16 1-4	Verzicht Jeremias auf Ehe und Kinder,
Jer 16 5-7	Verzicht Jeremias auf Trauerbräuche,
Jer 16 8-9	Verzicht Jeremias auf Teilnahme an Festen,
Jer 19 1. 2a. 10-11a. 14-15	Zerbrechen eines Kruges,
Jer 27 1-3. 12b	Tragen der Jochstange,
Jer 28 10-11	Zerbrechen der Jochstange (Chananja),
Jer 32 1. 7-15	Kauf eines Ackers,
Jer 43 8-13	Vergraben von Steinen in Tachpanches,
Jer 51 59-64	Versenken eines Blattes mit Unheilsworten im Euphrat,

---

[22] H. WH. ROBINSON, Prophetic Symbolism, in: Old Testament Essays, 1927; Hebrew sacrifice and prophetic symbolism, JThSt 43 (1942), S. 129—139; A. VAN DEN BORN, De symbolische handelingen der Oud-Testamentische profeten, 1935; Profetie metterdaad, 1947; G. FOHRER, Die symbolischen Handlungen der Propheten, 1967[2] (dort weitere Lit.). Es ist anzunehmen, daß sowohl die Berichte über die symbolischen Handlungen als auch die Erzählungen von den ägyptischen Plagen in den Quellenschichten E und P letztlich von der Form des Berichts über magische Handlungen ausgegangen sind, vgl. G. FOHRER, Überlieferung und Geschichte des Exodus, 1964, S. 68 f.

[23] Zur Form vgl. oben: Die Gattung der Berichte über symbolische Handlungen der Propheten.

Ez 3 16a 4 1-3	Darstellung der Belagerung einer Stadt,
Ez 4 4-8	Stilliegen Ezechiels,
Ez 4 9-17	Backen von Brot,
Ez 5 1-17	Abscheren, Aufteilen und Vernichten von Haar,
Ez 12 1-11	Auszug wie Gefangene und Deportierte,
Ez 12 17-20	zitterndes Essen und Trinken,
Ez 21 11-12	Zusammenbrechen und Seufzen,
Ez 21 23-29	Zeichnen und Kennzeichnen von Wegen,
Ez 24 1-14	Kochen und Ausglühen eines Kessels,
Ez 24 15-24	Unterlassen der Trauerbräuche,
Ez 3 22-27 24 25-27 33 21-22	Verstummen und neues Reden,
Ez 37 15-28	Zusammenfügen von zwei beschrifteten Stäben,
Sach 6 9-15	Krönung Serubbabels.

All diese Handlungen sind nicht einzigartig und können nicht isoliert für sich betrachtet werden, sondern gleichen anderen Handlungen in fast sämtlichen Kulturen. Es ist längst bekannt, daß sie in einem engen Zusammenhang mit magisch-zauberischen Handlungen stehen und in diesen ihren Ursprung haben. Der geschichtliche Anknüpfungspunkt ist damit gegeben, daß sich solche Handlungen auch in Israel und im Alten Orient finden. Es mag genügen, die babylonischen Beschwörungssammlungen *Maqlû* und *Šurpu*, die das Verbrennen von Zauberbildern als einer symbolischen Handlung nebst den dazugehörigen Zaubersprüchen behandeln[24], und das ägyptische Ächtungsritual, bei dem die mit den Namen der Feinde des Pharao beschrifteten Gefäße zerbrochen wurden[25], zu nennen.

Außer auf die geschichtlichen und traditionsgeschichtlichen Zusammenhänge läßt sich darauf hinweisen, daß die Struktur der magischen und der prophetischen Handlungen die gleichen Merkmale aufweist. Als Gegenstand der Handlungen können alle möglichen Dinge dienen, die als Abbild eines Urbildes oder Symbol eines anderen Gegenstandes gelten, zu dem sie in einem unterschiedlich nahen Verhält-

---

[24] K. L. TALLQVIST, Die assyrische Beschwörungsserie Maqlû, 1895; H. ZIMMERN, Die Beschwörungstafeln Šurpu, 1896; G. MEIER, Die assyrische Beschwörungssammlung maqlû, 1937; E. REINER, Šurpu: A Collection of Sumerian and Akkadian Incantations, 1958.

[25] K. SETHE, Die Ächtung feindlicher Völker, Fürsten und Dinge auf altägyptischen Tongefäßscherben des mittleren Reiches, 1926; G. POSENER, Nouveaux textes hiératiques de proscription, in: Mélanges Syriens Dussaud, I 1939, S. 313—317; Princes et pays d'Asie et de Nubie, 1940. Vgl. ANET S. 328f.; J. VANDIER, La religion égyptienne, 1949, S. 144. Zu weiteren neuen Texten vgl. J. VERCOUTTER, La Nubie au sud d'Abou-Simbel, Journal des Savantes 1963, S. 129—134; Textes exécratoires de Mirgissa, Comptes Rendues de l'Académie des Inscriptions et Belles Lettres 1963, S. 97—102; E. VILA, Un dépôt de textes d'envoûtement au Moyen Empire, Journal des Savants 1963, S. 135—160; dazu die kurze Notiz von A. PARROT, Mirgissa. Un dépôt de textes d'envoûtement, Syria 41 (1964), S. 184f.

nis der Darstellung oder Repräsentation stehen. Die Handlung besteht
in der Nachahmung des mit ihr bezweckten Ereignisses und wird nach
dem Grundsatz der Analogie vollzogen, so daß sich das, was am Abbild vorgenommen wird, auch am Urbild ereignen soll.

Schließlich lassen sich aus der ganzen Welt zahlreiche Berichte
oder Anordnungen über magische Handlungen zusammentragen, die
oft auffällige Ähnlichkeiten oder Parallelen mit den prophetischen
Handlungen aufweisen. Meist besteht kein geschichtlicher Zusammenhang zwischen ihnen. Gerade das zeigt, daß es sich um ein überall bekanntes und geübtes Verfahren handelt, von dem die prophetischen
Handlungen ausgehen konnten. Gewiß darf man die Ähnlichkeiten
oder Parallelen nicht überschätzen; immerhin machen sie gemeinsam
mit den anderen Feststellungen deutlich, daß der Ursprung der symbolischen Handlungen der Propheten in der Magie liegt und daß diese
Handlungen wie die magischen tatsächlich, bewußt und absichtlich-
zweckhaft ausgeführt worden sind. Wir treffen in ihnen auf eine klar
zutage liegende Beziehung zwischen Prophetie und Magie.

Gleichzeitig bilden die prophetischen Handlungen ein treffendes
Beispiel für die gebrochene oder dialektische Art der Beziehung zu
jener dunklen und untergründigen Welt. Denn sie sind mit magischen
Handlungen weder identisch noch äußerlich völlig gleich. Das zeigt
sich in ihrer Gestaltung daran, daß der Prophet sie nicht auf eigenen
Wunsch oder nach dem Willen anderer Menschen vornimmt, sondern
auf einen Befehl Jahwes hin, den erhalten zu haben er überzeugt ist;
daß er sie in den meisten Fällen gleichzeitig mit der Ausführung oder
zu einem späteren Zeitpunkt deutet und diese Deutung vor allem als
ein von ihm verkündetes Jahwewort erscheint; und daß er das Eintreten des symbolischen Geschehens nicht auf Grund seiner Mächtigkeit erwartet, sondern wegen der mit der Deutung verbundenen Zusage Jahwes, daß das Geschehen sich verwirklichen wird.

Die magische Grundlage schimmert in den prophetischen Handlungen nur noch durch und wirkt in ihnen nach, wobei sich im einzelnen
verschiedene Grade der Intensität unterscheiden lassen. Als ganze aber
haben sie eine neue Eigenart erhalten, weil in ihnen das magische Element ungeachtet seiner praktischen Nachwirkung grundsätzlich überwunden ist. Sie gründen sich nicht auf das kraftwirkende Handeln
eines Menschen, sondern auf die Macht Jahwes, die in die menschliche
Wirklichkeit hineinwirkt, so daß das symbolisch Vollzogene sich tatsächlich ereignet. Sie symbolisieren den Willen Jahwes, das Angekündigte wahr und wirklich werden zu lassen, die Macht Jahwes, diesen
seinen Willen auszuführen, und die daraus folgende künftige Tat
Jahwes. Der Prophet vollzieht in symbolischer Weise ein bevorstehen-
des Ereignis, das er in Vollmacht ankündigt. Indem er es tut, symbolisiert er zugleich das Eintreten dieses Ereignisses als einer göttlichen

Tat, die er verbürgt, begründet oder anzeigt und die er insofern vorwegnimmt und unausweichlich macht.

So ist die symbolische Handlung eine wirkungsmächtige Ankündigung, und eben dieses Moment der Wirksamkeit ist die Folge der
ursprünglichen magischen Verwurzelung der Handlung. Sie ist ja nicht
bloß ein Sinnbild, ein didaktisches oder homiletisches Mittel, sondern
wirkungsmächtige und ereignisgeladene Tat, unbedingt wirksam mit
der oder gegen die Gewißheit des sie ausführenden Propheten oder der
sie beobachtenden Umwelt — nur daß die Wirksamkeit nicht mehr
in ihr selber liegt, sondern in der Macht Jahwes, der sie ausführen läßt.
Nicht also das Warum, wohl aber das Daß der Wirksamkeit der symbolischen Handlung beruht auf ihrem magischen Ursprung.

IV.

Analog ist die Wirksamkeit des Wortes zu verstehen, das Jahwe
spricht oder ausrufen läßt; sogar das vom Propheten selbst formulierte
und nicht von Jahwe hergeleitete Wort kann dergleichen für sich in
Anspruch nehmen. Doch ist die kraftwirkend-zwingende Qualität des
Jahwewortes naturgemäß nicht auf die Prophetie beschränkt. Wie
Marduk durch sein Wort ein Kleid vergehen und neu entstehen läßt[26],
so ruft Jahwe das Licht, die Himmelsfeste, trockenes Land und Meer,
Sterne, Tiere und Pflanzen durch sein Wort unmittelbar oder mittelbar — durch die der Mutter Erde verliehene Kraft — ins Dasein. Anders als die wirkungslosen Träume der Propheten wirkt sein Wort wie
ein Hammer, der Felsen zerschlägt (Jer 23 29), und formt wie eine
eigenständige Macht die Geschicke der Völker, indem es ähnlich dem
Regen das ausführt, wozu es ausgesandt wird (Jes 55 11). Das Jahwewort haut wie ein Schwert drein und tötet (Hos 6 5), es schlägt in
Israel ein, daß das ganze Volk es fühlt (Jes 9 7), es wird im Prophetenwort zu Feuer, das das Volk wie Brennholz verzehrt (Jer 5 14); daher
kann das Land dieses Wort nicht beliebig lange ertragen (Am 7 10).
Denn wenn Jahwe seine Stimme erhebt und brüllt, verdorren die Vieh-
weiden und die Wälder des Karmel (Am 1 2). Sein Wort kann wie sich
fortzeugendes Unheil im Kreislauf des Geschicks den Tod herbeiführen: Darin, daß Jehus Pfeil den fliehenden König trifft, verwirklicht
sich Jahwes Wort, durch Elia und den Boten Elisas verkündet (I Reg
21 19 II Reg 9 25) — und doch wird diese Tat am Tag von Jesreel ihre
verdiente Strafe finden (Hos 1 4).

Dem Jahwewort, wie es vor allem der Prophet verkündigt, eignet
eine bestimmte Wirkungskraft, wie sie sonst dem magisch-zauberischen

---

[26] *Enūma eliš* IV, 20ff.

Wort zugeschrieben wird. Oder anders gesagt: Das prophetische Wort scheint einen ähnlichen Ursprung wie die prophetische symbolische Handlung zu haben und in einem ähnlichen Verhältnis zum magischen Wort wie sie zur magischen Handlung zu stehen. Auf diesen Zusammenhang hat vor allem G. Hölscher aufmerksam gemacht, indem er den geschichtlichen Hintergrund des Prophetenspruchs im Zauberspruch erblickt[27]. Aus dieser Beziehung erklärt sich wieder die Überzeugung von der Wirksamkeit des Prophetenwortes. Die priesterschriftliche Moseüberlieferung weist, wahrscheinlich gegen ihren Willen, auf diesen Zusammenhang hin. Während die vorexilischen Erzählungsschichten den Mose das Quellenwunder mittels seines machtwirkenden Stabes herbeiführen lassen, ersetzt die Priesterschrift den Stab durch das Wort: Mose und Aron sollen vor den Augen der Gemeinde zu dem Felsen reden, daß er sein Wasser gebe (Num 20 7, vgl. Ex 17 1-7 Num 20 1-13). Für die Prophetie müssen zwei Beispiele genügen. Einmal kündigen Jes 10 27b-32 und Mi 1 10-15 das Nahen eines nicht näher beschriebenen Feindes an, mit dem wohl das assyrische Heer gemeint sein dürfte. Sie nennen eine Reihe von Ortschaften und lassen an ihre Namen mittels Wortspielen das anklingen, was ihnen beim Einfall des Feindes widerfahren wird[28]. Der Name aber steht mit dem Wesen und Geschick seines Trägers in Zusammenhang. So erheben die Propheten aus den Ortsnamen mit zwingender Macht das in ihnen verborgene Geschick der Ortschaften; indem sie es aussprechen, machen sie es unausweichlich. Ferner ist der Zusammenstoß Jeremias mit Chananja beachtenswert (Jer 28). Zwar ist Jeremia zunächst durch die symbolische Handlung des Zerbrechens der Jochhölzer mit dem begleitenden Jahwewort Chananjas geschlagen und muß seines Weges gehen, weil er dem im Augenblick kein anderes Jahwewort entgegenzusetzen hat. Dies ergeht erst nachträglich an ihn und schließt offenbar die dem Chananja entgegengeschleuderte Drohung ein, daß er noch im laufenden Jahre sterben müsse. Der Erzähler fügt lakonisch hinzu: »Und der Prophet Chananja starb im selben Jahr im siebten Monat« (Jer 28 17). Man denkt dabei unwillkürlich an die mannigfachen Beispiele aus aller Welt, nach denen jemand auf Grund eines ihn dem Tode

---

[27] G. Hölscher, Die Profeten, 1914, S. 89ff. Vgl. L. Dürr, Die Wertung des göttlichen Wortes im Alten Testament und im antiken Orient, 1938; J. Hempel, Die israelitischen Anschauungen von Segen und Fluch im Lichte altorientalischer Parallelen, ZDMG 79 (1925), S. 20—110 (Apoxysmata, 1961, S. 30—113); Wort Gottes und Schicksal, in: Festschrift A. Bertholet, 1950, S. 222—232; J. L. McKenzie, The Word of God in the Old Testament, TheolSt 21 (1960), S. 183—206 u. a. m.

[28] Für Mi 1 10-15 ist dies allgemein anerkannt, für Jes 10 27b-32 vgl. den Hinweis von B. Duhm, Das Buch Jesaia, 1922⁴, S. 104, während H. Donner, Israel unter den Völkern, 1964, S. 30—38, dies außer acht läßt.

weihenden Zauberwortes gestorben ist[29]. Kündigt der Prophet im
Namen Jahwes Tod und Verderben an, so ist der Frevler ihnen unausweichlich verfallen (vgl. I Sam 2 27-34 mit 4 11 und I Reg 2 26 f.; II Sam
12 11 f. mit 12 15-18; I Reg 13 20-24 14 12-18 u. a.), wie sich umgekehrt
das angekündigte Heil verwirklicht (vgl. I Reg 11 31 mit 12 20; II Reg
19 6 f. 35 20 5 ff. u. a.).

Darauf weist formgeschichtlich die Übernahme von Redeformen
mit ursprünglich magischem Hintergrund durch die Prophetie hin,
die sie mit neuer Funktion verwendet. So enthüllen die Bileamerzäh-
lungen den Sitz im Leben der Segens- und Fluchlieder vor der Schlacht:
Ein mit göttlicher Kraft erfüllter Gottesmann sollte den Segen für die
eigene Partei und den Fluch für den Feind herbeibeschwören, um den
Ausgang des Ringens sicherzustellen. Das Spottlied, das oft als מָשָׁל,
als machtwirkender Spruch, bezeichnet wird und als eine Art von Beschwörung oder Verwünschung gelten kann, wird von der Prophetie
gelegentlich in neuer Funktion verwendet, indem sie es auf ein künftiges Ereignis bezieht, das sie spöttisch besingt, wie wenn es schon eingetreten wäre — so in charakteristischer Art im Lied über Babel Jes 47.
Freilich wird die Spottdichtung überwiegend durch die prophetischen
Fremdvölkersprüche ersetzt, was ein ebenso charakteristisches Licht
auf diese wirft — seien sie nun in heilsprophetischer Art gehalten wie
bei Nahum, so daß sie die Heilsverkündigung für Israel einbeziehen
und die Drohung fast wie ein kraftwirkendes Mittel der nationalen
Außenpolitik verwenden, oder seien sie eine Bezeugung der weltumfassenden Herrschaft Jahwes wie bei Amos, der Israel in die Drohung
einbezieht. Ferner ist das zwar nicht ausschließlich, aber doch weithin
im Totenkultus und im Götterleichenlied mit magischem Charakter
wurzelnde Leichenlied zu nennen, das in der Prophetie nicht den wirklichen Tod und Untergang beklagt, sondern den zukünftigen, der als
bereits eingetreten und zumindest von den Zuhörern als durch es herbeigeführt betrachtet wird, zumal wenn es mit dem ursprünglich magischen Spottlied zum spöttischen prophetischen Leichenlied verbunden
ist (Jes 14 4 ff. Nah 3 18 f. usw.). Der Prophet steigert damit die Unheilsdrohung, die sich vor allem gegen fremde Völker richtet, und betont die absolut sichere Verwirklichung.

Das Götterleichenlied, die Leichenklage über den gestorbenen
oder in die Unterwelt eingegangenen Vegetationsgott, mag endlich

---

[29] Grundsätzlich ähnlich ist der Sachverhalt bei der Notiz über den Tod Pelatjas in
Ez 11 13 zu beurteilen. Zwar gehört sie nicht zum ursprünglichen Bericht Ezechiels,
sondern stellt eine spätere Ergänzung dar (vgl. G. FOHRER - K. GALLING, Ezechiel,
1955, S. 58f.), setzt aber beim Ergänzer die Meinung voraus, daß die prophetische
Drohung mit Deportation oder Tod sogar augenblicklich wirken könne. Vgl. auch
die mittelalterliche Parallele Eustasius gegen Agrestius bei A. HAUCK, Kirchen-
geschichte Deutschlands, I 1898, S. 276.

zumindest teilweise die Keimzelle für den Ruf »Wehe!« gewesen sein[30].
So legen es in Jeremias Drohung gegen Jojakim der auf den König
wenig passende Ausruf »Wehe, Schwester!« (Jer 22 18) und die Klage
über das Kind Jerobeams »Wehe, Herr!« (I Reg 12 24m LXX) nahe.
Für die prophetischen Weherufe[31] hat man freilich an eine Herleitung
aus der volkstümlichen Weisheit, aus dem Sippenethos, gedacht[32]. So
sehr dies für einige Stellen zuzutreffen scheint, so wenig darf man
deswegen die Verbindungslinie zum kraftwirkenden Fluch oder zur
ursprünglich magisch bestimmten Totenklage außer acht lassen[33].
Die volkstümliche Weisheit knüpft vielleicht selber an eine derartige Bedeutung an. Jedenfalls begegnet in Hos 7 13a das »Wehe«
(allerdings in der aus anderen Zusammenhängen stammenden oder
dieser — vielleicht dialekthaft — angeglichenen Form אוֹי) als eine
Art ursprünglicher Fluch, der parallel zu der angedrohten oder an-
gewünschten »Verheerung« steht. Von da aus erklärt sich der Aufbau des Spruches Am 5 7. 10-11, der ursprünglich mit dem verfluchenden הוֹי begonnen haben dürfte, an das sich eine Begründung anschließt, und der mit לָכֵן יַעַן eine weitere Begründung mit folgender
Drohung hinzufügt:

Fluchwort:	'Wehe'
Begründung:	denen, die das Recht in Wermut wandeln
	und die Gerechtigkeit zu Boden stoßen,
	die bei Gericht den hassen, der zurechtweist,
	und den, der aufrichtig redet, verabscheuen.
Begründung:	Darum: Weil ihr die Geringen 'tretet'
	und Getreideabgabe von ihnen nehmt —
Drohung:	Häuser aus Quadern habt ihr gebaut,
	doch sollt ihr in ihnen nicht wohnen;
	prächtige Weingärten habt ihr gepflanzt,
	doch sollt ihr ihren Wein nicht trinken!

Darüber hinaus ist neuerdings der traditionsgeschichtliche Zusammenhang der prophetischen Gerichtsankündigungen nach Gedanken, Bildern und Ausdrücken mit den altorientalischen Verfluchun-
gen und Verwünschungen stark beachtet worden, allerdings vorwiegend mit denjenigen in den hetitischen und anderen Staatsverträgen[34],

---

[30] H. JAHNOW, Das hebräische Leichenlied im Rahmen der Völkerdichtung, 1923,
S. 83ff., gibt einer stärker natürlich-psychologischen Erklärung Raum.

[31] P. HUMBERT, Problèmes du Livre d'Habacuc, 1944, S. 19ff.

[32] E. GERSTENBERGER, The Woe-Oracles of the Prophets, JBL 81 (1962), S. 249—263;
H. W. WOLFF, Amos' geistige Heimat, 1964, S. 12ff. Zur Kritik vgl. G. WANKE,
אוֹי und הוֹי, ZAW 78 (1966), S. 215—218.

[33] Für die erste Möglichkeit vgl. C. WESTERMANN, Grundformen prophetischer Rede,
1960, S. 137ff., für die zweite G. WANKE, a. a. O. S. 217f.

[34] G. E. MENDENHALL, Law and Covenant in Israel and the Ancient Near East, 1955
(ursprünglich in BA 17, 1954; deutsch 1960); St. GEVIRTZ, West-Semitic Curses and

nachdem schon früher eine Beziehung zwischen Fluch und Drohwort als literarische Formen vermutet worden war[35]. In der Tat gibt es zahlreiche Parallelen zwischen altorientalischen und prophetischen Texten, die zu auffällig sind, als daß sie auf bloßen Zufällen beruhen können. So werden wie im Fluch auch im Prophetenspruch angedroht:

Aufhören der Freudenlaute (Jer 7 34 16 9 25 10 33 11 Ez 26 13),

Aufhören des Geräusches der Handmühle (Jer 25 10),

Zerbrechen des Zepters (Jes 9 3 14 5 Jer 48 17, vgl. Jes 14 29 Sach 10 11),

Zerbrechen der Waffen (Jer 49 35 51 56 Ez 39 3 Hos 1 5 2 20 Sach 9 10),

unheilbare Wunden (Jes 1 5f. Jer 8 22 10 19 14 17. 19 15 18 30 12f. 15 46 11 51 8f. Hos 5 13
    Mi 1 9 Nah 3 19),

Flut (Jes 8 7 Jer 47 2),

Giftwasser (Jer 8 14 9 14 23 15),

Kannibalismus (Jes 9 19f. Jer 19 9 Ez 5 10, vgl. Jes 49 26 Sach 11 9),

Gefangenwerden wie ein Vogel (Jer 50 24 Ez 17 Hos 7 12, vgl. Jes 8 14 28 13 Jer 48 43f.),

Verschlungenwerden (wie) von Raubtieren (Jer 5 6 8 17 Hos 13 7f., vgl. Jes 5 29 14 29
    15 9 56 9 Jer 2 14f. 4 7 12 9 49 19 50 44 Hos 5 14 Hab 1 8),

Umwandeln des Landes in Wohnstätten von Tieren (Jes 13 19ff. 17 1f. 27 10 32 14 34 11ff.
    Jer 9 9f. 10 22 49 33 50 39 51 37 Ez 25 5),

Betätigung als Dirne (Am 7 17 Jes 23 15ff.),

Entblößung wie eine Dirne (Jer 13 26f. Ez 16 37f. 23 10. 29 Hos 2 5 Nah 3 5, vgl. Jes 3 17
    47 3 Jer 13 22),

Schändung der Frauen (Jer 8 10),

trockene Brüste (Hos 9 14),

weibische Krieger (Jes 19 16 Jer 50 35ff. 51 30 Nah 3 13),

Mangel an Männern (Jes 4 1),

kein Begräbnis (Jes 5 25 Jer 7 33 8 2 9 21 14 16 16 4. 6 22 19 25 33 34 20 36 30 Ez 39 17ff.).

Danach handelt es sich gewiß nicht um freie Erfindungen der Propheten. Doch kann man nicht einfach auf die altorientalischen Staatsverträge als Quelle hinweisen, erst recht nicht auf die hetitischen Vasallenverträge des 15.—13. Jh. v. Chr., die nur sehr allgemeine und stereotype Verwünschungen enthalten — im Gegensatz zu den ausgearbeiteten und mannigfaltigen der Verträge des 9.—7. Jh. v. Chr. Vielmehr sind sowohl die Vorgeschichte als auch das sonstige Vorkommen auf Grenzsteinen, in Inschriften, als Abschluß von Rechtssammlungen (vgl. Lev 26 Dtn 28) und nicht zuletzt in Sammlungen von Beschwörungsritualen und -texten wie *Maqlû* und *Šurpu* zu beachten. Vor allem

the Problem of the Origins of Hebrew Law, VT 11 (1961), S. 137—158; F. Ch. Fensham, Malediction and Benediction in Ancient Near Eastern Vassal-Treaties and the Old Testament, ZAW 74 (1962), S. 1—9; Common Trends in Curses of the Near Eastern Treaties and *kudurru*-Inscriptions compared with Maledictions of Amos and Isaiah, ebd. 75 (1963), S. 155—175; D. J. McCarthy, Treaty and Covenant, 1963; D. R. Hillers, Treaty-Curses and the Old Testament Prophets, 1964 (dort weitere Lit.).

[35] A. Bentzen, Introduction to the Old Testament, I 1952, S. 198 f.

die beiden Hauptformen der Verwünschungen und Flüche — solche
mit Anrufungen von Göttern und solche mit Ergehensvergleichen —
ähneln den Beschwörungstexten so stark, daß in solchen Überlieferungen die gemeinsame Wurzel für die Verwendung in Fluchlisten,
Epen, Hymnen, Annalen, Rechtsbüchern, Verträgen und — Prophetensprüchen zu erblicken ist. Daß es Überlieferungen von ursprünglich
auf magische Weise selbstwirkenden Flüchen, die der Prophetie häufig
ihre Gedanken, Bilder und Ausdrücke geliefert haben, auch in Israel
gegeben hat, zeigen die Kompilationen in Lev 26 und Dtn 28 als Abschluß von Rechtsbüchern. An dergleichen und damit an die Tradition
magischer Verwünschungen knüpfen die prophetischen Drohungen,
insbesondere diejenigen gegen fremde Völker, in eindeutiger Weise an.
Auch in dieser Hinsicht besteht eine Beziehung zwischen Prophetie
und Magie. Die prophetische Drohung gewinnt den Charakter der
Wirksamkeit aus magischen Urgründen. Auf entsprechende Zusammenhänge mag eine Untersuchung der Heilsverheißung führen. Nur
am Rande sei vermerkt, daß sich von da aus auch die poetisch-rhyth-
mische Art der Formulierung der Prophetensprüche erklärt.

Jedoch sind die Prophetensprüche zweifellos keine Zaubersprüche
und magischen Worte — keine Machtworte in dem Sinn, als ob sie das
Unheil oder das Heil, das sie ankündigen, in der Auffassung der Propheten oder Israels auch tatsächlich auf Grund der in ihnen enthaltenen
Kraft bewirkten. Die Propheten binden nach der damaligen Anschauung zwar die Zukunft und führen sie herbei, aber nicht durch eine ihrem
Wort immanente Kraft wie im Bereich der Magie. Vielmehr verkünden
sie das Wort Jahwes, der das in seinem Auftrag Gesprochene verwirklichen will und wird. Das prophetische Wort ist also nicht infolge
magisch zwingender Macht wirksam, sondern als Ankündigung des
göttlichen Handelns, die der Verwirklichung und Bestätigung bedarf
(vgl. Dtn 18 21 f. Jer 23 32 28 8 f. Hos 12 11). Demnach steht auch das
prophetische Wort in einer gebrochenen oder dialektischen Beziehung
zur Magie.

V.

Schon mehrfach sind die prophetischen Fremdvölkersprüche erwähnt worden. Sie müssen nunmehr nochmals wegen einer Beziehung
zur Magie herangezogen werden, auf die A. BENTZEN für Amos aufmerksam gemacht hat[36]. Zur Erklärung des erstaunlich umfangreichen
Abschnitts Am 1 3—2 16 verweist er auf das ägyptische Ritual der

---

[36] A. BENTZEN, The Ritual Background of Amos i 2—ii 16, OTS 8, 1950, S. 85—99.
    Anders z. B. E. WÜRTHWEIN, Amos-Studien, ZAW 62 (1950), S. 10—52; H. GRAF
    REVENTLOW, Das Amt des Propheten bei Amos, 1962, S. 56—75.

»Ächtung feindlicher Völker, Fürsten und Dinge«[37], bei dem Fluchworte über die Feinde des Pharao gesprochen, deren Namen auf Krüge
geschrieben und diese dann in einer magiehaltigen Handlung an heiliger Stätte zerbrochen wurden, damit diejenigen, deren Namen auf den
Krügen standen, wie diese vernichtet würden. Dabei werden die zu
verfluchenden Völker oder Menschen in der festen geographischen
Ordnung Süd—Nord—West mit Ägypten selbst als Zentrum an letzter
Stelle aufgezählt. Freilich ist es ganz unwahrscheinlich, daß man in
Israel ähnliche Riten am sog. Thronbesteigungsfest zu Neujahr begangen und daher Amos an einem solchen Fest das ganze Ritual vorgeführt habe. Wie in so vielen anderen Fällen liegt vielmehr die prophetische Nachahmung der Redegattung solcher Ritualtexte vor. Das
eigentliche Ritual ahmt Jeremia in der symbolischen Handlung des
Krugzerbrechens nach — gerade nicht als rituellen Akt an heiliger
Stätte, sondern am Scherbentor, auf dem städtischen Schuttabladeplatz. Außerdem ist bei Amos zu beachten, daß er die geographische
Reihenfolge der ägyptischen Texte in Palästina nicht einhalten konnte
und daß die Sprüche gegen Phönizien, Edom und Juda mit voller
Sicherheit als spätere Zusätze gelten und daher unberücksichtigt bleiben müssen[38]. Dann ergibt sich eine den Ächtungstexten entsprechende
Reihenfolge:

Am 1 3-5	gegen Aram	= Norden,
1 6-8	gegen die Philister	= Westen,
1 13-15	gegen Ammon⎫	
2 1-3	gegen Moab ⎬	= Osten,
2 6-16	gegen Israel	= Mitte.

Daß dies kein Zufall ist, ergibt sich daraus, daß analoge Anordnungen anderwärts wiederkehren, wobei die Reihenfolge der Himmelsrichtungen im einzelnen verschieden ist, so daß sich ein allgemeiner
Grundsatz, nicht aber ein starres Schema erschließen läßt. Das nächste
Beispiel ist eine Sammlung von Sprüchen Jesajas, die mit zahlreichen
Sprüchen anderer Propheten (durch die Bezeichnung מַשָּׂא »Ausspruch«
gekennzeichnet) in Jes 13—23 vereinigt ist[39]:

Jes 14 24-27	gegen Assyrien	= Osten,
14 28-32	gegen die Philister	= Westen,
17 1-6	gegen Damaskus und Nordisrael	= Norden,
18 20	an und gegen Ägypten	= Süden,

[37] Vgl. Anm. 25.
[38] Vgl. zuletzt W. H. SCHMIDT, Die deuteronomistische Redaktion des Amosbuches,
ZAW 77 (1965), S. 174—178.
[39] Damit kein Mißverständnis entsteht, möchte ich bemerken, daß die Einteilung in
jesajanische und spätere Sprüche für mich längst feststand, bevor ich der Frage der
geographischen Anordnung der Jesajasprüche nachging.

22 1-14. 15-19   gegen Jerusalem und einen dortigen
                   Beamten   = Mitte.

Auch Ezechiel scheint sich auf Grund des magischen Ächtungsrituals bewogen gefühlt zu haben, sich gegen die Nachbarvölker Judas
zu wenden und sie — vom gedachten Mittelpunkt Juda aus — in einer
bestimmten geographischen Reihenfolge zu behandeln, woraus sich
zugleich die schablonenhafte und gleichbleibende Art dieser Sprüche
erklärt:

Ez 25 1-5. 6-7   gegen Ammon   = Nordosten
                                                        (für Norden),
    25 8-11   gegen Moab   = Osten,
    25 12-14   gegen Edom   = Südosten
                                                        (für Süden),
    25 15-17   gegen die Philister   = Westen.

Noch bei der Zusammenstellung von ursprünglichen und sekundären Sprüchen ist man dem magisch bestimmten Vorbild gefolgt. So
verhält es sich in Jer 46 1-49 27, wovon m. E. nur 46 1-12 von Jeremia
stammen:

Jer 46   gegen Ägypten   = Süden,
    47   gegen die Philister   = Westen,
    48 1—49 22   gegen Moab, Ammon, Edom   = Osten,
    49 23-27   gegen Damaskus   = Norden.

Ähnlich ist die Lage im Buche Zephanja, von dessen Fremdvölker-
sprüchen wohl nur 2 4. 13 f. vom Propheten selber stammen:

Zeph 2 4. 5 f. 7   gegen die Philister   = Westen,
     2 8 f. 10 f. gegen Moab und Ammon   = Osten,
     2 12   gegen Ägypten   = Süden,
     2 13 f. 15   gegen Assyrien   = Norden.

Natürlich gilt für diese Anordnung, die magisch bestimmten Vor-
bildern entlehnt ist, das gleiche, was über die Prophetensprüche insgesamt gesagt worden ist: Die Fremdvölkersprüche werden nicht als
magische Ritualtexte betrachtet, da auch sie im Namen Jahwes ergehen und sein Gerichtshandeln ankündigen. Ihre Anordnung soll doch
wohl wieder darauf hinweisen, daß sie wirksame Ankündigungen darstellen — und dies gerade gegenüber Völkern, denen ein magisches
Vorstellen und Handeln nicht unbekannt war. Man kann sogar fragen,
ob nicht der Zweck der Anordnung darin bestand, bei ihnen — sofern
ihnen solche Sprüche bekannt wurden — den Eindruck kraftwirkender
magischer Fluchworte hervorzurufen. Allerdings läßt sich diese Frage
heute nicht mehr beantworten.

Es scheint nicht ausgeschlossen, daß ähnliche Vorstellungen in der Anordnung von Prophetensprüchen zu kleinen und großen Sammlungen nachwirken — zwar nicht bei der Anwendung eines chronologischen Grundsatzes wie in der Aneinanderreihung der Sammlungen in Jes 5—10 oder eines qualitativen Grundsatzes wie in der Voranstellung von Jes 1, wohl aber bei der Anwendung eines eschatologischen Schemas, das zwei- oder dreigliedrig sein kann[40].

Das zweigliedrige Schema Unheil—Heil liegt einmal den kleinen Sammlungen von Jes 1—35 zugrunde, bei denen meistens an den Hauptteil der Sammlung eine eschatologische Verheißung angehängt worden ist. Dadurch wird die Verkündigung Jesajas in eine umfassende Schau eines Vorher—Nachher mit einer vorübergehenden Periode des Unheils und einer ewigen Periode des Heils einbezogen und dieser Schau mittels der Anordnung der Sprüche der Charakter der Wirksamkeit zugesprochen. So ist an Jes 1 die Verheißung 2 2-4 angehängt worden, um dem verderbten oder einem Läuterungsgericht zu unterwerfenden Jerusalem den eschatologischen Zionsberg als Wallfahrtsziel der Völker gegenüberzustellen. Nach den Sprüchen über den sündigen Stolz der Jerusalemer Oberschicht in 2 6—4 1 wird in 4 2-6 von dem gottgemäßen Stolz des eschatologischen Restes gesprochen. Nach dem Versagen des Königs laut 7 1—8 18 erwartet 9 1-6 für die eschatologische Heilszeit einen messianischen Herrscher als Stellvertreter Jahwes auf Erden. Die gleiche Gestalt mit einem Friedensreich erhofft 11 1-9 nach dem Ende der sündigen fremden Reiche und Herrscher, von denen die ursprüngliche Sammlung 9 7-20 + 5 25-29 10 5-15 redet. Im Anschluß an die Sammlung 28 7—32 14 erklärt 32 15-20 die bevorstehende oder gegenwärtige Zeit des Unheils als etwas Vorläufiges und Vorübergehendes, das durch das eschatologische Heil abgelöst wird — in diesem Fall besonders deutlich, weil nach der abschließenden Androhung der Verödung »für immer« die Verheißung mit lediglich einem Halbvers einsetzt, die die Gerichtsankündigung sozusagen als ersten Halbvers voraussetzt und sie begrenzt:

....
bis Geist aus der Höhe über uns ausgegossen wird.

Das gleiche zweigliedrige Schema haben die Bearbeiter der Prophetenbücher an anderer Stelle befolgt. Den Sprüchen des Amos, die überwiegend von scheltender und drohender Art sind, haben sie die Verheißungen Am 9 8-15 gegenübergestellt. Das Buch Hosea schließt mit der Verheißung 14 2-9, die anders als in den meisten sonstigen Fäl-

---

[40] Dagegen liegt der Verwendung von urzeitlichen oder frühgeschichtlichen Motiven in der Eschatologie kein mythisch-magisch bestimmtes zyklisches Denken zugrunde; vielmehr handelt es sich um Entsprechungsmotive, vgl. oben: Die Struktur der alttestamentlichen Eschatologie.

len vom Propheten des Buches selber stammt. Im Buch Micha findet
sich das Schema sogar zweimal: Auf die Sprüche Michas in 1—3 folgen
die Verheißungen in 4—5; auf die später zugefügten Sprüche 6 1—7 7
folgt 7 8-20.

Die Komposition des Buches des Ersten Jesaja ist mit den beiden
Teilen Jes 1—12 und 13—23 zunächst beim zweigliedrigen Schema
geblieben, doch ist mit der Anfügung der weiteren Sammlungen Jes
24—35 der Weg zum dreigliedrigen Schema eingeschlagen worden. In
ihm werden zwischen die Ankündigungen des Unheils für das eigene
Volk und des Heils für es — sowie vielleicht für andere Völker — die
Drohungen gegen die Fremdvölker eingeschoben, weil das Gericht über
sie als Durchgangsstadium für die Zuteilung des Heils an Israel gilt.
So verhält es sich in der in LXX bewahrten älteren Form des Buches
Jeremia und in den Büchern Ezechiel und Zephanja:

Jer 1—25 14	Ez 1—24	Zeph 1—2 3
25 15 ff. 46—51	25—32	2 4—3 8
26—35	33—48	3 9-20.

Man muß mit der Möglichkeit rechnen, daß diesen Anordnungs-
schemata nicht bloß ein literarisches Prinzip zugrunde liegt, sondern
daß die Vorstellung eines Einwirkens auf den Gang der Ereignisse oder
ihrer wirksamen Ankündigung zumindest eine gewisse Rolle gespielt
hat. Dann sollte die Anordnung der Prophetensprüche nach den
eschatologischen Schemata zur Verwirklichung der Heilszeit beitragen.

VI.

Schließlich wirkt in der schriftlichen Aufzeichnung und Überlieferung ein magisches Moment nach. Im allgemeinen Sinn hat darauf
neuerdings wieder A. WEISER aufmerksam gemacht[41]: »Die schriftliche Aufzeichnung des lebendigen Gotteswortes hat ihre Wurzel in
uralten, weitverbreiteten Zaubervorstellungen von der magischen Kraft
des geschriebenen Wortes, deren Reste sich noch spiegeln in Nu 5 11 ff.,
wo das des Ehebruchs beschuldigte Weib im Ordal das Wasser trinken
muß, mit dem ein geschriebener Fluch abgewaschen wurde, so daß sie
im buchstäblichen Sinn den Fluch trinkt, der an ihr sich auswirken
soll. Auch hinter der Symbolik des Ezechiel 3 1 ff., der die Buchrolle
essen muß, stehen noch solche magischen Rudimente, die hier allerdings zum Ausdruck des Gedankens der Inspiration geworden sind.«
Als eine beispiel- und lehrreiche Darstellung der Machtwirkung, die

---

[41] A. WEISER, Einleitung in das Alte Testament, 1966[6], S. 296.

mit dem geschriebenen Wort verbunden gedacht werden kann, sei diejenige von A. Bertholet genannt[42].

Daß dergleichen der Prophetie nicht völlig fremd war, läßt sich
aus einer symbolischen Handlung Jesajas ersehen, der den Namen
מהר שלל חש בז zuerst aufschreibt, später seinem Sohn gibt und dadurch
das Eintreffen des Gemeinten — die Vernichtung von Damaskus und
Samaria — wirksam ankündigt und unabwendbar macht. Mittels des
Aufschreibens kann die Wirksamkeit erreicht, erhalten oder gesteigert
werden.

Diese Vorstellung treffen wir in der Erzählung über die Buchrolle
Jeremias an (Jer 36). Jeremia läßt freilich seine Worte zunächst aufschreiben, um sie durch Baruch im Tempel, den er selber nicht betreten
darf, vortragen zu lassen. Wie jeder Bote bedarf Baruch einer schriftlichen Ausfertigung seiner Botschaft, damit deren zuverlässige Über-
mittlung kontrolliert werden kann. So handelt es sich um ein Verfahren, das durch den Notbehelf erforderlich wird, daß Baruch an Stelle
Jeremias dessen gesammelte Sprüche vortragen soll — ein Verfahren,
das die Sprüche nicht für die Nachwelt bewahren, sondern sie auf die
lebende Generation einwirken lassen soll. Spielt damit doch schon die
Absicht der Wirksamkeit hinein, so wird sie im weiteren Verlauf der
Ereignisse ganz deutlich. Die Motivation verschiebt sich nämlich,
wenn der König Jojakim die Rolle verbrennt und der Verfasser von
Jer 36 29b den Propheten über den König sagen läßt: »Du hast jene
Rolle verbrannt, indem du sagtest: Warum hast du darauf geschrieben, daß der König von Babel sicher kommen, dieses Land verheeren
und Mensch und Vieh aus ihm vertilgen wird!« Dann läßt Jeremia die
Rolle erneut schreiben, obwohl der Zweck der ersten Rolle erfüllt war
und die zweite nicht mehr vorgelesen werden konnte. Hierbei und bei
der Vernichtung der ersten Rolle ist ein Grund maßgeblich, den E.

---

[42] A. Bertholet, Die Macht der Schrift in Glauben und Aberglauben, 1949. Ein weiteres Beispiel bildet die Verwendung des ägyptischen Totenbuches nach M. E. Mat-
thieu, The Book of the Dead and the Problems of its Study, in: Trudy dwtzat pjatogo
meždunarodnogo kongressa wostokowedow (Akten des XXV. Internationalen Orien-
talisten-Kongresses), I 1962, S. 109: "Everyone knows about the belief of the ancient
Egyptians in the magic power of anything reproduced in a picture, a statuette, or
a written text. It cannot, therefore, be doubted that the presence in the tomb of
pictures representing the funeral ceremonies and of records of the words uttered on
this occasion should be understood as a means of reinforcing the effectiveness of these
ceremonies. Incantations pronounced on the day of burial, hymns sung, and acts
performed ... — all this must have been thought to be magically reinforced if a
papyrus roll containing a representation and a written record of all the essential parts
of the ceremony were also left in the funeral chamber. Let us remember that owing
to such notions the rituals of royal burial were engraved on the walls of the inner
rooms of the pyramids and, later on, the texts of the mortuary ceremonies were in-
scribed on the coffins and the walls of the noblemen's tombs."

NIELSEN richtig erkannt hat, ohne freilich die Folgerungen daraus zu ziehen[43]. Der König hat die Rolle vernichtet, um ihre Unheilsankündigungen zu neutralisieren und unwirksam zu machen, und dies dadurch besiegeln wollen, daß er ihrer Urheber habhaft zu werden versuchte. Dagegen soll die Erneuerung der Rolle gewährleisten, daß die Worte Jeremias in Kraft bleiben und ihre Drohung unvermindert andauert.

Gewiß kann das Aufschreiben und Überliefern der Prophetensprüche weitere persönliche und sachliche Nebenzwecke verfolgen. Der Hauptgrund aber liegt darin, daß die Wirkungskraft des einmal gesprochenen Wortes erhalten und vielleicht sogar gesteigert wird, indem man es schriftlich festhält. Bei jedem neuen Lesen oder Rezitieren wird die inhärente Kraft wieder freigesetzt oder wirksam. Das schließt — nebenbei gesagt — ein, daß die Prophetensprüche sehr bald nach ihrer mündlichen Verkündigung aufgeschrieben worden sind. Das gesprochene Wort muß rechtzeitig festgehalten werden, um seine Wirkungskraft zu bewahren. Allerdings ist auch dabei die gebrochene oder dialektische Art der Beziehung zur Magie zu beachten. Das Aufschreiben und Überliefern der Prophetensprüche bezweckt ja auch, der Mit- und Nachwelt vor Augen führen zu können, daß Jahwes Wille sich verwirklicht hat, und auf diese Weise die Wahrheit und Autorität des Jahwe- und Prophetenwortes zu erweisen. Außerdem sind allmählich in zunehmendem Maße theologische und kultische Gründe für die weitere Überlieferung maßgeblich geworden, je mehr die Prophetenschriften als heilige Schriften galten. Doch selbst darin wirkt die Überzeugung nach, daß das Prophetenwort lebendig wird, wenn man es im Gottesdienst verliest.

VII.

Mit all den vorangehenden Beobachtungen und Bemerkungen wird kein Anspruch auf Vollständigkeit der Beispiele, Aspekte und Diskussionen erhoben. Sie sollen nicht mehr als ein Hinweis auf einen meist wenig oder gar nicht beachteten Traditionszusammenhang der Prophetie darstellen, der der weiteren Bearbeitung und Vertiefung bedarf. Gezeigt werden sollte die Teilhabe der Prophetie an einer dunklen und untergründigen Welt — eine Teilhabe, die vermutlich darin begründet ist, daß der Ursprung der Prophetie in einer urtümlichen, ungeteilten und nichtspezialisierten Kultur liegt, in der der Seher oder Prophet gleichzeitig der Stammeszauberer war oder sein konnte. Darin ist wohl der Ansatzpunkt für die spätere Nachwirkung des magischen Elements, das Zurückgreifen auf oder die Affinität mit ihm zu erblicken — eine

---

[43] E. NIELSEN, Oral Tradition, 1954, S. 70.

Beziehung, die sich im Auftreten und Wirken oder im Verständnis der frühen Propheten, in den symbolischen Handlungen, in der Auffassung des Jahwe- und Prophetenwortes, in der Anordnung prophetischer Sprüche und Sammlungen, schließlich in der schriftlichen Aufzeichnung und Überlieferung enthüllt. Freilich ist diese Beziehung eine gebrochene oder dialektische, weil das magische Element durch die völlige Beziehung alles prophetischen Redens und Tuns auf Jahwe grundsätzlich überwunden ist. Nur in der Vorstellung von der Wirksamkeit dieses Redens und Tuns, in der Zukunftskenntnis und vor allem in der Zukunftsmächtigkeit ist es noch gegenwärtig. Es erklärt wenigstens teilweise, warum man dem Propheten einerseits Achtung und Scheu entgegenbrachte, ihn andererseits verachtete und für verrückt erklären konnte.

Besteht die Aufgabe des Propheten demnach darin, bevorstehende Ereignisse wirkungsmächtig anzukündigen, so darf doch nicht übersehen werden, daß dies nur einen Aspekt bildet, wie die Beziehung zur Magie nur eine von mehreren ist. Der Prophet hat ja nicht einfach eine wirksame Botschaft möglichst objektiv zu verkündigen, sondern formuliert auch eigene Worte ohne Berufung auf die göttliche Autorität, setzt sich mit seinen Zeitgenossen in Diskussionsworten auseinander, weiß um eine Aufgabe als Beobachter und Prüfer seiner Gegenwart (Jer 6 27) und um eine persönliche Verantwortung als »Wächter« (Ez 3 16b-21 33 1-6). Dies wie ferner die Fürbitte und die Art, in der Jer 25 1ff. das Wirken Jeremias beschreibt, machen deutlich, daß der Prophet die kommenden Dinge wirkungsmächtig ankündigt, um damit auf je seine Gegenwart einzuwirken und sie zu einem bestimmten Tun und Lassen aufzufordern. Erst wenn sie nicht darauf eingeht, sich dem prophetischen Drohen oder Verheißen versagt und auf dem eigenen Wollen beharrt, kommt die Frage der Wirksamkeit tatsächlich ins Spiel. Dann wird die Drohung tatsächlich wirksam, die Wirksamkeit der Verheißung dagegen aufgehoben. Damit erscheint die Beziehung zur Magie noch in einem anderen als dem bisher gekennzeichneten Sinn gebrochen oder dialektisch: Die wirkungsmächtige Ankündigung der kommenden Dinge ist in Wirklichkeit vorerst konditional und gewinnt ihren endgültigen Charakter auf Grund der Korrelation zwischen menschlichem und göttlichem Verhalten und Handeln durch die Entscheidung des Menschen für oder gegen Gott. Darum, daß die richtige Entscheidung getroffen wird, ringt der Prophet.

Prophetie und Geschichte

I.

Die Frage nach dem Verhältnis von Prophetie und Geschichte kann unter mannigfachen Gesichtspunkten gestellt und beantwortet werden[1]. Einige von diesen, die auf die wichtigste Fragestellung hinführen, sollen einleitend kurz gestreift werden.

[1] Aus der Fülle der Literatur wird nachstehend ein Ausschnitt gegeben, der keineswegs den Anspruch auf Vollständigkeit erhebt: J. RIEGER, Die Bedeutung der Geschichte für die Verkündigung des Amos und Hosea, 1929; J. HEMPEL, Die Mehrdeutigkeit der Geschichte als Problem der prophetischen Theologie, 1936; Glaube, Mythos und Geschichte im Alten Testament, ZAW 65 (1953), S. 109—167; Die Faktizität der Geschichte im biblischen Denken, in: Biblical Studies in Memory of H. C. Alleman, 1960, S. 67—88; A. WEISER, Glaube und Geschichte im Alten Testament, 1931 (Neudruck im gleichnamigen Sammelband, 1961, S. 99—182); G. F. ALLEN, The Prophetic Interpretation of History, ET 51 (1939/40), S. 454—457, 486—490; A. F. PUUKKO, Die Geschichtsauffassung der alttestamentlichen Propheten, in: Actes du XXe Congrès International des Orientalistes, 1940, S. 296; E. JACOB, La tradition historique en Israël, 1946; C. R. NORTH, The Old Testament Interpretation of History, 1946; J. BRIGHT, Faith and Destiny, the Meaning of History in Deutero-Isaiah, Interpretation 5 (1951), S. 3—26; G. ÖSTBORN, Yahweh's Words and Deeds, 1951; E. F. PERRY, The View of History in the Latter Prophets of the Old Testament, Diss. Northwestern University 1951; K. ELLIGER, Der Begriff »Geschichte« bei Deuterojesaja, in: Festschrift O. Schmitz, 1953, S. 26—53 (Kleine Schriften zum Alten Testament, 1966, S. 199—210); A. MALAMAT, Doctrines of Causality in Hittite and Biblical Historiography: a Parallel, VT 5 (1955), S. 1—12; W. EICHRODT, Heilserfahrung und Zeitverständnis im Alten Testament, ThZ 12 (1956), S. 103 bis 125; H. GESE, Geschichtliches Denken im Alten Orient und im Alten Testament, ZThK 55 (1958), S. 127—145; A. ALT, Die Deutung der Weltgeschichte im Alten Testament, ZThK 56 (1959), S. 129—137; D. N. FREEDMAN, History and Eschatology, Interpretation 14 (1960), S. 143—154; A. LAMORTE, Le problème du temps dans la prophétisme biblique, 1960; G. VON RAD, Theologie des Alten Testaments, II 1965[4]; G. WIDENGREN, Myth and History in Israelite-Jewish Thought, in: Culture and History, Essays in honor of P. Radin, 1960, S. 467—495; H. W. WOLFF, Das Geschichtsverständnis der alttestamentlichen Prophetie, EvTh 20 (1960), S. 218—235 (Gesammelte Studien zum Alten Testament, 1964, S. 289—307); Das Alte Testament und das Problem der existentialen Interpretation, ebd. 23 (1963), S. 1—17 (ebd. S. 325—344); R. RENDTORFF, Die Offenbarungsvorstellungen im alten Israel, in: W. PANNENBERG (hrsg.), Offenbarung als Geschichte, 1961, S. 21—41; Geschichte und Überlieferung, in: Festschrift von Rad, 1961, S. 81—94; Geschichte und Wort Gottes im Alten Testament, EvTh 22 (1962), S. 621—649; M. WERNER, Der Gedanke der Heilsgeschichte und die Sinnfrage der menschlichen Existenz, Schweiz. Theol. Umschau 32

Zunächst wissen die Propheten erstaunlich viel von der Geschichte sowohl ihres eigenen Volkes als auch anderer Völker, wie für die letzteren die sich mit ihnen befassenden Fremdvölkersprüche zeigen (z. B. Am 1 3ff. 9 7). Sie kennen die zeitgeschichtliche Situation in den Nachbarländern (z. B. Jes 18 über Ägypten) und verfolgen — wie besonders Hosea und Jesaja — diejenige in Israel mit einem geradezu leidenschaftlichen Eifer. Sie können sogar Lehren aus der Geschichte ziehen wie Jes 30 4f. mit dem Hinweis auf die Erfahrungstatsache, daß jeder, der bei Ägypten Hilfe gesucht hat, schmählich enttäuscht worden ist, und unterscheiden sich dennoch von Geschichtslehrern, wie denn Jes 30 6f. vor dem Bündnis mit Ägypten gerade nicht auf Grund der geschichtlichen Erfahrung, sondern infolge des prophetischen Wissens um den göttlichen Willen warnt.

Ferner besitzt die alttestamentliche Prophetie selbst eine Geschichte, in der die Art ihres Auftretens, die Form ihrer Verkündigung und der Inhalt ihrer Botschaft sich entfaltet und nicht unbeträchtlich gewandelt haben[2]. Können wir einzelne Fasern der Wurzeln dieser Geschichte dank einiger außerbiblischer Belege erfassen[3] und als Urformen der eigentlich alttestamentlichen Prophetie das im nomadischen Bereich beheimatete Sehertum und das dem Kulturland eigentümliche ekstatische Nabitum annehmen, so bemerken wir in der entscheidenden geschichtlichen Periode der Prophetie während der vor- und frühexilischen Zeit nebeneinander den zahlenmäßig wohl recht großen, tragenden Stand der höfischen und kultischen Berufsprophetie und die wenigen, sich davon abhebenden großen Einzelpropheten und sodann als deren gemeinsame Nachfolger in der spät- und nachexilischen Zeit eine infolge dieser verschiedenartigen Ahnen breit gefächerte Prophetie mit eindeutig eschatologischer Botschaft[4]. Doch nicht den zahlreichen Problemen dieser Geschichte der Prophetie wollen wir nachgehen. Der Hinweis auf sie soll lediglich daran erinnern,

---

(1962), S. 123—137; W. Zimmerli, »Offenbarung« im Alten Testament, EvTh 22 (1962), S. 15—31; R. Smend, Das Nein des Amos, ebd. 23 (1963), S. 404—423; H. Wildberger, Jesajas Verständnis der Geschichte, Supplements to VT IX, 1963, S. 83—117.

[2] Vgl. oben: Die Propheten des Alten Testaments im Blickfeld neuer Forschung; H. W. Wolff, Hauptprobleme alttestamentlicher Prophetie, EvTh 15 (1955), S. 446—468 (Gesammelte Studien zum Alten Testament, 1964, S. 206—231); R. Rendtorff, Erwägungen zur Frühgeschichte des Prophetismus in Israel. ZThK 59 (1962), S. 145—167.

[3] Zu den älteren Belegen sind neuerdings einige Briefe aus Mari getreten, die weitere Rückschlüsse auf das Wirken von Propheten im frühen 2. Jt. zulassen; vgl. dazu die Hinweise und Literaturangaben oben: Die Propheten des Alten Testaments im Blickfeld neuer Forschung, Anm. 5—6.

[4] Vgl. im einzelnen oben: Die Struktur der alttestamentlichen Eschatologie.

daß die sog. Schriftpropheten, über deren Verkündigung wir einigermaßen ausreichend unterrichtet sind, und unter ihnen erst recht die
großen Einzelpropheten von Amos und Hosea bis Jeremia und Ezechiel
nicht mehr als einen kleinen Ausschnitt aus dem gesamten Phänomen
der alttestamentlichen Prophetie bilden — wenn auch den wichtigsten.

Das Verhältnis von Prophetie und Geschichte kann weiter unter
dem Gesichtspunkt der Einwirkung der geschichtlichen Zustände und
Ereignisse auf die Propheten betrachtet werden. Es ist nicht zu über-
sehen, daß die geschichtlich gewordenen und während der Zeit ihres
Auftretens werdenden religiösen und sozialen Verhältnisse in Juda und
Israel das Wirken solcher Männer wie Amos, Hosea und Jesaja gerade-
zu provoziert haben und in welchem Maße diese innere Situation den
Inhalt der prophetischen Verkündigung mitbestimmt hat — ob nun
Elia den Jahweglauben gegenüber der Gefahr der kanaanäischen
Religion zugleich festigt und um neue Inhalte bereichert[5], Amos sich
gegen die bedrohlichen Auswüchse des israelitischen Wirtschafts-
wunders auf sozialem Gebiet wendet, Hosea sich mit dem religiösen
Synkretismus und den einander zerfleischenden politischen Kräften
des Israel seiner Zeit befaßt oder Ezechiel sich den Problemen der
nach Babylonien deportierten Judäer vor und nach der Zerstörung
Jerusalems gegenübersieht[6]. Ebenso deutlich ist die Einwirkung der
sich wandelnden geschichtlichen Situation in der Welt des Alten
Orients auf die Propheten, als besonders die Eroberungszüge der
Assyrer und Babylonier die bislang herrschende Vorstellung von Jahwe
als dem Nationalgott Israels als unzulänglich erwiesen und eine neue
Konzeption forderten. Sie beginnt sich zu formen, wenn Amos sagt,
daß Jahwe wie die Israeliten aus Ägypten so die Philister aus Kaphtor
und die Aramäer aus Kir geführt hat (Am 9 7) und daß er die Moabiter
heimsuchen wird, weil sie sich an den Edomitern vergangen haben
(Am 2 1-3), oder wenn Jesaja die assyrische Weltmacht als ein Werkzeug Jahwes betrachtet, das dieser zur Ausführung seiner Absichten
herbeipfeifen (Jes 5 26), wegen seiner Unbrauchbarkeit aber wieder
verwerfen kann (Jes 10 5-15 14 24-27). In alledem nehmen die Propheten
zu den geschichtlichen und zeitgeschichtlichen Zuständen und Ereignissen, denen sie sich gegenübersehen, Stellung; indem die geschichtlichen Verhältnisse auf sie einwirken, befassen sie sich mit der
Geschichte. Dabei nehmen sie die Linie des mosaischen Jahweglaubens
auf und führen sie eigenständig weiter — auch wenn wir dieses Weiter-
führen nicht einfach darin begründet oder beschlossen sehen können,
daß sie sich als Sturmvögel der Weltgeschichte gewußt oder erwiesen
hätten.

---

[5] Vgl. im einzelnen G. FOHRER, Elia, 1967².
[6] Vgl. im einzelnen G. FOHRER, Die Hauptprobleme des Buches Ezechiel, 1952.

Im Verhältnis von Prophetie und Geschichte kann es schließlich um die Rolle der Propheten in der Geschichte Israels und um ihre Wirkung auf sie gehen. Dabei ist ihre äußere Wirkung zweifellos gering gewesen. Amos hat in Betel schwerlich mehr erreicht, als daß er aus dem Lande gewiesen wurde (Am 7 10-17). Jesaja hat weder den Ahas am Hilferuf an die Assyrer im syrisch-ephraimitischen Krieg und an der Unterwerfung unter sie noch den Hiskia an den Versuchen, sich aus der Vasallität wieder mit Waffengewalt zu lösen, hindern können. Ebensowenig Erfolg war dem leidvollen Bemühen Jeremias beschieden, in den letzten Jahrzehnten des Staates Juda das Steuer herumzureißen; es ist ihm auch und gerade unter dem leicht beeinflußbaren König Zedekia nicht gelungen. Nicht ein Prophet selbst, wohl aber die gegen Ende des 7. Jh. entstandenen phantasievollen Legenden um Jesajas Beteiligung an der angeblichen Rettung Jerusalems vor Sanherib und damit eine Verfälschung der prophetischen Botschaft hat ironischerweise geschichtlich gewirkt, zur hartnäckigen Verteidigung Jerusalems gegen die Babylonier und auf diese Weise wiederum zur Zerstörung der endlich eroberten Stadt beigetragen (Jes 36f.)[7]. Unvergleichlich stärker hat die Prophetie auf die religiöse und theologische Geschichte Israels und dann des Juden- und Christentums gewirkt, selbst wenn man die illegitime Wirkung infolge der Mißdeutung mancher Prophetensprüche abzieht.

Insgesamt läßt sich ein wenig zugespitzt sagen: Indem die Propheten sich in ihrer Geschichte unter anderem mit der Geschichte befaßt haben, weil und indem die geschichtlichen Verhältnisse auf sie einwirkten, haben sie selbst Geschichte — nämlich religiöse und theologische Geschichte — gemacht. So treffen wir von verschiedenen Seiten aus letztlich immer wieder auf den Hauptaspekt unseres Themas: die Stellung der Geschichte in der prophetischen Botschaft und die Stellung der Propheten zur Geschichte.

II.

Daß der alttestamentliche Glaube geschichtstheologisch bestimmt sei, daß sich alle wesentlichen Bekenntnis- und Glaubensaussagen des Alten Testaments auf die Geschichte als den Ort des Handelns Jahwes mit seinem erwählten Volk Israel beziehen und daß Gottes Offenbarung oder Handeln sich in der oder durch die Geschichte ereignet, ist ein nahezu allgemein anerkannter Grund- und Hauptsatz geworden, der besonders für die sog. Geschichtsbücher des Alten Testaments und für die Prophetie betont wird. Scheint es doch so, als erfasse man in dieser

---

[7] Vgl. im einzelnen G. Fohrer, Das Buch Jesaja, II 1962, S. 152—181 (1967²).

Geschichtsgebundenheit den wahren Unterschied des biblischen Glaubens von allen anderen Religionen mit ihrer zeitlosen oder ungeschichtlichen Grundlage und damit seinen Offenbarungscharakter. So müßten wir eigentlich nur fragen, in welcher Weise sich dieses Reden vom Geschichtshandeln Gottes denn in der Prophetie widerspiegelt.

Nach einer anderen Ansicht freilich — um nur diesen Gegenpol zu nennen — handelt es sich nicht um geschichtliche, sondern um kultische Wirklichkeiten, so daß die prophetische Verkündigung es mit dem Vortrag zeitloser Gesetze oder Rituale an einem der in so reicher Zahl postulierten israelitischen Feste zu tun hätte. Diese Annahme scheint mir vor allem auf einer verabsolutierten kultgeschichtlichen Theorie zu beruhen. Jedoch der Kultus, wie immer man ihn definieren und welche Rolle immer er gespielt haben mag, ist nicht mehr als ein Teilaspekt der Gesamtheit und Fülle des Lebens — auch des religiösen Lebens[8]. Denn Religion ist nicht gleich Kultus. So sehr die Vertreter einer rein kultgeschichtlichen Deutung des Alten Testaments sich gegen die Enge einer reinen Geschichtstheologie wenden mögen, so einseitig gehen sie dabei vor. Anstatt das Geschichtliche im Kultischen aufzulösen, muß man daran festhalten, daß es neben allem Kultus eine religiöse Bezugnahme auf geschichtliche Tatsachen geben kann.

Freilich verbirgt sich hinter der glatten Fassade jener Auffassung vom Geschichtshandeln Gottes im einzelnen eine Fülle von verschiedenen und einander sogar widersprechenden Ansichten. Augenscheinlich bestehen unter denjenigen, die jener These zustimmen, tiefreichende Gegensätze über die Art und Bedeutung von »Geschichte«. Das gilt auch — oder erst recht — dort, wo man Geschichte und Kultus einander nicht ausschließen sieht, sondern beide miteinander verbindet. Die Gegensätze machen sich teilweise an den mancherlei kunstvollen begrifflichen Unterscheidungen zwischen »Sage« und »Urgeschichte« oder »Heilsgeschichte« und »Weltgeschichte« bemerkbar, insbesondere an der nur im Deutschen möglichen Unterscheidung zwischen »Historie« und »Geschichte« — an Unterscheidungen, die die Theologie benutzen muß, während das Alte Testament, dessen Glaube grundlegend durch die Geschichte bestimmt sein soll, überhaupt keinen Begriff dafür aufweist[9]. Wie es fast dem Berufsethos des Alttestamentlers zu entsprechen scheint, daß er ein neues israelitisches Fest postuliert, so ebenso dies, daß er möglichst eine eigene Konzeption der alttestamentlichen Geschichtstheologie entwirft.

Doch gegenüber allen Konzeptionen und ihrer Anwendung auf die Prophetie erheben sich einige Bedenken.

---

[8] Natürlich ist damit nicht eine Lebensphilosophie gemeint; der Nachdruck liegt nicht auf »Leben«, sondern auf »Gesamtheit«.

[9] Das gilt auch hinsichtlich der Ausdrücke תולדות, דברים und הדברים האלה.

1. Die These von Gottes Offenbarung oder Handeln in der oder durch die Geschichte ist ebenso *einseitig* wie die rein kultgeschichtliche Deutung und in dieser Einseitigkeit bedenklich. Auch sie erfaßt lediglich einen Teilaspekt der Gesamtheit und Fülle des Lebens. Es gibt ja wenigstens zwei nicht unwichtige Bereiche des Alten Testaments, für die sie nicht zutrifft: die Weisheitsliteratur[10] und einen großen Teil der Psalmen. Ferner erhält das Gesetz in der nachexilischen Zeit eine zeit- und geschichtslose Gültigkeit. Man kann fragen, ob die Apokalyptik entgegen dem Anschein nicht durch ein geschichtsloses Denken gekennzeichnet ist. Und auch die Anwendung der These auf die sog. Geschichtsbücher stößt auf schwerwiegende Fragen und Probleme. So finden sich zahlreiche mythologische Vorstellungen und Motive von durchaus nichtgeschichtlicher Art, deren Auftreten in den verschiedenen Erzählungen keineswegs einschließt, daß sie damit »historisiert« und also »entmythisiert« seien[11]. Den Rahmenstücken, die die Einzelepisoden des Richterbuches umschließen und zusammenfassen, liegt offenbar eine zyklische Auffassung der Geschehnisse zugrunde, deren Vorkommen im Alten Testament man nicht selten bestritten hat, weil sie nicht dem geschichtlichen, sondern dem an dem Kreislauf der Jahreszeiten gebundenen naturhaften Denken entspreche. Überhaupt muß man den Begriff »Geschichte« theologisch überdehnen, um solch verschiedenartige Erzählungen wie diejenigen von der Schöpfung, der Sintflut, dem Traum Jakobs in Betel, dem Exodus oder dem Untergang des Nord- und des Südreichs darunter zu vereinigen. Solange wir sagen, daß diese Erzählungen Gott als handelnd und gegebenenfalls den Menschen als antwortend darstellen, entspricht es dem Text. Sobald wir den Begriff »Geschichte« benutzen, müssen wir die übergreifende Einheit der Erzählungen aufspalten, weil jede Einzelerzählung in einem unterschiedlichen Verhältnis zu dem steht, was man »Geschichte« nennen kann, und erhalten sodann den bekannten Konflikt zwischen dem alttestamentlichen und dem historisch-kritischen Geschichtsbild.

---

[10] Erst die junge Weisheit, die ein umfassendes theologisches System entwirft, bezieht wie Sirach das Handeln Gottes in der Geschichte ein, jedoch bezeichnenderweise als einen Gesichtspunkt neben anderen in einer übergreifenden Einheit. Das bedeutet freilich nicht, daß die Weisheit keine Beziehung zur Geschichte überhaupt besäße; vgl. dazu H. H. Schmid, Wesen und Geschichte der Weisheit, 1966.

[11] Zum Mit- oder Ineinander von Geschichte und Mythos vgl. z. B. S. Mowinckel, Hat es ein israelitisches Nationalepos gegeben?, ZAW 35 (1935), S. 130—152 (S. 143); P. A. H. de Boer, Second-Isaiah's Message, 1956, S. 42; J. Lindblom, Die Vorstellung vom Sprechen Jahwes zu den Menschen im Alten Testament, ZAW 75 (1963), S. 263—288 (S. 264—270); K.-H. Bernhardt, Elemente mythischen Stils in der alttestamentlichen Geschichtsschreibung, WZ Rostock 12 (1963), S. 295—297. E. Sellin-G. Fohrer, Einleitung in das Alte Testament, 1965[10], S. 93—97.

Tatsächlich ist die genannte These — so sehr konservative und liberale Theologen, Religiös-Soziale und Archäologen, historisch-kritische und existentiale Interpretation sie sich zu eigen machen konnten — eine Antwort auf die apologetischen Erfordernisse des 19. Jh., wie J. BARR gezeigt hat[12]. Eine Antwort, mittels derer man die materialistischen, skeptischen und immanenten Geschichtsphilosophien zurückwies, die den biblischen Glauben zu relativieren drohten, weil ja niemand die Geschichte so ernst nehme wie die Bibel. Diese These wird nach wie vor festgehalten, obwohl die Gefahren für den biblischen Glauben heute von anderen Seiten drohen: von Biologie, Anthropologie, Chemie u. a. Ich weise nur auf die Überlegungen hin, wie man das menschliche Keimplasma planmäßig ändern und einen neuen Supermenschen züchten könne — vorausgesetzt, daß nicht vorher infolge des tolpatschigen Handhabens von Atomstrahlung und chemischen Stoffen ein verderbter Untermensch entsteht.

2. Die These ist ferner *begrifflich ungenau*. Gott handelt ja nicht rückwirkend in die Vergangenheit hinein. Besser wäre es, von seinem Handeln in der jeweiligen Gegenwart zu reden — von einem Handeln also, das sich auf eine inzwischen vergangene Gegenwart bezogen hat wie das von Amos erwähnte Erwecken von Nasiräern und Nabis (Am 2 11); das bestimmte Lebensmöglichkeiten für die Zukunft geboten hat wie der feste Grundstein im jerusalemischen Regierungsviertel Zion mit der Inschrift »Wer glaubt, zeigt sich nicht aufgeregt«, von dem Jesaja spricht (Jes 28 16); das sich in der Gegenwart des Propheten oder in einer künftigen Gegenwart wiederholen kann, wenn Gott sich etwa wie zur Zeit Davids am Berge Perazim erheben und wie im Tal bei Gibeon toben wird (Jes 28 21). Daran wird zugleich deutlich, daß das Handeln Gottes in der jeweiligen Gegenwart in bezug auf das Leben und Geschick von Völkern und Menschen gemeint ist.

Dabei bleibt freilich zu beachten, daß Jahwe nach einer im Alten Testament verbreiteten Anschauung nicht ständig, pausenlos und kontinuierlich handelt[13], sondern vielleicht zunächst ruhig zuschaut wie sommerliche Hitze über dem Licht und wie Taugewölk in der Erntehitze, um dann »plötzlich« einzugreifen (Jes 18), daß er anscheinend gar nicht unmittelbar eingreift, sondern den Verlauf der Dinge fast unmerklich bestimmt, wie der Vergleich mit den sanft dahinfließenden Siloawassern besagt (Jes 8 6), oder daß er die Herzen der Menschen zu diesem oder jenem Tun bewegt (Gen 24).

---

[12] J. BARR, Revelation through History in the Old Testament, Interpretation 17 (1963), S. 193—205.

[13] Da diese Vorstellung eindeutig vertreten und belegt ist, handelt es sich nicht um einen irrigen Eindruck, den die aphoristische Verkündigung der Propheten hervorgerufen hätte.

3. Ist dies alles nicht distanziert betrachtbare Geschichte, sondern betrifft es die Festlegung menschlichen Geschicks in jeder möglichen Gegenwart — der vergangenen, augenblicklichen und zukünftigen —, so treten mit dem Glauben an Gottes Wirken in der *Natur* und mit dem *Schöpfungsglauben* Momente hinzu, die nicht mehr unter den Begriff »Geschichte« subsumiert werden können. Es ist ohne jeden Bezug zur Geschichte, zum Dasein und Geschick der Völker und Menschen, daß Gott dem Löwen wie dem Raben sein Futter verschafft, dem Zebra, Wildesel und Wildstier eine Freiheit gegeben hat, die sie für menschliche Zwecke unbrauchbar macht, und den Strauß wie den Falken mit Eigenarten versehen hat, die dem Menschen sogar unsinnig erscheinen, wie die Gottesrede des Hiobbuches ausführt (Hi 38 39ff.). Wie er den Leviatan geschaffen hat, um mit ihm zu spielen (Ps 104 26), so stürzt sein Erscheinen am Jahwetag mit allem Hohen und Erhabenen auch die Zedern des Libanon und die großen Bäume von Basan, die hohen Berge und Hügel (Jes 2 13f.). Ebenso wird er die Natur in das eschatologische Heil einbeziehen, damit Wolf und Widder, Leopard und Böckchen, Löwe und Stier, Bärin und Kuh gemeinsam leben, weiden und lagern (Jes 11 6ff.). Das hat mit dem Menschen und seinem Geschick überhaupt nichts zu tun und ist für das Alte Testament doch göttliches Handeln.

Gewiß findet sich dergleichen vor allem in der nachexilischen Zeit, während die vorhergehende Prophetie solches Handeln in und mit der Natur häufiger zu dem göttlichen Handeln an Völkern und Menschen in Beziehung setzt — sei es in Einzelheiten wie Elias Versagen oder Gewähren des Regens (I Reg 17f.), sei es in umfassender Sicht wie Deuterojesaja mit dem großen Brückenschlag von der Schöpfung der Welt und des Menschen über Gottes Wirken in den seitherigen Gegenwarten bis zur endzeitlichen Erlösung Israels und Bekehrung der Völker. Entscheidend aber ist, daß Gott alles verursacht und wirkt — Licht und Finsternis, Heil und Unheil, wie Deuterojesaja erklärt (Jes 45 7). Gott handelt im gesamten Bereich der Welt und des Lebens, so daß sich jede Aufsplitterung in Geschichte und Natur, Mensch und Tier, Israel und die Völker, um einen dieser Aspekte zu verabsolutieren, verbietet. So ist es wie selbstverständlich, daß Hosea, der durchaus »geschichtlich« denkt und argumentiert, gleichzeitig das Verhältnis zwischen Jahwe und Israel im Rahmen einer über Himmel, Erde und Naturgaben reichenden Segenskette sehen (Hos 2 23-25) und als ein naturhaftes, pflanzengleiches Wachsen und Gedeihen schildern kann (Hos 14 2-9). Es sind ja verschiedene Aspekte des gleichen Lebens, die zusammengehören.

4. Daß Gott im Gesamten der Welt und des Lebens handelt, öffnet den Blick dafür, daß es noch *andere durchlaufende Achsen* gibt als das sogenannte Geschichtshandeln. Eine solche, auf die ich wenig-

stens anmerkungsweise hinweisen möchte, ist der unmittelbare Verkehr, der sich bei einzelnen Gelegenheiten zwischen Gott und Mensch durch das Wort ereignet. Ohne ihn gäbe es nach dem Verständnis des Alten Testaments außer vielem anderen auch keine Prophetie. Im einzelnen muß ich für die Vorstellungen und Erfahrungen vom Sprechen Gottes zum Menschen, das aufs tiefste in dessen Leben eingreifen kann, auf einen kürzlich erschienenen Aufsatz von J. LINDBLOM verweisen[14].

So läßt sich zunächst feststellen, daß der mit den Worten Gott — Offenbarung — Prophetie — Geschichte umrissene Komplex nur einen Ausschnitt aus dem Handeln Gottes im Gesamten der Welt und des Lebens erfaßt: *das Handeln Gottes im Leben und Geschick von Völkern und Menschen in der jeweiligen Gegenwart.* Es handelt sich demgemäß um einen Teilaspekt auch der prophetischen Botschaft — um einen Aspekt freilich, in dessen Betrachtung sich heute mannigfache Linien der Untersuchung des Alten Testaments kreuzen oder zusammentreffen. Ob all das verschiedene Handeln Gottes beziehungslos neben- und nacheinander verläuft oder unter einem übergreifenden Gesichtspunkt steht, ist eine Frage, die ich am Schluß aufgreifen möchte.

III.

Vorerst haben wir der Frage nachzugehen, von welchem Handeln Gottes im Leben und Geschick der Völker und Menschen und von welcher menschlichen Entscheidung und Antwort darauf in den jeweiligen Gegenwarten des Geschichtsverlaufs die Propheten reden, in welcher Weise und aus welchen Gründen sie es tun. Welche Rolle spielt dergleichen in der prophetischen Verkündigung, und welche Stellung nehmen die Propheten dazu ein?

Ich wende mich zunächst der vor- und frühexilischen Prophetie zu, von der Amos und Jesaja, Hosea, Jeremia und Ezechiel trotz ihrer jeweiligen Besonderheiten gemeinsam behandelt werden können[15]. Micha, dessen Worte m. E. nur in Kap. 1—3 des Buches vorliegen, und Zephanja brauchen, weil sie darüber hinaus nichts grundlegend Neues bieten, nicht ausführlich herangezogen zu werden.

Bei den genannten Propheten lassen sich zwei Betrachtungsweisen in der Darstellung und Beurteilung der geschichtlichen Ereignisse unterscheiden.

1. Die Propheten spielen auf Ereignisse der Vergangenheit überwiegend in anklagenden, drohenden und diskutierenden Worten an —

---

[14] J. LINDBLOM, a. a. O.

[15] Dabei gehören Amos-Jesaja-Micha und Hosea-Jeremia jeweils eng zusammen. Zum Verhältnis Jesajas zu Amos vgl. neuerdings R. FEY, Amos und Jesaja, 1963.

in Worten also, in denen sie das bevorstehende göttliche Strafgericht über Israel begründen, ankündigen und rechtfertigen. Sie beschreiben demnach unter Hinweis auf das Handeln Jahwes in der Vergangenheit, *daß und warum* Jahwe erneut handeln, radikal durchgreifen und vernichtend strafen muß und will, falls Israel nicht zu ihm umkehrt, oder — seltener — *daß und warum* er vielleicht dennoch erlösend eingreifen wird.

Grundsätzlich erblicken sie im Wirken Jahwes in und an Israel einen Ausschnitt aus seinem Handeln in bezug auf das Geschick der Völker und Menschen überhaupt. Es ist ein Sonderfall seines weltumfassenden Wirkens, bedingt durch sein enges Verhältnis zu Israel, das »mein Volk« ist. Entgegen der heutigen Überbetonung des Bundesgedankens ist festzuhalten, daß die Propheten jenes Verhältnis auf andere Weise beschreiben und den Bundesgedanken bis zu Jeremia hin nicht verwenden[16]. Zwar findet sich in Hos 1 9 ein Vorstadium der späteren, wohl deuteronomischen Formel »Ich will euer Gott und ihr sollt mein Volk sein«[17]. Aber erst Jeremia benutzt von dem Zeitpunkt an, als durch die deuteronomische Theologie der Bundesgedanke legitimiert und theologisch durchdacht worden war, den Begriff und die Bundesformel (vgl. Jer 11 1-4 24 7); er bedient sich darin der theologischen Ausdrucksweise seiner Zeit[18].

---

[16] Auch der jüngste Versuch von H. WILDBERGER, a. a. O., den Bundesgedanken bei Jesaja nachzuweisen, überzeugt mich keineswegs. Die angebliche formale Parallele zwischen jesajanischer Gerichtsrede und »Bundesfesttradition« ist brüchig, weil die Anrufung von Himmel und Erde (Jes 1 2) sicher nicht aus syrischen und hetitischen Verträgen stammt, sondern dort (unter weiterer Zuziehung des Pantheons) wie hier schlicht und einfach auf der sprachlich einzigen Möglichkeit für die Umschreibung des Weltganzen beruht. Die inhaltlichen Berührungen mit der »Bundesfesttradition« beruhen auf einem Vergleich mit den wahrscheinlich doch viel jüngeren Texten Dtn 28 32 und Ps 50 (wobei außerdem z. B. zu beachten ist, daß die in Jes 1 18 und Ps 50 8. 21 verwendete Wurzel יכח nichts mit dem »Bund« zu tun hat, sondern ein verbreiteter Ausdruck des Rechtslebens ist); auch abgesehen von ihrer Entstehungszeit bezeugen sie kein Bundesfest, vgl. dazu die bisher zu wenig beachtete Untersuchung von E. KUTSCH, Das Herbstfest in Israel, Diss. Mainz 1955, sowie seine Bemerkungen in RGG II³, Sp. 910—917. Ebenso sind die Beziehungen zu anderen Traditionen, auf die WILDBERGER hinweist, fragwürdig. Es scheint mir höchst unsicher, ob es in Israel je eine Ordnung und Tradition des sog. hl. Krieges gegeben hat. Und hinsichtlich der Aussagen über Jahwes Werke und Taten ist Jesaja schwerlich von den Aussagen der Kultdichtung über Jahwes Schöpfungswerk ausgegangen, sondern haben umgekehrt die betreffenden Psalmen das Schöpfungswirken Gottes, das in Israel doch erst in jüngerer Zeit bedeutungsvoll wurde, in Analogie zum göttlichen Handeln an Völkern und Menschen verstanden.

[17] R. SMEND, Die Bundesformel, 1963.

[18] Für das Verständnis des Begriffs ברית ist vor allem auf die Untersuchung von A. JEPSEN, Berith, in: Festschrift W. Rudolph, 1961, S. 161—179, hinzuweisen, der für die geschichtliche Frage zu dem Ergebnis gelangt: »Seit wann man von solch

Von dieser Annahme abgesehen, verwenden die Propheten Ausdrücke der verwandschaftlichen Beziehungen, um das Verhältnis Jahwe-Israel zu beschreiben. Für sie ist es nicht ein rechtliches Vertrags-, sondern ein personhaftes Lebensverhältnis. Schon das Wort »Volk« meint ja ursprünglich »Familie, Verwandtschaft«, so daß die Redewendung »mein Volk« (Am 7 8. 15 8 2 Jes 1 3 3 15) Israel als Jahwes Verwandtschaft bezeichnet. Die Israeliten sind seine »Söhne« (Jes 1 2f. 4 30 9 Jer 3 19f. 22 4 22), die er als Vater aus Ägypten gerufen hat (Hos 11 1ff.). Ist Jahwe für Jesaja ferner der Liebhaber oder Bräutigam, der für seinen »Weinberg« alles vortrefflich bereitet hatte (Jes 5 1ff.), und kennzeichnet das Verb ידע in Am 3 2 das Verhältnis zwischen beiden Teilen als eine intime, eheartige Gemeinschaft, so betrachten Hosea und Jeremia es vor allem als ein solches der Ehe (Hos 1 2 18 3 Jer 2 2 3 6ff.), wobei Hos 1 2 in naturhafter Art sogar das Land und nicht das Volk in ihm als Ehefrau Jahwes nennt.

Dieses Verhältnis gründet nicht in einer Erwählung, so daß in der vorexilischen Prophetie auch weder Raum noch Bedürfnis für eine Zions- oder David-Messias-Tradition bestand. Gewiß hat es schon vor dem Deuteronomium, das für die göttliche Erwählung den Fachaus-

---

göttlicher Berith sprach, ist schwer auszumachen; für die vorexilische Zeit finden sich nur wenige Belege. Dagegen wird im deuteronomistischen und priesterlichen Geschichtswerk, sowie bei den Propheten des 6. Jh.s und in meist späteren Psalmen häufig von Gottes Berith gesprochen.« In der Tat scheint die ברית zunächst im nomadischen Lebensbereich für die Israeliten eine Rolle gespielt zu haben, wobei sie infolge von eidlicher Zusicherung ein »Gemeinschaftsband« bewirkt; in diesem Sinn dürfte sie auch zur Religionsstiftung Moses gehören. Der von G. E. MENDENHALL, Recht und Bund in Israel und dem Alten Vordern Orient, 1960 (ursprünglich in BA 17, 1954, erschienen), inaugurierte Vergleich mit den hetitischen Vasallenverträgen geht fehl, zumal die fernerhin angestellten Vergleiche auf einer zur »Formelgeschichte« entarteten Formgeschichte beruhen (M. NOTH, Developing Lines of Theological Thought in Germany, 1963, S. 8) und die historische Frage beiseite bleibt oder gänzlich unbefriedigend beantwortet wird; von verschiedenen Seiten her sind weitere Einwände erhoben worden, auf die an dieser Stelle nicht nochmals eingegangen werden soll. Als nomadische Lebens- und Denkform trat die ברית-Vorstellung im Sinn eines Gemeinschaftsbandes nach der israelitischen Landnahme im Kulturland für lange Zeit fast völlig zurück und fehlt daher auch bei den Propheten vor Jeremia (die wenigen Vorkommen im Hoseabuch betreffen, soweit sie von Hosea stammen, nicht das Verhältnis Jahwe-Israel: Hos 2 20 Verpflichtung der Tiere, 6 7 10 4 Vertrag König-Volk, 12 2 außenpolitisches Bündnis, 8 1 sekundär). Erst von der deuteronomischen Theologie und vielleicht schon in den ihr zugrunde liegenden Traditionen wird sie aufgegriffen, aber nach dem Vorbild des Vertrages zwischen König und Volk neu durchdacht und verstanden; vgl. dazu G. FOHRER, Der Vertrag zwischen König und Volk in Israel, ZAW 71 (1959), S. 1—22; Altes Testament — »Amphiktyonie« und »Bund«?, ThLZ 91 (1966); E. KUTSCH, Gesetz und Gnade, ZAW 79 (1967).

druck בחר durchsetzt[19], ein mehr oder weniger klares nationales Er-
wählungsbewußtsein gegeben. Doch Amos lehnt, als man es ihm ent-
gegenhält, die Berufung auf es gerade ab:

> Gewiß, ihr seid mein »auserwähltes Volk«
> auf Erden.
> Drum — straf ich ja auch an euch
> alle eure Sünden. (Am 3 2)[20].

Er behandelt den Anspruch Israels, der »Erstling der Völker« zu sein,
höchst ironisch (Am 6 1-7) und leitet aus der Rettung aus Ägypten
keinen Vorrang Israels her, weil Jahwe genauso andere Völker, die
Philister und Aramäer, geführt hat (Am 9 7). Während die weiteren
Hinweise auf den Exodus in Am 2 10 und Jes 10 26 spätere Zusätze sind,
sehen wir, daß demgegenüber Hosea und Jeremia das Verhältnis
Jahwe-Israel zwar mit der Rettung aus Ägypten begründen (Hos 11 1
Jer 2 6)[21], diese aber nicht auf die Erwählung, sondern gemäß der
personhaften Lebensbeziehung auf die Liebe Gottes zurückführen (vgl.
Hos 11 1). Seither war Jahwe für Israel »dein Gott von Ägypten an«
(Hos 12 10 13 4).

Die darauf folgende Periode gilt den Propheten als die ideale Zeit
des ungetrübten Verhältnisses zwischen beiden. Hosea und Jeremia
beschränken sie auf die Mose- und Wüstenzeit (vgl. Hos 9 10 Jer 2 2).
Für Jesaja bestand sie noch in der Zeit Davids und Salomos, als
Jerusalem treu und ehrbar war (Jes 1 21), nachdem David dort Lager
geschlagen (Jes 29 1) und Jahwe Grundstein und -mauer für das
salomonische Regierungsviertel auf dem Zionshügel gelegt hatte (Jes
14 32 28 16). So hätte es immer bleiben sollen, zumal aus der Landzu-
teilung in Palästina (Am 2 9 Jer 7 7), aus der Gabe von Getreide, Most
und Öl (Hos 2 10), aus dem Erwecken von Nasiräern und Nabis (Am
2 11) die ständige Verpflichtung Israels zum Gehorsam folgte.

Doch aus der von Gott gebotenen heilvollen Anfangsmöglichkeit
entfaltete sich keineswegs eine Heilsgeschichte, sondern eine völlige
und absolute Sündengeschichte. Israel fiel beim Bekanntwerden mit

---

[19] Vgl. dazu Th. C. Vriezen, Die Erwählung Israels nach dem Alten Testament,
1953.

[20] Übersetzung nach E. Balla, Die Botschaft der Propheten, 1958, S. 85, der das Verb
ידע im Sinne der dem Amos entgegengehaltenen Vorstellung umschreibt, wobei
freilich der bei Amos zumindest mitschwingende Ton der engen Gemeinschaft verloren geht.

[21] Ob Hosea außerdem, wie R. Bach, Die Erwählung Israels in der Wüste, Diss. Bonn
1952, annimmt, eine Tradition vom Auffinden Israels in der Wüste gekannt hat, ist
fraglich. Denn Hos 9 10 »Wie Trauben in der Wüste habe ich Israel gefunden« — um
nur diesen Satz zu nehmen — ist ein Vergleich und spricht einfach davon, daß Israel
seinem Gott so begehrenswert erschien wie Trauben einem Wüstenwanderer: »Ich
habe Israel gefunden — wie Trauben in der Wüste«.

dem Baalkult und dem Wohlleben im Kulturland von Jahwe ab (Hos
9 10 10 1f. 13 5-8) — so auch nach Jeremia (Jer 2 7), der den Abfall
gern mit naturhaften statt geschichtlichen Bildern beschreibt (z. B.
Jer 8 4-7) — und blieb durch die Geschichte hindurch (vgl. z. B. Hos
1 4 9 9 10 9) bis in die prophetische Gegenwart abtrünnig — eine dem
als tückisches Urbild des Volkes gezeichneten Jakob würdige Nach-
kommenschaft (Hos 12 3-7 Jer 9 3)! Der Weinberg setzte faulende
Beeren an (Jes 5 2), die Söhne sind verderbt, verlogen und schlimmer
als das Vieh des Vaters (Jes 1 2f. 4 30 9), so daß Jesaja wegwerfend von
»diesem Volk da« reden kann. Jer 3 19f. beschreibt es in geradezu
klassischer Weise:

> Ich hatte einst gedacht:
>   Wie will ich dich hervorheben unter meinen Söhnen
> und dir ein köstliches Land geben,
>   den prächtigsten Besitz!
> Ich wähnte, »Vater« würdest du mich nennen
>   und dich nicht von mir wenden.
> Jedoch wie eine Frau die Treue ihres Freundes wegen bricht,
>   so wurdet ihr mit untreu, ihr Israeliten.

An dieser Stelle ist auf zwei Besonderheiten Ezechiels hinzuweisen.
Er ist einmal der erste Prophet, der in größerem Maße fremde Traditionen heranzieht, vor allem kanaanäisch-phönizischer und mesopotami-
scher Herkunft, unter ihnen nicht wenige, die ursprünglich mythischer
Art waren[22]. Das ist von nun an öfters zu beobachten, so daß das Vorkommen derartiger Überlieferungen geradezu als ein Merkmal später
Entstehung gelten kann. Dieses Heranziehen von Traditionen über
eine fremde und mythische Vergangenheit setzt eine durch Deportation und Diasporasituation beeinflußte, wenn nicht gar hervorgerufene
veränderte Bewußtseinslage voraus, obschon die Handhabung der
Traditionen sich nicht ändert.

Ferner ist für Ezechiel eine Verschärfung im geschichtlichen Urteil
kennzeichnend, die schon daran ersichtlich wird, daß er in neuer Umdeutung eines alten Bildes den Weinstock Israel lediglich als Brennholz
wertet. Auch das Bild der Ehe, auf das er in Kap. 16 zurückgreift, und
das er für das Verhältnis Jahwe-Jerusalem verwendet, verschärft er
durch die Tradition vom ausgesetzten und geretteten Kind. Er rechnet
in Ausführung dessen Jerusalem zur Welt des Heidentums und erblickt
seine geschichtliche Sünde nicht nur im Abfall, sondern auch im
schlimmsten Undank. Ähnlich interpretiert er in Kap. 20 die nunmehr als ganze überblickte Geschichte Israels neu, indem er bestimmte
Motive auswählt, beiseite läßt oder zusätzlich einführt. Anders als all

---

[22] Vgl. dazu die Kommentare, neuerdings G. FOHRER-K. GALLING, Ezechiel, 1955;
W. ZIMMERLI, Ezechiel, 1955 ff.

seine Vorläufer zeigt er, daß das Volk nicht nur trotz der immer härteren Drohungen und Maßnahmen Jahwes bis in seine Gegenwart aufrührerisch und ungehorsam geblieben ist, sondern schon in Ägypten Götzendienst getrieben hat und also von Anfang an sündig war.

Fragen wir nunmehr danach, worauf sich das düstere Urteil der Propheten beruft, so sehen wir, daß Amos — den ich herausgreifen möchte — das Verhalten Israels weithin an den geltenden Normen ethischer und rechtlicher Art mißt; es wäre ja nicht einzusehen, warum er sie nicht heranziehen sollte. Allerdings beschränkt er sich nicht auf das sog. apodiktisch formulierte Recht[23], das ich im übrigen ohnehin anders beurteilen muß, als es weithin geschieht[24]. Er schilt ja auch ein Verhalten, das nicht untersagt ist, wenn er darin, daß man sich den Bauch mit bestem Essen und Trinken füllt und dabei wie David lauter Lieder plärrt, ein Zeichen der sündigen Gesamthaltung des Volkes erblickt (Am 6 1-7). Er beurteilt sogar das treue Befolgen der Fest- und Opfervorschriften als verkehrt (Am 4 4f. 5 4f. 21-25). Und er setzt für das Zusammenleben der Völker bestimmte gottgewollte Regeln voraus, deren Verletzung Jahwe ahndet, auch wenn Israel dadurch gar nicht berührt worden ist (Am 2 1-3) — hierin den Weg in eine national entschränkte, universale Theologie bahnend.

---

[23] Die Hinweise von R. BACH, Gottesrecht und weltliches Recht in der Verkündigung des Propheten Amos, in: Festschrift G. Dehn, 1957, S. 23—34, reichen zum Nachweis dessen keineswegs aus — ganz abgesehen davon, daß das sog. apodiktisch formulierte Recht nicht einfach als »Gottesrecht« bezeichnet werden kann; vgl. auch R. SMEND, a. a. O. (Anm. 1), S. 405—409. Ähnlich verhält es sich bei Micha, für den W. BEYERLIN, Die Kulttraditionen Israels in der Verkündigung des Propheten Micha, 1959, S. 50f., von Mi 6 8 ausgeht. Abgesehen davon, daß 6 1-8 schwerlich von Micha stammt, sondern wesentlich jünger ist, kann man weder מִשְׁפָּט als Ausdruck für das »amphiktyonische Recht« noch הִגִּיד als Ausdruck für dessen »kultische Verkündigung« in Anspruch nehmen. Vor allem redet 6 8 gar nicht den Israeliten, sondern den »Menschen« (אָדָם) an und blickt über Israel hinaus. Daß für diese Propheten das Bewußtsein maßgebend gewesen sei, »daß für Israel noch immer die Ordnungen und Forderungen der alten Jahweamphiktyonie gelten«, wie E. WÜRTHWEIN, Amos-Studien, ZAW 62 (1949/50), S. 49, meint, ist um so mehr zu bezweifeln, als sie die »Amphiktyonie« sowie den »Bund« Jahwe-Israel und die Gesetzgebung überhaupt nicht erwähnen — wieder ganz abgesehen davon, daß die unbewiesene und mangels tatsächlicher Erwähnung im Alten Testament wohl unbeweisbare Hypothese von einer Amphiktyonie der zwölf israelitischen Stämme, die in Wirklichkeit gar nicht existiert haben dürfte (vgl. H. M. ORLINSKY, The Tribal System of Israel and Related Groups in the Period of the Judges, Oriens Antiquus 1 (1962), S. 11—20, ferner in: Studies and Essays in honor of A. A. Neuman, 1962, S. 375—387, sowie meinen in Anm. 19 genannten Aufsatz in ThLZ), fälschlich nicht mehr als Hypothese, sondern als Faktum betrachtet wird.

[24] Vgl. G. FOHRER, Das sogenannte apodiktisch formulierte Recht und der Dekalog, Kerygma und Dogma 11 (1965), S. 49—74.

Wie Amos also sich keineswegs auf das Recht Israels beschränkt, geschweige denn an eine anzuwendende sakrale Rechtstradition gebunden sieht, sondern das Tun des »Guten« fordert (Am 5 14), so ordnet in ähnlicher Weise Jesaja die aus der altorientalischen Königs- und der israelitischen Rechtstradition bekannten Forderungen zum Schutz der Schwachen als bloße Beispiele seiner umfassenden Grundforderung »Gutes tun« unter (Jes 1 16f.)[25].

Hat Jahwe es denn in der Vergangenheit ruhig hingenommen, daß Israel statt dessen »das Böse« tat? Keineswegs, aus dem zwischen ihnen bestehenden Lebensverhältnis ergibt sich ja sein Recht, das Volk für die Sünde zur Verantwortung zu ziehen (Am 3 2). Darum hat er durch die Propheten und die Worte seines Mundes dreingehauen und getötet (Hos 6 5). So ist die Geschichte Israels nicht nur eine Geschichte voller Sünde, sondern auch eine voller gottgesandter Plagen, die — weil ja alles Unheil von Jahwe kommt (Am 3 3-6) — als leicht zu begreifende Mahnungen zur Umkehr auffordern sollten. Wie Am 4 6ff. sie aufzählt, so sieht Jesaja in der großen Betrachtung der Geschichte des Nordreichs Israel (Jes 9 7-20 5 25-29), die von den Philister- und Aramäerkriegen bis zu jenem großen Erdbeben reicht, nach dem vielleicht das Auftreten des Amos datiert ist, das Zorneswort und die Zorneshand Jahwes wüten, weil das Volk immer wieder nicht umkehrte zu dem, der es schlug (Jes 9 12).

Israels Sünde einerseits und Jahwes mahnende und warnende Plagen sowie seine sonstigen Bemühungen *andererseits* sind für die Propheten *die beiden hauptsächlichen Faktoren* zum Verstehen der palästinischen Geschichte Israels. In allem hat Jahwe die Ereignisse der Vergangenheit »bewirkt« und »gebildet«, wie Jes 22 11 feststellt. Genauso wird er es weiterhin tun — durch das Aussenden seines Wortes (Jes 9 7 28 13), still und sacht wie die Siloawasser (Jes 8 6), durch plötzliches Eingreifen (Jes 18 4f. 29 5 30 13), etwa mittels der Theophanie (Jes 2 12ff. 28 2 29 5ff.) oder der Beauftragung anderer Völker (Jes 5 26ff. 7 18ff.), wenn er sein לא תקום »es kommt nicht zustande« zu frevlerischen menschlichen Absichten gesprochen hat (Jes 7 7 28 18) oder seine großangelegte »Verschwörung« gegen Juda verwirklicht (Jes 8 11ff.).

Denn da alle göttlichen Bemühungen vergeblich gewesen sind, steht nunmehr das endgültige Vernichtungsgericht über Israel und andere schuldige Völker bevor — nicht einmal auf die Fürbitte eines Mose oder Samuel würde Jahwe mehr eingehen (Jer 15 1)! Auf den ihm entgegengehaltenen Einwand:

---

[25] Vgl. dazu im einzelnen E. HAMMERSHAIMB, On the Ethics of the Old Testament Prophets, Supplements to VT VII, 1960, S. 75—101; oben: Jes 1 als Zusammenfassung der Verkündigung Jesajas.

> Schimpf wird uns nicht erreichen,
>> ist das Haus Jakob denn verflucht?
> Ist Jahwes Atem zu kurz,
>> oder sind dies seine Taten?
> Hat er nicht gute Worte
>> für sein Volk Israel?

antwortet Micha im Namen Jahwes kurz und drastisch: Ihr seid gar nicht »mein Volk«! (Mi 2 6-8). Daher befindet Israel sich nicht mehr in einer grundsätzlichen Heilssituation, die zwar einmal gestört, durch kultische Sühnemaßnahmen aber wiederhergestellt werden kann, sondern in einer grundsätzlichen Unheilssituation, die man nicht leichthin beheben kann:

> Sie heilen meines Volkes Schade
> nur obenhin und rufen:
> »Heil, Heil!«
> Dabei gibt es kein Heil! (Jer 6 14)

Übrig bleibt nur die Vernichtung am »Tag Jahwes«, dessen herkömmliche heilvolle Auffassung Amos und Jesaja ins Gegenteil verkehren (Am 5 18-20 Jes 2 12-17 Zeph 1 7-9. 14-16). Israel wird untergehen wie Adma und Zeboim, wie Sodom und Gomorra (Hos 11 8, vgl. Jes 1 10ff.) oder unter Rückgängigmachen des Exodus in die Knechtschaft nach Ägypten zurückgeschickt (Hos 9 1-6 11 1-7). Jerusalem wird völlig verwüstet, wenn ein bloßes Läuterungsgericht mit der Ersetzung der schuldigen Oberschicht durch eine neue, wie Jes 1 21-26 sie im Blick hat, nicht ausreicht:

> Die Wohntürme sind dann verlassen,
>> das Getümmel der Stadt verödet,
> Burghügel und Wartturm
>> kahle Felder für immer,
> eine Freude der Wildesel,
>> eine Weide der Herden. (Jes 32 14).

Nur ein »vielleicht« der Rettung ringt Amos sich ab, falls sich die bisher verweigerte Umkehr, das Aufsuchen Gottes und das Tun des Guten, noch in letzter Minute ereignen sollte (Am 5 14f.). Und Jesaja sagt das helfende Eingreifen Jahwes nur für den Fall zu, daß die Jerusalemer an ihn »glauben« und ihm vertrauen (Jes 7 9 30 15), daß sie demütig mit leiser Stimme wie derjenigen eines Totengeistes aus dem Staube flüstern (Jes 29 4). So scheint die so glücklich begonnene und dann so schlimm entartete *Geschichte sich ins Nichts der völligen Verwüstung auflösen zu müssen*, zumal der Ausblick auf die Wiedererrichtung der zerfallenen Hütte Davids in Am 9 nicht von Amos stammt[26], Jesaja einen davidischen Heilsherrscher und die unbedingte Bewahrung des Zion nicht verheißen hat[27] und Hosea, Jeremia und Ezechiel zunächst gleichfalls keinen anderen Weg als den der Umkehr erblicken.

Da tun die drei letztgenannten Propheten in einem bestimmten Augenblick ihrer Wirksamkeit einen Schritt, der ein Auslaufen der Geschichte Israels im Nichts ausschließt: sie verkündigen ein helfendes und erlösendes Eingreifen Jahwes. Bei Hosea ist dies offenbar gegen Ende seiner Wirksamkeit im Zusammenhang mit seiner zweiten Ehe der Fall gewesen[28], bei Jeremia nach der ersten Deportation, die er durchaus als göttliches Gericht versteht (Jer 15 5-9 22 20-23), in bezug auf die judäischen und früheren israelitischen Deportierten (Jer 24 31), bei Ezechiel in vollem Maße nach der zweiten Deportation, wie die Daten seiner Worte erschließen lassen[29]. Die Propheten der Umkehrforderung werden zu Propheten des Erlösungsglaubens. Jahwe wird Israel wieder in die Situation der Wüstenzeit versetzen, sagt Hosea (Hos 3 12 10), wie einst ein neues, ungetrübtes Verhältnis erzielen und das Volk dann zu neuer Landnahme und Fruchbarkeit führen (Hos 2 16f. 23-25). Dem entsprechen bei Jeremia der neue Bund (Jer 31 31-34) und bei Ezechiel die Begabung mit einem fleischernen Herzen und dem göttlichen Geist (Ez 36 26f.). Es ist bezeichnend, wie besonders Hosea und Jeremia das Künftige mit Hilfe von Erfahrungen der Vergangenheit beschreiben.

---

[26] Die gegen die Herleitung von Amos vorgebrachten Gründe vor allem von J. WELLHAUSEN, Die Kleinen Propheten, 1898[3], z. St.; S. MOWINCKEL, Psalmenstudien, II 1922, S. 266f.; R. S. CRIPPS, A Critical and Exegetical Commentary on the Book of Amos, 1955[2], S. 67—77, wiegen wesentlich schwerer als alles, was — aus welchen Gründen immer — für die Herleitung von Amos geltend gemacht worden ist oder werden kann.

[27] Aus der neueren Literatur ist dafür vor allem auf S. H. BLANK, Prophetic Faith in Isaiah, 1958; TH. C. VRIEZEN, Jahwe en zijn stad, 1962, zu verweisen. Vgl. ferner die notwendigerweise kurzen Bemerkungen bei G. FOHRER, Das Buch Jesaja, I—II 1966/67[2]. Jesaja hat zwar die geschichtliche Zeit Davids (und offenbar auch Salomos) positiv bewertet, nicht aber für die Zukunft einen davidischen »Messias« angekündigt. Er hat zwar vom Zion gesprochen, aber dort, wo er nicht eine geläufige Redewendung benutzt, das Jerusalemer Regierungsviertel gemeint und nicht an eine religiöse Zionstradition angeknüpft, um mittels ihrer die unter allen Umständen erfolgende Hilfe Jahwes gegen die Feinde der Stadt anzukündigen.

[28] Zur Begründung vgl. oben: Umkehr und Erlösung beim Propheten Hosea, für die Annahme einer zweiten Ehe Hoseas: Die symbolischen Handlungen der Propheten, 1953, S. 51—53 (1967[2]). Weiterführung der Diskussion durch W. RUDOLPH, Präparierte Jungfrauen?, ZAW 75 (1963), S. 65—73.

[29] Vgl. im einzelnen G. FOHRER, Hauptprobleme (Anm. 6), S. 216—228; Ezechiel (Anm. 22), S. XXIf., 3f.

2. Damit stehen wir bei der zweiten Betrachtungsweise in der prophetischen Bezugnahme auf geschichtliche Ereignisse. Wie die Propheten unter Berufung auf sie darlegen, daß und warum Jahwe in allernächster Zukunft erneut handelnd eingreifen, vernichten muß oder erlösen will, so veranschaulichen sie mit ihrer Hilfe — allerdings viel seltener —, *wie und zu welchem Ziel* Jahwe handeln wird: im Kampf tobend wie zur Zeit Davids — jedoch nicht für, sondern gegen Juda (Jes 28 21), um ein Strafgericht wie an Sodom und Gomorra (Hos 11 8 Jes 1 10) oder wie am Heiligtum von Silo (Jer 7 12-14) zu vollstrecken, oder die äußere Situation der idealen Mose- und Wüstenzeit wiederherstellend, um ähnliche innere Verhältnisse zu erzielen (Hos 3 12 10).

Bei allen Beispielen ist deutlich, daß die Verwendung solcher geschichtlichen Motive, zu denen noch andere hinzutreten — besonders aus den Bereichen des persönlichen (vgl. Jes 1 21ff.) oder beruflichen Lebens (vgl. Jer 18 1ff.) und der gesamten Natur (vgl. Jer 2 21) —, der konkreten Ausmalung der künftigen Ereignisse dienen. Jahwe wird in einer Weise handeln, die für ihn typisch ist und sich wiederholt. Darin tritt aber kein typologisches Denken zutage; typisch ist nicht typologisch. Vielmehr handelt es sich um Entsprechungen auf Grund der Wiederholbarkeit von Akten des göttlichen Handelns, die sein erst angekündigtes Handeln verstehbar machen. Das Unbekannte und vielleicht Unvorstellbare wird mit Hilfe des aus der Überlieferung Bekannten veranschaulicht. Daß dies in bezug auf das angedrohte Gericht verhältnismäßig selten geschieht, ist darin begründet, daß die Propheten dieses Gericht im allgemeinen in der Form von Kriegen, Naturkatastrophen usw. erwarten, deren Schrecken hinreichend bekannt sind.

IV.

Fassen wir nunmehr kurz die spät- und nachexilische Prophetie ins Auge, um sie nach ihrer Beurteilung und Verwendung der geschichtlichen Erfahrungen und Erinnerungen zu befragen.

Gegen Ende des babylonischen Exils begegnen wir bei Deuterojesaja einer neuen Art von Prophetie, die ich im Unterschied von der bisherigen Art »eschatologisch« nennen möchte[30]. Deuterojesaja unterscheidet erstmals zwischen dem »Früheren« oder »Vergangenen«

[30] Angesichts seiner Vieldeutigkeit ist mir nicht am Begriff »eschatologisch« selbst gelegen, wohl aber am Erfassen des tiefreichenden Unterschieds zwischen der mit Deuterojesaja beginnenden und der vorhergehenden Art von Prophetie. Für die Charakteristik der ersteren vgl. oben: Die Struktur der alttestamentlichen Eschatologie; die letztere war keinesfalls »eschatologisch« bestimmt, wie immer man den Begriff faßt.

einerseits und dem »Neuen«, der »Zeit des Wohlgefallens« und dem
»Tag des Heils« andererseits |(Jes 43 18f. 49 8). Ebenso scheiden Hag
2 15-19 und Sach 8 14f. zwischen zwei Zeitaltern, die durch Jahwes
Unheils- und Heilswirken gekennzeichnet sind. Diese Propheten sehen
sich am Ende des einen Zeitalters und an der Schwelle des anderen
stehen; in ihrer Gegenwart kündigt sich der grundlegende Wandel der
Verhältnisse an oder beginnt sich zu vollziehen. Das sich seinem Ende
zuneigende Zeitalter, das — in Übereinstimmung mit der älteren
Prophetie — durch Sünde und Unheil bestimmt gesehen wird, hat
seinen Höhepunkt im Untergang Judas und im Exil als dem vorher
angedrohten Gericht gefunden (Sach 1 1-6). Und da dieses Gericht in
der vergangenen oder vergehenden Gegenwart als ein einmaliges Ereignis stattgefunden hat, wird das neue Zeitalter ein solches des endgültigen und ewigen Heils sein, ein ewiger Bund (Jes 54 9f. 61 8) mit
ewiger Verbundenheit (Jes 54 8), ewigem Heil (Jes 45 17 51 6. 8) und
ewiger Freude (Jes 51 11). Streng genommen hört mit seinem Anbruch
alle Geschichte als jeweils neues Handeln Gottes und Antwort des
Menschen darauf auf; die eschatologische Heilszeit verläuft in ewiger
Geschichtslosigkeit. Das Verlangen nach ihr bedeutet den Wunsch nach
Erlösung von der Geschichte und von den Nöten des gegenwärtigen
Alltags.

Ungeachtet dessen wird die Verwirklichung des bevorstehenden
Heilszeitalters vielfach in sozusagen geschichtlicher Art geschildert,
vor allem im Anschluß an die politischen Vorgänge und zeitgeschichtlichen Gegebenheiten. So erwartet Deuterojesaja die Umwälzung
durch den Siegeszug des Kyros (Jes 45 1ff. u. ö.) und den Untergang
des babylonischen Reiches (Jes 47 u. ö.), die den Auftakt bilden, durch
die Rückkehr der Deportierten nach Palästina (Jes 41 17-20 u. ö.), die
Sammlung der Zerstreuten (Jes 43 5-7 u. ö.) und den wunderbaren Aufbau Jerusalems (Jes 54 11ff. u. ö.). Von dort aus wird Jahwe als König
über alle Welt herrschen (Jes 43 15 u. ö.). Doch die Farben dieser
Palette reichen nicht mehr aus. Bezieht Deuterojesaja die ganze
Natur in das eschatologische Erlösungshandeln ein, so andere nach
ihm sogar den Kosmos. Haggai erwartet außer der Erschütterung der
Völkerwelt diejenige des Weltgebäudes (Hag 2 6. 21). Weitere Texte
führen kosmische Auswirkungen an (Jes 13 10. 13 24 1ff. 18ff. Jer
4 23-26), die das Ende der Welt herbeiführen können (Jes 34 4 51 6).
Ihm entspricht die Schöpfung eines neuen Kosmos (Sach 14 6), der
unvergänglich sein wird (Jes 65 17f. 66 22).

Dabei sei am Rande vermerkt, daß Deuterojesaja in der Zeit nach
der voll entwickelten deuteronomischen Theologie das Verhältnis
Jahwe-Israel dennoch teilweise in der früheren Art beschreibt. Jerusalem erscheint als Frau und Mutter (Jes 49 14-21 50 1-3 54 1-6), die Israeliten als Jahwes Söhne (Jes 45 11); auch das als neuer Fachausdruck

für die Erlösung verwendete Verb גאל bezeichnet ursprünglich die Einlösepflichten der Familien- und Sippenangehörigen. Daneben übernimmt Deuterojesaja aus der deuteronomischen Theologie den Erwählungsbegriff; doch verknüpft er ihn nicht mit dem Bundesgedanken, sondern begründet die Erwählung aus der Schöpfung (vgl. Jes 43 1. 15 44 2 45 11 46 3 54 5), folgert aus ihr das Knechtsein Israels im Verhältnis zu Jahwe (vgl. Jes 43 10 44 2. 21 45 4 48 20) und erblickt in ihr eine Gewähr für die baldige Erlösung. Dagegen tritt der Bundesgedanke stark in den Hintergrund. Abgesehen von der Vorstellung des neuen Bundes (Jes 54 9f.), dient er als Bild für den völligen Neuanfang wie zur Zeit Moses (Jes 42 6) oder für die zur Herrschaft über andere Völker führende dauernde Gemeinschaft mit Jahwe wie zur Zeit Davids (Jes 55 3).

Wie in der älteren findet sich in der eschatologischen Prophetie neben der ersten Art der Bezugnahme auf die »Geschichte« in der Form der Gesamtdeutung zur Begründung des eschatologischen Handelns Jahwes genauso die zweite Art, bei der einzelne Entsprechungsmotive die Art und das Ziel seines Handelns veranschaulichen sollen. Und da es sich im eschatologischen Geschehen um völlig Unbekanntes und kaum Vorstellbares handelt, begegnen solche Motive nunmehr in viel größerer Zahl. Daß sie veranschaulichend gemeint sind und daß das sog. Geschichtliche wieder nur einen Ausschnitt aus dem Komplex des ganzen Lebens bildet, wird daran ersichtlich, daß in gleicher Weise mythische Motive herangezogen werden — ja, daß der Prophet beides unvermittelt nebeneinanderstellen und ineinander übergehen lassen kann. So spielt Deuterojesaja einmal zunächst auf den mythischen Chaoskampf und am Schluß auf das Meerwunder beim Exodus an, während der dazwischen stehende Vers vom einen zum anderen überleitet:

> Warst du es nicht, der Rahab zerschlug
> und den Drachen durchbohrte?
> Warst du es nicht, der das Meer austrocknete,
> die Wasser der großen Urflut,
> der das Meer zum Wege machte,
> daß die Erlösten hindurchzogen? (Jes 51 9f.).

Solche »geschichtlichen« Entsprechungsmotive in der eschatologischen Prophetie stammen vornehmlich aus der Mosezeit, während die vorhergehenden und späteren Ereignisse zwar gleichfalls, jedoch seltener herangezogen werden[31]. So soll die Bezugnahme auf Ereignisse der Mosezeit für die eschatologische Heilszeit erläutern: die neue Befreiung aus der harten Fron (Jes 9 3 14 3), den neuen Exodus (Jes 49 9 u. ö.) mit Jahwe als Vor- und Nachhut (Jes 52 12), die eilige oder

---

[31] Vgl. die Übersicht oben: Die Struktur der alttestamentlichen Eschatologie.

die gerade nicht hastige Flucht (Jes 48 20 51 11), bei der sich wieder
fremdes Volk anschließt (Jes 14 1), die Rettung wie am Schilfmeer (Jes
10 26 11 15 17 14 51 10b) mitsamt der Verwirrung und Vernichtung der
Bedränger (Jes 43 16f. Sach 14 13), die neue Wüstenwanderung mit dem
Spenden von Wasser aus dem Felsen (Jes 41 18 43 20 48 21 49 10)
u. a. m. Dabei handelt es sich überwiegend um direkte Entsprechungen
und nur selten um die in vorexilischer Zeit häufige Neuinterpretation
oder Verkehrung ins Gegenteil. Stets aber soll auf Grund der Wiederholbarkeit des göttlichen Handelns das noch Unbekannte und Unsichtbare mit Hilfe des Bekannten und Erfaßbaren geschildert werden.

V.

Aus dem kurzen Überblick über die Rolle der Geschichte für die
Prophetie und die Stellung der Prophetie zu ihr ergibt sich die weitere
Frage nach der Bedeutung dieses Themas im Gesamten der propheti-
schen Verkündigung. Auf folgende Punkte möchte ich kurz hinweisen,
obzwar jeder von ihnen eine eigene ausführliche Behandlung erforderte.
Wenigstens die Konturen müssen umrissen werden, damit das bisher
Gesagte nicht unscharf bleibt.

1. Zunächst geht es um die *prophetische Handhabung der sog.
Geschichtstraditionen*, d. h. der Traditionen über das Handeln Jahwes
an Völkern und Menschen in der jeweiligen Gegenwart. Daß die Propheten solche Traditionen gekannt und verwendet, nicht aber in voller
Traditionsfreiheit einen ethischen Monotheismus geschaffen haben,
ist unbestreitbar. Wie aber haben sie die Traditionen verwendet?
Aus den uns vorliegenden Beispielen scheint mir zu folgen, daß sie
weder den Traditionen eines altorientalischen »cultic pattern« noch
den erzählenden, rechtlichen oder kultischen Traditionen Israels in
dem Sinne verhaftet waren, daß sie sie rezitiert, aktualisiert oder
radikalisiert hätten. Gewiß haben sie zu religiösen und nichtreligiösen
Überlieferungen Stellung genommen, in den religiösen Anschauungen
und Vorstellungen Israels gelebt oder den theologischen Jargon ihrer
Zeit gesprochen. Aber das ist nicht das Entscheidende. Entscheidend
ist die neue und freie Art, in der sie die Traditionen handhaben. Am
leichtesten erkennbar ist sie in der Umdeutung herkömmlicher Vorstellungen und Ausdrücke in ihr Gegenteil, vor allem in der Verkehrung
aus dem Positiven ins Negative. So verfährt Jesaja mit der Vorstellung
vom »Tag Jahwes« (Jes 2 12-17 im Anschluß an Am 5 18-20), mit den
zuversichtlichen Ausdrücken »Fels« und »Stein« für Jahwe, über den
man vielmehr stolpern und fallen wird (Jes 8 14), mit der Redewendung
»der auf dem Zionsberg wohnt«, jedoch als Garant für den Untergang
der Stadt (Jes 8 18), und mit der Erinnerung an sein siegreiches

Kämpfen unter David, das sich bald wiederholen wird — jedoch gegen
Juda (Jes 28 20f.). Ebenso wird die Gesamtgeschichte Israels in einer
der Tradition widersprechenden Weise umgedeutet: Jakob als durchaus negatives Urbild des Volkes, nach der kurzen Anfangszeit des
ungetrübten Verhältnisses zu Jahwe der Abfall und seither ein un-
aufhörliches Sündendasein. Es läßt sich zeigen, daß solches Denken
bei Jesaja in seinem Berufungserlebnis gründet. Seine an Jahwe gerichtete Frage »Wie lange?« setzt nach der herkömmlichen Ansicht
seiner Zeit voraus, daß Jahwe zwar plagen, aber nicht vernichten wird.
Doch Jahwe verhängt in seiner Antwort die völlige Verwüstung (Jes
6 11). Damit ist dem Jesaja die Tradition zerschlagen und er auf einen
neuen Weg geschickt worden.

Von da aus wird verständlich, daß die Propheten den Traditionen
nicht verhaftet und von ihnen nicht abhängig sind, sondern sie frei für
bestimmte Zwecke benutzen, die mit ihrer Botschaft gegeben sind.
Wie sie trotz aller gemeinsamen israelitischen Züge jeweils ein unver-
wechselbares Ich besitzen, so sind sie nicht an den gemeinsamen Traditionen, sondern an der jeweils eigentümlichen Botschaft interessiert,
die sie zu verkündigen haben. Daher verwenden sie die Überlieferungen
im Interesse dieser Botschaft. Sie wird zudem durch die häufigen
Formeln »So spricht Jahwe« und »Ausspruch Jahwes« in großem Maße
auf die göttliche Offenbarung zurückgeführt oder als solche bezeichnet.
Nimmt man das ernst, so kann man gar nicht erwarten, daß die Propheten Traditionen predigen. Die Bezugnahme auf sie nimmt vielmehr
eine untergeordnete Stellung in dem ein, was die Propheten im Namen
Jahwes als an sie ergangene Offenbarung verkündigen.

2. Die prophetische Verkündigung ist *gänzlich gegenwartsbezogen*.
Die Propheten wenden sich an die Menschen ihrer Gegenwart mit einer
Botschaft, die das Leben in dieser Gegenwart betrifft. Auch die Ankündigung künftiger Ereignisse gilt der Gegenwart. Sie soll sie durch
das angedrohte Gericht zu einem anderen Verhalten bewegen: »Bessert
euren Wandel und eure Taten, so will ich ʻbei euch wohnenʼ an dieser
Stätte«, andernfalls aber den Tempel wie denjenigen von Silo zerstören (Jer 7 1-15). Oder die Gegenwart soll sich wie bei Deuterojesaja
in der gegenwärtigen Not durch die Ankündigung des eschatologischen
Heils trösten lassen und in angespanntem Hoffen und Harren darauf
hinleben. Genauso beziehen sich die Aussagen über die vergangenen
Ereignisse auf die Gegenwart. Ihr wird das ursprünglich ungetrübte
Verhältnis zu Jahwe vor Augen gehalten, von dem sich das jahrhun-
dertelange Sündigen so furchtbar abhebt, während nach den bisherigen
vergeblichen Mahnungen Jahwes in der gleichfalls sündigen Gegenwart
das Maß voll ist und das Strafgericht droht. Dient dieser Blick in
die Vergangenheit sowohl der Beschreibung des erreichten Zustands —

eure ganze Geschichte ist voll Sünde, daher seid ihr völlig sündig! —
und der Begründung des notwendig gewordenen Gerichts, so in der
eschatologischen Prophetie der Begründung der baldigen Wende zum
Heil — das Gericht ist schon erfolgt, die Sünde gesühnt, ein Neues beginnt. In der Prophetie besitzen also die Hinweise auf vergangene Ereignisse keinen selbständigen Zweck, sondern sind Mittel der gegen-
wartsbezogenen Verkündigung für das Leben, um den Inhalt dieser
Verkündigung mitzubegründen oder in der Form von Entsprechungsmotiven zu veranschaulichen.

3. Wie steht es von da aus mit der Frage nach einer *Offenbarung
Gottes* in der oder durch die »Geschichte«, d. h. durch sein Handeln an
Völkern und Menschen in einem früheren Geschehen? Spiegelt sich
etwa darin die Selbstoffenbarung Gottes mehr oder weniger direkt
wider? Nun schließt freilich das Alte Testament eine volle Selbstoffenbarung Gottes ausdrücklich aus und nimmt nur eine begrenzte Selbstoffenbarung an. Gott offenbart nur das von seinem Wesen, was den
Menschen angeht und betrifft (Ex 33 19f.)[32]; insofern kann sein Handeln von vornherein nicht darüber hinausgehen. Wie verhält es sich
nun mit den vergangenen Ereignissen, auf die die Propheten zurück-
blicken, und mit den künftigen, die sie ankündigen? Da spielt das
»Wort« Gottes doch eine hervorragende Rolle[33]. Es ist das gleiche Wort,
das die Propheten weitergeben sollen und das nach ihrem Verständnis
fast wie eine Größe eigener Art über Israel herfällt (Jes 9 7), wie ein
Hammer zerschmettert, wie Feuer frißt (Jer 23 29) und nicht leer zu-
rückkehrt, sondern wirkt, wozu es gesandt ist (Jes 55 11). Im eintretenden Geschehen wirkt sich das Wort aus. Gewiß geschieht nicht
alles durch es. Der Prophet kann die Absichten Gottes außer durch
das ihn anredende Wort auf andere Weise erfahren: durch den »Geist«
Gottes, durch eine plötzliche Eingebung oder durch ein wunderbares
Wissen infolge des ihm gewährten Zutritts zur himmlischen Ratsver-
sammlung (vgl. I Reg 22 18ff. Jes 6 Jer 23 18. 21f. Am 3 7). Allgemein
kann die Plötzlichkeit eines Geschehens und die Hilfe über Nacht als
Anzeichen dafür dienen, daß ein göttliches Handeln vorliegt[34], oder —

---

[32] Sehr bezeichnend ist Ex 33 19f. mit der Erklärung Jahwes: »Ich will all meine Güte
an dir vorübergehen lassen und den Jahwenamen vor dir ausrufen« — also sein
Wesen kundtun, soweit es den Menschen angeht und betrifft — »nämlich daß ich
Gnade erweise, wem ich gnädig bin, und Barmherzigkeit, gegen wen ich barmherzig
bin« — so daß sein Wesen, soweit es den Menschen angeht und betrifft, Güte, Gnade
und Barmherzigkeit bedeutet. »Aber mein Angesicht kannst du nicht schauen,
denn der Mensch schaut mich nicht und bleibt leben«, weil das Gesicht die eigentliche Persönlichkeit offenbart, die bei Gott im Geheimnis bleibt.

[33] Vgl. besonders W. ZIMMERLI, a. a. O.

[34] Zur Plötzlichkeit vgl. oben, zur Hilfe über Nacht J. ZIEGLER, Die Hilfe Gottes »am
Morgen«, in: Festschrift F. Nötscher, 1950, S. 281—288.

da Jahwe alles und besonders auch Unheil wirkt — jedes Unglück und
jede Plage, die man sowieso als vergeltende Strafe Gottes betrachtet,
ohne weiteres Wort als seine Warnung gelten. Doch solchem Handeln
kann man schwerlich offenbarenden Charakter zuschreiben; Gott ist
nicht der geschichtliche Horizont oder der gesellschaftliche Zustand
der Israeliten und ihrer Propheten. Sein Eingreifen in das Geschick der
Völker und Menschen besagt weniger etwas über sein Wesen als vielmehr über sein Verhältnis zu jenen in einer bestimmten Lage. Und
wenn solches Geschehen dann das bewirken soll, was man mit »Erkenntnis« Jahwes übersetzt, besagt diese deutende Formel, daß man es
schon »erfahren« wird, daß Gott und nicht der Zufall am Werk war.
Wie dies für die künftigen Ereignisse gilt, so gilt für die vergangenen,
daß sie nicht eine oder die Quelle der prophetischen Verkündigung
bilden, sondern als Mittel der Begründung oder der Illustration für die
aus der Quelle Jahwe geschöpfte Verkündigung dienen.

4. So wenig die vergangenen Ereignisse eine Offenbarungsge-
schichte oder eine mehr oder weniger kontinuierliche Kette von Offen-
barungsakten bilden, so wenig eine »*Heilsgeschichte*«. Gewiß wird dieser
Begriff in der Theologie in verschiedener Bedeutung gebraucht; doch
keine Bedeutung trifft für die prophetische Auffassung zu. Nicht einmal
der angebliche Gedanke an einen urewigen »Plan« Jahwes in bezug auf
Gericht und Heil[35] läßt sich dafür anführen. Selbst FICHTNER muß
zugestehen, daß die in diesem Sinn interpretierten Ausdrücke nur in
den Gerichtsdrohungen Jesajas und niemals in Heilsverheißungen vorkommen, daß der von ihm dennoch angenommene Heilsplan mancherlei Spannungen aufweist (in Wirklichkeit ist er ja auch aus Worten
mehrerer später Propheten konstruiert!) und daß es sich nicht um ein
starres, bis ins einzelne festgelegtes Programm handelt[36]. Darüber
hinaus ist anzumerken, daß das »Planen« offensichtlich stark veränderlich ist. Wie Jesaja die Assyrer zunächst als Werkzeug Jahwes
betrachtet, danach aber als solches verworfen sieht, so bietet er den
zum Sodom-Gomorra-Schicksal verurteilten Judäern doch immer
wieder die Rettung und Bewahrung im Falle der Umkehr an, um sie
schließlich beim Versagen nach dem Abzug der Assyrer von Jerusalem
im Anschluß an die Tributzahlung Hiskias endgültig zu verdammen
(Jes 22 1-14 32 9-14). Angesichts dessen kann nicht von einem urewigen
»Plan« im Zusammenhang einer »Heilsgeschichte«, sondern muß von
einer »Absicht« oder einem »Entschluß« die Rede sein, die von Fall
zu Fall gefaßt und gegebenenfalls umgestoßen werden können. Sogar
auf die sog. Geschichtsbücher läßt der Begriff »Heilsgeschichte« sich

---

[35] J. FICHTNER, Jahves Plan in der Botschaft des Jesaja, ZAW 63 (1951), S. 16—33
(Gottes Weisheit, 1965, S. 27—43).

[36] J. FICHTNER, a. a. O. S. 27 (37f.).

nur dann anwenden, wenn man die verschiedenen Teildarstellungen in den Quellenschichten des Hexateuchs, der deuteronomischen Bearbeitung des Richterbuches und der Darstellung der Königszeit ungeachtet der Ablehnung evolutionistischer Gedankengänge entwicklungsgeschichtlich aneinanderreiht und ihre eigentliche theologische Absicht weithin unbeachtet läßt.

Tatsächlich handelt es sich in der »heilsgeschichtlichen« Konzeption lediglich um eine der umfassenden Konstruktionen, an denen gerade die deutsche Theologie nicht arm ist. Wohl kann man auf Grund des Alten Testament von einem zielstrebigen Handeln Jahwes sprechen, das für die älteren Quellenschichten des Hexateuchs mit der Landnahme Israels, für die Priesterschrift mit der endgültigen Setzung der sakralen Ordnungen durch den Sinaibund sowie — zwecks ihrer Verwirklichung — mit der Verteilung Palästinas, für die Eschatologie gerade mit einem »geschichtslosen« Zustand endet. Diesem zielstrebigen Handeln mit einem jeweils begrenzten positiven Ziel steht aber ein ebensolches Handeln mit negativen Ergebnissen wie im deuteronomischen Urteil über die Königszeit und im prophetischen Urteil über die Geschichte Israels oder gar mit negativem Ziel, dem angedrohten Vernichtungsgericht Jahwes, gegenüber. Heilsgeschichte und Sünden- oder Unheilsgeschichte halten einander zumindest die Waage. Genauer gesagt, blicken wir in eine Verflechtung von heil- und unheilvollem Handeln Gottes und überwiegend sündhaftem Handeln des Menschen in den verschiedenen Zeiten.

5. Ob zum Heil oder Unheil tendierend — immer war die Geschichte eine *Entscheidungsgeschichte,* war die jeweilige Gegenwart nach der prophetischen Gesamtbeurteilung der Widerfahrnisse Israels eine *Entscheidungssituation* für Volk und Mensch — Entscheidung zwischen dem weiteren oder erneuten Abfall von Jahwe und der Rückkehr zu ihm. Dabei werden die bisherigen Entscheidungen durchweg als falsch getroffen bezeichnet, so daß Israel sich sein Glück verscherzt hat.

> Ach, hättest du meinen Geboten doch gehorcht!
> Dann wäre dein Heil wie ein Strom gewesen
> und dein Gedeihen wie des Meeres Wellen. (Jes 48 18).

Aber Israel war ungehorsam, so daß sich die Verheißungen nicht verwirklichen konnten. Die Abfall- und Sündengeschichte, die sich daraus ergibt, bestimmt nun einerseits die dem Vernichtungsgericht zudrängende Situation der Gegenwart und fordert andererseits eben deswegen eine neue, gegenwärtige Entscheidung, die wieder die Zukunft bestimmen wird:

> Wenn ihr willig seid und gehorcht,
> werdet ihr das Gut des Landes essen (dürfen);

> wenn ihr euch weigert und widerspenstig seid,
>   werdet ihr 'vom' Schwert gefressen. (Jes 1 19f.).

In ähnlicher Weise erklingt es immer wieder:

> Sucht Jahwe, daß ihr leben bleibt,
>   damit er nicht 'Feuer sende ins' Haus Joseph! (Am 5 6)

> Sucht das Gute und nicht das Böse,
>   damit ihr leben bleibt!
> . . . .
> Vielleicht ist Jahwe dann
>   dem Überrest von Joseph gnädig. (Am 5 14f.)

> Brecht euren Acker wieder um
>   und sät nicht in die Dornen!
> Beschneidet euch für euren Gott,
>   entfernt die Vorhaut eurer Herzen!
> Sonst fährt mein Grimm wie Feuer los . . . (Jer 4 3f.).

> Bald drohe ich
> einem Volk oder Reich an,
> es auszureißen und zu vernichten.
> Doch kehrt ein solches Volk von seiner Bosheit um,
> so lasse ich mich des Unheils gereuen,
> das ich ihm anzutun
> beschlossen hatte.

> Und bald verheiße ich
> einem Volk oder Reich,
> es aufzubauen und einzupflanzen.
> Tut es jedoch, was mir mißfällt,
> indem es nicht auf meine Stimme hört,
> so lasse ich mich des Guten gereuen,
> das ich ihm zu erweisen dachte. (Jer 18 7-10)

Das Entweder-Oder ist unüberhörbar. Besonders eindrücklich faßt Jeremia es zugleich im Hinblick auf die prophetische Aufgabe zusammen und stellt dabei die erneute negative Entscheidung fest:

> Vom 13. Jahre
> Josias, des Sohns Amons,
> des Königs über Juda,
> bis zum heutigen Tag,
> nunmehr 23 Jahre,
> hab ich zu euch gesprochen
> früh und spät:

> »Kehrt jeder um von seinem bösen Wandel
> und von der Bosheit eurer Taten,
> so werdet ihr auf diesem Boden wohnen bleiben,
> den Jahwe euch

und euren Vätern gab,
von Ewigkeit zu Ewigkeit.«
Doch ihr habt nicht auf mich gehört. (Jer 25 3. 5. 7)

6. Im Zusammenhang mit dieser Entscheidungssituation treffen wir auf den letzten Punkt. Die Propheten fordern die gegenwärtige Entscheidung, weil Jahwe in *Korrelation* dazu handelt — falls er nicht einmal ausdrücklich davon absieht und etwas tut oder unterläßt um seiner Ehre oder Liebe willen. Gewöhnlich aber vollzieht sich das göttliche Handeln in aller Zeit nicht ohne Absehen vom Menschen, obschon Gott gewiß nicht davon abhängig ist. So geht Jesaja mehrfach von dem Einklang aus, der zwischen dem Tun Gottes und des Menschen herrscht (vgl. oben Jes 1 19, ferner z. B. Jer 7 1-15 18 1-11 22 1-5). Die Vergebungsbereitschaft Gottes und die Willigkeit des Menschen gehören zusammen und bilden letztlich zwei Aspekte oder Teile eines einzigen Vorgangs: der Rettung des sündigen und todverfallenen Menschen, der das Angebot der Umkehr ergreift. Umgekehrt herrscht ein solcher Einklang in der tödlichen Krise des Nichtglaubenden und Nichtwollenden: Die Unwilligkeit des Menschen und die von Gott gewirkte Verblendung und Betäubung lassen den zur Umkehr Unwilligen sich immer tiefer ins Verderben verstricken (vgl. Jes 6 9f. 29 9f.). Das ist weder Synergismus noch ein Lohn- und Verdienstdenken, sondern macht deutlich, welches schwere Gewicht der Entscheidung des Menschen für oder gegen Gott beigemessen wird: Es beeinflußt das Handeln Gottes und damit wieder das Geschick des Menschen.

VI.

Fordert die gegenwartsbezogene Verkündigung der Propheten eine Entscheidung des Menschen für Gott, weil dieser in Korrelation dazu handelt, so stellt sich abschließend die Frage nach einem übergreifenden, alles durchwaltenden Ziel des Geschehens wie überhaupt des gesamten Handelns Gottes an Völkern und Menschen. Sind es zusammenhanglose Einzelakte oder lassen sie sich als eine letzte Einheit begreifen? Das ist zugleich die Frage nach einer Mitte nicht nur der in sich verschiedenartigen prophetischen Verkündigung, sondern auch des ganzen Alten Testaments in der Vielfalt seiner Erscheinungen. Denn wie wir uns bei der Betrachtung des Alten Testaments nicht auf einen Teilaspekt des Lebens wie »Geschichte« oder Kultus beschränken, sondern bei allen Einzelfragen die Ganzheit des Lebens im Auge behalten sollten, so haben wir doch wohl auch nach der Ganzheit zu fragen, die die religiösen und theologischen Richtungen und Strö-

mungen, die sich in den Schriften des Alten Testaments niederge-
schlagen haben und außer denen es vermutlich noch manche andere
gegeben hat, übergreifend zusammenschließt.

Das gesamte Handeln Gottes im Leben der Völker und Menschen,
insbesondere an Israel, und darüber hinaus letztlich alles, was auf ihn
zurückgeht, ist auf ein zweifaches Ziel gerichtet. Einerseits ist es ein
Ausdruck seiner verfügungsmächtigen *Herrschaft* über Welt und Natur,
Mensch und Tier, ein Bemühen um das Durchsetzen seines Herrscher-
willens und Herrschaftsanspruchs im Ausüben der Sorgepflicht des
Herrschers, der Regierungsgewalt und des strafenden Richtens und
ein Kampf gegen die Widerspenstigen und Abtrünnigen bis zu ihrer
Vernichtung. Andererseits übt Gott diese Herrschaft nicht um ihrer
selbst willen aus; vielmehr bildet sie die Voraussetzung und Grundlage
für eine enge Verbindung zwischen Jahwe und Israel, zwischen Gott
und Mensch, die ein personhaftes *Gemeinschaftsverhältnis* erstrebt, wie
es in Hos 6 6 die beiden parallelen Ausdrücke חסד »Gemeinschaftspflicht, Verbundenheit« und דעת אלהים »Gottesvertrautheit,
Gottesgemeinschaft« umschreiben. Das zweifache Ziel des göttlichen
Denkens und Wollens, Tuns und Lassens in bezug auf Welt und
Mensch ist die *Gottesherrschaft* und *Gottesgemeinschaft*, denen sich alles
andere — auch der Bundesgedanke — ein- und unterordnet[37]. Wie sie
gleich den beiden Brennpunkten einer Ellipse zusammengehören, so bilden sie den Grundzug des alttestamentlichen Glaubens. In ihnen gipfelt
auch die prophetische Verkündigung, die in den vergangenen Ereignissen
das Bemühen des göttlichen Ehemanns und Vaters erblickt, für seine
Frau Israel und seine Söhne zu sorgen, die Anerkennung seines Herr-
schafts- und Gemeinschaftswillens in dieser »Familie« (עם) zu erreichen
oder durch Strafen zu erzwingen; die die Gegenwart zur Entscheidung
für die bisher verweigerte Anerkennung des Herrschaftsanspruchs und
Aufnahme der Gemeinschaft auffordert; und die für die Zukunft entweder die Vernichtung durch den Herrn und König Jahwe bei weiterem
Beharren in der Ablehnung drohen sieht oder die Umwandlung der
Unwilligen, wenn nicht gar die endzeitliche Umgestaltung aller Dinge
durch das erlösende Handeln Jahwes erwartet. Was in der Geschichte
nach einem ersten glücklichen Beginn trotz göttlichen Helfens, Mah-
nens und Strafens verfehlt worden ist — die Durchsetzung und Anerkennung der Gottesherrschaft und die Herstellung und Hinnahme der
Gottesgemeinschaft —, wird auf Grund der Entscheidung in der Gegenwart — Vollzug der Umkehr oder Hoffen und Harren auf die Erlösung — in der unmittelbar bevorstehenden Zukunft entweder durch

---

[37] Im einzelnen bedürfen die beiden Vorstellungskreise der inhaltlichen Näherbestimmung, weil sie mancherlei Einzelgedanken umfassen; so sind die Vorstellungen
von der Königsherrschaft Jahwes und von Jahwe als dem eifernden Gott zwei Teil-
aspekte der Vorstellung von der Gottesherrschaft.

die Vernichtung der Widerspenstigen als endgültig verfehlt besiegelt
oder dadurch, daß Gott selbst alle Widerstände beseitigt, dennoch in
wunderbarer Weise verwirklicht. Was die Ganzheit und Fülle des
Lebens — und die »geschichtlichen«, vergangenen Ereignisse im Geschick der Völker und Menschen als einen Teilausschnitt daraus — als
einen Gesamtvorgang erscheinen und begreifen läßt, ist das Ringen um
die Verwirklichung der Gottesherrschaft und der Gottesgemeinschaft.

Dies setzt sich in das Neue Testament hinein fort. Es kündigt den
unmittelbar bevorstehenden Anbruch der Gottesherrschaft an und
verbindet damit den Gedanken der Christusherrschaft. Es spricht
ebenso von der Gemeinschaft mit Gott, mit Christus und der darin
begründeten Gemeinschaft der Glaubenden untereinander. So mündet
die Betrachtung der Prophetie in ihrem Verhältnis zur Geschichte in
die Erkenntnis einer gesamtbiblischen Botschaft, die es erlaubt, das
Alte Testament in seiner Eigenart ohne Abwertung und ohne Umdeutung ernstzunehmen.

Quellenverzeichnis

Die Beiträge des vorliegenden Bandes erschienen erstmals in folgenden Zeitschriften:

Die Propheten des Alten Testaments im Blickfeld neuer Forschung,
>   in: Das Wort im evangelischen Religionsunterricht 1954/55, Nr. 6, S. 15—24.

Bemerkungen zum neueren Verständnis der Propheten,
>   in: JBL 80 (1961), S. 309—319 (Remarks on Modern Interpretation of the Prophets).

Die Struktur der alttestamentlichen Eschatologie,
>   in: ThLZ 85 (1960), Sp. 401—420.

Über den Kurzvers,
>   in: ZAW 66 (1954), S. 199—236.

Die Gattung der Berichte über symbolische Handlungen der Propheten,
>   in: ZAW 64 (1952), S. 101—120.

Entstehung, Komposition und Überlieferung von Jesaja 1—39,
>   in: Annual of Leeds University Oriental Society 3 (1961/62), S. 3—38 (The Origin, Composition and Tradition of Isaiah I—XXXIX).

Jesaja 1 als Zusammenfassung der Verkündigung Jesajas,
>   in: ZAW 74 (1962), S. 251—268.

Zu Jesaja 7 14 im Zusammenhang von Jesaja 7 10-22,
>   in: ZAW 68 (1956), S. 54—56.

Der Aufbau der Apokalypse des Jesajabuchs (Jesaja 24—27),
>   in: CBQ 25 (1963), S. 34—45.

Zum Text von Jesaja 41 8-13,
>   in: VT 5 (1955), S. 239—249.

Jeremias Tempelwort (Jeremia 7 1-15),
>   in: ThZ 5 (1949), S. 401—417.

Die Glossen im Buche Ezechiel,
>   in: ZAW 63 (1951), S. 33—53.

Umkehr und Erlösung beim Propheten Hosea,
>   in: ThZ 11 (1955), S. 161—185.

Prophetie und Magie,
>   Vortrag am 25. 8. 1965 beim 5e Congrès International pour l'Étude de l'Ancien Testament in Genf, Vorveröffentlichung in ZAW 78 (1966), S. 25—47.

Prophetie und Geschichte,
>   in: ThLZ 89 (1964), Sp. 481—500.

Weitere Beiträge zur Prophetie

1. Bücher

Die Hauptprobleme des Buches Ezechiel, 1952.
Die symbolischen Handlungen der Propheten, 1953 (1967²).
Ezechiel, mit einem Beitrag von K. GALLING, 1955.
Elia, 1957 (1967²).
Das Buch Jesaja, drei Bände 1960 (1966²)/1962 (1967²)/1964.

2. Forschungsberichte

Neuere Literatur zur alttestamentlichen Prophetie, 1. Teil:
Literatur von 1932—1939, ThR NF 19 (1951), S. 277—346.
Neuere Literatur zur alttestamentlichen Prophetie, 2. Teil:
Literatur von 1940—1950, ThR NF 20 (1952), S. 192—271, 295—361.
Das Symptomatische der Ezechielforschung, ThLZ 83 (1958), Sp. 241—250.
Zehn Jahre Literatur zur alttestamentlichen Prophetie (1951—1960),
ThR NF 28 (1962), S. 1—75, 235—297, 301—374.

3. Artikel in Lexika

Evangelisches Kirchenlexikon.
Die Religion in Geschichte und Gegenwart, 3. Aufl.
Calwer Bibellexikon, 5. (6.) Aufl.
Biblisch-Historisches Handwörterbuch.

Register der Bibelstellen

Bearbeitet von Hans Werner Hoffmann

Beihefte zur Zeitschrift
für die alttestamentliche Wissenschaft

Herausgegeben von GEORG FOHRER

Lieferungsmöglichkeiten und Preise der früheren Hefte auf Anfrage

VERLAG ALFRED TÖPELMANN · BERLIN 30